社科文库

BEIJING LISHI RENWEN DILI GANGYAO

北京历史
人文地理纲要

孙冬虎 许辉 著

中国社会科学出版社

图书在版编目(CIP)数据

北京历史人文地理纲要／孙冬虎，许辉著 . —北京：中国社会科学
出版社，2016.3

（社科文库）

ISBN 978 - 7 - 5161 - 7280 - 3

Ⅰ. ①北…　Ⅱ. ①孙…②许…　Ⅲ. ①历史地理学—北京市
②人文地理学—北京市　Ⅳ. ①K921

中国版本图书馆 CIP 数据核字（2015）第 300993 号

出 版 人　赵剑英
选题策划　刘　艳
责任编辑　刘　艳
责任校对　陈　晨
责任印制　戴　宽

出　　　版　中国社会科学出版社
社　　　址　北京鼓楼西大街甲 158 号
邮　　　编　100720
网　　　址　http://www.csspw.cn
发 行 部　010 - 84083685
门 市 部　010 - 84029450
经　　　销　新华书店及其他书店

印刷装订　三河市君旺印务有限公司
版　　次　2016 年 3 月第 1 版
印　　次　2016 年 3 月第 1 次印刷

开　　本　710×1000　1/16
印　　张　27.25
插　　页　2
字　　数　405 千字
定　　价　99.00 元

目　　录

引　言

在讨论北京历史人文地理的基本特征与发展过程之前，我们先从我国历史上关于"人文"含义的阐释入手，了解人文地理、历史人文地理的相关概念，归纳北京历史人文地理研究的主要成就以及尚未解决的重要问题，说明本书的设想与结构。

一　"人文"与"人文地理"

"人文"一词的源头，至少可以追溯到我国古代典籍《周易》的时代。《周易》六十四卦由八卦衍生而来，每一卦都以六条表示偶数与奇数的横道"爻"组成。占卜中得到的偶数与奇数即阴数与阳数，分别用阴爻与阳爻表示。阴与阳、刚与柔等概念，象征着世间万物对立统一的属性，万物发展变化的规律就是"道"。其"贲卦"云："刚柔交错，天文也；文明以止，人文也。观乎天文，以察时变；观乎人文，以化成天下。"所谓"文"就是文饰，大致可以引申为事物的表象。"天文"亦即自然的各种表象，以阳阴并陈、阳阴迭运、刚柔交错为特征；"人文"指社会的制度、文化、教育等表象，其实施宗旨都是为了使人们的行为有所约束和规范。所以，治国者要审视天文的征兆以察觉时序的变化，通过观察人文的状况以治理天下之人[①]。《系辞下》称："《易》之为书也，广大悉被。有天道焉，有人道焉，有地道焉。"[②] 换

[①]　参考高亨《周易大传今注》，齐鲁书社 1979 年版，第 227 页。

[②]　《周易·系辞下》，《黄侃手批白文十三经》本，上海古籍出版社 1983 年影印，第 49 页。

言之,《周易》的内容极其丰富,包罗了上天、人世、大地的运行规律。与"三才"即天、地、人相对应,它们的表象就是天文、人文、地文。"地文"指山岳、河流、海洋、平原等地貌,《庄子》所谓"乡吾示之以地文"①,意为刚才我向他展示了与大地一样宁静的状态。《刘子》称:"日月者,天之文也;山川者,地之文也;言语者,人之文也。天文失,则有谪蚀之变;地文失,则有崩竭之灾;人文失,必有伤身之患。"②综合上述典籍,"人文"当指人类社会的制度、人事、教育、习俗等各种文化现象。

　　各种人文现象分布在特定的地理环境中,并且随着时间的推移而扩散和变化。人类活动与地理环境之间,存在着相互影响、相互作用的关系。人文地理学的基本任务,就是研究人文现象的分布、变化及其地域性特征,探讨人地关系形成与发展的规律。"人文地理"与"自然地理"是地理学的两大门类,地理学史研究者通常都肯定中国古代对人与自然的关系所做的哲学阐发,同时更强调近现代意义上的人文地理学是在西方影响下的产物。然而,中国学者在中国人文地理研究以及学科建设方面的探索同样不应忽视。白眉初(1876—1940),名月恒,河北卢龙人,以字行。他是民国时期的著名地理学家和地理教育家,1913年任天津直隶女子师范学校(河北师范大学前身)教员,1917—1929年任北京师范大学历史地理部主任兼地理学教授。所撰400万字巨著《中华民国省区全志》,为建立完整的中国区域地理学做出了卓越贡献。1928年刊行的《中国人文地理》,应是他配合教学工作完成的一部具有开创意义的著作。该书"自序"云:"天、地、人所表现者,能以一言括之乎?曰文而已矣。何谓文?发乎自然,演为系统,便成大文。宇宙有日星河岳之光芒,是谓地文。社会有礼乐典章之璀璨,是谓人文。地文肇其基,人文绚其采。人文与地文,相为表里者也。"③这里关于"人文"与"地文"

①《庄子·应帝王》,王先谦《庄子集解》卷2,《诸子集成》第3册,中华书局1954年影印本,第50页。
②刘昼:《刘子》卷6《慎言》,《刘子校释》本,中华书局1998年版,第306页。
③白眉初:《中国人文地理》"自序",建设图书馆1928年版,第1页。

关系的认识，与《周易》的思想一脉相承。根据孙中山先生的三民主义，《中国人文地理》分为三卷：第一卷"民族篇"包括四章：种族、民族之礼俗、宗教、人口；第二卷"民权篇"包括五章：政治、教育、军制、财政（币制、赋税）、面积（沿革之面积、现在之面积）；第三卷"民生篇"包括两章：实业（农、工、商、矿产）、交通（铁路、电力、邮政、航路、航空）。与当代人文地理学派生出来的分支学科相比，除了理论与方法的显著进步、学科体系的逐渐健全之外，其基本研究内容大部分已经具备了。

由于研究范围的不断扩展，在人文地理学的框架下，陆续衍生出政治地理学、经济地理学、文化地理学等众多以研究对象命名的分支学科，并且随着研究内容的日益细化大有不可遏止之势。以历史时期各类人文现象与地理环境之间的关系为核心的历史人文地理，也往往仿照现代人文地理的结构进行分支学科的划分或归并。举凡关于历史时期聚落、人种、民族、疆域、政区、古都、地名、农业、城镇、水利、交通、人口、手工业、战争、关隘、城防、烽燧、长城、教育、人才、学风、信仰、宗教、方言、民俗、婚姻、居室、饮食、服饰等各类人文因素的研究，或者包容在某个大的分支以内，或者自身就已经独立成为一门"××地理学"，大体上随着研究工作的深入程度而定。因此，一般看来，重要的在于按照通用的学术规范把具体工作做好，而几乎完全无须在意某项人文因素应当归属哪个分支学科来研究。

既然人地关系是人文地理的核心所在，那么，历史时期各类人文现象与所处地理环境的关系也就成为历史人文地理的核心内容。但是，二者的研究基础、研究方法、定量化程度等，都存在着很大差别。历史人文地理主要依据历史文献展开工作，虽然遗迹考察、实地访谈等有时可能是必不可少的手段，大体却只能起到资料补充和辅助证实的作用。这样，当我们追溯某项人文要素与地理环境之间的关系时，所依据的通常是以定性描述为主的文字记载，而不是研究当代问题时可以获得的准确数据，这无疑要影响研究结果的精确程度。面对着语焉不详的文献，研究者有时难免束手无策或只能退而求其次，借助对相关因素的分析得到一个相对模糊与宏观的结论，或者提出带有某种推测性的看法。尽管如此，这已经是令人比较满意的成绩了。此外，历史人文地理考察某项人文因素与地理环境的相互关联，重点不在于弄清历史发展过程本身，而是要阐述以这个过程为背景的人地关系。前者属于单纯的专门史或区域史问题，后者才是历史人文地理应当关注的焦点所在。在历史地理学范畴内，"历史文献"只是研究"地理问题"的基础材料，它们无疑是必不可少的史实来源与数据渊薮，但绝不能够喧宾夺主甚至反客为主。准确把握历史学与历史地理学之间的联系与区别，对于避免历史人文地理论著缺乏地理味道的问题至关重要。

就历史地理的研究对象和研究范围而论，大致可区分为区域历史地理与专门历史地理两类，前者是关于某个区域之内多种要素或历史地理现象的综合考察，后者是关于某一要素或某种历史地理现象的专类分析，如果再加上关于历史地理学理论问题的探讨，基本上就涵盖了历史地理学的主要方面。事实上，区域研究与专门研究互不可分。以某种历史地理现象为研究对象的专门研究，为了尽可能迅速地取得结果、减少枝蔓，需要根据计划达到的研究目标，把研究问题的范围限定在某个行政区域或自然区域之内，通过分析这种现象在各个相关区域的表现，再抽取出专门的内容。在进行区域历史地理研究时，通常也需要从逐一分析各种历史地理要素或现象入手，继而阐述不同要素之间的关联，认识特定区域之内的历史地理状况、特征及其变迁。似乎可以这样说，专门研究是关于区域研究的要素分解与逐一强化，区域研究是关于专门研究在特定范围内的多方综合。二者的不可分离、不可偏废，造就了"区域专门历史地理"这样一种研究类型，并成为大部分历史地理论著的基本属性，关于北京历史地理的研究也大略如此。

二 北京历史人文地理研究的当代进展

北京历史地理是遵循历史地理学的通用方法和基本理论，以历史文献为主并辅以必要的实地调查，研究北京及其周边地区历史时期自然地理与人文地理的一般状况、主要特征、发展过程、变迁规律等问题的一门学科。在促进学科进步的同时，还可以为区域发展与现实生活的某些方面提供历史借鉴或决策依据。北京历史人文地理以研究北京地区历史时期人类活动所形成的人文现象的分布、变迁及其地域差异为主要内容，是北京历史地理的重要组成部分。最近六十多年来，在具有悠久传统的沿革地理之外，北京历史人文地理的研究逐步发展。侯仁之先生为历史地理研究培养了众多专业人才，关于北京城市规划、水源开辟、历史地图集编纂等方面的研究，解决了大量的历史人文地理问题，成为开拓学科领域、引领学科发展的一代宗师。考古发掘的收获为研究古代北京的城市形态及其变迁过程、历史地名的定位等问题提供了直接证据。与旨在揭示区域环境变迁的历史自然地理相比，北京历史人文地理是参与者最多的领域。除了高校与科研单位的专业工作者之外，许多北京历史地理爱好者所涉足的大多属于这个范畴。其间既有以提高学术水准为宗旨、比较严谨精到的学术论著，也有以普及知识为目的、相对通俗易懂的科普读物或介绍常识的文字，它们分别适应了提高与普及两个层次的社会需求。

（一）历史地图编纂与古地图研究

（1）《北京地理地图集》的编纂出版

侯仁之先生主编《北京历史地图集》（一、二、三集）的陆续编纂出版，是北京历史地理研究与地图编纂史上的重大成果，也是北京政区沿革、地名变迁与历史地名定位研究的集大成之作。一部优秀的历史地图集，除了符合制图学的规范之外，还需要以大量的专门研究为基础，对图上所要表现的历史自然地理和历史人文地理现象做出高质量的研究。《北京历史地图集》第一集出版于 1988 年，以历代行政区划、建置沿革为对象，在有关考古、制图、高校、科研单位的协作下，集中了以北京大学地理系为主的一批历史地理学者，历时数年编纂而成。图集在 4 幅表示当代北京政区、地势的序图之后，安排了 70 幅大小不等的地图，从原始社会的人类文化遗址开始到民国时期为止，准确表现了北京城及其周围的政区设置、城市面貌、园林景观，对各类地物的位置、名称及其变迁过程做出了精审的考订，卷末附有 48 页地名索引。历史地理学家谭其骧先生称赞这部图集"诚足为历史地图之表率"，"不仅对研究北京之历史地理有重大价值，还可为全国编制省级历史地图之模楷也"①。陈桥驿先生评价说：这部"大比例尺的小区域历史地图集"，"同样具有划时代的意义"②。

丰富的历史文献与必要的野外考察相结合，是图上历史地理现象准确定位的重要保障。编辑组在用两年编成图集初稿之后，又进行了历时四年半的修订增补工作。侯仁之先生指出："在此期间，最重要的一项任务是进行必要的野外考察。野外考察是解决文献或传说中关于历史地理疑难问题的重要手段，在历史地图的编制中，有一些重要地方的名称虽然见于记载，但其位置难以确定；也有一些明显遗址，又难以确定其历史上的名称。此外还有已经消失了的湖泊沼泽以及迁移了的河流水道，单凭文献资料，更难进行复原，都有赖于实地勘查提供必要的佐证。随着编辑工作的深入，遇到的上述问题也就越来越多，只要有可能，编辑工作组的同志们总是要争取从野外考察中求得解决问题的线索。每次出野外，都是根据一定要求，事先尽可能掌握有关线索，明确考察目的，并力求和考察地点的有关方面取得联系，以利工作的进行。数年之间进行野外考察五十余次，行程共计约五千余公里。考察地点涉及北京市、天津市以及河北省的三十五区县。通过实地考察，解决了大小疑难问题多处。"③ 文献分析与野外考察相结合的研究方法，是历史地理学的通用方法，但集中解决如此之多的北京历史地理问题却是前所未有的学术实践。

1997 年出版的《北京历史地图集》第二集，以从距今一万年到大约四千年前的环境考古为主要内容。侯仁之先生在图集前言中说："现在这部续集的编绘，立意有所不同。目的在于上溯到有文字直接记载以前、北京地区原始农业的萌芽和最初居民点在平原上出现的时期。从整个人类生活发展史上来看，农业的萌芽乃是划时代的重大事

①　谭其骧：《关于〈北京历史地图集〉的一封信》，《中国文化》1990 年第 2 期。
②　陈桥驿：《评〈北京历史地图集〉》，《历史研究》1989 年第 5 期。
③　侯仁之：《北京历史地图集》"前言"，北京出版社 1988 年版，第 1 页。

件，是人类文明史上从旧石器时代进入新石器时代的转折点。这一客观事实，就为人地关系的研究，提出了前所未有的新课题，实际上也就是现代历史地理学研究的新起点。"① 这部图集表现了北京地区原始农业的萌芽以及早期居民点在平原地区出现的情形，探讨和展示了这一时段的人文现象与自然环境的变化，被学界誉为"北京地区历史早期人地关系研究的重大成果"②。

此后继续编纂的《北京历史地图集》第三集，表现了北京地区历史时期的城市建设、人口、经济、文化、社会管理与社会生活、村落、交通、军事以及 1949 年以后城市建设的发展等，基本上涵盖了政区沿革之外的北京历史人文地理的主要内容。

更为重要的是，在编纂第三集的同时，陆续进行了第一集与第二集的修订增补工作。第二集增加了关于区域水利开发、自然灾害、河流改道、水土流失、湖泊消亡、森林砍伐等历史自然地理变迁的图幅，大大拓展了第一版的内容。《北京历史地图集》一、二、三集重新定名为"政区城市卷"、"自然环境卷"、"人文社会卷"，在 2013年试印本基础上继续完善后，2015 年将作为一套完整的区域历史地图集问世。"《北京历史地图集》第三集的出版，标志着侯仁之先生所设计的《北京历史地图集》整体研究计划的完成"③，也展示了北京历史人文地理研究的新成果和新起点。

（2）《明清北京城图》与《北京宣南历史地图集》

早在 1962 年至 1964 年 5 月，作为《中国历史地图集》城市图组的一部分，在侯仁之先生指导下，中国科学院考古研究所徐苹芳先生主持完成了《明北京城复原图》与《清乾隆北京城图》的初稿，1966 年春定稿，但未能实现先出单行本的计划。1969 年《中国历史地图集》恢复编印工作后，删去了城市图。直到 1978 年，在考古学

① 侯仁之：《北京历史地图集》二集"前言"，北京出版社1997年版，第1页。
② 陈桥驿、王守春：《北京地区历史早期人地关系研究的重大成果——〈北京历史地图集二集〉评介》，《地理研究》1998 年第 1 期。
③ 唐晓峰：《北京历史地图集·人文社会卷》"前言"，北京出版集团公司、文津出版社 2013 年版，第 1 页。

家夏鼐先生与国家测绘总局王大钧局长支持下，重新整理两图并改题为《明清北京城图》，1986 年由地图出版社出版。

《明北京城复原图》以 1937 年版万分之一《实测北平市内外城地形图》为底本，并根据清乾隆年间绘制的《京城全图》中的街巷按比例改缩为一万二千分之一。为了反映从明末到清乾隆年间北京的变化，该图以刘若愚《酌中志》为主，参考清高士奇《金鳌退食笔记》，复原了明代北京宫城和皇城内的建置；关于内外城的坊界、胡同的复原，完全以明朝张爵《京师五城坊巷胡同集》和沈榜《宛署杂记》卷五"铺舍、街道"中的资料为依据。此外还参考了明代的《寰宇通志》、万历《顺天府志》、《帝京景物略》、《燕都游览志》及碑刻资料，清乾隆以前的《春明梦余录》、《天府广记》、《日下旧闻考》、《宸垣识略》，清末的《光绪顺天府志》、《京师坊巷志稿》，民国陈宗蕃《燕都丛考》、朱偰《明清两代宫苑建置沿革图考》等文献。两幅地图后附的表格，实际上是对城市古今变迁的简要总结。其中，《明北京城复原图坊巷胡同地名表》，将明代各坊街巷胡同名称与清乾隆《京城全图》以及 1937 年版实测图相对照，注出其今地；《明北京城复原图建置资料表》列出宫殿、坛庙、内官署、中央官署、地方官署、仓库、厂场、宅第、园林、寺观、其他 11 类地物的名称、改名情况、明代地点、清代名称、今地、兴废年代以及做出上述结论的参考文献，还有清末以来北京风貌图片以及地名索引[①]。两幅地图与文字说明相互配合，生动形象地展现了明清北京的历史地理面貌尤其是城市的人文地理状况。

在《北京历史地图集》一、二集出版之后，侯仁之、岳升阳主编《北京宣南历史地图集》于 2008 年问世[②]。"宣南"是清代北京宣武门外一带街区的泛称，由于士大夫阶层的认同而成为具有特定含义的历史地域概念，这部图集用以指代宣武区所辖区域。"城市的形成与沿革"图组以《北京历史地图集》第一集为依据略作调整，展现

---

① 徐苹芳：《明清北京城图》（考古学专刊乙种第二十三号），地图出版社 1985 年版。

② 侯仁之、岳升阳主编：《北京宣南历史地图集》，学苑出版社 2008 年版。

从蓟城到辽南京、金中都再到元大都南城、明清北京南城以及民国外城西部的城市选址、政区设置及其变迁过程；"城市文化"图组反映先农坛、会馆、寺庙、戏曲曲艺史迹、名人故居、休闲游乐场所、庙会、香会、近代学校教育机构、近代新闻出版业、戊戌维新史迹的分布状况；"城市经济"图组展现明清与民国时期的商业、金融业、手工业以及近代工业的分布，以经济繁荣的大栅栏、观音寺、琉璃厂、施家胡同、天桥以及具有民族特点的牛街为重点区域；"官署、建筑、市政及其他"图组，介绍明清至民国时期官署及官办机构，医疗、慈善、消防机构，近代建筑，历代墓葬，河道坑塘，明清至民国人口，香厂新市区，清代民国下水道，民国公共交通等历史人文要素的分布。附有《乾隆京城全图》、《1937年实测北平内外城地形图》、《1946年北平市内外城地图》的宣南部分，还有占全书一半篇幅的附表对城市文化、经济、官署、建筑、市政等图幅反映的内容予以进一步说明。《北京宣南历史地图集》是以北京市现有区县为地理单元、在相对微观的尺度上反映区域历史发展与人文地理变迁的首创，对同类图集的编纂具有典型示范意义。

（3）古旧地图的选辑与研究

古旧地图既是历史地图编绘的基础，更是地理学史尤其是地图测绘史的研究内容，同样也是展现地理要素定位及其空间关系的最直接、最准确的依据。在关于地图的流传收藏、绘制技术、版本考订的研究之外，对历史地理具有重要意义的工作就是把地图视为一种文献资料，用以探究它们所显示的历史地理要素的特征、变迁及其与自然环境、社会生活的关联，而古代城市地图在历史人文地理研究方面的作用尤其突出。举凡道路、水系、建筑物的分布格局，无不在相应比例尺的地图上得到不同程度的体现，它们在空间定位与形态描摹等方面的优势远非单纯的文字叙述可比。

今人研究证实，保存至今的古代北京城市地图约有一百余种，明代及其以前的作品已属凤毛麟角。数量最多的清代北京城市图，以内外城墙之内的城区为主，反映城墙、城门、皇城、紫禁城、宫殿、衙署、坛庙、苑囿、寺观、王府、仓场、街道胡同、河湖水系等内容。

它们或者是制作粗略的示意性的地方志附图，或者是单幅、大幅面的形象与写实并重的地图，以"城内折地、城外取容"为原则，即城内地物按一定缩尺反映其位置和体量、城外部分仅勾勒出山水等地物的大致轮廓①。地图目录学著作指示了寻找古旧地图的线索，古旧地图的选辑重刊则在规定严苛、手续繁琐的藏图机构之外，为历史地理研究者提供了一个初步了解和有限利用古旧地图的途径。曹婉如等编三卷本《中国古代地图集》②，喻沧主编《中华古地图珍品选集》③，郑锡煌主编《中国古代地图集——城市地图》④，包括了少量与北京相关的地图。此后，专门选辑北京古旧地图的图集相继问世，李诚等主编四卷本《北京历史舆图集》⑤，收录了宋朝至民国时期涉及北京地区的中外文地图近 800 幅，包括区域图、城池图、建筑平面图、风景名胜图及多种专题地图。国家图书馆、测绘出版社编《北京古地图集》⑥，遴选了 113 幅有关北京的中外古旧地图。

以古旧地图为材料和依据进行的历史地理研究，很多方面属于历史人文地理的范畴。任金城《明刻〈北京城宫殿之图〉——介绍日本珍藏的一幅北京古地图》⑦，展示了明代北京的城市面貌。侯仁之《记英国国家图书馆所藏〈清雍正北京城图〉——补正〈北京历史地图集〉明清北京城图》⑧，利用清代手绘的北京城图改进了《北京历史地图集》相关图幅对地理要素的表示。郑锡煌《北京城的演进与北京城市地图》⑨，对《乾隆京城全图》标注的 2900 多个自然地理要

---

① 朱竟梅：《北京城图史探》，社会科学文献出版社 2008 年版，第 3—4 页。

② 曹婉如等编：《中国古代地图集》（战国—元，明代，清代），文物出版社 1990、1995、1997 年版。

③ 喻沧主编：《中华古地图珍品选集》，哈尔滨地图出版社 1998 年版。

④ 郑锡煌主编：《中国古代地图集——城市地图》，西安地图出版社 2005 年版。

⑤ 李诚等主编：《北京历史舆图集》，外文出版社 2005 年版。

⑥ 中国国家图书馆、测绘出版社编：《北京古地图集》，测绘出版社 2010 年版。

⑦ 任金城：《明刻〈北京城宫殿之图〉——介绍日本珍藏的一幅北京古地图》，《北京史苑》第 3 辑（1985 年）。

⑧ 侯仁之：《记英国国家图书馆所藏〈清雍正北京城图〉——补正〈北京历史地图集〉明清北京城图》，《历史地理》第 9 辑（1990 年）。

⑨ 郑锡煌：《北京城的演进与北京城市地图》，《中国古代地图集——清代》，文物出版社 1997 年版，第 165—170 页。

素和人文景观做了统计研究，进一步讨论了乾隆年间北京城的道路格局、交通状况、宗教信仰、文化氛围、城市性质问题。在这之后，朱竞梅《北京城图史探》一书①，将北京城市地图成长的历程与城市本身政治、经济、文化的发展联系起来，以 1911 年之前绘制的北京城市地图为研究对象，从时间和类型的角度诠释带有浓郁地域文化特征的京师地图现象，考察了它们与北京城市发展演变的内在联系。该书从揭示北京城市地图的早期形态入手，继而归纳清前期的地图类型，分析地图编绘与城市建设管理的关系、清中期地图系统的变化以及地图社会文化功能的拓展，阐述北京城市地图的近代化演进过程和特征，为通过城市地图这个形象准确的媒介认识北京的历史地理变迁，提供了可资借鉴的研究范例。

（二）历代建置沿革的系统梳理

沿革地理是至少自南宋王应麟以来就已经成熟的一门学问，在早期的中国历史地理研究中占有主要地位，清代曾出现了大量研究全国政区沿革的著作。关于北京的历史沿革以及北京地区的历代政区设置，是研究北京地方史与历史地理的人们共同关注的问题，报刊上的相关文章屡有所见。

迄今为止，对历史时期北京政区沿革做出系统梳理的重要成果，当推尹钧科先生的两部著作。他在从事历史地理研究，尤其是参与编绘《北京历史地图集》与北京市地名普查工作的过程中，接触了大量政区沿革和历史地名问题。经过条分缕析的仔细考辨之后，梳理了北京地区自先秦至当代的政区设置过程，在历史地理学这个传统领域取得了新的进展。1994 年《北京历代建置沿革》出版②，2008 年又有《北京建置沿革史》问世③。《北京建置沿革史》并不是《北京历代建置沿革》的简单修订再版，而是在原有基础上的深化研究和重新撰写，更加全面地阐述了北京地区历代政区系统的基本结构、设置

---

①　朱竞梅：《北京城图史探》，社会科学文献出版社 2008 年版。

②　尹钧科：《北京历代建置沿革》，北京出版社 1994 年版。

③　尹钧科、董焱：《北京建置沿革史》，人民出版社 2008 年版。

背景、变迁过程，详细考订了政区治所、辖境以及名称的变化。北京政区沿革的过程表明，古蓟城一带自先秦至今始终是华北平原北部的主要行政中心所在；大兴、宛平二县及其前身自唐后期即依郭于州治，此后相继成为陪都与首都的依郭县，在史上所有京师依郭县中持续时间最久；以历代政区建置及治所地点的变化而论，宣武、房山、昌平、密云、通州、延庆、顺义等区县较为复杂，其他区县则比较简单；现代城市的行政区划单元多称"区"，始自清末的警巡区，到民国年间演变为真正的行政区域单元。

政区沿革的梳理以大量文献的铺排比照为基础，与历史地理的其他方面相结合，往往能够补充或修正已有的某些结论。《北京历史地图集》第一集是北京政区沿革地理和历史地名定位研究的集大成者，但仍然存在着许多有待探索的疑难。侯仁之先生在图集"后记"中指出："还有不少问题一时尚难解决，摘要记录于下：（1）两汉昌平县故城在今北京昌平县境还是在河北蔚县境？两汉至东魏间军都故城又是怎样变迁的？（2）北魏良乡县治在今房山县的窦店还是在今大石河西？（3）汉雍奴故城在天津宝坻县秦城还是在武清县兰城、大空城、旧县村？（4）文献中有河北涿县西南松林店为广阳故城之说，实地考察所见，当地确有汉代古城遗址，究是何城？（5）清河镇朱房附近古城、石景山古城、涿县东北古城以及平谷与三河县交界处的城子，各是何城？（6）《水经注》记载有两个厗（傂）奚故城，一在古北口内，一在今密云东南，是否如此？（7）密云县附近有无汉白檀故城？（8）《读史方舆纪要》谓滑盐故城在平谷西北，如何理解？"[①] 北京政区沿革与历史地名定位方面的疑难显然不止上述几个，即使在《北京历史地图集》的编纂者之间也仍然有待形成共识。

（三）城市与聚落发展的历史地理学阐释

从严格的意义上说，城市也是聚落的一种形态。这里以"聚落"指称城市周边的村落以及城市兴起之前的早期居民点。蓟城从早期聚

---

① 侯仁之：《北京历史地图集》第一集"后记"，北京出版社1985年版，第130页。

落到封国都城的发展过程，北京的城市形态、城市功能的历史面貌及其时代变迁，是历史地理、地方史、考古学等领域长期关注的重要问题。地方史学者以说明城市在时间维度上发生变化的事实为主，考古学者重在以实地发掘获得的器物或遗址证明城市的时代特征，历史地理环境只是二者叙事的背景或影响因素之一，但对于认识区域历史人文地理的变迁依然很有裨益。已经发表的相关论著极为丰富也相当庞杂，这里择要简述一二。

侯仁之先生的论文集《历史地理学的理论与实践》①，汇聚了从事北京历史地理研究的学术精华，《关于古代北京的几个问题》、《元大都与明清北京城》、《北京旧城平面设计的改造》、《北京海淀附近的地形、水道与聚落》、《北京都市发展过程中的水源问题》等，已成为后来者必读的基本文献。科普著作《历史上的北京城》、《北京城的起源和变迁》等，同样具有广泛的社会影响。侯仁之先生主编的《北京城市历史地理》②，表现了他的学生们在这个方向上的继承和开拓。发表于1955年的论文《北京都市发展过程中的水源问题》，堪称揭示区域人地关系演变过程的典范。他阐述了水源对于北京城市发展的重要意义，论述了北京历史上第一个大规模的灌溉工程——三国时期刘靖主持修建的戾陵遏和车箱渠——的修建过程与地理环境，继而研究了金中都、元大都、明清北京城的水源问题，总结了历史上北京城市水源从引用永定河到远导白浮泉再到修筑昆明湖水库的过程，提出了从"北京湾"北部引水入首都、在十三陵盆地等处修建水库的科学设想③。在此之后，随着官厅水库、十三陵水库、怀柔水库、密云水库的修建以及京密引水工程的开凿，这篇具有高度预见性的论文提出的设想已全部变为现实，充分体现了历史地理学的社会实践价值。此外，侯仁之先生1946—1949年留学英国利物浦大学期间完成的博士论文《北平历史地理》，在时隔64年之后的2013年12月

---

① 侯仁之:《历史地理学的理论与实践》，上海人民出版社1979年第1版、1984年第2版。

② 侯仁之主编:《北京城市历史地理》，北京燕山出版社2000年版。

③ 侯仁之:《北京都市发展过程中的水源问题》，《北京大学学报》1955年第1期。

才有中文版问世①。论文采用横剖面复原法，将文献分析与实地考察相结合，通过对地貌特征、交通区位、区域文化差异、河湖水系、城市形态等方面的分析，阐述了北平这座城市从早期聚落到国家首都的成长过程及其历史地理背景，奠定了侯仁之先生此后半个多世纪研究北京历史地理的学术基础。研究者指出："从学科发展史的角度来看，《北平历史地理》是中国学者按照现代历史地理学的学科范式，独立完成的第一部系统的城市历史地理研究专著。""是一部经受住了时间检验的历史地理研究著作，至今在理论与实践两方面具有重要意义，堪称经典之作。作者采用的研究框架，以及强调自然地理与人文地理分析、重视地图表现形式、重视文献与考察结合的思想，不仅贯彻到作者自己以后的学术实践中，而且这些思想也成为今天北京大学历史地理研究中心的学术特色。作者关于北平城的具体研究结论，对于今天的城市规划与保护，也仍然具有重要的参考价值。"②

　　涉及北京城市起源问题的西周蓟国与燕国分封的时间、背景以及燕都房山董家林遗址与蓟城的关系，今人往往受《史记》笼统记载的影响，而把武王伐纣之年定为燕国始封之年。唐晓峰《蓟、燕分封与北京地区早期城市地理问题》一文，根据文献分析与考古发现，清理了从蓟、燕始封到燕国灭蓟并以蓟城为都的历史过程，纠正了关于上述问题的错误认识③。围绕北京水环境与城市规划等问题进行的历史地理与城市史研究，在很多方面属于历史人文地理的范畴。蔡蕃《北京古运河与城市供水研究》④，简要回顾了北京的水资源开发和通漕情况，讨论了通惠河工程的实施情况与管理制度、历代供水与排水的建筑及其管理，总结了其间的若干经验教训。尹钧科、吴文涛《历史上的永定河与北京》⑤，是一部历史自然地理与历史人文地理并重的综合性著作。作者研究了永定河的形成与名称演变，洪积冲积扇

　　① 侯仁之：《北平历史地理》，外语教学与研究出版社2013年版。
　　② 邓辉：《〈北平历史地理〉评介》，《地理研究》2013年第11期。
　　③ 唐晓峰：《蓟、燕分封与北京地区早期城市地理问题》，《中国历史地理论丛》1999年第1期。
　　④ 蔡蕃：《北京古运河与城市供水研究》，北京出版社1987年版。
　　⑤ 尹钧科、吴文涛：《历史上的永定河与北京》，北京燕山出版社2005年版。

平原的发育与北京城原始聚落的形成，北京城的历史发展对永定河的影响，永定河中上游流域森林植被的破坏、下游的河道变迁与地面淤积，历史上永定河流域的水利与水害，永定河文化的类型与特点等问题，从多方面论证了永定河是北京的母亲河这一重大学术命题，系统阐释了一条河流与一座城市之间相互影响、相互作用的历史过程，在区域人地关系的互动过程研究方面取得了重要进展，并且为解决当代面临的区域环境问题提供了历史的借鉴。在这之后，孙冬虎《北京近千年生态环境变迁研究》①，对若干人文因素进行了城市生态学的分析，讨论了历史上的区域人地关系演变过程。吴文涛《北京水利史》②，研究了北京地区水利开发的历史过程和经济与环境效应，详细考辨了涉及重要水利设施的历史地理问题，阐释了城市发展与水资源开发、水环境改造之间的密切联系。

　　关于北京城市起源与发展的研究，在城市规划和建设方面的探讨逐渐深入和细化。朱祖希《营国匠意——古都北京的规划建设及其文化渊源》所阐释的"营国匠意"，是指城市规划设计者在营建国都的过程中体现出来的精巧构思、哲学取向和艺术境界。作者在清理了北京城市发展的历史地理脉络之后，集中回答了一个重大的学术问题：被梁思成先生称之为"举世无双的杰作"、"有计划的整体"的北京城，其规划理念的文化渊源在哪里？能够反映北京城灵魂的又是什么？他认为：古都北京规划建设匠意的本源，来自"君权神授、象天设都"的观念；它的基石，是《周礼·考工记·匠人》记载的营国制度；它的重要依据，是历史上早已形成并得到长期延续的礼治；它的制约因素，来自《周易》八卦和风水理论。在此基础上，作者形成了系统的认识："中国古代哲学是以天、地、人作为一个宇宙大系统的，追求天、地、人三才合一，与宇宙万物和谐合一，并以此为最高理想，用以指导城市规划和建筑设计。中国古代城市规划中的象天法地匠意和阴阳五行学说的运用，使中国古代的都城规划布局

---

① 孙冬虎：《北京近千年生态环境变迁研究》，北京燕山出版社 2007 年版。
② 吴文涛：《北京水利史》，人民出版社 2013 年版。

独具特色、独树一帜。北京城完全是在中国人独有的'天人合一'的理念指导下，又按照封建社会的礼治秩序规划建设而成的，它是东方宇宙观在都城规划建设中的具体体现。"① 这样的研究既以历史地理为基础，又把视野扩展到历史地理之外，为认识城市发展过程中的人地关系提供了新颖的视角。韩光辉《宋辽金元建制城市研究》②，揭示了我国古代城市管理制度在相应时期的重大调整，阐述了宋代都厢、辽代警巡院以及金元时代警巡院、录事司、司候司等专门机构管理下的城市建置、功能、规模、时空结构等问题。关于警巡院城市的分析以辽南京、金中都、元大都为例，直接推进了北京城市历史地理的研究。永乐年间营建北京，是北京城市史上的重大事件。李燮平《明代北京都城营建丛考》③，勘比历史文献并参照建筑实迹，从相对微观的角度考订了明清官修书籍的记载、永乐年间营建始末、明代宫殿规划建设等方面的若干问题。王毓蔺《明北京营建物料采办研究——以采木和烧造为中心》④，考订复原了明代营建北京过程中采办皇木的主要地域、运输路线并绘制了相关地图，通过探讨官办采木与商办采木的过程、机制、规模、经费筹措、财政税收体制、社会动员能力，阐述砖、瓦、琉璃烧造采办的持续时间、地域范围、烧办方式、工作过程，估算营建北京以来烧造砖料的规模、用砖数量与相关经费，揭示了皇木采办、砖瓦琉璃烧办与明代社会经济发展变迁之间的关系。作者在参考大量文献的同时，远赴南方诸省与河北、山东等地进行艰苦细致的实地调查，将获得的大量珍贵有力的实物证据予以历史地理学的审视，有效地解决了明代北京城市史与历史地理领域的一个重要问题。

系统阐述北京郊区聚落发展的历史地理过程的著作，当推尹钧科

---

① 朱祖希：《营国匠意——古都北京的规划建设及其文化渊源》，中华书局 2007 年版，第 334 页。

② 韩光辉：《宋辽金元建制城市研究》，北京大学出版社 2011 年版。

③ 李燮平：《明代北京都城营建丛考》，紫禁城出版社 2006 年版。

④ 王毓蔺：《明北京营建物料采办研究——以采木和烧造为中心》，博士学位论文，北京大学，2008 年。

先生《北京郊区村落发展史》①。作者讨论了北京郊区村落发展的地理基础和历史背景，根据考古资料推测了村落的起源与先秦时期的村落状况；利用大量文献资料和考古成果，依次论述了北京郊区在秦汉至隋唐、辽金元、明代、清代、民国、新中国建立以来6个历史阶段村落发展的兴衰过程与时代特征，总结了区域村落在名称、形态、分布方面的特点与成因。这项工作把北京历史地理的研究范围从城区推进到郊区，通过在内容、方法等问题上的探索，有效地拓展了北京历史地理学的研究领域。赵其昌先生的论文集《京华集》②，收录了发表于不同年代的《蓟城的探索》、《蓟门辨》、《唐幽州村乡初探》、《唐幽州村乡再探》、《唐辽昌平乡里考》、《辽代玉河县考》等重要论文，利用考古学资料和历史文献进行了北京地区古代乡村聚落与城邑的钩稽考订。党宝海《魏公村考：元大都一个畏兀儿聚落的历程》，论证了聚落发展与民族活动、人口迁移等因素的密切关联③。1980年以后编纂的各区县的地名志，也为历史聚落地理研究积累了一批实地调查资料。

（四）民族、人口、经济、交通、军事历史地理研究

关于北京地区历史上的民族、人口、经济、交通、军事问题的已有研究成果，除了屈指可数的几篇（部）历史地理论著之外，大部分属于与历史地理相关的地方史或专门史的范畴。与上述几方面相对应的区域历史人文地理的分支学科，如区域民族地理、经济地理、军事地理等，尤其需要继续充实。关于研究对象、研究方法及其与相关学科的关系，我们可以从已有的通论性著作中获得参考借鉴，进而把研究范围缩小到北京地区、把只是在全国范围内才会具有的研究内容予以删减，为北京历史人文地理的上述分支画出一个轮廓。

作为中国历史人文地理学分支的中国历史民族地理学，"着重研

---

①　尹钧科：《北京郊区村落发展史》，北京大学出版社2001年版。

②　赵其昌：《京华集》，文物出版社2008年版。

③　党宝海：《魏公村考：元大都一个畏兀儿聚落的历程》，《北京大学研究生学刊》1998年第2期。

究历史时期与民族起源、分布及发展有关的地理要素的空间分布及其
演变规律，其中包括民族起源地及其地理环境、民族分布区与分布格
局的形成与演变、民族人口的地理分布及迁徙运动等等问题"①。这
个定义所阐述的研究任务，大致都可以移植到关于北京历史民族地理
的研究中来。北京历史民族地理的研究还比较薄弱，但相关的区域民
族史成果要丰富得多。其中，金启孮《北京郊区的满族》（《满族研
究》1987，2）、《北京市海淀区火器营满族社会调查报告》（《满族
研究》1988，1）、《京旗的满族》（《满族研究》1988，3；1990，2、
4）、《北京的满族》（《燕都》1991，1）、《北京城区的满族》（辽宁
民族出版社，1998），岑家梧《辽代契丹和汉族及其他民族的经济文
化联系》（《民族团结》1963，12），崔文印《略论我国古代契丹女真
蒙古等北方各族对北京发展的贡献》（《北京史论文集》1980），姜纬
堂《〈冈志〉所注的清初北京牛街回民区》（《民族研究》1984，4），
李淑兰《北京历史上的民族杂居与民族融合》（《中央民族学院学报》
1995，3），陈缙《西奚与古崖居》（《中央民族大学学报》1998，
3），赵其昌《北京延庆县古崖居——西奚遗址再探讨》（《首都博物
馆丛刊》2002，16），许辉主编《北京民族史》（人民出版社，2013）
等，可给历史民族地理研究以较多的参考借鉴。当然，民族史与历史
民族地理的区别非常明显。已有研究指出："民族史往往以单一民族
的发展、演变为线索，侧重于深入细致地探讨各民族的生产生活状
况，讨论民族发展过程中的重大事件，包括人物、制度、风俗等等。
而历史民族地理则注重某一时段内在较大的区域范围内不同民族的分
布特征、不同时段各民族在地域分布上的变化及迁移的历史背景和其
影响，充分发掘各民族历史演变与地理环境之间的关系，以及地理环
境所发挥的作用。"② 在上述许多方面，北京历史民族地理的研究都
需要付出长期的努力。

历史人口地理旨在研究历史时期人口的数量、构成、分布、迁移

① 安介生：《历史民族地理》上册，山东教育出版社2007年版，第1页。
② 同上书，第12页。

及其与所处自然地理和人文地理环境的关系，揭示人口发展的时代特征与区域差异。晚近时期研究中国历代人口数量、迁移、结构的著作，大都包含若干关于北京地区的内容。关于北京人口史问题的多篇论文，尽管与区域历史人口地理的研究旨趣各不相同，但在清理北京人口发展过程尤其是对人口数量的估算、增减过程的波动等方面可作为历史人口地理研究的臂助。至于以北京地区为研究对象、从历史地理角度分析历史上区域人口问题的重要成果，当推韩光辉先生《北京历史人口地理》一书①。作者依据从文献中钩稽的大量人口数据资料，研究了历史时期北京人口的发展变化及其空间分布，显示了区域人口变化与社会政治、经济的依存关系。在分析历代户籍制度和人口构成等一般问题的基础上，阐述辽、金、元、明、清及民国时期的北京城市和北京地区的户口规模、增长情况及其影响因素，分析历代人口分布、流动状况以及城市人口的控制措施，从而形成了关于北京历史人口的基本情况和变化规律的系统认识。在研究方法上也有不少创新之处，借助许多间接信息解决了相关的历史人口地理问题。从历代行政建置和城市管理制度入手，揭示了北京城市户口在金代以来的隶属关系；通过透视户籍制度和户口统计系统，弄清了北京城及其附近户籍构成的历史状况，这些都为认识北京城市发展的历史进程提供了新颖视角与基本文献。尹钧科等著《古代北京城市管理》②，从城市规划、市政、户籍、人口、民政、工商税务、社会治安、教育文化的管理等方面，系统阐述了辽南京、金中都、元大都、明北京、清北京的城市管理制度、法规、措施、效果，总结了可资今人参考的历史经验和教训，其中的人口管理部分亦出自韩光辉之手。此外值得注意的论文是唐亦功《京津唐地区金代人口变迁研究》（《陕西师大学报》1995，1），利用指数曲线回归方程，对文献记载的金代区域人口予以研究和估算，划分了金初低值期、金中后期高值期、金末锐减期三个变化阶段。高寿仙《北京人口史》③，在参考已有研究的基础上，

① 韩光辉：《北京历史人口地理》，北京大学出版社1996年版。
② 尹钧科等：《古代北京城市管理》，同心出版社2002年版。
③ 高寿仙：《北京人口史》，中国人民大学出版社2014年版。

采用历史学和人口学相结合的方法，清理北京地区自先秦到民国时期
的城乡人口发展过程，重点考察区域人口的规模、迁移、分布、构成
在时间上的变化，并且探讨了估算古代人口数量的途径和方法等问
题。作者在资料搜集整理和人口增减分析等方面用力甚勤，相关成果
有助于深化北京历史人口地理的研究。

经济地理始终是一个相当宽泛的概念。在我国的人文地理学被长
期湮灭的时期，地理学基本上被区分为自然地理与经济地理两大门
类，举凡工业、农业、手工业、商业、交通、水利、能源、聚落、城
市等领域的地理问题，基本上都被纳入了经济地理的范畴，只是后来
随着人文地理学的复兴与各分支学科的成长而逐渐区分开来。与此相
对应，历史地理学领域内的历史经济地理，应当主要研究历史时期人
类经济活动的变化过程、地理区位、空间组合等问题，重在解释人类
社会经济活动与地理环境之间的相互关系及其时代变迁。与历史经济
地理比较接近的区域经济史，通常把地理环境视为影响区域经济在不
同时代发展变化的一个背景因素，而不像历史经济地理那样重在阐述
人类经济活动及区域经济特征与所处地理环境的关联。二者的研究宗
旨不同，但在许多方面可以相互借鉴。关于北京区域经济史研究的著
作主要有孙健《北京古代经济史》（北京燕山出版社，1996）、于德
源《北京农业经济史》（京华出版社，1998）、《北京漕运和仓场》
（同心出版社，2004）、齐大芝等《北京商业史》（人民出版社，
2011）、章永俊《北京手工业史》（人民出版社，2011）等；论文主
要有董恺忱《明清两代的畿辅水利》（《北京农业大学学报》1980，
3）、雷大受《清初在北京地区的圈地》（《北京师院学报》1981，
4）、周继中《元代大都地区的屯田》（《史苑》1983，2）、颜亚玉
《契丹统治下的燕云农业经济》（《中国社会经济史研究》1989，3）、
邓亦兵《民国时期北京农业述略》（《北京社会科学》1993，2）、张
利民《论近代华北商品市场的演变与市场体系的形成》（《中国社会
经济史研究》1996，1）、林廷清《论明初京畿地区的农业生产》
（《南开学报》1999，4）等。以历史地理学方法所做的相关研究，包
括韩茂莉《辽金农业地理》（社会科学文献出版社，1999）、高松凡

《历史上北京城市场变迁及其区位研究》(《地理学报》1989，2) 与
《明代北京城市场演变及其分布》(《环境变迁研究》第 5 辑)、韩光
辉《金元明清北京粮食供需与消费研究》(《中国农史》1994，3)、
龚胜生《元明清时期北京城燃料供销系统研究》(《中国历史地理论
丛》1995，1)、周尚意《元明清时期北京的商业指向与城乡分界》
(《北京师范大学学报》1999，1) 等。

　　交通条件是影响北京城市发展的关键因素之一，也是讨论北京城
市发展过程时不可或缺的内容，历史交通地理的任务就是揭示古今交
通在特定地理条件下的开辟、发展及其演变规律。除了前面列举的侯
仁之先生等人的论著之外，尹钧科《北京古代交通》①，从历史地理
视角考察北京古代交通的发展过程、水陆交通线的开辟与布局、驿站
和其他交通设施的进步，阐释交通因素对于北京城市发展的关键作
用。于德源《北京史通论》②，在 "北京古代交通" 一章，从历史地
理角度阐述了开辟水陆交通的重要史实。迄今所见的《北京交通史》
有三部：北京市公路交通史编委会编辑者③，简要叙述交通道路的开
辟与交通工具的变迁；颜吾佴等编著者④，以较多篇幅说明历代交通
工具和管理制度的变化，提供了近现代交通发展的统计数据，但大量
抄自正史舆服志或仪卫志的关于帝王舆辂的文字只有礼仪制度上的象
征意义，与相应时代国家或区域交通的发展并无多少关联；孙冬虎、
许辉著者⑤，侧重于从历史地理角度阐述水陆交通线的开辟、交通
系统的布局及其与地理环境的关系，简要说明交通工具和管理制度
的变化，揭示古今北京交通发展的时代特征及其发展变迁，考订相
关的历史地理问题。关于北京历史时期水路交通的研究，通常以京
杭大运河、通惠河、永定河的水利、航运为主，有些内容包含在关
于全国水路交通的论著中，如常征、于德源与姚汉源分别撰写的

---

　　① 尹钧科：《北京古代交通》，北京出版社 2000 年版。

　　② 于德源：《北京史通论》，学苑出版社 2008 年版。

　　③ 北京市公路交通史编委会编：《北京交通史》，北京出版社 1989 年版。

　　④ 颜吾佴等编著：《北京交通史》，清华大学出版社、北京交通大学出版社 2008 年
版。

　　⑤ 孙冬虎、许辉：《北京交通史》，人民出版社 2012 年版。

《中国运河史》①；关于北京与大运河的著作，主要有于德源《北京漕运和仓场》、王培华《元明北京建都与粮食供应》②。涉及北京古代陆路交通与城市历史地理问题的重要论文，有唐晓峰《从考古发现论证北京城起源和成长的交通条件》（《环境变迁研究》1984，1）、王灿炽《北京地区现有最大的古驿站遗址——榆林驿初探》（《北京社会科学》1998，1）以及《北京固节驿考略》（《北京社会科学》1999，1）等。门头沟政协编辑的《京西古道》③，汇集了区内古道的详细调查成果，是对区域历史交通变迁的微观透视。古代道路大都具有明显的继承性，研究者应尽量拉长搜集资料的时间跨度，借助地理考察报告和大比例尺地图以及实地考察获得的交通道路现状，加深对文献记载的理解，进而勾画出古代道路的大致脉络④。

历史军事地理旨在研究历史上的军事活动与地理环境之间的关系，今人概括的主要研究内容包括："（1）历史上某一国家或地区进行战争的地理环境及其对兵力部署、阵地构成、攻防态势、战争进程和结局的影响；（2）历史上的山川险要、关隘城堡、交通要道等分布状况及其在历次战争中的地位和作用；（3）历史军事重镇的地理环境及其对军事活动的影响；（4）历代军事区划、疆界沿革、边防卫戍与古战场的考察与论证；（5）历史军事地图的考证与历史军事地图集的编纂等。"⑤北京地区历史军事地理的内容应与上述各点基本相近，但与此相关的现有研究基本属于军事史或战争史的范畴，以战争过程及军事形势、兵力部署为主，军事地理通常只是作为影响战争进程的因素之一加以讨论。这类论著有宋常廉《高梁河战役考实》

① 常征、于德源：《中国运河史》，北京燕山出版社1989年版；姚汉源：《中国运河史》，中国水利水电出版社1998年版。

② 于德源：《北京漕运和仓场》，同心出版社2004年版；王培华：《元明北京建都与粮食供应》，文津出版社2005年版。

③ 政协北京市门头沟区文史资料研究委员会：《京西古道》，香港银河出版社2002年版。

④ 侯甬坚：《历史交通地理研究的方法与途径》，《经济地理》1987年第4期。

⑤ 中国大百科全书编委会：《中国大百科全书·军事》，中国大百科全书出版社2004年版，第686页。

（台湾《大陆杂志》1969，10），程光裕《宋太宗对辽战争考》（台湾商务印书馆，1972），雷大受《庚戌之变与北京外城的修复》（《北京史苑》1982，1），于光度《辽宋高粱河战役及其战场》（《北京文物与考古》1983，1），臧嵘《上谷渔阳骑兵在刘秀争战中的作用》（《河北学刊》1984，3），孙建民《燕云十六州与宋初宋辽的军事策略》（《河北学刊》1989，4），漆侠《宋太宗第一次伐辽：高粱河之战》（《河北大学学报》1991，3）、《宋太宗雍熙北伐》（《河北学刊》1992，2）、《辽国的战略进攻与澶渊之盟的订立》（《河北大学学报》1992，3），曾瑞龙《宋辽高粱河战役考论》（《大陆杂志》1991，3）、《经略幽燕：宋辽战争军事灾难的战略分析》（香港中文大学出版社，2003），刘勇《东汉幽州突骑述略》（《首都师范大学学报》1998，5），吴文涛《土木之变与北京保卫战》（北京出版社，2000）等。北京历史军事地理的研究，在许多领域都有待开拓。

（五）历史文化地理研究的逐步拓展

迄今已有的"文化"定义数以百计，文化地理的研究对象更是千差万别。关于"历史文化地理"的学科属性和研究内容，已有研究者认为：历史文化地理学是研究不同历史阶段各种文化现象的地域系统及其形成和发展规律的一门科学，是文化地理学、历史地理学和文化史的分支学科，同时也是其中二者或三者共同构成的交叉学科。研究内容主要有历史时期地理环境与文化发展的相互关系，历史时期的文化区域、文化传播、文化景观以及各文化要素的空间组合及其规律等[①]。迄今所见从历史地理学角度透视北京文化现象的成果，远远少于北京文化史性质的论著，尽管后者可以为历史文化地理研究提供帮助，但二者的研究内容毕竟不能等量齐观。

在涉及北京历史文化地理的论著中，刘凤云《市廛、寺观与勾栏在城市空间的交错定位：兼论明清城市文化》（《中国人民大学学报》1997，5）、李维明《北京地区夏、商、周时期考古学文化浅议》

----

① 毛曦：《历史文化地理学的理论与方法》，《陕西师范大学学报》2002 年第 3 期。

（《首都师范大学报》1999，1）、王日根《地域性会馆与会馆的地域差异》（《中国历史地理论丛》1996，1）等值得注意。李畅《清代以来北京的剧场》（北京燕山出版社，1998）、赵志忠《北京的王府与文化》（北京燕山出版社，1998）等，可以为文化地理的研究提供文化现象的分布与发展过程等方面的线索。随着近年来社会对地域文化与历史文化保护区的关注，历史文化地理研究成为相关著作中的部分内容。罗哲文等著《北京历史文化》[1]，关于宫殿、园林、城墙、城门、四合院、胡同、长城、寺庙等方面的论述，有不少属于历史文化地理的内容。吴文涛主编《永定河历史文化研究》[2]，汇集了关于永定河流域历史文化的多篇论文，从区域文化角度讨论了山水、地质、古人类、古都、古城、军事、交通、庙会、宗教、戏曲等文化载体的变迁和价值。吴建雍主编《北京历史文化保护区研究》[3]，进行了东城区历史文化地理的分析。王岗等撰《中国地域文化通览·北京卷》[4]，以及作为《北京专史集成》之一的《北京风俗史》[5]、《北京教育史》[6]、《北京宗教史》[7] 等，或者包含着历史文化地理的内容，或者为此类研究奠定了文献基础。

（六）区域地名研究的广泛展开

我国的地名学是在国际学术界推动下逐步形成和发展起来的一门学问，在研究思路和研究方法上深受语言、历史、地理、民族等学科的影响。地名研究往往需要追溯历史时期的地理环境和社会背景，因此，这门学问与历史地理学的关系尤其密切。新中国成立以来的六十多年，北京地名研究经历了从零星进行到全面展开再到逐渐衰微的过程，其间的起伏波动与我国同一时期地名工作的发展过程完全合拍。

①　罗哲文等：《北京历史文化》，北京大学出版社 2004 年版。
②　吴文涛主编：《永定河历史文化研究》，北京燕山出版社 2007 年版。
③　吴建雍主编：《北京历史文化保护区研究》，北京燕山出版社 2006 年版。
④　戴逸主编：《中国地域文化通览·北京卷》，中华书局 2013 年版。
⑤　李宝臣主编：《北京风俗史》，人民出版社 2008 年版。
⑥　郑永华主编：《北京宗教史》，人民出版社 2010 年版。
⑦　刘仲华主编：《北京教育史》，人民出版社 2008 年版。

近些年来，北京地名的历史文化价值逐渐受到社会重视，历史地名甚至被视为负载地方文化的一种非物质文化遗产，成为区域历史文化保护的对象之一，相关的研究工作又多少显露了可以在某些部门持续下去的迹象。

　　地名起源、含义与沿革过程的考释，是地名研究的传统内容。侯仁之《北京城的沿革》（《人民中国》1956，12）、金毓黻《北京古名简释》（《历史教学》1956，10）、董作宾《北京城里方言化的地名》（《平庐文存》卷5，台北艺文印书馆，1963）等，大致显示了20世纪前半叶北京地名研究的几个方面。1980年以后，地名研究迅速兴起。在历史地名定位与历史遗迹定名研究方面，王北辰《妫水河名考》（《北京史苑》1983，1）与《水经注所记昌平故城辨——附温余水正名》（《北京社会科学》1990，1）、赵其昌《辽代燕京之显忠坊、檀州街与市》（《首都博物馆丛刊》1983，1）、尹钧科《两汉昌平县新解》（《北京社会科学》1986，1）、李丙鑫《大兴县与大兴胡同考》（《地名知识》1986，4）、陈平《古阪泉、涿鹿地望考》（《北京文博》1996，3）等多有创见。侯仁之先生主编的《北京历史地图集》，从地名学角度来看，是北京地名沿革与历史地名定位研究的集大成之作。尹钧科《北京历代建置沿革》一书，对北京地区历史上的政区设置及变迁过程做了综合性的归纳。

　　北京街巷胡同名称的语源、语义问题，一直受到地名学、历史学和语言学者的关注。张清常《胡同及其他》①与《北京街巷名称史话》②，分别以"社会语言学的探索"与"社会语言学的再探索"为副题，为北京地名研究提供了社会语言学的视角。但是，追寻地名语源及其演变，在语言学之外还需要与历史、地理等多种途径相结合。汉字长于表意而拙于表音，同音字或近音字数量众多。如果不计声调，现代汉语普通话只有400多个音节，却可以拼出数万个读音相同或相近但语义迥然有别的汉字。在汉字与蒙古语之间，显然不能像蒙

---

　　① 张清常：《胡同及其他——社会语言学的探索》，北京语言学院出版社1990年版。
　　② 张清常：《北京街巷名称史话——社会语言学的再探索》，北京语言文化大学出版社1997年版。

古语与维吾尔语等拼音文字那样通过"对音"求得地名的语义。因此，上述两种著作以"对音"为依据的"胡同"源于蒙古语"水井"之说，虽然经过报纸、电视等媒介的宣传产生了广泛的社会影响，却不断受到学界的质疑。王越《胡同与北京城》[①]、何岩巍《"胡同"语源小考》等[②]，从语言和历史地理学角度已证其非。极而言之的"一条胡同一口井"[③]，更是经不起北京历史地理研究的检验。

地名的历史地理学研究，大致包括两个方面：一是通过对地名的构成要素或某种特征的研究，找到解决历史地理问题的线索或证据；二是以历史地理学方法分析地名渊源、语词特征及相关史实，为研究地名问题提供可靠的历史地理背景。罗保平《少数民族对北京街巷名称的影响》（《地名知识》1987，2），尹钧科《地名——河道变迁的重要见证》（《地名知识》1981，2）、《北京市为什么出现山西地名》（《地名知识》1982，2）、《要注重地名群的研究》（《地名知识》1989，2）、《北京的地名与古代遗迹探寻》（《北京文博》1996，2）、《北京的地名群》（《北京史苑》1985，2）、《北京郊区村落发展史》（北京大学出版社，2000），岳升阳《六郎庄的景观变迁与地名》（《中国方域》2000，6）等论著，考证了与地名相关的历史事实或地理现象，体现了地名研究与其他学科在研究方法、研究成果方面的彼此借鉴和相互促进。李宝田《地名与北京地区的环境变迁》（《地名知识》1980，1），将北京地名研究与历史地理学密切结合，以十万分之一的北京地形图为基础资料，把其中与植物有关的地名填到八十万分之一的北京地图上，从而形成了"北京地区反映植被情况的一些地名"这幅专类地名图。在结合其他材料加以考核修正之后，该图实际上与区域植被类型图类似，既反映了北京植被的现实分布状况，又在一定程度上显示出历史时期人类活动对区域植被变迁的影响。这些研究思路与

---

① 王越：《胡同与北京城》，中国地图出版社 2011 年版。

② 何岩巍：《"胡同"语源小考》，《京韵西风》，线装书局 2006 年版，第 88 页。

③ 张清常：《北京街巷名称史话——社会语言学的再探索》，北京语言文化大学出版社 1997 年版，第 423 页。

学术工作，对于拓展北京地名研究的领域颇有助益。

在区域地名的综合研究方面，尹钧科、孙冬虎《北京地名研究》①，以北京市辖境内的古今地名为研究对象，依据大量历史文献和考古成果，考订今北京市辖区内大量历史地名的出现年代、文献记载、历史变迁、所指地点等疑难问题，阐释区域地名自先秦以来产生和发展的历史过程；运用当代地名学理论，详细讨论了北京地名的命名、功能、语义特点；借鉴语言学、地理学、地图学的方法，分析北京地名语源的基本特点、北京地名分布的区域差异和基本规律；对北京的典型地名群，即一定地域内地理分布比较集中、所属语种彼此相同、结构形式大体近似、选词用字共性明显、命名背景高度一致、形成年代非常接近的若干个地名的天然组合，进行了地名学与历史地理学的阐释；借助于历史文献和当代研究成果，梳理了北京的历史地名自明代以来的变迁轨迹，为保护历史地名提供理论支持；简要总结历史上北京地名研究与地名管理的成果，提出了处理目前存在的主要问题的若干建议。在这之后，孙冬虎完成了《北京地名发展史》②。"上篇"以地名的时代变迁为主线，依据正史、方志以及其他各类历史文献与考古发现的碑刻、墓志等实物资料，阐述今北京市范围内不同时期地名形成演变的基本过程、主要特征和一般规律，对重要地名进行追根溯源的探究与正本清源的辨析，纠正以往关于北京地名问题的某些错误论断，展现北京地名的历史文化价值；"下篇"以北京地名的区域发展为核心，以当代北京市 18 个区县为单位，逐一讨论每个区域的地名发展与社会生活、地理环境、地域文化之间的关联，清理主要地名的语源，梳理它们形成和演变的过程，深入探讨地名文化在地域文化中的地位和作用，提出把历史地名作为一种非物质文化遗产加以保护的对策，为做好当代地名管理提供学术支持。以此为基础的《地名与北京城》③，是关于北京地名文化的一本普及读物。在北京所属区县的地名研究方面，《丰台地名探源》逐一追溯了丰台区当代地

① 尹钧科、孙冬虎：《北京地名研究》，北京燕山出版社 2009 年版。
② 孙冬虎：《北京地名发展史》，北京燕山出版社 2010 年版。
③ 孙冬虎：《地名与北京城》，中国地图出版社 2011 年版。

名的来龙去脉，分析了它们的语源、语义和变迁过程，纠正了《北京市丰台区地名志》等当代著述在相关问题上的多种谬误①。

三   本书的著述宗旨和基本结构

北京历史地理研究首先得益于以侯仁之先生为代表的一代学者的开创之功。他们适应所处时代的需求，在北京历史地理的主要方向上取得了巨大成就，构建了这门学科的基本框架。后来者继续加以拓展、细化和深化，共同推进了学科的进展。谭其骧先生曾经预言："历史人文地理将是历史地理研究中最有希望、最为繁荣的分支之一，在中国实现现代化进程中，历史人文地理研究必将做出自己的贡献，这是其他学科所无法替代的。"② 中国历史人文地理在最近几十年来获得了长足进步，已经形成了众多生机勃勃的分支，如历史政治、经济、军事、人口、文化、城市、聚落、语言、社会、民族地理等，研究范围在不断扩大，研究方法也有所创新。

审视以北京地区为研究范围的历史人文地理学进展，来自各方的研究者取得的成绩与迄今在许多领域存在的缺陷同样明显，学科的逐步健全依然任重道远。在这样的学术背景下，有必要以一部通论性的著作增进人们对学科结构体系与已有成就的认识，《北京历史人文地理纲要》就是为此所做的初步尝试。北京历史人文地理是中国历史人文地理的区域化体现和有机组成部分，但它已经涉及的内容受到研究者具体需要的制约，在某些领域成就斐然，在另一些方面却相当薄弱甚至大体处于空白状态。与历史自然地理相比，历史人文地理更容易与相应的专门史内容密切关联，比如民族地理与民族史、军事地理与军事史、文化地理和文化史、经济地理和经济史等等。虽然历史地理与专门史、区域史的学科要求与侧重点迥然有别，但对于目前空缺较多的分支只能退而求其次，主要叙述可供借鉴的相关史实以俟来

---

① 孙冬虎：《丰台地名探源》，首都师范大学出版社 2010 年版。
② 谭其骧：《积极开展历史人文地理研究》，《中国历史地理论丛》1991 年第 1 期。

者；对于比较成熟的分支，则重在提炼已有的学术精华以增进对学科发展的了解。构成历史人文地理环境的要素非常复杂，所谓"纲要"云者，显然只是择其大略的宏观叙述，其目的不在于获得新的学术突破而在于为学科的结构体系描绘出一个基本的轮廓，找到未来需要强化和拓展的学术领域之所在。

根据上述宗旨与现有条件的限制，《北京历史人文地理纲要》的基本结构如下：

（1）叙述人文、人文地理、历史人文地理、北京历史人文地理的概念，归纳总结北京历史人文地理研究的当代进展，为随后各章的专题讨论奠定学术基础。

（2）阐述北京地区历史上各个民族的活动及其与地理环境的关系，显示人类活动在人地关系中的主导地位。

（3）清理作为国家管理手段和途径的行政区划在历史上的变迁过程，这也是历史地理学最为传统的内容。

（4）概括北京城市起源与变迁的基本过程以及其间体现的人地关系，归纳北京地区乡村聚落的来龙去脉，揭示影响城乡发展的人文地理特征。

（5）梳理北京城乡人口的变迁过程，重点在于人口数量增减、地域分布、人口迁移及其与历史人文地理环境的相互关联。

（6）说明北京地区水陆交通的开辟与交通体系的地理特征，阐释交通因素对北京城市发展的决定性作用。

（7）说明古代农业开发的过程与作物分布、手工业、采矿业、冶炼、电力、商业的变迁过程与地理分布，透视区域经济发展的人文地理环境。认识北京城市史上的能源供应途径、类型及其变迁，指出能源采集对区域生态环境的巨大影响。

（8）分析北京周边环境的军事地理价值，考订历代重大战事的进兵路线与相关地点，阐述长城等防御设施的修筑过程与军事价值。

（9）研究文化、教育、宗教、地名等问题在内的北京历史文化地理现象的分布及其形成发展过程与地理环境的关系，说明北京文化的地域差异。

第一章　民族活动及其地域空间

考古发掘证实了历史上北京地区各民族活动的源远流长，这里处于我国传统的农牧交错带，以汉族为代表的农耕文化与少数民族代表的游牧文化，在燕山南北相互冲突、交流、融合，共同创造了丰富多彩的地域文化，形成了特色鲜明的区域人文地理特征。

第一节　史前时期人类活动的遗迹与空间

在遥远的新旧石器时代，人类活动的足迹已经广泛出现在北京地区。根据目前已有的考古调查，北京及周边地区遍布着新旧石器时代人类活动的化石与遗址。旧石器时代初期文化的代表，是周口店北京猿人化石及其相关遗存。新石器时代早期代表性文化遗存有门头沟东胡林村墓葬；平谷区上宅遗址、北埝头遗址和密云县燕落寨遗址、房山区镇江营遗址属于中期遗存；昌平雪山遗址，包括一期文化遗存和二期文化遗存，都属于晚期文化遗存。较之旧石器时代，文化遗存大大丰富，由此可以探知人类活动的踪迹。从考古材料上看，北京地区不仅原有的各部族关系密切，外来部族也不断出现。既有周口店北京猿人遗址，也有延庆山戎遗址，同时还分布着许多细石器文化遗存，这是生活在北京平原地区的农业民族和北方游牧民族互相影响、渗透、融合的结果，体现了各自的民族特性。自传说时代开始，活跃在北京地区的各氏族、部落彼此交往，经济和文化的纽带逐渐取代了血缘纽带，形成具有共同地域、共同语言、共同经济形态和共同文化的人类共同体。

上宅二期文化遗存，包括很多陶器、石器、骨器。以压印"之"字纹和抹压条纹为突出特点的器物，在东北新乐下层文化、辽西红山文化、中原磁山文化中，都能找到相近似的因素，这应是相邻地区不同文化间相互交流与融合的结果。上宅二期文化遗存介于中原与北方两大原始文化区之间的接触地带，是一种新的、以自身特点为主、在不同时期不同程度地受到南北文化影响的地方类型文化①。这就意味着，在新石器时代，北京地区已是不同部落文化交错存在的区域。

更多的考古发现表明，北京地区的古人类在不同部落、族群之间乃至与周边区域的人们，都有着直接的密切往来，或者由于同一个文化群体迁徙分散到不同区域，从而在文化上往往表现为同一类型。中国科学院考古研究所内蒙古发掘队 1960 年试掘赤峰药王庙、夏家店遗址后确立的夏家店下层文化，主要分布在燕山山地和辽西及内蒙古东南部地区。在北京地区，有昌平雪山三期文化遗存，房山琉璃河镇刘李店商周遗址内发现两座该文化属性的墓葬，平谷刘家河村有商代墓葬，密云水库中心岛凤凰山发现墓葬一座。此外，在房山区南尚乐乡塔照村、镇江营、西营三处遗址的地表，都发现了夏家店下层文化的陶片。

20 世纪 80 年代初，有人指出燕山南北夏家店下层文化有相当差异，当各有自身来源，故将燕山以南者称为夏家店下层文化燕南类型②。有的研究者则进一步分析了两地区的异同，认为是两个源、流不同的考古学文化③。还有一种意见认为，两地区属于一种文化，燕山以北地区年代偏早，燕山以南地区出现稍晚，其文化中心有由北向南发展的趋势④。地处燕山南麓的北京，无疑成为多种文化交错的合

①　北京市文物研究所：《北京考古四十年》，北京燕山出版社 1990 年版，第 27 页。
②　李经汉：《试论夏家店下层文化的分期和类型》，载《中国考古学会第一次年会论文集》，文物出版社 1979 年版。
③　韩嘉谷：《京津地区商周时期古文化发展的一点线索》，载《中国考古学会第三次年会论文集》，文物出版社 1982 年版；文启明：《冀东地区商时期古文化遗址综述》，《考古与文物》1984 年第 6 期。
④　郭大顺：《丰下遗址陶器分期再认识》，载《文物与考古论集》，文物出版社 1987 年版。

适土壤，中国统一多民族国家形成的一连串问题，似乎最集中地反映在这里。不仅秦以前如此，从南北朝到辽、金、元、明、清，这里依然是民族融合的重要场所[①]。

第二节　先秦两汉燕地的民族分布与民族活动

　　位于农耕文化与游牧文化交界地带的北京地区，在先秦时期就已经开始了民族融合的进程。山戎部落的许多民众曾进入这里生活，带来了他们的文化。到了秦汉时期，在汉人群体的形成过程中，匈奴、乌桓、鲜卑等少数民族陆续来到这里，加入冲突与融合的行列，共同成为这里的常住居民。

　　关于黄帝时代不断发生部落争战的传说，揭示了有文字记载以前的部族交往史。黄帝是北方部族的领袖，他率领的强大部落曾到达北京地区，今陕西、山西、河南、山东、北京等地均有传说中的黄帝陵，唐代诗人陈子昂、李白在幽州都留下了吟咏蓟丘、轩辕台的诗篇[②]。黄帝在北京以西的涿鹿打败了蚩尤，其后，炎、黄部落又"战于阪泉之野"，经过数次大战黄帝得胜，"诸侯咸归于轩辕"，于是在涿鹿建立都邑。《史记》称黄帝的足迹"东至于海，登丸山，及岱宗。西至于空桐，登鸡头。南至于江，登熊、湘。北逐荤粥，合符釜山，而邑于涿鹿之阿。迁徙往来无常处，以师兵为营卫"[③]。黄帝的领地基本概括了此后的秦汉疆域，《史记》记载他不断巡行各地，居无定处，似乎可以推测黄帝是在通过各种手段加深和巩固各部落间的联盟。

　　随着北方部族势力的发展，部族融合得到了强化。帝颛顼的势力已经囊括今北京一带，"北至于幽陵，南至于交阯，西至于流沙，东至于蟠木"[④]。著名的尧舜时代，北京地区的部族已经形成较为稳固

---

　　①　苏秉琦：《中国文明起源新探》，辽宁人民出版社 2009 年版，第 41—42 页。
　　②　陈子昂：《蓟丘览古赠卢居士藏用七首》，《全唐诗》卷 83，中华书局 1960 年影印本；李白：《北风行》，《全唐诗》卷 162，中华书局 1960 年影印本。
　　③　《史记》卷 1《五帝本纪》，中华书局 1997 年缩印本，第 3—6 页。
　　④　同上书，第 11 页。

的地域共同体，尧"申命和叔，居北方，曰幽都"。至于舜"流共工于幽州，以变北狄"①，更意味着以强大的政治力量来影响北京地区的不同部族，促成一种趋同的文化。

昌平雪山村遗址三期即夏家店下层文化、平谷县刘家河、房山区琉璃河等遗存，有助于勾勒出夏商时期北京地区居民或部族的活动情况。以夏家店下层文化遗存结合甲骨金文以及文献记载可见，夏商时期北京地区活跃着许多部族，主要包括肃慎、燕亳、孤竹、山戎等。孤竹国在今河北省卢龙一带，山戎族活跃于燕山南北，燕亳在北京及其周围地区。不同部族具有不同的文化以及政治形态，它们毗邻而居，彼此之间一直相互交往、相互影响。

西周及春秋以后，文化的发达及政治力量的影响，加速了北京地区的部族与民族融合。周的重臣召公奭的后人封于燕地，这里是前朝商族势力集中的地方，也面临山戎、北狄的威胁。燕国灭蓟后迁都蓟城，并取得了对孤竹等北方小国的支配地位，确立了周室姬姓贵族政权在北京地区的统治，原始居民也逐渐认同并同化于姬姓贵族所代表的华夏族。燕北有东胡、山戎，东有秽貊、肃慎，西北与匈奴为邻，西南与白狄建立的中山国相邻。其中，山戎的势力颇为强大，时常长驱直入燕、齐、赵边境掳掠骚扰。燕国受害尤其严重，求助于齐国。齐桓公"遂北伐山戎，刜令支、斩孤竹而南归"②。战国时期，燕东南有华夏族诸侯国，北有山戎、东胡、林胡、貊、楼烦，东北有秽貊、肃慎，西北有匈奴诸族。后期来自山戎的威胁逐渐解除，林胡、楼烦、东胡成为燕国的主要对手。

北京地区春秋、战国之际的山戎文化遗存，集中发现于延庆县八达岭以北的军都山一带。1975 年在延庆西拨子村，发现了西周晚期或春秋早期的窖藏铜器。在一件青铜釜内，装有五十余件青铜器。其中有生活用具、生产工具和兵器，共十四类、五十三件。生活用具有釜、鼎、匙、耳环；工具和兵器有刀、猎钩、锥、锛、凿、戈、小铜

---

① 《史记》卷 1《五帝本纪》，中华书局 1997 年缩印本，第 17、28 页。

② 《国语》卷 6《齐语》"桓公帅诸侯而朝天子"条，上海古籍出版社 1978 年版，第 242 页。

泡等。这批青铜器应为夏家店上层文化的遗物，器形和花纹反映了我国中原和北方民族地区的文化交流和互相影响。例如，一件口沿饰有重环纹的铜鼎残片，其纹饰可能受到中原文化的影响。出土的铜刀、铜匙、铜猎钩等，则与我国东北地区同时代遗址出土的器物相似，带有明显的游牧民族特色。

东胡是古代雄踞我国东北部的少数民族"胡"族的一支，最早见于《山海经·海内西经》："东胡在大泽（今达赉湖）东。"据《逸周书·伊尹朝献篇》，东胡族居住在商朝的正北方，是商代的土方，控制北方的重要方国。西周时东胡族和山戎族都居住在周王朝的北方及东方，与王室的政治联系比较密切。东胡族曾与赵、中山、燕为邻，作为游牧民族，在与中原民族交往过程中学会了农业、手工业技术。到了春秋战国时期，东胡与中原之间的往来更加频繁。宁城南山根出土的东胡墓葬中，出现了仿效黄河流域贵族随葬青铜礼器之事。

东胡在汉初被匈奴冒顿单于消灭以前，相当长的时期内倚势掠夺邻近各族。《史记·货殖列传》记载，燕国出产的"鱼盐枣栗"，素为东胡等东北少数民族所向往，燕国则是东胡与中原进行经济文化交流的枢纽。东胡活动过的地区如赤峰、宁城等地，大量出土了战国时期中原不同政权的货币。赤峰平庄乡出土的货币，或为赵国安阳、平阳、武安、晋阳、兹氏等地铸造，或为燕国差阳、襄平、益昌铸造，或为齐国陶阳、平阳铸造，还有魏国、韩国和北虢、南虢的货币。在赤峰当铺地乡蘑菇山四楞沟以及宁城县出土的货币，则完全是战国时期的燕国钱币。这些钱币的使用，说明东胡与中原特别是燕地具有频繁的经济联系。

在燕国东北部活动的少数民族肃慎，其历史可上溯到夏商以前的尧舜时期。肃慎与燕国同为周之北土，在燕山以北地区。《左传》昭公九年周詹桓伯云："及武王克商……肃慎、燕毫，吾北土也。"[①] 肃慎与春秋时期的山戎有关，并且与中原各国相互往来。在内蒙古赤峰

---

① 《左传·昭公九年》，《黄侃手批白文十三经》本，上海古籍出版社1983年影印，第347页。

市夏家店遗址发现的夏家店上层文化，多与夏家店下层文化和燕文化相互叠压。燕国文化在上，夏家店下层文化在下，夏家店上层文化居中。田继周先生指出，夏家店上层文化一般认为是属于周时的肃慎、山戎和东胡的文化，夏家店下层文化属于中原文化系统，是孤竹、令支等部族的文化。由此推测，肃慎、山戎、东胡等民族势力曾占领北京部分地区，燕地作为多民族汇聚地区，一直延续到以后作为全国政治文化中心的时代①。

经过春秋战国时期的衍化，曾经活跃在燕地周围的戎狄各族，民族及相互关系发生了深刻变化。秦汉时期，燕地已经变成了统一的君主集权制下的郡县、郡国，周边的少数民族势力受到了中央集权的有效遏制，相应地影响了区域民族关系的发展。

秽貊又作秽貉，是我国东北地区和朝鲜半岛诸部的总称。秽，周时居住在北方，处于肃慎和良夷之间。貊又作貉，原居周朝北方，其后秽与貊逐渐融合为一个民族，并且从畜牧渔猎向农牧经济转化。战国时，秽貊活跃在燕国东北部。秦灭燕后，秽貊归于秦。秦汉之际，燕、齐、赵人为逃避劳役战祸，到此避难者达数万口。朝鲜侯准自称为王，收纳中原到此避难者，势力颇振。燕人卫满"聚党千余人"，击败侯准而自立朝鲜，定都王险（今平壤），"稍役属真番、朝鲜及故燕、齐亡命者"②，大量的秦人、汉人进入朝鲜并融合于朝鲜民族。此后，东北民族势力仍然时常抵达北京及其周边地区。

夫余亦属燕北少数民族，《史记·货殖列传》记载，燕地"北邻乌桓、夫余"。西汉时，夫余臣属，受玄菟郡节制。汉朝为之颁发印玺，令其王统率各部。至王莽代汉，曾派五威将到夫余更换印绶。东汉建武二十五年（49），夫余"遣使奉贡，光武厚报答之，于是使命岁通"③。夫余在幽州之北，一直受到汉朝重视，通过幽州这条路径与中原频繁往来。

北狄支属匈奴族对燕地的威胁，从战国时期的燕国一直延续到秦

---

① 许辉主编：《北京民族史》，人民出版社 2013 年版，第 25、26 页。
② 《史记》卷 115《朝鲜列传》，中华书局 1997 年缩印本，第 2985 页。
③ 《后汉书》卷 85《东夷列传》，中华书局 1997 年缩印本，第 2812 页。

汉时期。"秦汉以来，匈奴久为边害……匈奴最逼于诸夏，胡骑南侵
则三边受敌，是以屡遣卫、霍之将，深入北伐，穷追单于，夺其饶衍
之地。"秦末匈奴单于冒顿统一匈奴诸部，势力空前，利用中原内乱
之机，南越长城，"遂侵燕、代"①。西汉武帝时期，通过多次征伐消
灭了匈奴主力，迫使其西迁，一度遏制了对燕地的侵害。东汉初年，
匈奴呼都而尸单于舆（呼韩邪之子）乘中原内乱，与卢芳等割据势
力联合，"卢芳与匈奴、乌桓连兵，寇盗尤数，缘边愁苦"②。建武二
十二年（46）匈奴分裂，并且发生自然灾害。东汉顺势支持南匈奴
抗衡北匈奴，一度使北匈奴远遁。东汉末年，南匈奴内部纷争不已，
单于的权威被严重削弱，叛乱的匈奴贵族联合乌桓、鲜卑、羌戎诸族
屡次侵犯幽、并、凉诸州。纷乱的南匈奴在东汉的打击与乌桓、鲜卑
的蚕食下日益败落，终于内迁河东平阳（今山西临汾西南），与汉族
杂处混居。

东汉和帝时期，北匈奴被南匈奴联合东汉击败北走，领地被鲜卑
族占据，其余部十万余亦自号鲜卑。此后百年间，鲜卑经常侵扰袭掠
辽东、辽西、右北平、渔阳、代、上谷、雁门、定襄、云中等郡，幽
州所受劫掠尤深。桓帝时，鲜卑大人檀石槐统一鲜卑诸部，势力强
盛，"兵利马疾，过于匈奴"③。他们不肯接受东汉的和亲要求，频繁
进攻北部边郡。至灵帝时，"幽、并、凉三州缘边诸郡，无岁不被鲜
卑寇抄，杀略不可胜数"④。光和四年（181），檀石槐死，鲜卑内部
开始纷争，部族离散，对幽州地区的侵犯亦随之减弱。

乌桓是与鲜卑同种的少数民族，也是幽州的边防大患。西汉高祖
十二年（前195），燕王卢绾反叛，"率其党数千人降匈奴，往来苦上
谷以东"⑤。汉末乌桓与匈奴不断寇掠北部边郡，代郡以东的幽州所
遭乌桓侵扰最甚，"朝发穹庐，暮至城郭，五郡（代郡、上谷、渔

① 《三国志》卷30《魏书·乌丸鲜卑东夷传》，中华书局1997年缩印本，第831页。
② 《后汉书》卷20《王霸传》，中华书局1997年缩印本，第737页。
③ 《后汉书》卷90《乌桓鲜卑列传》，中华书局1997年缩印本，第2991页。
④ 同上书，第2990页。
⑤ 《史记》卷110《匈奴列传》，中华书局1997年缩印本，第2895页。

阳、右北平、辽西）民庶，家受其辜，至于郡县损坏，百姓流亡"①。
王霸任上谷太守时，与匈奴、乌桓之间"大小数十百战"②。光武帝
欲借乌桓攻击匈奴，以财物大加利诱，乌桓遂归附东汉。东汉置乌桓
校尉"于上谷宁城，开营府，并领鲜卑，赏赐质子，岁时互市焉"③。
徙居塞内的乌桓诸部，分布于"辽东属国、辽西、右北平、渔阳、
广阳、上谷、代郡、雁门、太原、朔方诸郡界"④。中平年间，刘虞
在幽州"开上谷胡市之利，通渔阳盐铁之饶"⑤，与乌桓、鲜卑族互
通商贸，深受诸部信任。在其治理幽州期间，乌桓、鲜卑各族与幽州
百姓基本上处于友好状态。

　　汉末，"三郡乌丸承天下乱，破幽州，略有汉民合十余万户"⑥。
辽东乌桓峭王在清河、平原等县亦掠走众多汉人，加上幽、冀两州自
动投奔乌桓的官吏和百姓十万余户，总数达二十多万户。建安十二年
（207），曹操出塞攻打乌桓，"斩蹋顿及名王以下，胡、汉降者二十
余万口"⑦。曹操将乌丸降众及乌桓校尉阎柔所统幽、并州万余部，
迁到邺城附近诸郡及幽州治所蓟县（今北京城西南）、并州治所晋阳
（今山西太原西南）一带，同时精选乌桓士兵，由其王侯大人率领随
曹军征战。曹操军事力量大增，也促进了幽州等地汉族与乌桓的
融合。

　　秦汉时期北京地区及周边少数民族既有对中原王朝的侵扰，也时
常依附于中原政权。战争对经济文化以及民族关系造成了很大破坏，
但北京地区也是少数民族与中原地区遣使外交和贸易往来的重要通道。
中原的先进制度与生产技术、器物由此得以向少数民族地区输送，汉
末的鲜卑就曾向汉民族吸取文化和技术。"轲比能本小种鲜卑，以勇

　　①　《资治通鉴》卷 43，汉光武帝建武二十一年正月，中华书局 1956 年标点本，第
1400 页。

　　②　《后汉书》卷 20《王霸传》，中华书局 1997 年缩印本，第 737 页。

　　③　《后汉书》卷 90《乌桓鲜卑列传》，中华书局 1997 年缩印本，第 2982 页。

　　④　《三国志》卷 30《魏书·乌丸鲜卑东夷传》，中华书局 1997 年缩印本，第 833 页。

　　⑤　《资治通鉴》卷 59，汉献帝初平元年四月，中华书局 1956 年标点本，第 1915 页。

　　⑥　《三国志》卷 1《魏书·武帝纪一》，中华书局 1997 年缩印本，第 28 页。

　　⑦　同上书，第 29 页。

健，断法平端，不贪财物，众推以为大人。部落近塞，自袁绍据河北，中国人多亡叛归之，教作兵器铠楯，颇学文字。"同时，少数民族的文化、习俗、物产也极大地丰富了北京地区的生产与生活。到三国魏黄初三年，"比能帅部落大人小子、代郡乌丸修武卢等三千余骑，驱牛马七万余口交市，遣魏人千余家居上谷"①。幽州所产的名马以及由少数民族组成的"幽州突骑"，就是多民族交融的产物。

第三节　魏晋北朝的民族冲突、迁徙与融合

幽州地处东北与中原之间，邻接青齐与并代，一向是少数民族与汉民族交往的通道。这样的地理位置，决定了它在历史上所扮演的角色。一方面，它是中原王朝在华北地区巩固统治并进而经略东北的军事重镇；另一方面，它又是北方少数民族南进的军事基地，只有占据幽州，才能继续向中原地区发展。从西晋的短暂统一，到北魏巩固在北方的统治，幽州地区一直是北方少数民族竭力争夺的目标。尤其在十六国北朝时期，大量的少数民族进入幽州以及整个华北平原建立政权，开启了中国历史上大规模的民族融合时代。

魏晋十六国北朝时期，先后有匈奴、乌桓、鲜卑、羯、氐、羌、柔然、契丹、库莫奚、突厥等民族陆续活跃在幽州地区。政治动荡导致北方民众流离失所，在幽州及其周边州郡之间奔走，以求劫后余生。战乱和灾害形成的流民，也常常自发地向幽州集中。这一时期幽州地区民族的迁徙流动是多方位的，居民的主体仍然是汉族人民，还有许多内迁的乌桓、鲜卑等少数民族。慕容儁以蓟城为都时，曾把前燕文武官员、士兵以及鲜卑部落迁来，在密云等地还居住着为数不少的丁零人，蓟城丁零川就是以此命名。公元 429 年，北魏将塞外几十万高车族人强行安置在从阴山到滦河上游地带从事农牧，幽州北部地区就包括在这一地带之中。北魏时，代人尉诺为幽州刺史，有惠政，

---

① 《三国志》卷30《魏书·乌桓鲜卑东夷传》，中华书局 1997 年缩印本，第 838—839 页。

在州前后十余年，逃亡在外的幽州人回乡者有一万余户。这些流民以汉人为主，也有久居塞内的其他各族人民。公元523年六镇起义，边镇各族兵民流入蓟城地区的非常之多，领导流民和蓟城人民起义的杜洛周就是柔玄镇（今内蒙古兴和县西北）的流民。

曹魏与西晋政权在幽州设置了管理少数民族的职务，幽州地方行政长官也担负监管、防御幽州及周边少数民族的重任。在政治稳定的情况下，少数民族对魏晋王朝表示依附与从属。即使这种关系并不牢固也缺乏长久的可靠支持，却仍然是幽州地区民族融合最为积极的一面，这在很大程度上依赖执政者采取合理的民族政策与政治手段。

西晋惠帝时爆发"八王之乱"，国势日衰。北方和西方的匈奴、鲜卑、羯、氐、羌等族乘机内侵，汉族的一些地方势力亦称王割据，最终晋室南迁，幽州成为少数民族割据称雄的据点。十六国时期，幽州地区有后赵、前燕、前秦、后燕等国，并且卷入了鲜卑、乌桓及其他民族的势力。北朝时期，北魏、北齐和北周等少数民族政权在幽州地区保持了很长时间的统治，但他们基本融进了汉民族文化之中。概而言之，十六国时期幽州地区的民族交往与融合，是在少数民族主动吸收汉文化的基础上推动的，这个过程包含着民族的大迁徙与复杂动荡的政治斗争。人民因为逃避战乱自发流动，或因政府强迫迁徙。公元358年，"代郡人赵榼帅三百余家叛燕，归赵并州刺史张平。燕王儁徙广宁、上谷二郡民于徐无，代郡民于凡城"①。镇守蓟城的慕容儁为防止民众叛逃，将幽州地区的人口迁到通往根据地龙城沿线的郡县。北魏天兴元年（398）拓跋珪破后燕，"徙山东六州（幽、冀、平、营、兖、豫）民吏及徒何（东部鲜卑）、高丽杂夷三十六万，百工伎巧十万余口，以充京师"②。泰常三年（418）四月，明元帝"徙冀、定、幽三州徒何于京师"③。这种强制性的迁徙在十六国北朝时期并不鲜见，往往在夺取一些州郡后，统治者出于经济或军事上的需求，将民户大量迁移。百姓陷于颠沛流离，客观上却导致了文化、

① 《资治通鉴》卷98，晋穆帝永和六年八月，中华书局1956年标点本，第3106页。
② 《魏书》卷2《太祖纪二》，中华书局1997年缩印本，第32页。
③ 《魏书》卷3《太宗纪》，中华书局1997年缩印本，第58页。

技术的传播以及民族间的交流融合。

人口的经常流动和统治者的强制迁徙，使居民的民族成分不断发生变化。在魏晋十六国的四百多年中，幽州就是一个民族融合的大熔炉。周围广阔的原野是入塞各族人民从游牧生活过渡到定居农耕生活的良好场所，发达的汉族文化与政治制度是彼此融合的共同基础。幽蓟地区的汉族人民长期同北方各族人民混同杂居，形成了比较接近的心理状态和生活习俗，所谓"胡化"的风气一直延续下来，民族融合的程度比其他地区更为深入。2007 年，延庆东王化营村西部发掘出土了三座魏晋时期的墓葬，其中一座土坑墓出土的陶壶颈部戳印两周凹点纹饰，与内蒙古陈巴尔虎完工墓地、扎赉诺尔墓地、巴林左旗南杨家营子鲜卑民族墓地出土的陶壶近似，带有鲜卑文化的特征，说明当时的幽州民众受到了鲜卑民族的影响，与他们有密切的往来。延庆在汉代与魏晋时期均属上谷郡，是汉族与鲜卑、乌桓杂处的区域，这些墓葬也反映了多民族文化共存的现象[1]。

北朝在鲜卑族入主中原后，填补塞外空白的柔然、突厥以及东北的契丹、奚等少数民族逐渐兴起。这些游牧民族在经济贸易等方面与幽州及中原人民保持联系，也将勇武的风气和生活习俗带到幽州，并在一定程度上吸收了汉文化和制度。柔然所统属的突厥兴起后，威服塞外的奚、契丹等民族，对北朝的东北边境频频用兵。在战争过后，也有朝贡、贸易往来与政治联姻。突厥在漠北建立突厥汗国后与西魏建立联系，在北齐与北周并立之际，突厥成为双方尽力争取的联盟。北周多次借助突厥兵力东伐北齐，北齐的幽州频频受到北周与突厥的攻击。在北周灭北齐后，突厥转而成为北周的劲敌。

第四节　隋唐五代幽州的民族分布与民族关系

隋唐时期北方游牧部落发展较为强盛，突厥、契丹及奚族的势力直接影响到隋唐在东北的统治。为稳定民族关系，隋唐采取了武力征

---

① 董坤玉：《北京考古史》，上海古籍出版社 2012 年版，第 35 页。

伐兼政治联姻的手段。这些政策在很大程度上促进了民族交往与融合，大量少数民族人口归附并迁入幽州甚至内地。幽州在安史乱前是突厥、奚、契丹、同罗等族人以及中亚胡人的重要迁入地，城里的居民相当一部分是少数民族或是混血儿。幽州城坊（里）的名称如肃慎坊、罽宾坊、归仁里、归化里等，也是各民族聚居的反映。大量少数民族入居的幽州是侨置蕃州最为集中的地区，容纳了突厥、奚、契丹、室韦、新罗等数个民族，顺、瑞、燕、夷宾、黎、归义、鲜、崇等二十几个侨置蕃州，所领蕃户在天宝中至少有二万多，活跃于这里的少数民族远远超过此数，对幽州社会文化的影响相当明显。随着唐王朝的衰落，少数民族势力逐渐占据了幽州并进一步深入中原，在长期吸收汉文化的基础上，五代以后，强盛的契丹完全占据幽州地区并以幽州城为陪都。

　　突厥在北朝后期强盛一时，开皇三年，隋朝大规模出击突厥并施行离间政策，突厥汗国迅速瓦解，东、西突厥分立，互相攻杀，势力大弱的东突厥部落被迫向隋臣服。东北的契丹、奚等少数民族也继突厥之后归附，隋朝在幽州附近设置羁縻州府予以安置。隋朝末年，突厥在幽州的活动再度复苏。隋末唐初，东北的少数民族纷纷卷入对幽州的争夺，突厥乘乱侵扰隋唐边境，甚至支持各种割据势力加入混战。

　　幽州受突厥侵扰的状况在唐初一直没有得到改观。贞观三年十一月，唐太宗乘突厥内忧外患之际，以东路幽州、营州军队与西北军队夹击。至贞观四年四月，突厥颉利可汗被俘，东突厥灭亡。一向依附突厥的契丹、奚等东北少数民族也相继归附称臣，"突厥既亡，营州都督薛万淑遣契丹酋长贪没折说谕东北诸夷，奚、霫、室韦等十余部皆内附"[1]，幽州获得了暂时的安定。东突厥"降唐者尚十万口"，唐太宗"诏群臣议区处之宜"[2]，最终采纳了温彦博的意见，将其安置在东自幽州（今北京）、西至灵州（今宁夏灵武西南）的广大地带，

① 《资治通鉴》卷 193，唐太宗贞观四年八月，中华书局 1956 年标点本，第 6082 页。
② 《资治通鉴》卷 193，唐太宗贞观四年三月，中华书局 1956 年标点本，第 6075 页。

主要以突利可汗过去所统部落置顺（今北京顺义）、佑（今宁夏境）、化（今陕西横山北）、长（今内蒙古红柳河上游西部地区）四州都督府。

　　幽州安置了大量的突厥与东北少数民族人口。武德四年三月"以靺鞨渠帅突地稽为燕州总管"①，六年五月"刘黑闼之叛也，突地稽引兵助唐，徙其部落于幽州之昌平城"②。侨居幽州地区的突地稽部，天宝年间达到了二千零四十五户，一万一千六百零三口。突地稽后人世为酋长，"门擅英豪，代承恩宠"③。其子李谨行累迁营州都督、右卫大将军，陪葬乾陵。谨行之子李秀，其墓碑称族出"范阳李氏"，并引《姓苑》云"范阳李者，其先出自陇西"④，表明这支南迁的粟末靺鞨至第三代已汉化，并与汉族高门"陇西李氏"相认同。唐武德二年（619），契丹内稽部落投唐，被安置在威州，后来又南徙，寄治幽州良乡县。太宗贞观二年（628），酋长摩会率部内属，其松漠、乙失革、曲据（即李去闾）等部落相继附唐，太宗特置玄州（侨治范阳鲁泊村）、昌州（侨治昌平清水店）以安之。在太宗征辽后，"攻陷辽东城，其中抗拒王师、应没为奴婢者一万四千人，并遣先集幽州，将分赏将士。太宗愍其父母妻子一朝分散，令有司准其直，以布帛赎之，赦为百姓"⑤，大批人口充实于幽州。

　　唐代的幽州逐渐成为北方民族融合的一大中心，突厥、契丹、奚、靺鞨、高丽、室韦、铁勒等各族人民迁到幽州城及其附近地区，杂居促使内迁民族的内部结构、生活方式及生产关系都发生了极大变化。唐朝将少数民族内迁的一个重要意图，在于"分其种落，散居州县，教之耕织，可以化胡虏为农民"⑥。尽管内迁少数民族的汉化是一个漫长过程，这项政策对少数民族的生产方式仍有显著改变。贞

---

① 《资治通鉴》卷189，唐高祖武德四年三月，中华书局1956年标点本，第5906页。
② 《资治通鉴》卷190，唐高祖武德六年五月，中华书局1956年标点本，第5968页。
③ 《大唐故右卫员外大将军燕公墓志铭》，载周绍良等主编《唐代墓志汇编续集》，上海古籍出版社2001年版，第283页。
④ 岑仲勉：《李秀碑》，载《金石论丛》，上海古籍出版社1981年版，第289页。
⑤ 《旧唐书》卷199上《高丽传上》，中华书局1997年缩印本，第5326页。
⑥ 《资治通鉴》卷193，唐太宗贞观四年四月，中华书局1956年标点本，第6075页。

观十二年（638），朝廷给突厥首领李思摩的诏书说："今岁以来，年谷屡登，种粟增多，畜牧蕃息。缯絮无乏，咸弃其毡裘；菽粟有余，靡资于狐兔。"① 在行政管理上，唐朝允许内迁少数民族首领任侨置府州的都督、刺史，享有固定的俸禄，但必须接受当地军政官员的管辖，即所谓"诸道军城，例管夷落"②。对其人口按内附时间长短，分为"熟户"和"新降"，"凡内附后所生子，即同百姓，不得为蕃户也"③，这就意味着他们已是"熟户"。"熟户既是王人，章程须依国法。"④ 内迁胡族从第二代起，就同当地百姓一样，完全成为唐朝的编户齐民。

唐高宗至玄宗时期，幽州的民族迁移又有所发展。唐初归附并迁徙到幽州的少数民族，已经发展成为较为稳定的居住人口。万岁通天元年（696），松漠都督李尽忠与内兄归诚州刺史孙万荣，因愤于营州都督赵文翙侵侮，举兵杀文翙，陷营州。唐朝采取釜底抽薪的办法，将玄州曲据部徙徐州（今江苏徐州）、宋州（今河南商丘）地区；威州内稽部徙幽州（今北京）境；昌、师、带、信诸州的松漠、乙失革、乙失活等部徙青州（今山东益都）。中宗神龙初年（705），因契丹之乱平息，遂将南迁诸部徙还，"皆隶幽州都督府"⑤，幽州境内安置了大量突厥、靺鞨、奚、契丹、室韦、新罗等族归附人口。

在与少数民族的战争中，唐朝采取以夷制夷的策略，大量征发少数民族军队。尤其在唐玄宗时府兵颓败，内迁羁縻州府蕃兵被唐朝征发募集的情形非常普遍。少数民族士兵多骁勇善战，况且蕃兵本身为部落兵，内迁之后以从军为职业是理所当然之事。开元八年八月颁诏："宜差使于两京及诸州且拣取十万人，务求灼然骁勇，不须限以

---

① 宋敏求：《唐大诏令集》卷128《突厥李思摩为可汗制》，商务印书馆1959年版，第691页。

② 唐玄宗：《条制番夷事宜诏》，载董浩等编《全唐文》卷28，中华书局1983年影印本，第320页。

③ 李林甫：《唐六典》卷3《尚书户部》，中华书局1992年点校本，第77页。

④ 唐玄宗：《条制番夷事宜诏》，载董浩等编《全唐文》卷28，中华书局1983年影印本，第320页。

⑤ 《新唐书》卷43下《地理志七下》，中华书局1997年缩印本，第1128页。

蕃汉，皆放蕃役差科，唯令围伍教练。"① 到天宝年间，幽州的防御军中已有相当多的蕃将蕃兵。这些少数民族在安史之乱后逐渐本土化，他们脱离了以前的游牧生涯，同时又保留了游牧民族勇武的特色，进而影响到幽州的社会风气。安史之乱爆发后，"自暮春至夏中，两月间，城中相攻杀凡四五，死者数千。战斗皆在坊市间巷间，但两敌相向，不入人家剽劫一物，盖家家自有军人之故。又百姓至于妇人小童，皆闲习弓矢，以此无虞"②。战争过后，闻名于燕蓟间的尽是豪迈有勇力者。薛嵩"生燕、蓟间，气豪迈，不肯事产利，以膂力骑射自将"③，张孝忠"以勇闻于燕、赵"④，赵万敌"骁悍闻于燕、赵"⑤。许多文人北走燕蓟，在其诗歌中反映了幽州的社会风貌。杜甫《后出塞》："渔阳豪侠地，击鼓吹笙竽。"⑥ 高适《蓟门行》："幽州多骑射，结发重横行。一朝事将军，出入有声名。纷纷猎秋草，相向角弓鸣。"⑦ 这种尚武的风气甚至影响到一贯以儒学立业的幽州士人阶层，《唐故范阳卢秀才墓志》云："（卢需）自天宝后，三代或仕燕、或仕赵。两地皆多良田畜马，生年二十未知有人曰周公、孔夫子者。击毬饮酒，策马射走兔，语言习尚无非攻守战斗之事。"⑧

隋唐时期进入幽州的少数民族与北魏时期不同，他们不是以征服者而是以依附者的身份进入，对当地社会风貌的影响有赖于唐朝对他们的态度。安史乱前，唐朝对少数民族文化采取兼容并蓄的政策，彼此认同和吸收是当时社会的普遍心理。安禄山成为幽州节帅之后，胡

---

① 王钦若等：《册府元龟》卷 124《帝王部·修武备》，凤凰出版社 2006 年校订本，第 1358 页。

② 司马光：《资治通鉴考异》卷 16 引《蓟门纪乱》，商务印书馆《四部丛刊初编》影印宋刊本，第 3 页。

③ 《新唐书》卷 111《薛嵩传》，中华书局 1997 年缩印本，第 4144 页。

④ 《旧唐书》卷 141《张孝忠传》，中华书局 1997 年缩印本，第 3854 页。

⑤ 《旧唐书》卷 142《王武俊传》，中华书局 1997 年缩印本，第 3880 页。

⑥ 杜甫：《后出塞》五首之四，载沈德潜编《唐诗别裁集》卷 2，上海古籍出版社 1979 年版，第 60 页。

⑦ 高适：《蓟门行》五首之四，载涂元渠选注《高适岑参诗选注》，上海古籍出版社 1983 年版，第 14—15 页。

⑧ 杜牧：《唐故范阳卢秀才墓志》，载董浩等编《全唐文》卷 755，中华书局 1983 年影印本，第 7824 页。

族的风俗信仰在幽州广泛流传。《安禄山事迹》载："每商（按，胡商）至，则禄山胡服坐重床，烧香列珍宝，令百胡侍左右。群胡罗拜于下，邀福于天。禄山盛陈牲牢，诸巫击鼓歌舞，至暮而散。"①源于西蕃、流行于北方各游牧民族之间的"马上波罗球戏"，在幽州地区也很受欢迎，安史之乱时驻守幽州的叛军首领史朝清就热衷于此。

　　幽州自安史之乱后进入藩镇割据时代，与中原地区的交流渐渐稀少，与临近的契丹反而更加接近。"故事，常以范阳节度使为押奚、契丹两蕃使。自至德之后，藩臣多擅封壤，朝廷优容之，彼务自完，不生边事，故二蕃亦少为寇。其每岁朝贺，常各遣数百人至幽州，则选其酋渠三五十人赴阙，引见于麟德殿，锡以金帛遣还，余皆驻而馆之，率为常也。"② 幽州成为契丹、奚两蕃与中原交流的重要通道。幽州藩镇卷入五代时期的割据混战，已在塞外崛起的契丹得以逐渐深入幽州。"刘守光末年衰困，遣参军韩延徽求援于契丹。"③ 契丹乘机攻战营州、平州，对幽州的影响更为直接。在暴政和战争的驱使下，大量幽州百姓流亡契丹。"刘守光暴虐，幽、涿之人多亡入契丹。阿保机乘间入塞，攻陷城邑，俘其人民，依唐州县置城以居之。"④ 契丹首领阿保机将这些汉人收归己有，"谓诸部曰：'吾立九年，所得汉人多矣，吾欲自为一部以治汉城，可乎？'诸部许之。汉城在炭山东南滦河上，有盐铁之利，乃后魏滑盐县也。其地可植五谷，阿保机率汉人耕种，为治城郭邑屋廛市，如幽州制度，汉人安之，不复思归"⑤。这种模式是契丹与汉民族融合的典型，是契丹接受汉人文化制度的一种渠道。通过农耕文化的传播，幽州汉族民众拉近了与契丹人的距离，也因此成为契丹南进的据点。尽管如此，胡汉各自划界的

---

①　姚汝能：《安禄山事迹》，中华书局 2006 年点校本，第 83 页。
②　《旧唐书》卷 199 下《奚传》，中华书局 1997 年缩印本，第 5356 页。
③　《资治通鉴》卷 269，后梁均王贞明二年十二月，中华书局 1956 年标点本，第 8810 页。
④　《新五代史》卷 72《四夷附录一》，中华书局 1997 年缩印本，第 886 页。
⑤　叶隆礼：《契丹国志》卷 23 "并合部落"条，上海古籍出版社 1985 年版，第 222 页。

状况依然明显，阿保机曾对后唐供奉官姚坤说："吾能汉语，然绝口不道于部人，惧其效汉而怯弱也。"① 阿保机虽然意识到吸取汉文化有利于统治中原，但同时可能导致契丹武力优势的丧失，这种两难的困境正是胡汉文化之间难以跨越的障碍，幽州农耕文化也对契丹的游牧文化有很强的抵御性。

后周显德六年夏，周世宗北伐，"瓦桥淤口关、瀛莫州守将，皆迎降。方下令进攻幽州，世宗遇疾，乃置雄州于瓦桥关、霸州于益津关而还。周师下三关、瀛、莫，兵不血刃。述律闻之，谓其国人曰：'此本汉地，今以还汉，又何惜耶？'"② 对于契丹统治者来说，即使有进兵中原的雄心，但胡汉有别的意识始终挥之不去，因此辽太宗才对汉地的得失保持如此淡漠的心态。到女真人进入幽州之时，夷夏观念已经得到很大改变。金世宗说："燕人自古忠直者鲜，辽兵至则从辽，宋人至则从宋，本朝至则从本朝，其俗诡随，有自来矣。虽屡经迁变而未尝残破者，凡以此也。"③ 虽然金世宗对燕地民众颇有批评，简单地以燕人"其俗诡随"来点评，事实上忽略了长期以来幽州胡汉混杂已经促成了一种新的地域心态。因为唐末以来皇权的式微，幽州成为割据藩镇，失去了强力王权的主导，对胡汉的界限没有明显的强调，尤其是唐以来兼容并包的民族政策和大量少数民族人口的出入，都给幽州地区的民族融合提供了外在的推动力量。

第五节　辽南京与金中都地区的民族活动

辽代在取得幽州地区的统治权之前，就在为适应中原文化积极准备。幽州是契丹进取中原的桥梁和堡垒，"自契丹侵取燕蓟以北，……其间所生英豪，皆为其用"④。契丹之所以能在较短时间内

---

① 《新五代史》卷72《四夷附录一》，中华书局1997年缩印本，第890页。
② 《新五代史》卷73《四夷附录二》，中华书局1997年缩印本，第904页。
③ 《金史》卷8《世宗本纪下》，中华书局1997年缩印本，第184页。
④ 李焘：《续资治通鉴长编》卷150，宋仁宗庆历四年六月戊午，中华书局1995年版，第3640—3641页。

统一各个部族，掳掠大量土地、财富和人民，除了武力优势外，很大程度上得益于汉人。契丹人的文化素质逊于被他们征服的汉人，富于统治经验的汉族士人的加入，极大地改善了契丹族的政权结构，统治政策日趋完善，"既尽得燕中人士，教之文法，由是渐盛"①，就是这一历史进程的真实写照。

延续唐朝以来的胡化之风，燕云十六州入辽后更是深受契丹族影响。辽南京有户口三十万，主要居民是汉人，作为统治管理阶层的契丹官僚来到南京的也不少，还有奚、渤海、女真等民族以及来南京贸易的胡商。辽采取因俗而治的方针，"以国制治契丹，以汉制待汉人"②。契丹人的尚武精神，他们的语言、服饰等文化，逐渐融入幽州的汉人社会。幽州"水甘土厚，人多技艺，秀者学读书，次则习骑射，耐劳苦"③，也不乏善骑射、尚攻战的汉人。《韩瑜墓志》称其"便骑射而成性"④。韩瑜为韩知古之孙，原籍蓟州玉田（今河北玉田县），其家族契丹化的倾向非常突出。契丹并未强迫汉人改从胡俗，但至辽代中后期，生活在燕云地区的汉族已有不少人开始摹仿契丹人的髡发发式，"良家士族女子皆髡首，许嫁，方留发"⑤。在河北省宣化下八里的辽张世古墓，前室西壁的壁画由三人一马组成。马夫身着圆领胡服，可能是契丹人或在一定程度上契丹化了的汉人。辽朝没有强制汉人改变衣冠，但仍有一些汉人渐渐习惯于左衽胡服，到辽朝后期已变得比较普遍。宋哲宗元祐四年（1089）出使辽朝的苏辙，在诗中感叹："哀哉汉唐余，左衽今已半。"⑥

契丹文化甚至影响到了汉人的姓名。辽朝的一些契丹人兼有契丹本名（称为"小字"）和汉名（称为"汉字"），而许多"汉人"也有一个契丹名。在玉田韩氏家族，韩德威之孙名"谢十"，韩德崇之

①　《旧五代史》卷137《契丹传》，中华书局1997年缩印本，第1828页。
②　《辽史》卷45《百官志一》，中华书局1997年缩印本，第685页。
③　叶隆礼：《契丹国志》卷22 "南京" 条，上海古籍出版社1985年版，第217页。
④　《韩瑜墓志》，载向南编《辽代石刻文编》，河北教育出版社1995年版，第94页。
⑤　庄绰：《鸡肋编》卷上 "燕地殊俗" 条，中华书局1983年版，第15页。
⑥　苏辙：《栾城集》卷16《奉使契丹十八首》之《燕山》，上海古籍出版社1987年版，第396页。

子名韩制心，"小字可汗奴"，都是契丹名。穆宗时入辽的刘继文，二子名丑哥、善哥，亦为契丹"小字"。在北京香山发现的《澄赞上人塔记》，作于辽开泰九年（1020），建塔施主张从信的四个儿子分别叫奴哥、拷佬、和尚奴、善孙，两个女儿名叫祭哥、药师女，全都是契丹"小字"。

契丹文化对汉族生活产生的巨大影响，使南京地区的文化面貌与中原其他地区大不相同。南宋乾道五年（1169）随从宋使前往金国的楼钥，对原北宋故地和燕云地区有着完全不同的感受。他在日记中记载，十二月八日经过中原雍丘县时，"此间只是旧时风范，但改变衣装耳"。一过白沟，情形为之一变，"人物衣装，又非河北。男子多露头，妇人多着婆。把车人云：只过白沟，都是北人，人便别也"[1]。白沟即拒马河，是宋辽两国的界河，一过白沟就进入了辽朝境内。南宋人周辉，淳熙三年（1176）随宋使到过金中都，也同样感受到燕云之地的文化绝不同于中原："绝江渡淮，过河越白沟，风声气俗顿异，寒暄亦不齐。"[2] 南京与中原显著文化差异，使辽国之外的人们产生心理震动，足以说明契丹对南京文化影响之巨大。

汉人的文化也在极大地影响着契丹人。北方少数民族普遍学习、应用汉语，契丹自耶律阿保机和耶律德光以来，统治者皆能说汉语。后来的契丹贵族子弟，多有喜读汉文诗书甚至作汉语诗文者。苏辙记载："燕人有梁济世为雄州谍者，尝以诗书教契丹公卿子弟。"[3] 东丹王、辽圣宗、辽兴宗、辽道宗懿德皇后萧观音、辽天祚帝文妃萧瑟瑟等，都能以汉文作诗。与此同时，宋人也以学胡语为时尚。宋初，左领军卫上将军燕国公刘重进"无他才能，徒善契丹语"[4]。余靖"使契丹，能为胡语，契丹

---

① 楼钥：《攻愧集》卷 111《北行日录上》，《丛书集成初编》本，商务印书馆 1936 年版，第 1588 页。

② 周辉：《清波杂志》卷 3 "朔北气候"条，《清波杂志校注》本，中华书局 1994 年版，第 100 页。

③ 苏辙：《龙川略志》卷 4 "契丹来议和亲"条，中华书局 1982 年版，第 21 页。

④ 李焘：《续资治通鉴长编》卷 9，宋太祖开宝元年正月壬辰，中华书局 1995 年版，第 197 页。

爱之。及再往，虏情益亲。余作胡语诗，虏主大喜"①。

在日常生活中，契丹人既有自己独特的节日，也有与汉人相同的节日。各民族风俗习惯互相仿效，还发生在更广大的范围之内。辽代契丹墓的许多壁画，提供了南京地区民族文化融合的生动例证。这些壁画早期多以草原风光和游牧生活为题材，中期以后则出现了飞天导引、出行、归来、狩猎、宴饮、舞乐等场面，这显然是远袭唐、近仿宋而且与契丹生活实际相结合的产物。辽代契丹墓中的青龙、白虎图案和牡丹图案等，也是契丹人在意识形态上与汉人接近乃至融合的证明。

金军攻占燕京后，驻扎军队，派遣官员，少数民族民众的数量有增无减。完颜亮在迁都之时，把一大批居住在金上京的女真贵族强行迁移到中都地区。金朝还曾把东北地区的大量女真族民众集体迁移到包括中都在内的中原地区，与汉族民众混居在一起，以便加强对他们的控制。史称"贞元迁都，遂徙上京路太祖、辽王宗干、秦王宗翰之猛安，并为合扎猛安，及右谏议乌里补猛安，太师勖、宗正宗敏之族，处之中都"②。大致估计海陵王从上京迁到中都的女真族民众，应在6万—7万人之间。

在金中都生活的少数民族除女真族外，数量最多的当属契丹。在金占领燕京之前，这里是辽朝的陪都南京，曾经驻扎大量契丹军队，官员中也有很多契丹人。辽朝覆灭后，许多契丹人仍然生活在金朝的中都地区。金朝"及得中原后，虑中原士民怀贰，始创屯田军。凡女直、奚、契丹之人，皆自本部徙居中州，与百姓杂处。计户授田，使自耕种，春秋给衣，若遇出兵，始给钱米。凡屯田之所，自燕南至淮陇之北皆有之，筑垒于村落间，如山东路有把古鲁猛安，中都路有胡土霭哥蛮猛安，山东西路有盆买必剌猛安是也"③。大量契丹人、奚人迁到了中都及其周边的州府成为农民，战时还担负出征的任务。

---

① 朱熹：《宋名臣言行录》前集卷9《余靖》，清顺治十八年（1661）刻本，第13页。
② 《金史》卷44《兵志》，中华书局1997年缩印本，第993页。
③ 赵翼：《廿二史札记》卷28《金史》"猛安谋克散处中原"条，《廿二史札记校证》本，中华书局1984年版，第629页。

东北的渤海族与女真同出一源，二者皆为古靺鞨部族，渤海文化因此也在金朝占有一席之地，中都专门设有渤海教坊司，收集渤海乐人演练本族乐舞。每逢重要节令庆典活动，渤海教坊与汉人教坊的乐人们一起演奏乐舞。

金朝比辽朝占据了更广大的中原土地，也必须借鉴汉人的统治政策。女真人的汉化始于其建立政权之初，金熙宗即位之后加快了汉化的进程。在吸收汉人文化制度的同时，金朝也注重对其他少数民族文化的兼容并用。天眷元年（1138）九月，"诏百官诰命，女直、契丹、汉人各用本字，渤海同汉人"①。在政治上，同样强调这一原则。女真的汉化进程是在他们不知不觉的情况下逐渐实现的，从金熙宗、海陵王到金世宗、金章宗，汉化程度越来越深，范围越来越广，也越来越令统治者担忧。明昌二年（1191）十一月，金章宗下令："诸女直人不得以姓氏译为汉字。"② 到了泰和七年（1207）九月，"敕女直人不得改为汉姓及学南人装束"③，"违者杖八十，编为永制"④。

隋唐时期很多少数民族以附属的身份迁入幽州，其中一部分接受并适应了农耕生活，另一部分在战争环境中加入军队，凭借游牧民族勇武的特质上升到当地的统治阶层，将本民族的文化渗透到幽州地域，民族的融合随之加深。金代中都在辽朝民族融合的基础上向更深更广的层次延伸，这两个游牧民族被迫在更大程度上吸收汉文化，胡汉的界限日趋消弥，甚至引起统治阶层的恐慌与阻挡。但是，民族融合的趋势毕竟不可逆转，区别各民族的文化与特征也已渐渐模糊，这一时期为以后元大都的民族融合提供了良好范例。

第六节　元代大都地区的汉族与少数民族

忽必烈定都大都之后，大批蒙古贵族官僚及其家属仆从、蒙古军

① 《金史》卷4《熙宗本纪》，中华书局1997年缩印本，第73页。
② 《金史》卷9《章宗本纪一》，中华书局1997年缩印本，第219页。
③ 《金史》卷12《章宗本纪四》，中华书局1997年缩印本，第282页。
④ 《金史》卷43《舆服志上》，中华书局1997年缩印本，第985页。

队、西域少数民族随之前来。其中占官员总数十分之一的京官与朝官及其眷居住在大都城，还有很多隶属皇家机构的人员。赵翼《廿二史札记》列举了二十多种蒙古官名，许多职位归于宣徽院等皇家机构管理，并且明确规定要由蒙古人来担任。大都有二十万人左右的侍卫亲军，约三分之一是蒙古人。为了推行蒙古文化，元世祖令藏传佛教领袖人物帝师八思巴创立新的蒙古文。至元六年（1269）二月，"诏以新制蒙古字颁行天下"①。这种蒙古字又被称为"八思巴蒙古新字"，以区别于原来用维吾尔字改成的蒙古字（或称旧蒙古字），元世祖强行派遣百官子弟进入蒙古国子学去学习蒙古新字。

元统治者即使进入中原农耕地区，也要把蒙古民族所习惯的游牧文化加以保留。在建造辉煌宫殿、秀丽苑囿的同时，继续使用毡帐和毡车，在大都皇城里面遍植茂草，以营造一种草原的氛围。每年春夏两季，元朝统治者要回归元上都狩猎，以此锻炼骑射，维持民族本色。从秋至春，则返回大都处理政务。

元大都因为蒙古人的到来，少数民族人口增长很快，跟随蒙古人前来的有回回等色目人。蒙古军三次西征，胜利后都将大批阿拉伯人、波斯人和中亚各族人迁徙到东方，他们中有被签发的军士、工匠，被俘掠的百姓，还有携带家属部族归附的上层人士，以及东来经商的商贾，元代官方文书将这类人均称为"回回"。色目人的地位仅次于蒙古人，至元二十六年（1289）五月，在大都设回回国子学。延祐元年（1314）四月，立回回国子监。回回国子学主要教授广泛流行在西域各地的波斯文，时称"亦思替非文字"，与回回国子监同为传播西域诸族文化的机构。元朝对色目人的天文学与医学都很重视，在设置了郭守敬主持的天文台之外，至元八年（1271）七月又在大都设回回司天台官属，以札马剌丁为提点。元仁宗皇庆元年（1312）五月，"升回回司天台秩正四品"。回回司天台除了岁时为统治者举行各种仪式之外，每年也制作出独特的历书，供少数民族人士日常使用。此外，大都城设置了色目人的医学机构，至元十年

---

① 《元史》卷6《世祖纪三》，中华书局1997年缩印本，第121页。

（1273）正月，改回回爱薛所立京师医药院名广惠司。到元英宗时，又把大都和上都的回回药物院划归广惠司掌管。各类宗教在大都广泛传播，尤以伊斯兰教和藏传佛教为盛，西方的基督教也在此开展活动。

尽管元朝统治者顽强地维持蒙古族文化的统治地位，但他们不可避免地走上了辽金统治者经历的汉化道路。元世祖之后能够大力倡行汉化的首推元仁宗，他恢复科举考试制度，选拔了一批优秀人才，而且在文化传承方面也发挥着重要作用。一些汉化程度很深的蒙古人不仅学习儒家经典，也改易为汉人名姓或字，元代后期的郭庸，"庸，字允中，蒙古氏，由国学生释褐出身，累迁为陕西行台监察御史"①。蒙古人月鲁不花，"字彦明，蒙古逊都思氏。生而容貌魁伟，咸以令器期之。未冠，父脱帖穆耳以千户职戍越，因受业于韩性先生，为文下笔立就，粲然成章。就试江浙乡闱，中其选，居右榜第一"②。元世祖的太子真金喜爱儒学，也鼓励其他蒙古权贵子弟学习儒家学说。"中庶子伯必以其子阿八赤入见，谕令入学，伯必即令其子入蒙古学。逾年又见，太子问读何书，其子以蒙古书对。太子曰：我命汝学汉人文字耳，其亟入胄监。"③

其他少数民族也普遍顺应了汉化的潮流，清人论述道："元名臣文士，如移剌楚才，东丹王突欲孙也；廉希宪、贯云石，畏吾人也；赵世延、马祖常，雍古部人也；字术鲁翀，女直人也；洒贤，葛逻禄人也；萨都剌，色目人也；郝天挺，朵鲁别族也；余阙，唐兀氏也；颜宗道，哈剌鲁氏也；瞻思，大食国人也；辛文房，西域人也。事功、节义、文章，彬彬极盛，虽齐、鲁、吴、越衣冠士胄，何以过之？"④"移剌楚才"即元太祖时的名臣耶律楚材，作为生活在辽南京的契丹后裔，早已经受到汉文化的熏陶，是少数民族文化转型的代表

---

① 《元史》卷196《郭庸传》，中华书局1997年缩印本，第4437页。
② 《元史》卷145《月鲁不花传》，中华书局1997年缩印本，第3448页。
③ 《元史》卷115《裕宗传》，中华书局1997年缩印本，第2891页。
④ 王士禛：《池北偶谈》卷7《谈献三》"元人"条，中华书局1982年版，第165页。

人物。廉希宪的父亲布鲁海牙曾从元太祖西征，又曾在中原地区任断事官，他是最早到燕京来定居的少数民族大臣，"布鲁海牙性孝友，造大宅于燕京，自畏吾国迎母来居"①。廉希宪自幼生长在中原地区，很早就接触到儒家学说，"笃好经史，手不释卷"②。其他人物如赵世延、马祖常、郝天挺与廉希宪十分类似，均是父祖辈追随蒙元统治者征伐天下的功臣，随之定居大都或中原，受到儒家伦理的熏陶，汉化程度很深。康里人燕真、不忽木、巙巙祖孙更是少数民族人士中汉化的典型。孛术鲁翀为女真人，其祖辈早就进入中原被汉化。迺贤、萨都剌、余阙、辛文房等人生活在元朝后期，许多少数民族人士历经长期熏陶，对农耕文化已经一致认同了。

元代有众多少数民族进入中原，带来了以前很少流行的民族文化。在统治者的重视下，少数民族政治、文化的流传力度和社会影响力，都达到了空前的水准。大都城是全国的政治、文化中心，同时也是多民族聚集的中心区域，民族融合具有比辽金时期更为良好的基础。但是，蒙古族统治者以分等而治代替辽金的顺俗而治，在很大程度上激化了民族间的对立与隔阂，元末压制汉族的情形尤其严重，导致民族间的罅隙越来越大，最终由朱元璋以"驱逐胡虏，恢复中华"号召义军，推翻了元朝的统治。

第七节　明代长城内外的民族分布及相互关系

蒙元势力退出大都后，城市原有的民族构成发生变化。原住民在战争中大量耗减，新的人口不断补充进来。在明代充实北京的人口中，数量最多的为汉族，蒙古、回回、鞑靼、藏族等也有一些民众来到这里生活。元末的战火使大都人口大量耗减，明初为巩固北部防御前线，将塞外人口迁入北京（北平）。这种移民从洪武年间徐达迁移山后沙漠遗民到北平府屯田，到永乐年间迁徙山西贫民及江南富户

① 《元史》卷125《布鲁海牙传》，中华书局1997年缩印本，第3071页。
② 《元史》卷126《廉希宪传》，中华书局1997年缩印本，第3085页。

"实京师"，还有大批到京城轮番戍守的卫所士兵，改变了北京周边人口稀疏的状况。受明朝优待政策吸引而主动归附的蒙古人，大多被安置在北京地区的都司卫所里。

元代在大都定居的回回人，到明朝也受到重视。明初大将常遇春是有争议的回回人，明成祖倚重的郑和则是毫无异议的回回人后裔。很多回回人以军户身份跟随明成祖来到北京，他们的迁移和定居与明初北京地区的戍守和建都有直接关系①。北京朝阳区的长营，在清代以前称"常营"，传说是常遇春的军营。房山区的常庄，被认为也曾是常遇春的军队驻扎之地。常遇春在北京修建清真寺的传说很多，从一个侧面反映了明代回回人的较高境遇。

明代北京地区回回人的来源，有不少是受命王朝招抚而内附的人口。洪武年间对北元采取招抚政策，数十万归附和被俘的北元官兵中有部分回回人。西域回回人的内附一直持续到嘉靖以后，北京是重要的安置地之一②。英宗天顺元年二月，"命兵部，凡来降达子、回回，俱留在京安插"③。牛街礼拜寺，"成化中锡额，西域回回降人斋诵处"④。在北京远郊，也有回回人的踪迹。昌平何营有伯哈智墓，伯哈智是洪武初年来到中国的阿拉伯人，获得了明太祖的赏识。据明万历六年（1578）《重修先贤碑记》载："先贤祖师名伯哈智，作坟始自太祖高皇帝念其献兵策有功所赠也。"伯哈智以献策功受封官爵后，请求游乡宣讲伊斯兰教，对明代伊斯兰教的传播功不可没。洪武末年他来到昌平讲学，卒于昌平。正统、嘉靖及万历三朝都对其墓苑大规模维修，并在旁边建立清真寺。清康熙五十二年（1713）重整垣墙，墓门、神道焕然一新。宣统元年（1909）在墓前东侧增加了墓碑。昌平现存数座明代清真寺，包括昌平城北街的昌平清真寺、阳坊镇的西贯市清真寺、沙河镇的南一村清真寺、南口镇的南口清真寺

---

① 许辉主编：《北京民族史》，人民出版社 2013 年版，第 425 页。
② 同上书，第 430 页。
③ 《明英宗实录》卷 275，天顺元年二月甲寅。
④ 谈迁：《北游录·纪邮上》，中华书局 1960 年版，第 48 页。

（一说建于元代）①。伯哈智的讲学影响深远，昌平一带可能有不少回回人。

　　除了自金代以来居住在北京地区的女真人外，明代又有很多归附的女真人被安置在这里。明初征讨在东北的前元旧部，对女真各部采取了积极的招抚政策，部分女真贵族被安置在南京。北京（北平）的气候更适于女真人生活，不少人"愿居京自效"。永乐十二年，"弗提卫女直指挥佥事阿剌秃等来朝，自陈愿居北京，从之。命礼部赐予如例"②。宣德七年，"玄城卫女直舍人恼答来归，奏愿居京自效，命为副千户，赐金执袭衣彩币钞布。仍命有司给房屋器物如例"③。正统年间，明廷对蒙古和女真族加紧了防范，南迁女真人很少安插在北京。此前安置在北京的女真人大都是世袭武官，长期在这里居住、繁衍生息④。

　　明朝借鉴元代的经验，对藏族上层采取"多封众建"的政策，实现对藏区的自治管理。受到朝廷封爵的藏族上层贵族能够在京短期居住，宗教领袖则有较长时间居留北京讲经说法。宣德年间格鲁派（俗称黄教）创始人宗喀巴的弟子释迦也失来北京觐见，受封为大慈法王，长期留驻在北京的大慈恩寺。他举行了众多宗教活动，助缘修建北京法海寺，主持西天佛子大国师智光的荼毗法会。正统四年释迦也失圆寂于北京，在京时间超过八年之久，促进了北京地区藏传佛教的传播⑤。明初北京已有藏传佛教寺院近20所，最著名的有大慈恩寺、大隆善护国寺、大能仁寺、大护国保安寺等。明中期以后长期居住北京的番僧越来越多，英宗时已远超千数。万历初年，朝廷派出在北京的藏僧前往蒙古传经，积极鼓励和支持俺答汗将藏传佛教格鲁派引进蒙古。

　　内附的其他少数民族，也有一部分来到北京。明朝设立提督四夷

　　① 北京市昌平区文化委员会：《昌平文物志》，北京燕山出版社2010年版，第141—144页。

　　② 《明太宗实录》卷154，永乐十二年八月壬戌。

　　③ 《明宣宗实录》卷87，宣德七年二月乙未。

　　④ 许辉主编：《北京民族史》，人民出版社2013年版，第223页。

　　⑤ 陈楠：《明代大慈法王研究》，中央民族大学出版社2005年版，第125—195页。

馆掌译书之事，专门负责翻译少数民族或外国语言文字。永乐五年，"特设蒙古、女直、西番、西天、回回、百夷、高昌、缅甸八馆"①，正德年间增设八百馆，万历年间又增设暹罗馆。四夷馆名义上选官民子弟充任，但最初入选的多是一些归附明朝的少数民族，原因在于他们能够识读翻译民族语言和文字。这样的机构有利于明朝了解少数民族以及外国情况，帮助朝廷更好地处理民族关系。明朝提倡汉人与少数民族通婚，朱元璋及朱棣都有蒙古族妃子，武宗甚至将鞑靼人脱火赤收为义子，并赐国姓朱，名静②。朱元璋建立明朝后，规定汉人在起名、穿衣、语言等方面严禁仿效蒙古风俗，以消除元朝在语言、文字、服饰、生活习惯等方面的影响。明朝屡屡对少数民族上层赐予汉语的名姓，少数民族官员或后裔普遍学习汉族语言，甚至进入国子监学习。

明朝在树立汉族正统的同时，对少数民族采取怀柔优待策略，保障了北京地区多民族聚居生活的安定。区域民族融合是在辽金元三朝基础上的进一步深化，归附或迁移到北京地区的少数民族以从属的身份，主动或被动地接受汉族文化的熏陶，从政治伦理方面更加贴近汉族文化，生活习俗与宗教信仰也受到汉族社会的影响。因此，明代北京地区的民族融合有更明显地向汉族文化趋同的特征。

第八节　清代北京地区的民族分布与融合

清朝统治者入关之后定都北京，大量满洲人与部分蒙古人的到来使区域人口结构发生改变。作为满洲人建立的政权，清代维护民族特权的主导思想，也深刻影响到北京地区的民族状况。

清统治者在进驻紫禁城的同时，将八旗军丁迁入城内，依照八旗顺序依次分驻不同的城区，上三旗的子弟甚至居住到皇城之内，大量旗人涌入北京。据雍正朝总理户部事怡亲王允祥奏报：顺治五年

①　《明史》卷74《职官志三》，中华书局1997年缩印本，第1797页。
②　许辉主编：《北京民族史》，人民出版社2013年版，第447页。

（1648）编审男丁册载：满洲五万五千三百三十，蒙古二万八千七百八十五，汉军四万五千八百四十九，包衣阿哈尼堪二十一万六千九百六十七。总计八旗男丁为三十四万六千九百三十一①。虽不知进入北京的八旗兵丁具体数目，但是根据顺治五年吏部的统计，清代北京的满洲人数以十万计应该是保守的估算。除了八旗兵丁，满人也是中央机构官吏的主要组成部分。京城满汉官吏的俸禄支出比例，可以反映满洲官员人数之巨。康熙年间，京师亲王以下满洲官员两季俸银约为一百一十二万一千九百三十五两，同时期京师汉官两季俸银约为三万七千九十四两②，差距在三十倍以上。

追随满人来到北京的还有其他少数民族。清朝吸取其上层加入官僚队伍，抽取精锐人口参入八旗军队，其余则为下层百姓。八旗组建之初，即以女真（满洲）民族为主体，在其后的扩张过程中吸纳部分蒙古、汉、朝鲜、鄂温克、鄂伦春、达斡尔、赫哲等民族。入关后，又吸纳了俄罗斯、藏、维吾尔、锡伯等民族，除蒙古族、汉族独立编置为八旗蒙古、八旗汉军外，其他人数远少于蒙古、汉军的非女真（满洲）族裔，统统以牛录组织加以编置，隶属八旗满洲籍下。因此，进入中原和北京城的八旗满洲内部的民族成分比较复杂，不可以女真一族笼统视之。

康熙朝抗击沙俄在黑龙江流域扩张的过程中，有相当数量的沙俄士兵被清军俘虏，或被迫向清军投降。这些在俄国史籍中称为"阿尔巴津人"的俄罗斯殖民者，除了战败乞降后遣返回国的大多数以外，不愿回国的人口被编入八旗满洲，成为旗人社会中的新成员。《八旗通志》（初集）记载：镶黄旗满洲都统第四参领所属"第十七佐领，系康熙二十二年（1683）将尼布绰（尼布楚）等地方取来鄂罗斯（俄罗斯）三十一人，及顺治五年（1648）来归之鄂罗斯伍朗各里，康熙七年（1668）来归之鄂罗斯伊番等，编为半个佐领，即

---

① 《清初编审八旗男丁满文档案选译》，载《历史档案》1988 年第 4 期。
② 刘献廷：《广阳杂记》卷 2，中华书局 1957 年版，第 74 页。

以伍朗各里管理。后二次又取来鄂罗斯七十人，遂编为整佐领"①。据此可知，早在康熙朝编置俄罗斯佐领之先，八旗组织中就有少量俄罗斯族裔人口存在。清廷对俄罗斯族旗人的待遇相当优厚，这些人和八旗组织中的正身旗人一样，以当兵为职业，按月、季领取饷银、口粮。清朝还利用他们的俄语特长，令其担任与俄罗斯交涉过程中的翻译工作。

正黄旗满洲包衣第四参领隶下，有"第一高丽佐领"与"第二高丽佐领"②。这些八旗组织内部的朝鲜族裔，主体都在顺治元年（1644）随清军进入北京。他们将自己的文化、生活习俗带入满洲。天命八年（1623）五月二十四日，努尔哈赤"对八贝勒之家人曰：陈放于宴桌之物，计麻花饼一种，麦饼二种，高丽饼一种……"③ 饼以高丽名之，且为满洲贵族宴席桌上必备之物，反映了朝鲜食俗的影响。

回回人大多以同族聚居的形式生活在北京地区，乾隆年间平定新疆回部叛乱后，又将一部分回人补充到北京。乾隆二十五年（1758）正月十六日下令："在京安插回人内，额色尹系公品级，玛木特、图尔都、和卓系扎萨克应归理藩院管辖。又乐工、匠役人等，共编一佐领，其佐领著白和卓补授，归内务府管辖。嗣后续到回人，均入此佐领下。"④ 其佐领办公之所即今西长安街新华门（时称"宝月楼"）对面的文昌阁、石碑胡同一带。回人佐领集中居住的营房，俗称"回回营"。乾隆二十七年（1762），在回回营西修建伊斯兰风格的普宁寺，是回部伊斯兰教信众礼拜之用的清真寺。

满洲在入关以前，即与藏传佛教领袖互相遣使通好。藏传佛教对蒙藏地区具有行政支配关系，清朝也更加注重对藏族僧侣贵族的招

---

① 鄂尔泰等：《八旗通志》（初集）卷3《旗分志三》，东北师范大学出版社1985年版，第38页。

② 鄂尔泰等：《八旗通志》（初集）卷4《旗分志四》，东北师范大学出版社1985年版，第66页。

③ 中国第一历史档案馆等译注：《满文老档》（上），中华书局1990年版，第491页。

④ 《清高宗实录》卷605，乾隆二十五年正月壬戌。

抚。顺治九年，达赖喇嘛来京觐见。"十月，达赖抵代噶，命和硕承泽亲王硕塞等往迎。十二月，达赖至，谒于南苑，宾之于太和殿，建西黄寺居之。达赖寻以水土不宜，告归，赐以金银、缎币、珠玉、鞍马慰留之。十年二月，归，复御殿赐宴，命亲王硕塞偕贝子顾尔玛洪、吴达海率八旗兵送至代噶，命礼部尚书觉罗朗球、理藩院侍郎达席礼赍金册印，于代噶封达赖为西天大善自在佛领天下释教普通瓦赤喇怛喇达赖喇嘛。"① 为稳定藏地形势，清圣祖于康熙三十四年（1695）召五世达赖进京朝觐。乾隆四十一年（1776）基本平定了藏地的叛乱，"及平两金川，锡宴紫光阁。其时所俘番童有习锅庄及甲斯鲁者，番神傩戏，亦命陈宴次，后以为常"②。同时解到京城之归降"番子男妇一百八十九名口，尊旨照回人例，编一佐领，入内务府正白旗，请设佐领一员，骁骑校一员，领催四名，马甲七十名。但番子初入内地，既不晓事，又不识字，其新佐领一缺，暂由内务府拣员补，交礼部照例铸给图记。再由内务府派骁骑校一员，领催二名，马甲三名，率领番子中新设骁骑校、领催等办事。至新设马甲缺，由内务府拨给三十五缺，再新设三十五缺，应得钱粮，暂行存公，不必分给。另派内务府干员，撙节经理，养赡伊等。统俟数年后，番子等渐谙事务，其新设佐领，再由番众拣选充补，应得钱粮，按名分给，并将内务府兼理之官裁彻。至伊等栖止之所，请交健锐营大臣，于香山附近，令其建碉居住"③。留在宫中的藏族艺人与入旗藏民，应是北京地区有常住藏族之始。入旗藏民集中居住于北京城外，较多地保留了本民族的风俗。

在"首崇满洲"的思想指导下，清廷制定了北京旗人与民人分内外城居住、不交产、不通婚的政策，以确保旗产不流失、旗人（尤指满洲人）血缘纯正。顺治初年为安置八旗人口，将北京内城的旧居民人驱赶出城，这就直接形成了旗人与北京原住民之间的鲜明界限。到康熙朝中期，这样的分隔界限被打破，一些百姓进入内城从事

① 《清史稿》卷525《藩部传八》，中华书局1998年缩印本，第14533页。
② 《清史稿》卷88《礼志七》，中华书局1998年缩印本，第2629页。
③ 《清高宗实录》卷1009，乾隆四十一年二月庚寅。

为旗人服务的工商百业。康熙五十九年（1720），朝鲜使臣李宜显《庚子燕行杂识》，记载了北京城的商业、手工业状况："市肆北京正阳门外最盛，鼓楼街次之（在宫城北），通州与北京几相埒…………而大抵市楼华饰，亦北京为最。每于市肆，辄悬竖木版，或排张绒帐，揭以佳号，或称某楼，或称某肆某铺。日用饮食、书画器玩，以至百工贱技，无不列肆以售。而以白大布横张于肆前，或悬揭旗幢，大书某物和买，使过去者瞥见即知。而辄以佳名称之，如酒则称兰陵春，茶则称建溪茗之类是也。"[1] 其中"市肆北京正阳门外最盛，鼓楼街次之（在宫城北）"一语，与此前另一使者金昌业《老稼斋燕行日记》相同[2]，反映了他们对北京的共同印象。到嘉庆、道光年间，北京形成"东四、西单、鼓楼前"的商业格局，意味着民人已经大片渗入旗人居住的内城。旗、民分处的局面既被打破，直接的交往也就可想而知。

从经济上的表现，也能看到旗、民分隔的改变。满洲入关之初，贵族和各级官员即按爵位和官职，获得数量不等的田土庄园，八旗兵丁亦计丁授田，作为负担兵役的物质保障。这些被称为"旗地"的田土，分布在畿辅周边。北京内城旗人所居房屋，亦由朝廷依照爵、职分配，旗人只拥有使用权。民人进入内城经营商业、服务业，最初只能租赁旗人私建的房屋，岁月浸久，北京内城的不动产交易出现了"老典"，即房屋出典一方和收典一方约定二十年以上（甚至有至百年者）始得由出典方原价赎回使用权的物权交易方式，而且渐有取代一般房屋租赁形式的迹象。这样，越来越多的民人涌入内城定居，清初制定的旗、民分城居住规则，终究不能阻碍民族交融的大趋势。

经济力量驱动满汉杂处，生活习俗也不可避免地逾越了民族间的藩篱。不同民族间的通婚是相互交融的最直接方式，满洲人进入北京之前对此并无明文禁忌。顺治五年（1648）六月谕礼部："方今天下

①　李宜显：《庚子燕行杂识（下）》，载林基中编《燕行录全集》第 35 册，韩国东国大学校出版部 2011 年版，第 444 页。

②　金昌业：《老稼斋燕行日记》，载林基中编《燕行录全集》第 32 册，韩国东国大学校出版部 2011 年版，第 317 页。

一家，满、汉官民皆朕臣子，欲其各相亲睦，莫若使之缔结婚姻。自后满、汉官民有欲联姻者，听之。"① 这项政策通常被视为统治者敦睦民族和平共处的态度，也透露出当时民族联姻并非普遍，官方因此才予以声明。然而，清朝对旗、民之间的通婚实际上颇有限制，《户部则例》规定的制度，是只许旗人娶入而禁止嫁出的单向度婚姻限制。八旗内部的满、汉通婚，属于制度允许的常见之事，满汉血缘的融合并非光绪二十七年（1901）朝廷公布取消满汉通婚禁令之后才出现。

满洲统治者自皇太极开始，就逐渐接受了传统的儒家思想。皇太极只是以"参汉酌金"的方式"渐就中国之制"。入关后的顺治帝"笃好儒术，手不释卷"，康熙帝更进一步，亲政前月余亲诣京师太学礼祀孔子，恭行三跪九叩大礼，公开宣称"圣人之道，如日中天，讲究服膺，用资治理"②，最终实现了主流意识形态上的儒家化过程。

蒙古人在清朝的地位仅次于满洲，蒙古文也是官方文字，但大多只限于理藩院等少数衙门使用。雍正九年（1731）四月谕内阁："近见蒙古旗分人，能蒙古语言翻译者甚少。相习日久，则蒙古语言文字必渐至废弃。应照考试清文翻译例，考试蒙古文翻译。"③ 乾隆四十四年（1779）上谕指出："国朝定鼎至今，百有余年。八旗满洲、蒙古子弟，自其祖父生长京城。不但蒙古语不能兼通，即满洲语亦日渐遗忘，又复惮于学习。朕屡经训饬，而率教者无几。固由习俗所移，亦其人之不肯念本向上耳。"④ 蒙古语言文字在驻京的蒙古族裔群体中日趋消亡，渐渐丧失其民族特征。清代编入八旗的外国人，在民族融合的洪流中也变得面目全非。俄罗斯旗人受到满汉文化影响，与其他民族的通婚更加剧了文化与血缘的融合。道光二十五年（1845）俄国外交官科瓦列夫斯基造访北京，与八旗满洲俄罗斯佐领所属的男女老少近百人会面。他回忆说："看到这些俄罗斯人的后裔有种很奇

① 《清世祖实录》卷40，顺治五年六月壬子。
② 《清史稿》卷89《礼志八》，中华书局1998年缩印本，第2644页。
③ 《清世宗实录》卷105，雍正九年四月壬戌。
④ 《清高宗实录》卷1088，乾隆四十四年八月甲寅。

怪的感觉，他们的服饰、语言、容貌一点都不像俄罗斯人。"① 朝鲜族旗人也经历了剃发易服过程，他们还改用满洲名姓，被同化得相当彻底。

　　清代北京地区各民族之间的互动历史，在满汉两种文化相互影响和交融的基础上展开。满洲入关并定都北京，自然消弭了中原与北方民族之间在历史上长期存在的对峙局面，对中华民族整体格局的形成和中国历史的走向具有决定性的作用。社会经济发展与各民族的长期共处，最终冲破了统治者强力划定的民族界限，形成了普通大众紧密联系的民族混同状态。

第九节　民国以后民族关系的继续发展

　　民国时期，北京（北平）的少数民族人口在逐渐减少，民族歧视导致很多满族、蒙古族人瞒报族别。根据 1917 年人口普查报告提供的数字，北京城内有 811556 人，美国社会学家甘博（Sidney David Gamble）在 1921 年的《北京的社会调查》一书中估计，汉族占 70%—75%，满族占 20%—25%，回族占 3%，蒙古族占 1%—2%，其他占 0.5%②。到 1929 年，北平的人口增长到 1375452 人，社会学家李景汉仍然根据上述比例，对照了北平城与西郊挂甲屯居民的民族构成③。根据 1949 年 10 月北京市（1255 平方公里）城市居民户口统计，总人口为 1948902 人，汉族人口 1856389 人，5 个少数民族只有 92513 人④。

　　民国时期北京满族的状况较之清朝发生了明显变化，极少数贵族因为帝室存在而享受了民国政府的优待政策，其他满族人却遭遇了前所未有的生计危机，普通民众过着困苦不堪的生活。满洲入关时将数

　　① ［俄］叶·科瓦列夫斯基：《窥视紫禁城》，阎国栋等译，北京图书馆出版社 2004 年版，第 116 页。
　　② ［美］西德尼·D. 甘博：《北京的社会调查》，陈愉秉等译，中国书店 2010 年版，第 82、88 页。
　　③ 李景汉：《北平郊外之乡村家庭》，商务印书馆 1929 年版，第 14 页。
　　④ 许辉主编：《北京民族史》，人民出版社 2013 年版，第 480 页。

十万八旗人带到京师，除"上则服官，下则披甲"外，禁止旗人从事其他职业，甚至严令旗人不得离开居住地。即使外任旗员，其子弟年满 18 岁后也要遣回京师当差。其结果必然造成京师人口的日益膨胀和闲散旗人的大量增加，清政府越来越无法负担旗人的生活费用。民国时期的军阀混战，使旗人的粮饷断绝。地位沦落的大批满族人急需谋求新的出路。某些权贵在京津等地开办当铺、银行、商行、旅馆、澡堂等；具有文化修养的一般满族官员从事技术类行业，或开古玩店、饭馆、茶馆等，年轻一辈很多在邮政、电报、印刷等行业。普通的北京旗人从事多种收入微薄的职业，以小商小贩、零散工、拉人力车、当警察的居多。不少满族人学会了织地毯、印刷，驾驶电车、汽车、修理汽车、自行车、钟表以及镶鞋、镶牙、做手饰等技术。旧时被人瞧不起的打执事、吹鼓手等行业中，也有了满族人的足迹。他们的职业和收入大多很不稳定，生活极端困苦，因此羞于表明自己的民族成分而改报汉族，北京城的满族习俗也随之急剧消失。

　　世居北京的蒙古族与满、回等少数民族一样，政治、经济地位急剧下降。回族甚至不被民国政府承认是一个独立的民族，仅仅被视为汉族的"分支"，长期被称为"回教人"，却也因此使回族民众的相互交往更为紧密、民族认同感更加强烈。他们中的很多人从事商业，这是回民自元代以来就形成的职业特色，包括牛羊肉业、饮食业、菜行、骡马行、珠宝业，还有小作坊里的玉器雕琢、象牙木石雕刻、镶嵌、玩具制作等回族特种手工艺。回族的手工业技术主要以家族方式传承，表现为以血缘为纽带的生活传统，其姓氏渐渐与所从事的行业混称，合并为堂号或绰号。这种情形在牛街最多，比如，骆驼刘、珠子沙、膏药王、香儿李、画壶马、年糕张、果子贾、菜王、韭菜杨、小桌王、草王、面马、爆肚满、厨子梁、车户李、干果王、风筝哈、芍药花王、鱼胡、葱胡、草张、骨头金、驴子孙、瓶子陈、酪魏、奶茶马、皮连、貂鼠刘等，也反映了行业的多样性与小本经营的特点。北京郊区的回族村镇有 40 余处，大多是半农半商，春秋务农，冬夏做小买卖。

　　民国时期各少数民族在文化事业方面也有所进步。一些知识分子带头组织各种社会团体，创办文化机构，发行刊物开启民智，给北京地区的民族发展带来了新动力。随着近代文化的普及，各族人民加深了相互了解和民族趋同。在抵御外侮、救亡图存的民族解放运动中，各民族涌现了很多杰出人物，谱写了中华民族发展史上的光辉篇章。

综合上述各节，我们可以得到下列认识：

北京地区自远古时期就是一个众多部落族群居住的区域，它们在这里有过激烈的冲突，也曾结成部落联盟，留下了不同类型的文化遗存。在人类向定居的农耕生活过渡以后，北京地区的部落族群在长期交往与发展的基础上，形成了具有共同语言、共同文化、共同心理状态的民族，创造了丰富多彩的地域文化。与此同时，燕山以北的游牧民族也不断进入北京地区。经济形态及文化上的差异以及不同的利益要求，造成了民族之间的频繁纷争。春秋战国时期，北京地区的诸侯国倾向于中原农耕文化，自觉抵御来自北方的游牧民族，使这里成为农耕文化与游牧文化的交错带。

秦汉统一王朝建立后，幽州（北京）作为北部边界，俨然成为王化外输的要塞。有着较为稳固的政治制度与先进技术的中原王朝，在与塞外游牧民族的对峙与交流中占据主导地位。在中原政权稳定时期，游牧民族往往以从属的身份进入幽州地区，它们的物产由此向南流通。魏晋北朝时期中原战乱频发，开启了游牧民族大规模南进的时代，幽州地区的民族融合达到了前所未有的高度。游牧民族主动接受与吸纳汉文化，在政治、军事、经济方面予以革新。北朝政权所创立的府兵制、均田制等，无一不是民族文化交融的产物。在强盛的隋唐时期，幽州地区仍然以主导的姿态影响着塞外新兴的游牧民族。由于唐代执行开放的民族政策，幽州地区涌入大量的少数民族，他们带来了更加多样化的社会文化。北朝以来的民族融合得到稳固和沉淀，无形中使胡汉之间的畛域渐渐淡化。

辽金元三朝都是少数民族统治者建立的政权，他们无一例外地在北京地区受到汉族制度文化的熏染，无论如何强调和坚持自己的民族本色，最终都走向了胡汉混同。这是继北朝以后北京历史上的第二次民族大融合，多民族的聚居融合被在此居住的广大民众欣然接受。即使其后以恢复汉人衣冠为号召的明朝，也依然维持了这里胡汉混杂、中外往来的多民族聚居的社会面貌。清朝力图维持满洲独尊的地位，但民族之间的界限终究被政治变动以及经济文化的融合逐渐消除。尽管民国时期也是列强纵横、军阀混战，但民主革命为社会带来了各民族一律平等的新观念，区域民族发展走上了既保留各自特色又彼此吸收借鉴的团结融合之路。

历史上进入北京地区的很多少数民族，逐渐适应了农耕定居生活，其宗教与文化也逐渐同化于汉民族当中。从事非农业生产的少数民族流动性较大，生产方式的差异导致其文化特色与农耕定居者迥然有别。关于民族融合的考察，一般倾向于强调北京地区农耕文化的主导或者汉族的同化作用，对于以游牧文化为标志的少数民族的影响力，则往往局限于生活习俗等方面的观察，从少数民族文化中衍生出的新制度则较少被人们注意。汉族制度文化的同化力固然强劲，未曾深究少数民族制度文化的渊源及其内部结构和社会形态，却可能是造成这种偏差的重要原因。

第二章 体国经野的行政区划系统

　　行政区域的划分，是国家对所辖领土实施行政管理的重要手段和途径。历代区划系统的设置和变迁，是传统的沿革地理学最基本的研究内容。北京地区的政区系统经历了复杂的更迭过程，随着历史上的北京在最近千余年来基本连续地作为陪都或首都，又带上了鲜明的首都与京畿色彩，这也是体现区域历史人文地理特征的一个重要方面。

第一节　历代政区沿革的基本脉络

　　尹钧科《北京建置沿革史》等著作，揭示了北京地区历代行政区划的主要格局和置废情形①。以此为基础，本节简要勾画其发展变化的基本脉络。

　　北京地区有确切文献记载的政区设置，应从至少在商朝后期就已存在的蓟国开始。西周初年武王伐纣之后，立即"褒封"黄帝或尧帝的后人于蓟，其国都蓟城在今北京广安门一带，这是外来的周人对古永定河流域旧有部族的承认。稍后周成王封召公奭于燕，其地在今房山区董家林附近。大约在西周中后期，强大的燕国吞并了弱小的蓟国，并将国都迁到了蓟城，北京地区尽在燕国辖境之内。春秋后期，燕国在边远地区设郡、县，起初一县领若干郡，后来变为郡大而县小。战国后期，燕国击退东胡，在北部边界修筑长城，并置上谷、渔阳、右北平、辽西、辽东五郡以拒胡。这是北京地区正式设郡之始，

---

　　① 尹钧科主编：《北京建置沿革史》，人民出版社 2008 年版。

为此后的地方行政建置奠定了基础。

秦始皇二十一年（前226），秦军攻破燕都蓟城。二十三年（前224），以蓟城为治所置广阳郡。二十五年（前222）再破辽东，燕国灭亡。秦朝除新设广阳郡之外，在燕国故地沿用了上谷、渔阳、右北平、辽西、辽东五郡。广阳、上谷、渔阳三郡所领蓟县、良乡、军都、居庸、渔阳等县，在今北京市辖境。西汉时期郡国并行，汉高祖于蓟城置燕国，昭帝元凤元年（前80）改广阳郡，宣帝本始元年（前73）又改广阳国，领蓟、广阳、阴乡、方城四县。此外，上谷郡十五县中的军都、居庸、夷舆三县，渔阳郡十二县中的渔阳、狐奴、安乐、平谷、路县、犀奚、犷平等县，涿郡二十九县及侯国中的良乡、西乡二县，均在今北京市境内。勃海郡所属安次县，亦与今北京市东南边缘相涉。汉武帝元封五年（前106）在全国置十三刺史部，幽州刺史部是其中之一，但它还只是监察区而不是行政区。

西汉末年王莽篡汉之后，大量更改郡、国、县名。东汉恢复州、郡、县三级制，建武十三年（37）将广阳郡并入上谷郡，永元八年（96）复置广阳郡，领蓟、广阳、昌平、军都、安次五县。另外，上谷郡所领八县中的居庸县，渔阳郡所领九县中的渔阳、狐奴、安乐、潞、平谷、厗奚、犷平七县，涿郡七县中的良乡县，均在今北京市境内。东汉时期的幽州刺史已经以蓟城为固定治所，变为管辖广阳、上谷、渔阳、涿郡的一级政区。建安十八年（213）曹操复九州之制，幽州遂废。

三国魏文帝复置幽州，明帝太和六年（232）于蓟城置燕国，领蓟、安次、昌平、军都、广阳五县；又有渔阳郡领渔阳、潞、安乐、泉州、雍奴、狐奴（后废）六县。除安次、泉州、雍奴三县外，其余诸县与涿郡良乡县、上谷郡居庸县都在今北京市境内。西晋将幽州移治范阳（今涿州），于蓟城置燕国并将渔阳郡废入，燕国由此领有蓟、安次、昌平、军都、广阳、渔阳、潞、泉州、雍奴、安乐十县。上谷郡居庸县，范阳郡良乡县，亦在今北京市境内。平谷县被废。十六国时期，后赵、前燕、前秦、后燕先后拥有幽州地区，在蓟城或设燕郡、或设燕国，领县不尽相同，其余郡县也几经变化。后赵石勒在潞县以北复置平谷县，前燕慕容儁一度以蓟城为都。

北朝时期，北魏实行州、郡、县三级制。幽州治蓟城，所领燕郡之蓟、广阳、良乡、军都、安城五县，渔阳郡之潞县；燕州上谷郡之居庸县；安州密云郡之白檀县，都在今北京市境或部分相涉。东魏天平年间（534—537），东燕州及所领郡县从居庸关外内徙，寄治幽州军都县内。元象元年（538），安州及所领郡县从古北口外内徙，寄治幽州北界。北齐实行道、州、郡、县四级制，于蓟城置东北道行台。天保中（550—559）大规模省并州、郡、县，涉及幽州、东燕州、安州及所领郡县。北周实行州、郡、县三级制，今北京市境内有幽州燕郡蓟县、良乡县，渔阳郡潞县；玄州燕乐郡密云、燕乐县；燕州昌平郡万年、昌平县。

隋文帝时实行州县二级制，今北京地区有幽州、玄州。开皇初徙玄州于无终，其故地改置檀州。炀帝时改州为郡：幽州改涿郡，所领九县中的蓟、昌平、良乡、潞县；檀州改安乐郡，领燕乐、密云二县，均在今北京市境；玄州改渔阳郡，渔阳县（今天津蓟县）西北境为今平谷之地。唐朝实行道、州（郡）、县三级制。幽州总管府、大总管府、都督府、大都督府的升降变换及相应辖域的改变，州改郡、郡改州的变化，州、郡、县的新置及省并，大批羁縻州县的内徙及安置等，使政区沿革变得相当复杂。至唐后期，今北京地区的政区格局表现为：幽州大都督府（曾改范阳郡），领蓟、幽都、广平、潞、昌平、良乡、武清、永清、安次（以上三县在今北京市外）九县。幽州城始有蓟、幽都二县并治。檀州（曾改密云郡）领密云、燕乐二县。在今顺义地置归顺州（归化郡）及怀柔县，后演变为顺州。蓟州（渔阳郡）之渔阳县西北部和三河县之北部，为今平谷区大部和顺义区东部之一部分。今延庆县地，唐属妫州（治怀来老城）妫川县，唐末置儒州。五代后梁时，割据幽州的刘仁恭置玉河县。后唐天祐十年（913），李存勖灭刘氏父子，幽州地区归于后唐。

后晋天福元年（936）石敬瑭将幽蓟等十六州割让给契丹，契丹天会元年（938）升幽州为南京，又号燕京，建为陪都。从此，幽州由地方行政中心上升为陪都。辽实行道、府、州、县四级制，升幽州为南京后，置南京道、幽都府，后改析津府，又废蓟县为蓟北县，后改析津县；改幽都县为宛平县。早在太祖初年，已置行唐县。太平年间（1021—1031），置潞阴县。辽代后期，析津府所领析津、宛平、昌平、良乡、潞、安次、永清、武清、香河、玉河、潞阴十一县，顺州及怀柔县，檀州及密云、行唐县，与今北京市相关。今平谷区为蓟州渔阳县地，延庆县为西京道之儒州及缙山县地，怀柔北部山区为中京道北安州之兴化县地。北宋末年与金相约南北攻辽，宣和四年（1122）金人将空城南京以及山前六州交予北宋，宋置燕山府路及燕山府统之。

北宋宣和七年（1125），金人复取幽燕之地，于燕京置燕京路、析津府。金代实行路、府、州、县四级制。贞元元年（1153）自上京会宁府迁都燕京，以"燕"乃列国之名，不当为京师之号，遂改燕京为中都，改析津府为大兴府，燕京路改中都路。金中都成为北半个中国的首都，是国家政治中心向幽燕之地转移的标志性事件。同年于潞县置通州，次年改析津县为大兴县。大定年间置万宁（后改奉先）、宝坻、平峪三县。后废行唐、玉河二县，改顺州怀柔县为温阳县。这样，金代中都路统大兴府，领大兴、宛平、昌平、良乡、潞阴（以上在今北京市境）、安次、永清、宝坻、香河、武清十县。此外，通州潞县，涿州奉先县，顺州温阳、密云县，也在今北京市境内。今延庆县在金代属西京路德兴府缙山县，崇庆元年（1212）升为镇州；怀柔北部山区则属中京路兴中府兴州宜兴县地。

元代实行省、路、府、州、县五级制。成吉思汗十年（1215）蒙古军攻占金中都，改中都路为燕京路，总管大兴府。世祖至元元年（1264）改燕京路为中都路，并在中都城东北郊建设中都新城。八年（1271）改国号为元，九年（1272）改中都新城为大都，中都路随之改称大都路。元大都崛起为统一国家的首都，标志着全国政治中心已经转移到幽燕之地，这是中国历史上划时代的重大事件。至元十三年（1276）升潞阴县为潞州，二十七年（1290）改奉先县为房山县。延祐三年（1316）升缙山县为龙庆州，由上都路改隶大都路。元代省温阳县而存顺州；分密云县置檀州，其下新置怀柔县。大都路隶属于中书省，下领府、州、县。大兴府，直领大兴、宛平、良乡、永清、宝坻、昌平六县。府下辖十州十八县：通州（领潞县、三河县）、涿州（领范阳、房山县）、霸州（领益津、文安、大城、保定县）、蓟州（领渔阳、丰润、玉田、遵化、平谷县）、漷州（领香河、武清县）、顺州、檀州（领密云、怀柔县）、东安州、固安州、龙庆州（领怀来县）。其中，大兴、宛平、良乡、昌平，通州潞县，涿州房山县，蓟州平谷县，漷州，顺州，檀州密云、怀柔县，龙庆州，在今北京市境内。

　　明代实行省、府、州、县四级制。洪武元年（1368）八月，明军攻取元大都，随即改名北平，置北平府，并降顺、东安、固安三州为县属之。同年废龙庆州；省密云、怀柔县入檀州，寻复置二县，后又废怀柔县，至十三年（1380）才得以复置。洪武二年（1369），置北平行中书省。九年（1376），改为北平承宣布政使司。十年（1377）废平谷入三河县，十三年（1380）复置。十四年（1381），降漷州为县，改属通州。永乐元年（1403）改北平为北京，这是今天的北京得名之始，称行在，又改北平府为顺天府。罢北平布政使司，诸府、州、县直隶北京行部。十二年（1414），置隆庆州、永宁县。十八年（1420）北京宫殿建成，遂迁都北京，以北京为京师，罢北京行部。洪熙、宣德年间朝廷有还都南京之意，仍以南京为京师，称北京为行在。正统六年（1441）正式定都北京，复以北京为京师。明之京师，亦指京畿地区，又称北直隶。正德元年（1506）升昌平县为州，割顺义、怀柔、密云三县隶之。三年（1508）降昌平为县，九年（1514）复升为州，领县如故。隆庆元年（1567）改隆庆州为延庆州，直隶京师。明代顺天府隶属于京师（北直隶），下领五州、二十二县，即大兴、宛平、良乡、固安、永清、东安、香河、通州、三河、武清、漷县、宝坻、霸州、文安、大城、保定、涿州、房山、昌平州、顺义、怀柔、密云、蓟州、玉田、丰润、遵化、平谷。其中，大兴、宛平、良乡、通州、漷县、房山、昌平州、顺义、怀柔、密云、平谷二州九县，以及延庆直隶州及其所领永宁县，都在今北京市境内。今怀柔北部山区，明代为蒙古朵颜部驻牧地。

　　清代行政建置多沿明旧，实行省、府、州、县四级制，后改为县由府直属的三级制。北京仍称京师，但政区意义上的京师（北直隶）改为直隶省，顺天府仍旧。顺治十六年（1659）省潞县入通州，省永宁县入永宁卫。康熙十五年（1676）升遵化县为州，改为直属顺天府。二十七年（1688），于顺天府置东、西、南、北四路同知（厅），分辖若干州县。三十二年（1693），延庆州改属宣化府。雍正初，割顺天府属玉田、丰润二县改隶永平府。六年（1728），通州、昌平、涿州、霸州、蓟州属县改为顺天府直属，各州不再领县。九年（1731）于宝坻县梁城所置宁河县。乾隆八年（1743），升遵化州为直隶州，领玉田、丰润二县；平谷县直属顺天府。清代顺天府上统于直隶省，下领五州十九县，即大兴、宛平、良乡、固安、永清、东安、香河、通州、三河、武清、宝坻、宁河、昌平州、顺义、怀柔、密云、涿州、房山、霸州、文安、大城、保定、蓟州、平谷。其中，西路厅（驻卢沟桥拱极城）辖大兴、宛平、良乡、涿州、房山；南路厅（驻黄村）辖固安、永清、东安、霸州、文安、大城、保定；东路厅（驻通州）辖通州、三河、香河、武清、宝坻、宁河；北路厅（驻沙河巩华城）辖昌平、顺义、怀柔、密云、平谷。顺天府州县在今北京市境者，与明代相同。今怀柔北部和延庆东北部山区，在清代为承德府滦平县地和独石口厅地。清末推行新政，北京城内始划分为若干警巡区，计有内左一区至内左四区，内右一区至内右四区，中一区，中二区，外左一区至外左五区，外右一区至外右五区，这是后来北京城市分区的雏形。

　　民国年间的地方行政制度，为省、道、县三级制。北洋政府时期，北京仍为国都。民国初年，顺天府仍属直隶省，所领州县一如清代。民国二年（1913）废府、州为县，直隶于省。三年（1914），直隶省分为津海、保定、口北、大名四道。五月，顺天府划为独立区域，不再属直隶省管辖。文安、大城、新镇（保定县改名）、宁河四县划归津海道后，顺天府所领二十县为大兴、宛平、良乡、固安、永清、安次（东安改）、涿县、房山、霸县、武清、通县、三河、香河、宝坻、昌平、顺义、怀柔、密云、平谷、蓟县。十月，改顺天府为京兆地方，亦称京兆特别区或京兆尹，简称京兆，直隶于中央政府，原领各县不变。其中，大兴、宛平、良乡、房山、通县、顺义、平谷、怀柔、密云、昌平诸县，以及口北道所辖延庆县，在今北京市境内。1928年，国民政府定都南京，改北京为北平特别市，直属中央政务院，这是北京建市的开端。北平特别市的行政区域，东至东坝、定福庄，西至香山、田村，南至南苑，北至清河，大致与清代步军统领衙门所辖区域相当。同时，改直隶省为河北省。废京兆与各道，原京兆地方所属二十县尽归河北省管辖。1930年，北平特别市降为北平市，为河北省辖市。北平市辖内城六区，即内一区至内六区；外城五区，即外一区至外五区；郊区四区，即东、西、南、北四郊区。抗战胜利后，北平四郊析为八区，称郊一区至郊八区。抗日战争期间，中国共产党领导的八路军曾在根据地和游击区建立若干抗日民主政权，称为联合县，根据斗争形势不断调整和变化。1947年，北平北部山区曾设四海县，属察哈尔省。1949年初，北平和平解放。

　　1949年元旦，中国人民解放军北平市军事管制委员会成立。军管会将东至通州、西至门头沟、南至黄村、西南至长辛店、北至沙河的军管区域划分为三十二个行政区，其中城区十二区，郊区二十区。6月调整为二十六区，7月又并为二十区。1949年9月，中国人民政治协商会议第一届全体会议决定，自9月27日起，北平改为北京，定为即将诞生的中华人民共和国的首都。1950年4月，北京市所辖二十区合并为十六区。1952年6月，第一区更名东单区，第二区更名西单区，第三区更名东四区，第四区更名西四区，第五区撤销，第六区更名前门区，第七区更名崇文，第八区更名宣武区，第九区撤销，第十区更名东郊区，第十一区更名南苑区，第十二区更名丰台区，第十三区更名海淀区，第十四区撤销，第十五区更名石景山区，第十六区更名门头沟区。9月撤销宛平县和门头沟区，设立京西矿区。1956年3月，河北省昌平县划归北京市，改为昌平区。1958年3月，河北省大兴、通县、顺义、良乡、房山五县划归北京市。5月，撤销前门区，其行政区域分别划归崇文、宣武二区；撤销石景山区，其行政区域并入丰台区；撤销东单、东四二区，合并成立东城区；撤销西单、西四二区，合并成立西城区；撤销通县和通州市，合并成立通州区；撤销良乡、房山二县，合并成立周口店区；撤销大兴县、南苑区，合并成立大兴区；撤销顺义县，改置顺义区；将东郊区改名朝阳区，京西矿区改名门头沟区。10月，将河北省怀柔、密云、平谷、延庆四县划归北京市。至此，形成了今北京市的行政辖区。其后的主要变化是：1960年初，撤销昌平、顺义、通州、大兴、周口店五区，恢复县建制，周口店区改名房山县。1963年6月，设石景山办事处（区级）。1967年8月，撤销石景山办事处，设立石景山区。1974年8月，设石油化工区办事处。1980年10月，撤销石油化工区办事处，设立燕山区。1986年11月，撤销房山县与燕山区，合并成立房山区。1997年4月，通县改为通州区。1998年3月，顺义县改为顺义区。1999年9月，昌平县改为昌平区。2001年1月，大兴县改为大兴区。2002年4月，怀柔、平谷二县分别改为怀柔区、平谷区。2010年7月，崇文区并入东城区，宣武区并入西城区。至此，形成了北京市辖东城、西城、朝阳、丰台、石景山、海淀、门头沟、房山、通州、大兴、顺义、昌平、怀柔、平谷十四区与密云、延庆二县的行政区划格局。

北京历代建置沿革显示，古蓟城始终是华北平原北部的主要行政中心。从先秦燕国之都到汉魏以后的幽州治所，以至隋唐的涿郡、范阳郡，蓟城都是国都、州治、郡治。辽代以后从陪都渐升首都以至如今，已经延续了近千年。唐建中二年（781）废燕州辽西县，改置幽都县并还治幽州城燕州旧署。此后，蓟县、幽都县并为幽州城的依郭县。辽相继改蓟县为蓟北县、析津县，又改幽都县名宛平县，二者并为辽南京的依郭县。金改析津县为大兴县，宛平县依旧。历元、明、清直至民国前期，大兴、宛平二县长期依郭京师，在历史上相当罕见。以今北京市各区县为单位，各地政区建置的变化（如名称、治所的变更）繁简有差，以房山、昌平、密云、通州、延庆、顺义及原宣武区最为复杂。肇始于清末北京的警巡区虽然还不是行政区域，却为1928年以后各"区"的设置准备了一个具有城市特点的通名。

第二节　先秦时期政区系统的奠基

地域分区的早期形态，可以追溯到上古时期部落之间对各自势力范围的界定。天下分为十二州或九州之说，产生的历史影响尤其深远，北京地区所在的幽州即为其中之一。

《汉书·地理志》云："昔在黄帝，作舟车以济不通，旁行天下。方制万里，画野分州，得百里之国万区。……尧遭洪水，襄山襄陵，天下分绝，为十二州，使禹治之。水土既平，更制九州，列五服，任土作贡。"①《通典》称："昔黄帝方制天下，立为万国。……及少暤氏之衰，其后制度无闻矣。若颛顼之所建，帝喾受之，创制九州，统领万国。至尧遭洪水，而天下分绝，使禹平水土，还为九州，如旧制也。舜摄帝位，分为十二州，故《虞书》云'肇十有二州'，是也。夏氏革命，又为九州。"② 无论始自黄帝还是颛顼，古人认为五帝时期已有"九州"之分，随之出现了最初的沿革过程。关于"肇十有二州"，孔安国传："禹治水之后，舜分冀州为幽州、并州，分青州为营州，始置十二州。"③ 换言之，十二州中的"幽州"是九州中的"冀州"分化而来。"州"的本义是"水中可居之地"。在泛滥的洪水威胁下，上古先民们奔向较高的陆地居住，天下形成了抽象意义上的九处或十二处被洪水环抱的居住区域，这就是所谓九州或十二州。这个本义后来被"洲"字代替，"州"则成为行政区域或地理区域的通名。大致看来，上古初设九州，舜时增为十二州，禹时复为九州。但"九州"并不是真正实行过的行政区划系统，而是古人对天下大一统理想的寄托，后来更是成为华夏疆土的代称。《尔雅·释地》称"燕曰幽州"；《周礼·职方》称"东北曰幽州"；《吕氏春秋·有始

---

① 《汉书》卷28上《地理志上》，中华书局1997年缩印本，第1523页。

② 杜佑：《通典》卷171《州郡一》"序目上"，中华书局1988年版，第4455—4456页。

③ 《尚书正义》卷3《舜典》，《十三经注疏》，中华书局1980年影印清阮元刻本，第128页下栏。

览》云"北方为幽州，燕也"。它们提到的幽州，即指今北京及河北北部地区。

　　西周初年武王伐纣之后分封的蓟国和燕国，是北京地区见于文献记载的行政建置的发端。《史记》记载："武王追思先圣王，乃褒封神农之后于焦，黄帝之后于祝，帝尧之后于蓟，帝舜之后于陈，大禹之后于杞。于是封功臣谋士，而师尚父为首封。封尚父于营丘，曰齐。封弟周公旦于曲阜，曰鲁。封召公奭于燕。封弟叔鲜于管、弟叔度于蔡。余各以次受封。"① 《礼记·乐记》则称："武王克殷，反商，未及下车，而封黄帝之后于蓟，封帝尧之后于祝。"② 关于蓟国之主究竟是尧帝还是黄帝的后裔，《史记》与《礼记》互有差异。周武王对蓟国的"褒封"，正像汉儒何休所云："有土嘉之曰褒，无土建国曰封。"③ 这就意味着，古代圣王的后裔们在西周之前已经拥有了自己的土地和人民，周武王只是对这些方国的存在予以名义上的承认而不是让他们建立新的封国。蓟国之始无疑也在西周之前，北京地区出现政区建置的年代由此至少可以上推到商朝后期。根据《水经注》等文献记载以及今人研究，蓟国之都蓟城位于今北京广安门一带。此外，《史记》笼统地把燕、齐等国的分封记载于武王之下，是将周初得以分封诸国之功完全归于武王克商的反映。近人王国维指出："武王克纣之后，立武庚、置三监而去，未能抚有东土也。逮武庚之乱，始以兵力平定东方，克商践奄，灭国五十。乃建康叔于卫，伯禽于鲁，太公望于齐，召公之子于燕……"④ 可见，分封燕国是周成王之事，时在褒封蓟国数年之后。1986 年在房山区琉璃河镇董家林发现了古城遗址，学界断定其地为西周初年的燕国都城。大约在西周中晚期，日益强盛的燕国吞并了逐渐衰微的蓟国，"乃并蓟居

---

　　① 《史记》卷 4《周本纪》，中华书局 1997 年缩印本，第 127 页。

　　② 《礼记·乐记》，《黄侃手批白文十三经》本，上海古籍出版社 1983 年影印，第 140—141 页。

　　③ 《春秋公羊传注疏》卷 1《隐公元年》，《十三经注疏》，中华书局 1980 年影印清阮元刻本，第 2197 页下栏。

　　④ 王国维：《观堂集林》卷 10《殷周制度论》，中华书局 1959 年版，第 452 页。

之"①，把都城从董家林一带迁到蓟城。

春秋战国时期，"燕东有朝鲜、辽东，北有林胡、楼烦，西有云中、九原，南有呼沱、易水，地方二千余里，带甲数十万，车七百乘，骑六千匹，粟支十年。南有碣石、雁门之饶，北有枣栗之利"②。其疆域包括今北京全境、天津北部、河北中北部及辽宁大部分地区，向东北延伸到吉林东南部及朝鲜半岛北部。燕国北部的山戎势力强大，时常南下骚扰掳掠燕、齐、赵国北部地区，对燕国的威胁尤其严重，迫使燕国一度向南迁都到河北临易。《大清一统志》载："易县故城在雄县西北十五里（今为容城县古贤村），汉置县。本燕故邑也。《世本》：燕桓侯徙临易。……《寰宇记》：归义县（故城在今容城县东北）东南十五里有大易故城，是燕桓侯之别都。"③ 在战国七雄中，"燕外迫蛮貉，内措齐晋，崎岖强国之间，最为弱小"④。北有山戎侵扰，南面受制于齐，此后又将都城由临易北迁。良乡县（治今房山区窦店古城），"在燕为中都。汉为良乡县，属涿郡"⑤。易州东南的武阳城（今河北易县东南约二十里武阳台村），"故燕之下都也。……亦谓之古燕城"⑥。这样，西周时期已经作为都城的董家林古城、蓟城，再加上春秋战国时的临易、中都（良乡）、下都（武阳城），构成了燕国历史上的五都。与中都、下都相对应的"上都"，应当就是作为燕都历时最长的蓟城。

春秋时期，地方政区建置出现了郡、县，这是秦代全面推行郡县制的先导。春秋之前，县大于郡。《逸周书》云：周天子治下的土地"为方千里，分以百县，县有四郡"⑦。《左传》载："克敌者，上大

① 《史记》卷4《周本纪》正义，中华书局1997年缩印本，第128页。

② 《战国策》卷29《燕一》"苏秦将为从"条，岳麓书社1988年版，第282页。

③ 《嘉庆重修一统志》卷14《保定府三·古迹》，商务印书馆1934年版，第5页。

④ 《史记》卷34《燕召公世家》，中华书局1997年缩印本，第1561—1562页。

⑤ 乐史：《太平寰宇记》卷69《河北道·幽州》"良乡县"条，清光绪八年金陵书局刻本。

⑥ 顾祖禹：《读史方舆纪要》卷12《直隶三·易州》"武阳城"条，中华书局1955年版，第562页。

⑦ 《逸周书》卷5《作雒解》，《逸周书汇校集注》本，上海古籍出版社1995年版，第564—565页。

夫受县，下大夫受郡。"① 战国时期，变为郡大于县，即如《战国策》所称："宜阳，大县也；上党、南阳，积之久矣。名为县，其实郡也。"② 燕国在北部边境修筑了造阳（今河北赤城县独石口附近）至襄平（今辽宁辽阳市老城）的长城，并在这道防线以南"置上谷、渔阳、右北平、辽西、辽东郡以拒胡"③。从郡与县相互关系的演变过程看，燕国诸郡之下亦当分设若干县。自秦代以后，郡县或州县成为我国政区系统的骨架，县则是最基本也最稳定的政区单元。

第三节　幽州时代政区系统的变迁

自秦汉至隋唐五代，以蓟城为治所的幽州一直是区域行政中心。有鉴于此，我们把这个漫长的阶段称作北京历史上的幽州时代。

秦朝全面推行郡县制，初设三十六郡，即包括此前燕国所设的上谷、渔阳、右北平、辽西、辽东五郡。上谷郡治沮阳（今河北怀来县官厅水库南岸之大古城），渔阳郡治渔阳（今怀柔梨园庄东、密云统军庄南），右北平郡治无终（今天津蓟县），三者与今北京相关。秦末全国四十八郡，以蓟城为治所的广阳郡是其中之一。《水经注》称："秦始皇二十三年（前224）灭燕，以为广阳郡。"④ 关于秦是否置广阳郡，其说不一。北宋乐史持否定态度："至始皇灭燕，置三十六郡，以燕都及燕之西陲为上谷郡。"⑤ 清人全祖望肯定了《水经注》的说法："燕之五郡皆燕所旧置，以防边也。渔阳四郡在东，上谷在西，而其国都不豫焉。自蓟至涿三十余城，始皇无不置郡之理，亦无反并内地于边郡之理。且始皇之并六王也，其国都如赵之邯郸，魏之砀，楚之江陵、陈、九江，齐之临淄，无不置郡者，何以燕独无之？

---

① 《左传》哀公二年，《黄侃手批白文十三经》本，上海古籍出版社1983年影印，第458页。
② 《战国策》卷4《秦二》"秦武王谓甘茂"条，岳麓书社1988年版，第32页。
③ 《史记》卷110《匈奴列传》，中华书局1997年缩印本，第2886页。
④ 郦道元：《水经注》卷13《漯水》，上海古籍出版社1990年陈桥驿点校本，第272页。
⑤ 乐史：《太平寰宇记》卷69《河北道·幽州》，清光绪八年金陵书局刻本。

《水经注》：'始皇二十三年置广阳郡，高帝改曰燕，又分燕置涿郡。'郦道元之言，当必有据。"① 近人王国维推断秦在燕南必置一郡："燕之五郡，皆缘边郡，而无腹郡。自蓟以南，古称天府之地，今虚不置郡，其不可解二也。""燕则据《汉志》所载，仅得缘边五郡。而自蓟以南膏腴之地，以《汉志》郡国当之，当得广阳国之四县，涿郡之八县，与渤海郡若干县。此燕宗庙社稷所在，八百余年藉以立国者也。其在秦时，不宜虚不置郡。《水经·灅水注》言，始皇二十一年灭燕，以为广阳郡，高帝以封卢绾为燕王，更曰燕国。全氏祖望《地理志稽疑》力主是说。由今日观之，此郡之果名广阳与否，虽不可知，然其置郡之说，殊不可易。"② 谭其骧主编《中国历史地图集》、侯仁之主编《北京历史地图集》秦代图幅，都依《水经注》之说，画出了以蓟城为治所的广阳郡。秦朝所设与今北京地区相关的县，有蓟、渔阳、沮阳、涿、无终、良乡、军都、居庸、上兰。它们大多处在险关要隘或交通枢纽之地，有利于加强对燕国旧境的控制。

　　西汉的地方行政系统采用郡国并行制度，既置郡县又分封诸侯王。早期的异姓诸侯王在汉初被逐步消灭后，同姓诸侯王与朝廷的矛盾依然影响到政区建置的兴废。汉高祖五年（前202）灭燕王臧荼，改封卢绾为燕王，西汉始立燕国。十一年，卢绾因涉嫌谋反而逃入匈奴。十二年，改封皇子刘建为燕王，燕国变为同姓诸侯王的封地。此后，几代燕王屡经置废，武帝元朔二年（前127）至元狩五年（前118）曾废国为燕郡。昭帝元凤元年（前80）燕王刘旦畏罪自杀，燕国改为广阳郡。宣帝本始元年（前73）又改为广阳国，继续分封宗室子弟为诸侯王，直至王莽篡汉后被废除。汉初的燕国下辖四十多县，此后高帝分置涿郡，武帝削去良乡、安次、文安三县以惩罚燕刺王刘旦，汉末的广阳国仅领四县：蓟（治今广安门一带）、方城（今河北固安县方城）、广阳（今房山区南北广阳城）、阴乡（今大兴区芦城村）。此外，武帝元封五年（前106）置刺史部十三州，幽州刺

　　① 全祖望：《汉书地理志稽疑》卷1，《二十五史补编》第1册，开明书店1936年版，第1251页。
　　② 王国维：《观堂集林》卷12《秦郡考》，中华书局1959年版，第539—541页。

史部管辖涿郡、勃海、代郡、上谷、渔阳、右北平、辽西、辽东、玄
菟、乐浪等郡，这是幽州由监察区向行政区过渡的开始。

西汉末年王莽改制，按照音义相通、相近或语义相反的基本思
路，近乎文字游戏地大改政区之名。根据《汉书·地理志》的记载
统计，改郡国名 71 个，约占总数的 68.9%；改县、道、侯国名 714
个，约占总数的 44.9%。若以郡国、县、道、侯国合计，改名者约
占总数的 46.4%。在今北京地区，改广阳国为广有郡，良乡侯国为
广阳县，西乡侯国为移风县，阳乡侯国为章武县；改渔阳郡为通潞
郡，上谷郡为朔调郡，涿郡为垣翰郡；改蓟县为伐戎县，阴乡县为阴
顺县，渔阳县为得渔县，路县为通潞亭，狐奴县为举符县，犀奚县为
敦德县，犷平县为平犷县，夷舆县为朔调亭。

东汉恢复旧制，州、郡（国）、县三级成为地方行政系统的骨
架。自秦朝至两汉，故燕都蓟城先后是广阳郡或燕国、广阳国的治
所，郡国所辖地域逐渐变小。幽州在东汉成为正式的行政区域之后，
也以蓟城为驻在地。西汉在今北京地区设县较多，今顺义境内有狐
奴、安乐二县，密云有渔阳、犷平、犀奚三县，房山设广阳、良乡、
西乡三县，延庆境设居庸、夷舆二县。东汉省阴乡、夷舆、西乡三县
或侯国，分别并入蓟县、居庸、良乡，县域明显扩大。郡国辖县多有
调整，不少县治发生迁移。光武帝建武十三年（37）广阳郡被并入
上谷郡，直到和帝永元八年（96）复置广阳郡，幽州治所蓟城不做
郡治的时间长达六十年，这是北京建置沿革史上极为罕见的现象。

魏、晋、十六国至北朝的疆土分裂与战端频起，使北京地区的行
政建置显得模糊易变。西晋将幽州治所从蓟城迁到涿县，并且废除了
自战国后期燕昭王设沿边五郡以来一直存在的渔阳郡，将其属县划归
燕国，这都是幽州地区建置沿革的重大变化。北朝时期随着政权的频
繁更替，州、郡、县的置废变化更大：（1）北魏省昌平县入军都县，
而于今河北阳原县（或即西汉昌平县故地）另置昌平郡、昌平县；
又省平谷、安乐二县入潞县。东魏新置东燕州以统关外流民，北齐又
对东魏郡、县大加省并，新置北燕州。（2）北魏末年杜洛周、葛荣
起义，塞外的州、郡、县受到严重破坏，东魏初将新置的东燕州及其

所领三郡（昌平、上谷、徧城）、六县（昌平、万年、居庸、平舒、广武、沃野）由居庸关外内徙，寄治在今昌平区地；又将旧有的安州及其所领三郡（密云、广阳、安乐）、八县（密云、要阳、白檀、广兴、燕乐、方城、安市、土垠）由古北口外内徙，寄治在今密云县境，随后的北齐又做了省并调整。这些都使得昌平、密云等地的建置沿革变得相当复杂，某些郡、县的寄治之所一直无从确指。昌平东南四十五里到底有无军都城？《太平寰宇记》所谓"后魏移军都于今县东北二十里"应作何理解？东魏寄治军都城的是平昌郡还是昌平郡？北魏安乐郡治究竟在顺义西北六里还是密云东北五十里？北魏安州治所是在方城还是燕乐？密云郡治所是在白檀还是提携城？诸如此类的疑难，都有待继续探讨。（3）魏晋时期主管军事的"行台"或"大行台"，到北齐变为兼治民事、位在州级之上的最高行政建置。

　　隋唐时期幽州地区最主要的行政区划变迁，集中体现在下列几方面：（1）州与郡的几度转换：隋文帝开皇三年（583）罢天下诸郡，炀帝又改州为郡。唐高祖武德元年（618）罢郡置州，玄宗天宝元年（742）废州称郡，肃宗乾元元年（758）复废郡称州。这些变化虽然看似频繁，但地方行政系统已经由州、郡、县三级制向着州、县或郡、县二级制简化。在州郡之上，以蓟城为治所置幽州总管府、都督府或大总管府、大都督府，进一步强化了它的政治、军事地位。（2）唐代若干州县同治于蓟城：自秦汉至隋代，蓟城曾是诸侯王国都，还是幽州、广阳郡或燕郡的治所，作为政区系统根基的县却只有蓟县。但到唐武德六年（623），已是幽州和蓟县治所的蓟城，有内徙的燕州及其所领辽西、怀远二县寄治。贞观元年（632）废怀远县，此后某年却又有内徙的顺州及其所领宾义县前来。这样，蓟城就形成了三州（幽、燕、顺）三县（蓟、辽西、宾义）同治一城的局面。开元二十五年（737）燕州与辽西县从蓟城迁治于幽州北境的桃谷山，建中二年（781）并废后改置幽都县，治所回迁幽州城内的燕州旧廨，而顺州与宾义县已废于此前的至德年间（756—757）。从此，蓟、幽都二县并治于蓟城。当契丹据有幽州之后，先后改蓟县为蓟北县、析津县，改幽都县为宛平县。金代再改析津县为大兴县。历元、明、清直至民国十七年（1928），大兴、宛平成为并治北京城的二京县，其源流即始于唐代。（3）唐代设置大批羁縻州县，以维护与契丹、奚、突厥等北方游牧民族的关系。武则天当政时受契丹扰乱，营州境内的许多羁縻州县内迁，或直接寄治于幽州地区，或先到青州、淄州、宋州、徐州之境再北返幽州。安史之乱爆发后这些内徙的部落民众大都被裹挟，至德年间始入河朔地区而不知所终。除了燕州归德郡及辽西县演变为幽都县（后为宛平县），归顺州归化郡及怀柔县为今顺义前身之外，只有少数村寨之名还保留着唐代羁縻州县的某些痕迹。

第四节　帝都时代政区系统的主要特点

自辽代将幽州提升为南京之后，历史上的北京开始了从陪都到北半个中国首都（金中都）再到统一国家首都（元大都、明清北京）的辉煌历程，我们将其称为城市发展的帝都时代。这个阶段的区域行政区划格局，奠定了当代北京政区系统的基础。后代对前代的延续成为政区变迁的主流，州县级政区的新增与更改仅仅发生在局部范围之内。

在辽、宋、金三朝战和交错、关系多变的形势下，北京地区的行政区划系统呈现了若干突出特点。（1）历史悠久的幽州消失：从先秦泛指中国北方到汉唐指代明确地域的幽州，自辽会同元年（938）升其治所为南京之后，其行政建置与治所名称便成为历史。（2）辽南京、金中都的出现，标志着蓟城（幽州）的城市性质和职能，已经从地方行政中心、北方军事重镇转变为陪都或首都。以国都为治所的辽代南京道与金代燕京路、中都路，成为一级行政建置。（3）"府"级建置继续完善。唐代始在京城和陪都设府，辽、宋、金又在某些战略要地设府，隶属于道或路，下领州县。辽置幽都府，后改析津府；宋改燕山府；金为大兴府。它们与隋唐军政合一的幽州总管府或都督府不同，已经是纯粹的行政建置。（4）辽、宋、金之间的政权更迭，导致这一时期的路、府、州、县发生增设、废除或更名等较大变化。（5）金代在县下出现了非军事意义的建制镇。北魏在北边不置州郡之地设立既管军事又理民政的御夷、怀荒等六镇，唐代也在边要州郡设镇作为驻军之地，檀州密云郡有大王等七镇，妫州妫川郡有淮北等四镇①。金代县下所领的建制镇，如大兴县广阳镇、缙山县永安镇、范阳县政满镇、遵化县石门镇等②，已是居民较多、商业兴盛的乡间大市镇。（6）独立的城市管理建制正在形成：辽南京有警巡院，金中都设左、右警巡院，主管都城坊间民事。

元代大都的城市地位无与伦比，城市之内的行政建置与周边地区的政区系统进一步完善。（1）在辽金两朝的警巡院之后，元代在大都新城与旧城先后设置五处警巡院，后省并为左、右警巡院，是肩负城市管理职责的行政建置。（2）城市与政区更名频繁：始废金代中都之名复为燕京，继而改燕京为中都，再改中都为大都。与此相应，以大都为中心的周边区域，经历了从中都路、燕京路再到中都路、大都路的变化。（3）若干县升为州，州县治所迁移：升缙山县为龙庆州、密云县为檀州、安次县为东安州、固安县为固安州；升潞阴县（治今通州潞县镇）为潞州，后迁治河西务，至正间又回到潞阴县故地；昌平县（治今昌平旧县）于皇庆二年（1313）西迁新店（今辛店），后又回迁今旧县。（4）大都路（燕京路）辖境变化复杂：元初燕京路南部包括保、涿、雄、易等州。太宗八年（1236）升涿州为涿州路，十三年（1241）升保州为顺天路（后改保定路）并割雄州、易州隶之。世祖中统四年（1263）降涿州路为涿州，还属燕京路。至元十年（1273），雄州、易州割属大都路，二十三年（1286）复属保定路。仁宗延祐三年（1316），割上都宣德府奉圣州之怀来、缙山二县属大都路；以仁宗生于缙山县（今延庆）香水园，升缙山县为龙庆州。大都路辖域由此向西北扩展到居庸关外的延庆怀来盆地。（5）大兴府职能变化巨大：元代前期，作为一级行政区的大兴府领有大兴、宛平、良乡、永清、宝坻、昌平、潞阴、武清、香河、安次、固安等县。后来，所领各县或直属大都路，或升为大都路所属之

---

① 《新唐书》卷39《地理志三》，中华书局1997年缩印本，第1022页。

② 《金史》卷24《地理志上》，中华书局1997年缩印本，第573—575页。

州，或改为州属之县，直至元代后期成为虚设之府，与在此前后领有实土的金代大兴府、明清顺天府迥异。（6）《大元混一方舆胜览》檀州之下列有怀柔、密云二县之名，这是元代已设怀柔县（治今怀柔）的重要证据。

明代北京地区的行政建置，在继承元代格局的基础上有所创新，并且被后来的清朝所延续。（1）北京的城市行政建置趋于稳定：永乐年间迁都北京后，设东、西、南、北、中五城兵马司，主管北京城区及近郊的社会治安，负责管理街道沟渠、市肆物价等民事，以此取代了金、元时期的警巡院。（2）京城、省府的名号屡次变更：洪武年间废元大都之名为北平府，废元中书省置北平行省或承宣布政使司（简称北平布政司）。永乐年间改北平府为顺天府，北平布政司为北京行部、京师（俗称北直隶）。洪熙、宣德年间仍有还都南京之议，直至正统年间才最终定都北京，城市之名在京师、行在、京师之间几度反复。（3）州县级政区变化显著：顺州、潞州降为顺义县、潞县。怀柔、平谷等县，在洪武年间废而复置。洪武初，大兴县治由丽正门外迁至北平城内教忠坊（今东城大兴胡同），宛平县治由平则门外迁至北城丰储坊（今地安门西大街路北）；永乐年间置隆庆州，治所在今延庆，元代龙庆州治则在其东北之旧县；景泰年间，昌平县治东迁八里至永安城（今昌平），故治遂称旧县。州县隶属关系多次调整：潞州原领武清、香河二县，降为潞县后与武清一同改属通州，香河改属顺天府；昌平县在正德年间升为州，顺天府的顺义、怀柔、密云三县降为昌平州属县。（4）北京地区部分卫所成为领有实土、军政合一的建置：明初有大批军队在长城沿边和塞外守土屯田，永乐年间大宁都司内迁保定，许多卫所被安置在通州、顺义、平谷、良乡、三河、香河、蓟州、玉田、丰润、遵化等地。永乐年间置隆庆州和永宁县，形成了州、县、卫并存的格局。

清代继承了明代在北京地区形成的层次分明的政区系统，并且予以进一步理顺：（1）直隶省的建置在清代确立下来，由此产生了三百多年的影响，直到1928年改名河北省。（2）顺天府的辖境比明代缩小。康熙年间将清东陵所在的遵化县升为州。雍正六年（1728），各州属县除平谷外皆改为顺天府直属。乾隆八年（1743），平谷县亦由顺天府直属，并升遵化州为直隶州，领玉田、丰润二县。至此，通州、昌平州、涿州、蓟州、霸州都成为不再领县的散州，中国历史上作为一级重要政区的"州"最后萎缩到实际上与县相同，民国初年即一律废州称县。（3）康熙二十七年（1688），在顺天府之下设置东、西、南、北四路同知（即四路厅）分辖各州县。这个在全国各府独一无二的机构专司捕盗、维护治安，后来兼管钱粮、河务、水利等事务，成为具有一定行政权限的特殊建置，一直延续到清末。（4）康熙以后逐渐废除自明代沿用的都司、卫所，改置府、州、县。北京地区的永宁卫并入延庆卫，又裁延庆卫入延庆州。（5）北京内外城具有不同的行政管理系统。外城设五城兵马司，隶属于五城巡城御史。内城由八旗分地驻防，八旗都统管理行政事务，步军统领衙门也负责京城及近郊的社会治安和部分行政事务。光绪末年在京城设巡警总厅、分厅，将北京内外城划分为若干警巡区，成为北京城分区管理的滥觞。

民国以后北京地区行政区划系统的变迁，主要集中在城内各区的设置以及北京市（北平市）所辖区域的伸缩方面，县级政区的范围、治所、名称等大体继承了清代以来的传统。

第三章　城址变迁与聚落
发展的历史进程

　　历史上的北京从先秦时期的蓟城到汉唐幽州直至辽南京、金中都、元大都、明清北京的发展过程，是北京历史地理与城市史研究中方法最成熟、成果最丰富的领域。相对滞后的周边乡村聚落的研究，也由于尹钧科《北京郊区村落发展史》的问世、赵其昌等利用考古材料对北京郊区唐代以后村落的钩沉迅速改观。本章概括城市起源、城址变迁、城市规划建设以及乡村聚落发展的主要阶段和历史地理特点，以见其大端。坛庙寺观、园林风景也是城乡规划建设的重要内容，但本书从它们作为文化载体的角度出发，在关于宗教信仰、休闲生活的地理空间部分再加以讨论。

第一节　从蓟燕始封到汉唐幽州的成长

　　关于古代北京城的起源，人们通常追述到西周初年武王伐纣之后的蓟城。《礼记》称："武王克殷，反商，未及下车而封黄帝之后于蓟，封帝尧之后于祝。"[1]《史记》记载："武王追思先圣王，乃褒封神农之后于焦，黄帝之后于祝，帝尧之后于蓟，……封召公奭于燕。"[2] 蓟国与国都蓟城之名源于蓟丘，北魏郦道元《水经注》记载："今城内西北

---

　　① 《礼记·乐记》，《黄侃手批白文十三经》本，上海古籍出版社 1983 年影印，第140—141 页。

　　② 《史记》卷 4《周本纪》，中华书局 1997 年缩印本，第 127 页。

隅有蓟丘，因丘以名邑也，犹鲁之曲阜、齐之营丘矣。"① 对照同书所载的河湖水系，蓟城的中心位置当在今北京西南的广安门内外。蓟丘在今北京西便门外白云观西侧，1960 年代中期还保留着一些遗迹。这一带处在华北平原北端，是中原地区沿着太行山东麓交通大道北上，穿过居庸关、山海关等燕山孔道与塞外来往的交通枢纽。无论蓟国之君是黄帝的后裔还是尧帝的后裔，都不妨碍它与燕国在西周初期并立的事实。受上述文献笼统记载的影响，今人一般把武王伐纣之年视为燕国始封之年。1962 年在北京西南 43 公里房山区琉璃河镇董家林发现西周时期的燕都遗址后，更有论者将其等同于古代北京城的起源。但是，两处地点相隔近百里之遥，古代城市间断无前后承继之理；至于西周蓟国与燕国分封的时间、背景以及董家林遗址与蓟城的关系，也曾经存在某些需要澄清的模糊认识。

唐晓峰《蓟、燕分封与北京地区早期城市地理问题》一文，根据历史文献分析与考古发掘成果，清理了从蓟、燕始封到燕国灭蓟并以蓟城为都的历史过程。西周初年武王在今北京地区所分封的蓟国，只是周人对尚未控制的商代北方旧族在名义上的"褒封"，蓟国的势力核心在今永定河以北。燕国是成王所封，时距蓟国始封不足十年，代表周人北进的亲嫡力量，是在中原兴起、日益强盛的国家政权对今北京地区正式统辖的标志，最终灭掉蓟国是势所必然。燕都所在的董家林并不是城市发展的优越地点，它的出现不是自然发展的结果而是有目的、有计划的政治行为，西周晚期燕都迁走之后这里始终是一般居民点，因此保留了古城遗址。燕国吞并蓟国之后，采取"鸠占鹊巢"的方式，以地理位置优越的蓟城作为自己的国都，开始了《韩非子·有度》所谓"以蓟为国"的时代。后人在同一地点反复修建城市，使得蓟城早期遗址很难保存下来。作者强调指出："从历史地理角度观察，燕城（董家林古城）虽在政治上强大一时，但因交通地理条件所碍，遂被放弃。而蓟城位置优于燕城，故为历代沿用，发展壮大。蓟城是北京城市历史地理本质的代表者，是严格意义的今北

---

① 郦道元：《水经注》卷 13《灅水》，上海古籍出版社 1990 年陈桥驿点校本，第 272 页。

京城的前身。""根据文献与考古两方面的资料看,探讨北京城的历史地理渊源,不应过分夸大董家林燕都的地位,更不能只谈燕不言蓟(虽然蓟城遗存尚未被发现)。另外,不少作者不正面考虑(或不了解)学术界对于封燕时间问题的研究成果,而一味地引用《史记》等书的笼统说法,认为武王克商之年即召公封燕之年,又根据克商之年逢哈雷彗星出现,于是算出克商封燕的具体年代,作为北京城的建城之始。这些做法都是不够审慎的。"①

毫无疑问,黄帝或尧帝的后裔远在接受周武王分封之前的商代,就已经在今北京地区北部确立了相当于一个方国的势力范围。根据城市起源和发展的一般规律,结合地名学的考察,作为蓟国政治中心的"蓟城",前身是一个叫做"蓟"的较大聚落,其名称来源于生长着菊科草本植物"大蓟"的"蓟丘"。换言之,从蓟丘派生命名的聚落称作"蓟",以聚落为基础发展起来的城邑名为"蓟城",二者出现年代肯定早于周武王在此地"褒封"蓟国的西周初年。根据夏商周断代工程得出的结果,周武王十一年"武王伐纣"在公元前1046年②。尽管作为城邑的"蓟"并非从这个年份白手起家,但由于史料的局限,我们也只能以一个标志性的事件为参照,确定城市起源的大致年代。

当代考古工作者1956年在会城门、白云观、象来街、和平门一线,发现了战国时期36座、汉代115座瓦井③。1957年在广安门外护城河西岸发现战国时期燕国宫殿的饕餮纹半瓦当,在厚达一米的古文化层中出土的陶片年代接近西周④。1965年,在广安门、宣武门至和平门一线,发现65座东周至汉代的瓦井⑤。这些考古学收获为推测蓟城的位置提供了重要线索,陶井分布最密集的地区在宣武门至和

---

① 唐晓峰:《蓟、燕分封与北京地区早期城市地理问题》,《中国历史地理论丛》1999年第1期。

② 夏商周断代工程专家组:《夏商周断代工程1996—2000年阶段成果报告》(简本),世界图书出版公司北京公司2000年版,第49页。

③ 苏天钧:《北京西郊的白云观遗址》,《考古》1963年第3期。

④ 赵正之等:《北京广安门外发现战国和战国以前的遗迹》,《文物》1957年第7期。

⑤ 北京市文物管理处:《北京地区的古瓦井》,《文物》1972年第2期。

平门一带，当属蓟城的城区范围，但这些仍然不足以明确东周至汉代的蓟城四界。北宋乐史《太平寰宇记》载："《郡国志》云：蓟城南北九里，东西七里，开十门。"① 乐史之书成于北平太平兴国年间，所引《郡国志》不会晚于唐代。这座长方形的城址"有可资考证者，即其西南两墙外，为今莲花河故道所经；其东墙内有唐代悯忠寺，即今法源寺"②。宏观地观察古代北京城址变迁的过程，"自春秋战国以来，历东汉、北魏以至于隋唐，蓟城城址并无变化，其后辽朝虽以蓟之古城置为南京，但是并无迁移或改筑。只是到了金朝建了中都以后，才于东西南三面扩大了城址。元朝另选新址，改筑大都，遂为今日北京内城的前身。辽金以前，所知蓟城城址的沿革，大略如此"③。

蓟城扼守着华北平原北部的门户，是中原政权强盛时期经略北方的基地，也是防御北方游牧部族内侵或双方争夺的军事重镇。汉代以此作为诸侯王的封国所在或幽州的治所，东晋时期的前燕慕容儁在此短暂建都。隋炀帝为用兵辽东，开辟了自南而北直达蓟城南郊的大运河，即京杭大运河的前身，由此强化了蓟城的水路交通优势。唐太宗远征高丽的大军在蓟城誓师，自辽东退兵后，计划在城内东南隅建寺悼念阵亡将士。到武则天时期建成，命名为"悯忠寺"，即今法源寺的前身。依据 1950 年代以来出土的唐代墓志、房山石经山出土的唐代石经题记等材料，唐代幽州的四至大体可以推测为：东垣似在烂漫胡同稍偏西，西垣似在会城门稍东，南垣约在陶然亭以西的姚家井以北、白纸坊东西街一带，北垣当在头发胡同一线④。

坊、里是幽州城内的基本居民单位，唐代墓志所记地点显示，当时有卢龙坊、燕都坊、花严坊、归仁里、东通圜里、通圜坊、通肆坊、时和里、遵化里、平朔里（平朔坊）、辽西坊、归化里、蓟宁里、肃慎坊、蓟北坊、铜马坊、军都坊、招圣里、劝利坊、开阳坊、

---

① 乐史：《太平寰宇记》卷 69《河北道·幽州》"蓟县"条，清光绪八年金陵书局刻本。

② 侯仁之：《北京建城记》，《北京城的生命印记》，生活·读书·新知三联书店 2009年版，第 492 页。

③ 侯仁之主编：《北京城市历史地理》，北京燕山出版社 2000 年版，第 64 页。

④ 同上书，第 68—70 页。

𬮲宾坊①。这些坊、里载于唐代中后期从大历元年（766）到文德元年（888）的墓志上，证明它们确曾存在于幽州城内。但是，由于无从知晓其间是否发生了坊里的增减与更名，我们还不能贸然将其视为在某个阶段同时并存的一般状况。此外，北宋大中祥符初年出使契丹的路振，在记录沿途见闻的《乘轺录》中说：辽南京（幽州）"城中凡二十六坊，坊有门楼，大署其额，有𬮲宾、肃慎、卢龙等坊，并唐时旧坊名也"②。人们通常据此推定唐代幽州同样有二十六坊，但问题在于：路振所谓"并唐时旧坊名"的诸坊，究竟是指他列举的那三个还是二十六坊都沿用了唐代名称，显然存在可斟酌之处；唐代设置的各坊是否都被契丹沿用下来了，并无充分的文献依据；即以大中祥符元年（1008）而论，时当契丹统和二十六年，距离他们得到幽州的五代晋天福元年（936）已有72年之久，其间坊的设置难免有所增减析并。这样看来，唐代幽州二十六坊之说还难以成为确凿的论断。至于辽代墓志记载的隗台坊、永平坊、罗北坊、齐礼坊，寺院碑铭提到的棠阴坊、南肃慎里，是否延续了唐代的称谓也未可知。

第二节　辽南京与金中都的规划建设

从城址变迁的角度看，辽代的陪都南京是唐代幽州的继承者，金中都则在辽南京的基础上向四外拓展，使之成为北半个中国的首都，彼此之间的关联最为密切。

一　辽南京的城市格局

后唐清泰三年（936），河东节度使石敬瑭以割让幽、蓟等十六州（俗称"燕云十六州"）为条件，在契丹军队支援下建立后晋政

① 侯仁之主编：《北京城市历史地理》，北京燕山出版社2000年版，第70—72页；鲁琪：《唐幽州城考》，载苏天钧主编《北京考古集成》第3册，北京出版社2000年版，第1400—1407页；北京图书馆金石组、中国佛教图书文物馆石经组编：《房山石经题记汇编》，书目文献出版社1987年版，第254页。

② 路振：《乘轺录》，贾敬颜《五代宋金元人边疆行记十三种疏证稿》本，中华书局2004年版，第48页。

权。两年后的辽会同元年（938），契丹把幽州提升为陪都之一，称为南京或燕京。《辽史·地理志》记载："城方三十六里，崇三丈，衡广一丈五尺。敌楼、战橹具。八门：东曰安东、迎春，南曰开阳、丹凤，西曰显西、清晋，北曰通天、拱辰。大内在西南隅。皇城内有景宗、圣宗御容殿二，东曰宣和，南曰大内。内门曰宣教，改元和；外三门曰南端、左掖、右掖。左掖改万春，右掖改千秋。门有楼阁，球场在其南，东为永平馆。皇城西门曰显西，设而不开；北曰子北。西城巅有凉殿，东北隅有燕角楼。坊市、廨舍、寺观，盖不胜书。"①这里提到的辽南京"城方三十六里"，与《太平寰宇记》引《郡国志》"南北九里，东西七里"即周长三十二里相近。北宋出使契丹的路振在《乘轺录》中说幽州"幅员二十五里"，宣和年间出使金国的许亢宗称燕山府（即辽南京）"城周围二十七里"②，两者所记当是耳闻的大概数字。大城的安东、开阳、清晋、迎春、丹凤等城门，大致沿用了唐与五代时期的名号。

　　辽南京大城的城垣与唐代幽州城基本相同，城内置皇宫以备国主巡幸期间居住，成为历史上的北京出现"皇城"与"皇宫"的开端。皇城即内城以原幽州西南隅的子城为基础建设，《乘轺录》称："内城幅员五里，东曰宣和门，南曰丹凤门，西曰显西门，北曰衙北门。"衙北门以位于原幽州卢龙节度使的衙署之北而得名，又因为是子城的北门而有"子北门"之称。《辽史·地理志》所谓"南曰大内"与皇城命名的通例不合，当以路振所记"丹凤门"为是。由于内城（皇城）偏居外城的西南一隅，丹凤门、显西门就成为内外二城的共用之门。在皇城的南门丹凤门以北，有以南端门为正门、左掖门与右掖门分列东西两侧的三座宫门，即"外三门"，统和二十四年（1006）依次改为启夏门、万春门、千秋门③。穿过启夏门之后，即

---

① 《辽史》卷40《地理志四》，中华书局1997年缩印本，第494页。
② 宇文懋昭：《大金国志》卷40《许奉使行程录》，《大金国志校证》本，中华书局1986年版，第561页。
③ 叶隆礼：《契丹国志》卷24"王沂公行程录"条，上海古籍出版社1985年版，第230页；《辽史》卷14《圣宗本纪五》，中华书局1997年缩印本，第162页。

进入皇宫的外朝门宣教门（是年改称元和门）。门内就是皇宫的正殿元和殿，皇帝在此举行朝贺、殿试、册封尊号等重大活动。承天萧太后与辽圣宗在紫宸殿、弘政殿召见百官，皇帝与群臣在昭庆殿举行宴会，御容殿供奉着辽景宗、辽圣宗的画像。这些宫殿崇高壮丽，各殿之间有甬道相通，初步显示了都城的气派。

　　辽南京皇城城门的设置和使用方式，反映了契丹文化和汉文化的融合。囿于唐代以来幽州子城的旧有格局，也受到汉族"天子面南而立"观念的影响，辽南京的所有宫殿都朝向南方并以南门为正门。不过，皇城虽有四门，却正如《乘轺录》所载，"内城三门不开，止从宣和门出入"。宣和门是皇城东门，《辽史·地理志》亦称"皇城西门曰显西，设而不开"。除了便于军事防御之外，更重要的原因是符合契丹族以东为尚的观念和习俗。契丹族崇拜太阳，《辽史·礼志》记载了皇帝、皇后亲自参与的多种拜日仪式。北宋使者薛映在辽上京临潢府（治所在今内蒙古巴林左旗南）看到，子城（皇城）"东门曰顺阳，入门北行至景福门，又至承天门，内有昭德、宣政二殿，皆东向，其毡庐亦皆东向"[1]。宫殿坐西朝东，并以东门为正门。当契丹势力南进、把幽州提升为南京后，尽管不得不在旧有的建筑格局基础上建设陪都，却仍然通过只开东门的办法，在一定程度上维护了本民族的文化传统。宣和门之上修建的五凤楼，标志着它实际上具有皇城正门的地位，这里也是皇帝正月十五观赏花灯的地方。在皇城西南角，修建了类似角楼的凉殿。皇城东北角有燕角楼，明代称这里为"燕角儿"，故址在今广安门以东的"南线阁街"，"线阁"就是"燕角"的转音。

　　辽南京西南角的内城占了大城的四分之一，纵穿大城南北的大街从开阳门到拱辰门，接近当代的南樱桃园到牛街一线；横贯东西的大街自安东门到清晋门，大致与今广安门内外大街相近。此外，通天门到内城子北门之间，迎春门到内城宣和门之间，也有大街相连，惟其

---

① 李焘：《续资治通鉴长编》卷88，宋真宗大中祥符九年九月己酉，中华书局1995年版，第2015页。

不能贯通大城而已。上节已引路振《乘轺录》说，辽南京城共有二
十六坊，各坊有门楼书写坊名，阐宾、肃慎、卢龙等坊都沿用了唐代
的旧名。此外，"居民棋布，巷端直，列肆者百室。俗皆汉服，中有
胡服者，盖杂契丹、渤海妇女耳"，呈现出商业市肆兴旺以及汉族为
主的多民族杂居景象。晚近时代出土的辽代墓志等所载的隗台坊、永
平坊、罗北坊、齐礼坊，见于寺院碑铭的棠阴坊等，也是这二十六坊
的组成部分。北宋宣和七年（1125）许亢宗看到，燕山府即三年前
遭到金人大肆劫掠的辽南京，此时已经恢复得相当繁荣："户口安
堵，人物丰庶，州宅用契丹旧大内，壮丽复绝。城北有市，陆海百货
萃于其中。僧居佛寺，冠于北方。绵绣祖绮，精绝天下。"[1]《契丹国
志》节录此段时称，燕京析津府"户口三十万"[2]。尽管我们无法判
断这"三十万"究竟是"户"还是"口"数，是笼统形容府城人口
还是全府所有州县的城乡人口，但此前的辽南京人口数量与城市面貌
应当远远胜过上述水准。

二　金中都的规划建设

金朝天德五年三月二十六日（1153 年 4 月 21 日），海陵王颁布
《迁都诏》，改元为贞元元年（1553），金朝的首都由上京会宁府（治
今黑龙江哈尔滨市阿城区）迁都燕京并改称中都。历史上的北京由
此上升为北半个中国的政治中心，并为随后在元明清各朝以迄当代基
本连续地成为全国首都做了历史文化与心理认同的准备，在中国历史
和北京城市史上具有划时代的意义。

金与南宋大致以淮河一线为界南北对峙，与气候温暖、人文荟萃
的燕京相比，偏居一隅的上京显然不利于实现一统天下的抱负。海陵
王从议论上京寒冷、不宜种莲开始，引导大臣揣摩上意："燕京地广
土坚，人物蕃息，乃礼仪之所，郎主可迁都。北番上都，黄沙之地，
非帝居也。"随后采纳梁汉臣的建议，"起诸州工役，修整内苑，然

---

① 宇文懋昭：《大金国志》卷 40《许奉使行程录》，《大金国志校证》本，中华书局
1986 年版，第 560 页。

② 叶隆礼：《契丹国志》卷 22 "南京" 条，上海古籍出版社 1985 年版，第 217 页。

后迁都"①。海陵王在迁都诏书中说："眷惟全燕，实为要会。将因宫庙而创官府之署，广阡陌以展西南之城。勿惮暂时之艰，以就得中之制。"② 这份诏书是海陵王"广燕京城"的基本方针：根据燕京原有宫殿与庙宇的分布情况，规划布局金朝中央的官府衙署；加宽道路，拓延西面和南面的城墙；臣民不必顾虑暂时的艰辛，要尽量把皇宫放在国都的居中位置。南宋张棣《金虏图经》记载，海陵王"先遣画工写京师宫室制度，至于阔狭修短，曲画其数，授之左相张浩辈按图以修之"③。这里的"京师"指北宋汴京开封，燕京的城市规划大致以汴京为蓝本。

天德二年（1150）冬，"遣左右丞相张浩、张通古，左丞蔡松年，调诸路夫匠，筑燕京宫室"④。三年三月，"诏广燕城，建宫室"，实际上早已施工；四月"诏迁都燕京"，"有司图上燕城宫室制度，营建阴阳五姓（行）所宜"；闰四月，"命尚书右丞张浩调选燕京，仍谕浩无私徇"⑤。另据金朝翰林直学士赵可《都人进义何公墓碣》："天德三年，展那城，或荐公于用事者。于是东阡西陌，线引棋布，其制盖皆出于公焉。"⑥ 燕京人何进义，应是精通建筑的民间巧匠。他被推荐给负责展拓燕京的官员，在道路设计和建筑布局方面贡献卓著。

关于营建燕京投入的人力，南宋范成大《揽辔录》称："役民夫八十万，兵夫四十万，作治数年，死者不可胜计。"⑦ 张棣《正隆事迹记》亦称："役天下夫匠百万，肖京师（引者按：即北宋汴京）之

①　宇文懋昭：《大金国志》卷13《海陵炀王纪年上》，《大金国志校证》本，中华书局1986年版，第186—187页。

②　李心传：《建炎以来系年要录》卷162《绍兴二十一年》，中华书局1956年版，第2650页。

③　张棣：《金虏图经》"宫室"，载《大金国志校正》附录二，中华书局1986年版，第594页。

④　宇文懋昭：《大金国志》卷13《海陵炀王纪年上》，《大金国志校证》本，中华书局1986年版，第187页。

⑤　《金史》卷5《海陵本纪》，中华书局1997年缩印本，第97页。

⑥　李心传：《建炎以来系年要录》卷162《绍兴二十一年》，中华书局1956年版，第2650页。

⑦　范成大：《揽辔录》，《范成大笔记六种》本，中华书局2002年版，第16页。

仿佛，营都于燕山，迄三年而成。"① 夫匠们劳作繁重、报酬微薄，有时还遭遇大规模的疾疫。《金史》记载："既而暑月，工役多疾疫。诏发燕京五百里内医者，使治疗，官给药物，全活多者与官，其次给赏，下者转运司举察以闻。"② 征召医生之广与奖赏之高，反衬出疫情之普遍和严重。修筑燕京城的木料，来自数百里外的真定府。张浩等"取真定府潭园材木，营造宫室及凉位十六"③。此外，"金朝筑燕城，用涿州土。人置一筐，左右手排列定，自涿至燕传递。空筐出，实筐入，人止土一畚，不日成之"④。采用"人海战术"从百余里外运输泥土，为朝廷征调大量民夫做了很好的注脚。至于建城所需的石材、砖瓦等，当取自燕京附近地区。

从天德二年（1150）三月征调天下军民夫匠开始，到贞元元年（1153）三月迁都，燕京城的宫室用了三年基本建成。正隆四年（1159）二月又修中都城，标志着展拓改建燕京的工程完全告竣，前后用了八九年的时间，百余万民夫、兵卒付出了巨大代价。入主燕京后，完颜亮以"大梁天下之都会，阴阳之正中"，计划再迁汴京。正隆元年（1156）冬，"复修汴京大内"，四年"再修汴京，令左丞张浩、参知政事敬嗣晖董其役，集诸路夫匠大兴宫室，极其侈靡，将迁都焉"⑤。后因忙于征伐南宋，更兼海陵王不久败亡而终止。

三　金中都的城市格局
（一）四面城墙向外拓展

以往一般认为，金中都是将辽南京大城的东、西、南三面城墙分别向外展拓三里而成，北面的城墙依旧未动。晚近考古和研究证实，

①　张棣：《正隆事迹记》，《四库全书存目丛书》史部第45册，齐鲁书社1996年影印本，第27页。
②　《金史》卷83《张浩传》，中华书局1997年缩印本，第1862页。
③　《金史》卷24《地理志上》"中都路"条，中华书局1997年缩印本，第572页。
④　于敏中等：《日下旧闻考》卷37《京城总纪》引《析津志》，北京古籍出版社1985年版，第588页。
⑤　宇文懋昭：《大金国志》卷14《海陵炀王纪年中》，《大金国志校证》本，中华书局1986年版，第194、196页。

情况并非完全如此。

蔡珪大定七年（1167）二月十五日所撰《十方万佛兴化院碑记》云："都城之南郭有精舍焉，绘万佛于一堂之上，遂以名院。……天德中作新大邑，都西南广斥千步，遂隶城中。周垣迫于通衢，复择地景风关作别院以分处。大定三年请于朝，赐名兴化。"十年（1170）四月撰《大觉寺碑记》称："河桥折而西有精舍焉，旧在开阳门郊关之外，荒寒寂寞，有井在侧，往来者便于汲，因名义井院。天德三年作新大邑，燕城之南广斥三里，寺遂入开阳东坊，大定中赐额曰大觉。"① 城墙的外拓三里或千步，使原在城外的寺院被包入城中。金制五尺为步，千步为五百丈。以唐制一百二十丈为一里计，约合四里余；以宋制一百四十四丈为一里，约合三里半。燕京"西南广斥千步"或"燕城之南广斥三里"，都是约略言之。东墙则从辽代的烂漫胡同一线，向东外扩至一里有余的潘家河沿一线。至于金中都的北城墙，以往大多认为与辽南京时无异。赵其昌等在白云观西发现了晋代蓟城、唐代幽州城即辽南京西北城角残迹，此处距离会城门所在的中都北城墙尚有百米左右的距离，"这就表明，金代筑中都城，在辽城的基础上，东、西、南、北四面都有扩展"②。北京大学考古学家阎文儒在 20 世纪 50 年代初考察和测量，金中都西城墙北端在羊房店东南角、城根关家园子一带，南端在凤凰嘴村西南角，全长近 4530 米。南城墙从凤凰嘴西南角东转，村南自西向东流的灌田渠水一道，应是金中都南面护城河的遗迹。渠水北面的城墙遗迹，经万泉寺、石门村、霍道口、祖家庄、菜户营一线至右安门外大街以东，东南城角在四路通（永定门车站南），全长近 4750 米。东城墙自四路通向北，经永定门车站，南北向的土岭窑岗子，陶然亭以北的窑台、黑窑厂胡同、梁家园一线，全长近 4510 米。北城墙在会城门、羊房店一线，自东北城角新华街以西的西夹道至西北城角城根关家园子一带，全长

---

① 孛兰肹等：《元一统志》卷 1《大都路》，赵万里校辑本，中华书局 1966 年版，第 26、38 页。

② 赵其昌：《金中都城坊考》，载《京华集》，文物出版社 2008 年版，第 155—156 页。

4900 米①。以宋代木矩尺（折合 0.309 米）为标准，依照宋制 1 里等于 144 丈折合，总计为 42 里 4 尺。《大金国志》称"都城四围凡七十五里"②，这个数字并不确切。许亢宗说燕山府（辽南京）"周围二十七里"③，若按金代西扩 4 里、南扩 3 里、东扩 1 里计算，中都城垣共计 43 里，接近今人实测后以宋尺折合的里数。明洪武元年（1368）八月，徐达"令指挥叶国珍计度北平南城，周围凡五千三百二十八丈，南城故金时旧基也"④，以唐制 120 丈为一里折合 44.4 里，以宋制折合则为 37 里。

（二）城门数量及其位置关系

南宋宇文懋昭《大金国志》称：中都"城门十二，每一面三门，其正门两旁又设两门。正东曰宣曜、阳春、施仁，正西曰灏华、丽泽、彰义，正南曰丰宜、景风、端礼，正北曰通玄、会城、崇智，此四城十二门也"⑤。南宋张棣《金房图经》云："都城之门十二，每一面分三门，一正两偏焉。其正门四傍皆又设两门，正门常不开，惟车驾出入，余悉由傍两门焉。其门十二各有标名：东曰宣耀，曰施仁，曰阳春；西曰灏华，曰丽泽，曰新义；南曰丰宜，曰景风，曰端礼；北曰通元，曰会城，曰崇智。"⑥《金史·地理志》载：中都"城门十三，东曰施仁、曰宣曜、曰阳春，南曰景风、曰丰宜、曰端礼，西曰丽泽、曰颢华、曰彰义，北曰会城、曰通玄、曰崇智、曰光泰"⑦。对照上述文献，"宣耀"、"新义"是字形相近造成的讹误，"通元"则是清代刊本为避康熙帝玄烨名讳而改，应分别作"宣曜"、

① 阎文儒：《金中都》，《文物》1959 年第 9 期。

② 宇文懋昭：《大金国志》卷 33《燕京制度》，《大金国志校证》本，中华书局 1986 年版，第 471 页。

③ 宇文懋昭：《大金国志》卷 40《许奉使行程录》，《大金国志校证》本，中华书局 1986 年版，第 561 页。

④ 《明太祖实录》卷 30，洪武元年八月戊子。

⑤ 宇文懋昭：《大金国志》卷 33《燕京制度》，《大金国志校证》本，中华书局 1986 年版，第 471 页。

⑥ 张棣：《金房图经》"京邑"，载《大金国志校证》附录 2，中华书局 1986 年版，第 593—594 页。

⑦ 《金史》卷 24《地理志上》，中华书局 1997 年缩印本，第 572 页。

"彰义"、"通玄"。元末熊梦祥《析津志》则称:金中都"城之门制十有二,东曰施仁、宣曜、阳春,南曰景风、丰宜、端礼,西曰丽泽、灏华、彰义,北曰会城、通玄、崇智,改门曰清怡,曰光泰"①。由此形成了金中都十二门与十三门之说,彼此之间的分歧在于北面到底有三个城门还是四个城门。如何理解《析津志》关于北面城门改名的记载,也是产生分歧的原因之一。

十二门与十三门之差,更重要的在于"光泰门"是否存在。查《金史》,地理志、百官志均有光泰门。《析津志》称"观光桥,在南城通玄门外",数座"无名桥"包括"崇智门外一,光泰门外一"②。《永乐大典》抄本《顺天府志》所记宛平县桥梁,也有"旧光泰门一,旧崇智门一,旧清夷门一"③。由此可见,"光泰门"、"崇智门"各是一门,并不存在《析津志》所谓"崇智门"改名"光泰门"之事。《金史·卫绍王本纪》与《金史·五行志》都记载了大安三年(1211)二月的同一次风灾,前者作"有大风从北来,发屋折木,通玄门重关折"④;后者作"大风从西北来,发屋折木,吹清夷门关折"⑤。显然,被吹坏城门楼的"通玄门"与"清怡门",应是同一城门的两个通用称呼。《日下旧闻考》编纂者亦称:"考《北平图经》谓奉先坊在旧城通玄门内,而《析津志》又谓在南城清怡门内。二名错见,疑清怡即通玄之别称。"⑥《金史》所载事迹证实这个判断准确合理,但他们接着推测的"光泰或亦会城、崇智之别称"则是明显错误;《析津志》所称"北曰会城、通玄、崇智,改门曰清怡、曰光泰",也只有"通玄门"改为"清怡门"能够成立。这样可以断

① 于敏中等:《日下旧闻考》卷37《京城总纪》引《析津志》,北京古籍出版社1985年版,第587页。
② 熊梦祥:《析津志》,《析津志辑佚》本,北京古籍出版社1983年版,第99页。
③ 《顺天府志》卷11《宛平县》"桥梁",缪荃孙《永乐大典》抄本,北京大学出版社1983年影印,第277页。
④ 《金史》卷13《卫绍王本纪》,中华书局1997年缩印本,第293页。
⑤ 《金史》卷23《五行志》,中华书局1997年缩印本,第541页。
⑥ 于敏中等:《日下旧闻考》卷37《京城总纪》,北京古籍出版社1985年版,第587—588页。

定，正如《金史·地理志》所载，包括光泰门在内，金中都应当共
有十三个城门（图3—1）。

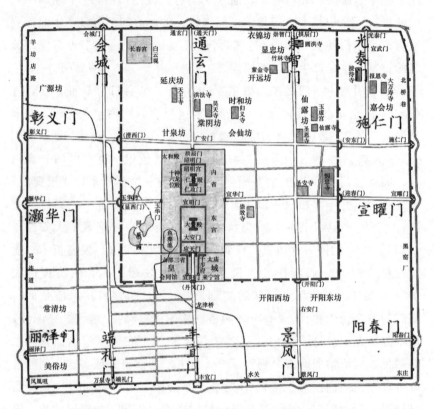

图3—1　金中都城门（据《北京历史地图集》标注）

《大金国志》、《金虏图经》、《析津志》所持金中都十二城门之
说，符合城市布局中轴对称的一般规律，由此启示我们：海陵王扩建
燕京城时只有十二个城门，但在随后的某个时期增辟光泰门，由此变
为十三门。光泰门的开辟，应在大定十九年（1179）建成大宁宫之
后。这座离宫位于中都东北郊外，白莲潭（即元代积水潭）一带天
然水泊点缀其间，金世宗、章宗等在此避暑往往长达数月之久。在中
都北墙偏东处新辟一门，或许就是为了便于与大宁宫之间的往来。它
的年代晚于已有的十二门，又不符合城市布局的传统制度，因此不为

后人所重乃至疏于记载。金代曹之谦《北宫》诗云"光泰门边避暑宫，翠华南去几年中"①，元初王恽《游琼华岛》亦有"光泰门东日月躔，五云仙杖记当年"之句②。金末元初的文学家元好问《东平贾氏千秋录后记》称：海陵王时期，都水内监使者贾洵"督燕都十三门之役。郡众聚居，病疫所起，君出已俸市医药；有物故者，又为买棺以葬之"③。贾洵献出薪俸为夫役治病或安葬，正与海陵王征召燕京五百里之内的医者之事相符。这篇后记作于"壬子冬十月冬至日"即蒙古宪宗二年（1252）的冬至日，"督燕都十三门之役"是在事过百年之后的元好问统而言之，但有力地证明了中都城在金代后期确有十三门。今人或称，元代在金中都东北修建大都之后，为便于新旧两城之间的往来，才在中都北墙偏东处另辟一门，只是被《金史》编纂者误记为金代已有十三门。事实上，元好问论及贾洵督造"燕都十三门"在前，十五年之后的至元四年（1267）忽必烈才开始营建大都新城。仅此一点，也已足证上述说法是向壁虚构。

关于金中都十三个城门的位置，史籍中已有清楚说明。《金史·地理志》与《析津志》从东墙最北端的施仁门开始，按顺时针方向环城逐次数来：东墙是施仁、宣曜、阳春，南墙为景风、丰宜、端礼，西墙是丽泽、灏华、彰义，北墙为会城、通玄、崇智、光泰。《大金国志》与《金虏图经》则是每面城墙先记正门，虽然由于观察城门的方位不同，提到两个旁门的顺序略有差异，但仍有规律可循，并不影响地点的准确性。与此相反，晚清至民初的震钧《天咫偶闻》所附《辽金元明都城合图》④，除了景风、丽泽、会城三门之外，对金中都其余城门的标注都出现了匪夷所思的错乱，城墙尤其是北墙的画法也完全不足取法。

① 房祺：《河汾诸老诗集》卷8，《丛书集成初编》本，商务印书馆1936年版，第114页。

② 王恽：《秋涧集》卷24《游琼华岛》，《四库全书荟要》集部第53册，世界书局影印本，第300页。

③ 元好问：《元好问全集》卷34《东平贾氏千秋录后记》，山西古籍出版社2004年版，第767页。

④ 震钧：《天咫偶闻》卷10《琐记》，北京古籍出版社1982年版，第219页。

　　我国古代对地理方位的表示，往往以八方与五行、八卦、天干、
地支相配（图3—2）。从这个途径考察《金史·礼志》所述祭祀天
地日月、风雨雷师的中都坛庙方位，也可充分证明《金史·地理志》
记载的城门位置准确无误。

图3—2　八方与天干、地支、八卦对应示意图

　　明昌五年（1194），"乃为坛于景丰门（按，即景风门）外东南，
阙之巽地，岁以立春后丑日，以祀风师"；"又为坛于端礼门外西南，
阙之坤地，以立夏后申日，以祀雨师"[1]。既然丰宜门为正南门，对
照图3—2所示，则景风门必为南之东门、端礼门为南之西门。次年
在高禖坛为金章宗求子，"乃筑坛于景风门外东南端，当阙之卯辰
地，与圜丘东西相望"[2]。以地支表示的"卯辰地"也是东南方向，
同样证明景风门是南三门最东边的一门，而端礼门是南三门最西边的
一门也毫无疑义。

　　① 《金史》卷34《礼志七》，中华书局1997年缩印本，第809页。
　　② 《金史》卷29《礼志二》，中华书局1997年缩印本，第722页。

《金史·礼志一》指出："南郊坛，在丰宜门外，当阙之巳地。""北郊方丘，在通玄门外，当阙之亥地。""朝日坛曰大明，在施仁门外之东南，当阙之卯地。"① 仍与图 3—2 对照，南郊坛即圜丘（天坛），位于"巳地"即丰宜门外之东南，正与"卯辰地"的高禖坛东西相望。北郊方丘即地坛，位于"亥地"即正北门通玄门外之西北。"卯地"指正东方，坐落在施仁门外之东南的大明坛（日坛），亦与正东的宣曜门相近，可见施仁门是东三门最北边的一个。另据《元一统志》：大兴县治"北至大都三里"，"西至旧城（按，即金中都城）施仁门一里"②。元代大兴县治在今海王村附近，北距大都南城墙（今东西长安街南侧）大约三里，其西一里的施仁门只能是东三门最北之门。这样，阳春门也必定是东三门最南之门。

在中都西墙三门中，正西门灏华门故址在蝎子门村，其地处于广安门外大街之南。元明清时期，广安门内外大街有"彰义街"或"彰义门街"之称，足证彰义门是中都西墙最北之门。此外，"施仁"与"彰义"两个城门不仅在地理分布上东西对称，其语词含义也正符合"孔曰成仁、孟曰取义"的文化传统，在思想意义上也构成了东西对称的关系，这是为两个城门定位的又一可信旁证。相应地，丽泽门就是西面三门的最南者。《大明一统志》载："百泉溪在（顺天）府西南一十里丽泽关，平地有泉十余穴，汇而成溪，东南流入柳村河。"③ 柳村河以流经今丰台区柳村得名，其西北的水头庄就是百泉溪之源，它们之间的相对方位也证明丽泽门是中都西墙最南之门。《金史》称"夕月坛曰夜明，在彰义门外之西北，当阙之酉地"④，可见月坛位于中都的正西，但"在彰义门外之西北"显然应为"西南"之误。

中都北垣四门，正门为通玄门；会城门必在通玄门以西，距城西

---

① 《金史》卷 28《礼志一》，中华书局 1997 年缩印本，第 693 页。
② 孛兰肹等：《元一统志》卷 1《大都路》，赵万里校辑本，中华书局 1966 年版，第 9 页。
③ 李贤等：《大明一统志》卷 1《顺天府》，三秦出版社 1990 年影印明刻本，第 92 页。
④ 《金史》卷 28《礼志一》，中华书局 1997 年缩印本，第 693 页。

北角不远，这个地名至今尚存（位于羊房店东）。通玄门之东，依次为崇智门、光泰门。

（三）皇城、宫城与宫殿

《金房图经》记载：海陵王在燕京筑造宫室，金中都的内城即大城之中的皇城，四围共计九里三十步。皇城的正南门叫做宣阳门，分为三个门，中间一门绘龙，两个偏门绘凤。中门常不开，只供皇帝出入通行，两偏门分双、单日各开一门，供其他人通行。入宣阳门后有两座楼，东边的称为文楼，西边的叫做武楼。文楼转东为来宁馆，武楼转西为会同馆，二馆都为接待南宋等国使臣而设。宣阳门正北，为东西相对的千步廊。千步廊中部又各有一偏门，出东门可至太庙（衍庆宫），出西门可到尚书省。由千步廊往北，面对的是通天门，后改称应天门，是宫城的正南门。在应天门东、西各约一里处，分别是东掖门、西掖门。内城东门称为宣华门，西门称为玉华门，北门叫做拱辰门，又叫后朝门。应天门内为宫城，内殿分为九重，有三十六处宫殿。正中位是"皇帝正位"，后面是"皇后正位"。皇位、后位之东叫做"内省"，西边称"十六位"，是妃嫔居住的地方[1]。金中都的宫廷建筑，显示了沿着南北中轴线排列的特点（图3—3）。

南宋乾道六年（金大定十年，1170），资政殿大学士范成大出使金国来到中都城，所撰《揽辔录》记其见闻。在他看来，中都殿宇林立，虽然以汴京为范本，但不完全符合宫廷的礼制要求，只是在追求奢侈工巧方面不遗余力。淳熙四年（金大定十七年，1177）出使金国的周辉，在《北辕录》中亦称皇宫"瓦悉覆以琉璃，日色辉映，楼观翚飞，图画莫克摹写"[2]。《金史·地理志》描述了中都城的殿宇、宫门："应天门十一楹，左右有楼，门内有左右龙翔门及日华、月华门。前殿曰大安，左右掖门，内殿东廊曰敷德门。大安殿之东北为东宫。正北列三门，中曰粹英，为寿康宫，母后所居也。西曰会通

---

① 张棣：《金房图经》"宫室"，载《大金国志校证》附录2，中华书局1986年版，第594页。

② 周辉：《北辕录》，《国家图书馆藏古籍珍本游记丛刊》本，线装书局2003年版，第3105页。

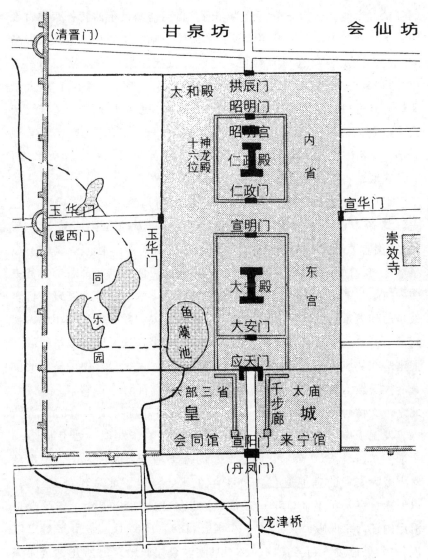

图 3—3　金中都皇城与宫城局部（选自《北京历史地图集》）

门，门北曰承明门，又北曰昭庆门。东曰集禧门，尚书省在其外。其东、西门，左、右嘉会门也。门有二楼，大安殿后门之后也。其北曰宣明门，则常朝后殿门也。北曰仁政门，旁为朵殿，朵殿上为两高楼，曰东、西上阁门，内有仁政殿，常朝之所也。宫城之前廊，东、西各二百余间，分为三节，节为一门。将至宫城，东西转各有廊百许间，驰道两旁植柳，廊脊覆碧瓦，宫阙殿门则纯用碧瓦。应天门旧名通天门，大定五年（1165）更。七年，改福寿殿曰寿安宫。明昌五年（1194）复以隆庆宫为东宫，慈训殿为承华殿，承华殿者皇太子所居之东宫也。泰和殿，泰和二年（1202）更名庆宁殿。又有崇庆殿。鱼藻池、瑶池殿位，贞元元年（1153）建，有神龙殿，又有观会亭。又有安仁殿、隆德殿、临芳殿。皇统元年（1141）有元和殿，有常武殿，有广武殿，为击毬、习射之所。"①

　　上述宫殿之数，远不及《大金国志》所谓三十六殿。检索《金史》诸帝本纪、五行志、礼志、人物传，以及《正隆事迹记》与《大金国志》，可以找到另外二十六处宫殿的线索，但有些或许不在皇城之内，同一宫殿也有在不同年代更名的可能，这些都需要具备更多的文献与考古证据才能解决。在金中都三十六殿中，大安殿、仁政殿是前朝最重要的两大宫殿，与今天的故宫太和殿、保和殿相似，朝廷重大盛典或接待邻国重要使臣的活动，大多在这两座宫殿举行。它们坐落在从应天门至拱辰门的南北中轴线上，占据皇宫中最显要的位置。大安殿有露台三层，两旁被曲水围绕，石阶十四级。1990年，北京市文物研究所配合西厢工程，在广安门外进行了大量的考古钻探、发掘工作，于广安门滨河公园迎春亭南侧，发现一处南北长70余米、东西残长60余米、厚达5米的夯土基址，被认为是金中都皇宫主殿大安殿的基址遗存。2003年在此处修建了北京建都纪念阙，以纪念自贞元元年（1153）迁都燕京以来建都850周年。仁政殿是沿用的辽南京旧殿，大定二十八年（1188）十一月，金世宗对宰臣说："宫殿制度，苟务华饰，必不坚固。今仁政殿辽时所建，全无华饰，但见它处岁岁修完，惟此殿如旧，以此见虚华无实者，不能经久也。今土木之工，灭裂尤甚。下则吏与工匠相结为奸，侵剋工物；上则户、工部官支钱度财，惟务苟办，至有工役才毕，随即欹漏者。奸

---

① 《金史》卷24《地理志上》，中华书局1997年缩印本，第573页。

弊苟且，劳民费财，莫甚于此。自今体究，重抵以罪。"① 金世宗指出的建筑质量问题延续到今天，被人们极其生动地形容为"豆腐渣工程"。

（四）城坊与街巷

金中都在利用唐代幽州与辽南京旧城的基础上，仿照北宋汴京的城市布局加以拓展整修。北宋中叶以后商业经济的发展，促使四周被围墙环绕、中间有十字街通往四面坊门的封闭式的古典坊里制度，逐渐被开放式的坊巷、市坊取代，居民区与市场不再有严格的界限。以汴京为模仿对象的金中都，自然也顺应这一趋势。当代考古发掘显示，金中都的城市布局是旧式坊制与新式坊巷的混合。由于旧居民区在营建过程中未曾改动，城市中心区的布局仍然保持着辽南京时代的坊制格局。扩建幅度较大的西、南、东三面，则完全采用开放式的坊巷。钻探发现，在中都城西南部，东西方向的街道大多是等距离的平行胡同。在城东部，今宣武门外大街及其东部的椿树胡同、陕西巷等南北方向的胡同，也是金中都街道的遗迹。贞元元年（1153）五月，海陵王把中都城闲置的空地赐给朝官和卫士。这样，新建的住宅、商铺，应当就位于城市新拓展的区域之内、分布在主干道两旁的平行胡同中。

一般认为，在唐幽州与辽南京已有的二十六坊之外，城市区域得到大幅度拓展的金中都，坊的数量应当显著增多，原二十六坊的名称则既有延续也有更改。我们应当注意到，金代文献罕见各坊起源与分布的踪迹，现代研究者依据的史料以辑自《日下旧闻考》的《元一统志》为主，另有元末熊梦祥《析津志》佚文、清人从《永乐大典》辑出的《顺天府志》等。虽然可以依据前后相继的历史关联、借助《元一统志》推测金中都的坊巷，但《元一统志》所载毕竟属于时过境迁的"大都旧城"在元代的情形，远不如金人记载本朝事迹那样直接可靠，据此所做的论证难免不够有力。可是，文献不足又迫使我们不得不退而求其次，更加准确精到的研究惟有

---

① 《金史》卷8《世宗本纪下》，中华书局1997年缩印本，第202页。

俟之来日。

《元一统志》记载："旧城中西南、西北二隅，坊门之名四十有二：西开阳坊、南开远坊、北开远坊、清平坊、美俗坊、广源坊、广乐坊、西曲河坊、宜中坊、南永平坊、北永平坊、北揖楼坊、南揖楼坊、西县西坊、棠阴坊、蓟宾坊、永乐坊、西甘泉坊、东甘泉坊、衣锦坊、延庆坊、广阳坊、显忠坊、归厚坊、常宁坊、常清坊、西孝慈坊、东孝慈坊、玉田坊、定功坊、辛市坊、会仙坊、时和坊、奉先坊、富义坊、来远坊、通乐坊、亲仁坊、招商坊、馀庆坊、郁邻坊、通和坊。东南、东北二隅旧坊门之名二十：东曲河坊、东开阳坊、咸宁坊、东县西坊、石幢前坊、铜马坊、南蓟宁坊、北蓟宁坊、啄木坊、康乐坊、齐礼坊、为美坊、南卢龙坊、北卢龙坊、安仁坊、铁牛坊、敬客坊、南春台坊、北春台坊、仙露坊。"[1] 上述坊名共计 62 个，比辽南京时多 36 坊，这是城郭拓展使居民区相应扩大的反映。《日下旧闻考》编纂者认为"此条乃具录金时都城内各坊之名"，但《元一统志》只是称之为"旧城中西南、西北二隅坊门之名"与"东南、东北二隅旧坊门之名"，而且"元初设大都警巡院及左右二院，右院领旧城之西南、西北二隅四十二坊，左院领旧城之东南、东北二隅二十坊"[2]。尽管它们分布的范围就是金代的中都城，却也不宜完全视为金代的情形而排除进入元朝后增减更名的可能。此外，"坊门之名"与"旧坊门之名"的异同耐人寻味，后者更像是指金中都时代出现的坊名。这一切都表明，金中都 62 坊之说存在不少疑点。

元代中都旧城 62 坊所处的西南、西北、东南、东北"四隅"，并非指方形城垣的四个角落，而应是以皇城为十字的交点、纵横切割后划出的四个城市管理单元。与唐幽州城和辽南京的 26 坊对照，仙露、显忠、蓟（廥）宾、开阳、铜马、棠阴、玉田、卢龙、时和、齐礼、归厚、敬客、永平等坊，是一直沿用（包括同名派生、同音

① 于敏中等：《日下旧闻考》卷 37《京城总纪》引《元一统志》，北京古籍出版社 1985 年版，第 592—593 页。

② 于敏中等：《日下旧闻考》卷 156《存疑》引《元一统志》，北京古籍出版社 1985 年版，第 2520 页。

异写）到元代的旧名，自然也是金中都使用过的坊名。侯仁之主编
《北京历史地图集》，侯仁之、岳升阳主编《北京宣南历史地图集》，
赵其昌《金中都城坊考》等，考证了金中都若干坊巷的地理位置，
彼此之间的差异非常明显，还有待继续探索。图3—4选自《北京宣
南历史地图集》，原图注记的东曲河坊、西曲河坊与地名所示的方位
相反，这里予以对调。

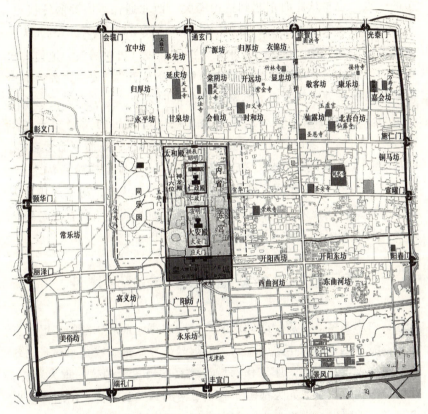

图3—4　金中都城图（选自《北京宣南历史地图集》）

根据历史文献与今人研究成果，迄今所知的金中都街巷，有蓟门
北街、光泰门街、彰义门街、清怡门（通玄门）街、丰宜门北街、
黑楼子街、披云楼东街、白马神堂街、竹林寺东街、阁街、施仁门水
门街、金台坊西街、春台坊街、春台坊西大巷、宣阳门西巷、阳春门

内小巷、老君巷、山北店北巷、大花巷、石幢东街、水门街等①，城门、建筑等是它们命名的主要参照物。中都城内的坊与市没有严格的界限，但主要商业区仍在城北。各地从水路而来的商货先运至通州，再沿闸河进入中都城北卸在码头上，由此促进了商业的繁荣。

在中都城西南，卢沟桥的修建是北京交通史与城市史上的重大事件。卢沟桥所在的永定河古渡口附近，既是太行山东麓交通大道最北边的端点，也是从此向东北到达山海关、西北通往居庸关的转折点。三条陆上交通线与永定河的交点，原本是形成早期聚落直至崛起为一座城市的最佳位置。虽然由于永定河洪水频发、善决善淤，迫使古代蓟城的选址移向了地势更高但取水仍然比较方便的广安门内外，但卢沟桥一带扼守城市西南交通咽喉的地位依旧未变。金世宗大定二十八年（1188）五月颁诏在此建设石桥，章宗即位后的大定二十九年（1189）六月，"复以涉者病河流湍急，诏命造舟，既而更命建石桥。明昌三年（1192）三月成，敕命名曰广利"②。桥梁横跨卢沟之上，俗称"卢沟桥"，是我国桥梁建筑史上的杰作。从此，河流形成的天然阻隔不复存在，太行山东麓大道的交通更加顺畅，人员往还与经济文化交流的繁荣也有助于保障城市的政治功能。

第三节　另择新址的元大都规划建设

从西周蓟城、汉唐幽州到辽南京、金中都，前后相继的城垣虽有拓展，城市选址却基本不变。元大都则是另择新址、在金中都东北郊重新规划建设起来的一座宏伟都城。北京城市史上的这一重大转折，产生了深远的影响。元大都确立的城市格局延续到明清、民国直至当代北京，被梁思成先生誉为"都市计划的无比杰作"。

---

① 北京图书馆金石组、中国佛教图书文物馆石经组编：《房山石经题记汇编》第四部分《诸经题记（辽金）》，书目文献出版社 1987 年版，第 297—618 页；于杰、于光度：《金中都》，北京出版社 1989 年版，第 27—29 页。

② 《金史》卷 27《河渠志》，中华书局 1997 年缩印本，第 687 页。

一　刘秉忠规划元大都

金朝贞祐二年（1214），把国都南迁汴梁（今河南开封）以避蒙古兵锋。次年，蒙古军队攻占中都，但他们并无在此建都的打算，金碧辉煌的宫殿被大火焚毁。将近二十年之后的南宋端平元年（1234），出使者在燕京"因就看亡金宫室，瓦砾填塞，荆棘成林"①。当蒙古中统元年（1260）忽必烈到达燕京后，驻在东北郊未遭战火的大宁宫园林区的琼华岛（今北海公园白塔山）。鉴于中都的宫室已在战争中遭受严重破坏，西湖（莲花池）作为都城水源供应地也难以为继，忽必烈做出了放弃旧城、以大宁宫为中心修筑新城的重大决策。

新都城的主要设计者是刘秉忠，负责施工的是担任筑宫城总管的张柔及其子张弘略，还有行工部尚书段天佑等人。刘秉忠曾在开平为忽必烈修建王府，中统四年（1263）开平加号上都（今内蒙古正蓝旗东北四十里、上都河北岸兆奈曼苏默古城）。至元四年（1267），"命秉忠筑中都城，始建宗庙宫室"②，此即中都旧城（或称南城）东北郊的新城。八年改国号为大元，九年改中都新城为大都。二十二年（1285）诏令旧城居民迁入新城，元大都至此整体竣工。我们还应强调的是，郭守敬是大都水系的规划设计者。在营建大都过程中，他巧妙开凿金口河以运输西山的木材和石料。他的最大贡献在于，根据城市周边的河湖水系特点，从昌平白浮泉开始，把西山的泉水引来接济漕运。大运河上的江南漕船到达通州后，由此得以继续沿着通惠河一直驶入大都城内的积水潭，使这里呈现"舳舻蔽水"的盛况。漕运畅通既保障了大都以粮食为主的物资供应，也促进了城市政治、经济、文化的高度繁荣。

元末熊梦祥对刘秉忠规划大都的贡献推崇备至，《析津志》记载："世皇建都之时，问于刘太保秉忠，定大内方向。秉忠以今丽正门外第

---

① 于敏中等：《日下旧闻考》卷29《宫室》引《使蒙日记》，北京古籍出版社1985年版，第428页。

② 《元史》卷157《刘秉忠传》，中华书局1997年缩印本，第3694页。

三桥南一树为向以对。上制可，遂封为独树将军，赐以金牌。"① 一般认为，刘秉忠首先依据大都的地理形势，拟定了都城、皇城、宫殿的相对位置；然后以什刹海东端的海子桥（亦称万宁桥，今地安门桥）为基点，从这里连接丽正门外第三座桥以南的一棵大树（即"独树将军"）作为基准线，划出大内的中轴线，亦即大都的"中央子午线"，在此线之上依次确定了皇城正门、大内正门、正寝延春阁、大内北门的位置；再以中轴线为准，划出与它平行或垂直的经纬网状的街巷胡同，从而确立了全城"中轴突出，两翼对称"的整体格局。熊梦祥在赞赏刘秉忠规划周密合理的同时，严厉批评了后世帝王和官员不懂地理、不遵旧制的行为。他指出：营建大都时，"其内外城制与宫室、公府，并系圣裁与刘秉忠。率按地理经纬，以王气为主。故能匡辅帝业，恢图丕基，乃不易之成规，衍无疆之运祚。自后阅历既久，而有更张改制，则乖戾矣。盖地理，山有形势，水有源泉。山则为根本，水则为血脉。自古建邦立国，先取地理之形势，生王脉络，以成大业，关系非轻，此不易之论。自后朝廷妄用建言，不究利害，往往如是。若五华山开金口，决城濠，泄海水，大修造，动地脉、伤元气而事功不立。比及大议始出，则无补于事功矣"②。这里反复申明，元大都的建设，取决于忽必烈的裁决与刘秉忠的规划，只有符合地理条件才能确保国祚久远。后来者急于事功，妄自改变城市的地理形势尤其是水系格局，致使国家元气大伤。比如，在西山开凿金口河之类，待到朝臣指出其严重错误时已经悔之晚矣。

历史地理与北京史研究者都强调，元大都的崛起使古代北京的城市水源地从莲花池水系转移到高梁河水系，促使这个重大转折发生的关键因素之一，是中都旧城水源不足或水质恶劣。但是，可以显示这种状况的元代文献寥寥无几，迄今似乎只能从王恽、陆文圭的文章里找到蛛丝马迹。王恽，字仲谋，号秋涧，汲县人，是元世祖至成宗时代的名臣。他在《新井记》中说："水之滋人至矣，予城居三十（引

---

① 熊梦祥：《析津志》，《析津志辑佚》本，北京古籍出版社 1983 年版，第 213 页。
② 同上书，第 33 页。

者按："十"是衍文）年，口众而无井，亦一苦也。盖饮食酒茗之
用，日不暇数十斛，率以仆奴远汲取，是诚可悯也。中统四年夏六月
朔（1263 年 7 月 7 日），召井工凿井于舍南隙地，告成于是月上旬之
戊午（7 月 16 日）。凡用钱布四千五百，役傭三十六，甃甓三千二
百，其深四寻有一尺（约合 10.1 米）。既汲，果食冽而多泉，味之
莫余井若也。"王恽指出："吾闻生聚繁夥之地，水率咸苦，井而得
美泉者百不一二数。何则？腐秽渗漉之余故也。"在这样的条件下，
居然能够"凿井得泉甘胜乳"，当然值得撰文纪念①。王恽凿井的经
过表明，在元大都尚未修建的蒙古中统年间，中都城里的井水以盐分
偏高、口感苦涩的咸水居多，甘甜适口的井水显得非常珍贵，此事可
以为稍后在中都东北郊营建大都城做一注脚。

直接体现水环境促使元代舍弃旧城、营建大都的文献，当推宋元
之际的陆文圭在入元之后撰写的《中奉大夫广东道宣慰使都元帅墓
志铭》。陆文圭，字子方，人称墙东先生，江阴人，是博通经史百家
的著名学者。这篇墓志铭的墓主扬珠布哈（1243—1314），蒙古大族
辉和尔氏，字延真②，在忽必烈营建大都的中途短期参与施工管理。
墓志铭写道："世祖皇帝奇公才，亦欲试以事。会旧燕土泉疏恶，将
营新都。刘文贞公经画指授，命近臣伊苏布哈典其役，兴工浩繁，置
副难其人，旋以畀公，时至元七年也。禁省、院监、城池、苑囿规制
一新，鸠工告备。"③ 这段文字显示，忽必烈非常看重扬珠布哈的才
能。至元四年（1267）动工修建大都城，刘秉忠负责城市规划设计，
伊苏布哈④组织实施纷繁复杂的工程，却难以找到得力的副手。至元
七年，扬珠布哈被朝廷安排担任此职，圆满完成了任务。这里涉及为
什么营建大都新城的表述，虽然只有"旧燕土泉疏恶"而已，亦即
中都旧城土地瘠薄、水质低劣，但这寥寥六字却与王恽"生聚繁夥

① 王恽：《秋涧集》卷 36《新井记》，《四库全书荟要》集部第 53 册，世界书局影
印本，第 400 页。
② 《新元史》卷 185 作"燕只不花，字自真，回鹘氏"。
③ 陆文圭：《墙东类稿》卷 12《中奉大夫广东道宣慰使都元帅墓志铭》，文津阁四库
全书第 1194 册，第 225 页上栏。
④ 《新元史》卷 185 作"也速不花"。

之地，水率咸苦"之说遥相呼应，对于今人而言已是弥足珍贵。除此之外是否还有更能说明问题的典型材料，有待将来对卷帙浩繁的古代典籍下一番披沙拣金的功夫。

二 城市格局和宫殿建筑

我国古代的城市规划，两千多年来一直受到《周礼·考工记》的深刻影响："匠人营国，方九里，旁三门。国中九经九纬，经涂九轨。左祖右社，面朝后市。"① 按照这种理想的模式，都城要设计成边长九里的正方形，每边有三座城门，追求布局的方正和规整。城内南北向与东西向的干道各有三组，每组三条，沟通两端彼此对应着的城门，共计有纵横各九条道路相互垂直，构成经纬相交的棋盘式干道系统，宽度为九轨即七丈二尺。王宫的左方（东部）是供奉帝王祖先的太庙，右方（西部）是供奉土地神与五谷神的社庙，前面（南部）是朝廷所在地，后面（北部）是商业市场，中轴线在城市主体结构中非常突出。政治中心放在全城的核心位置，以体现"法天而治、象天设都"的思想观念。规划城市用地的方式，是派生于井田制的方格网系统。至少自汉代到明清的两千多年间，从长安、洛阳、邺城、平城（大同）到开封、北京，我国都城规划大体上都继承了《周礼》关于营国制度的传统。《元史·刘秉忠传》记载："秉忠于书无所不读，尤邃于《易》及邵氏《经世书》，至于天文、地理、律历、三式六壬遁甲之属，无不精通。"② 他规划的元大都，在历代都城中最接近《周礼·考工记》描述的营国制度。

方圆六十里、外郭有十一座城门的元大都，由外郭、皇城、宫城三重环围。宫城中心线向北延伸到积水潭东北岸，在城市的几何中心树立了石刻的测量标志"中心台"，作为城市建筑布局选址定位的参照点。台东十五步（约合 23 米）建立中心阁，相当于今北京鼓楼的位置。这样的建筑格局在明清两代依旧延续，只是外郭南

① 《周礼·冬官考工记》"匠人"，《黄侃手批白文十三经》本，上海古籍出版社1983 年版，第 129 页。
② 《元史》卷 157《刘秉忠传》，中华书局 1997 年缩印本，第 3688 页。

北城墙的位置、城门的名称、城市几何中心点有所不同。元大都皇城在城市南部的中央地区，东垣在今南北河沿大街西侧，西垣在今皇城根大街，南垣在今东华门、西华门大街，北垣在今地安门南一线，周长约 18.7 里，《故宫遗录》记载的"周回可二十里"与此基本相符①。皇城城垣用黄土夯筑，坍塌事件不可避免。皇城正南门是朱红油漆的灵星门，地点在今故宫午门附近。由此向南两侧是长达七百步的千步廊，千步廊南端是大都的正南门——丽正门。灵星门向北数十步有金水河，上有三座晶莹如玉的白石桥，其北约二百步就是宫城的正南门——崇天门。皇城之内的太液池和御苑，是典型的皇家园林。以太液池为中心的宫城、隆福宫、兴圣宫，是皇城的三大建筑群。

砖砌的长方形宫城位于皇城东部，元末陶宗仪记载："周回九里三十步，东西四百八十步，南北六百十五步，高三十五尺。"② 宫城南墙中央的崇天门，大约在今故宫太和殿的位置上，左右是星拱门与云从门。东墙、西墙与今故宫两侧城墙相近，分别开辟了东华门与西华门。北墙的位置相当于今景山公园少年宫前，所开的城门叫做厚载门。宫城四角，各有一座琉璃瓦覆盖的三层角楼。崇天门之内数十步又有一重门，中央的大明门专供皇帝出入，文武百官上朝时则经过两侧的日精门、月华门。大明门之内是宫殿建筑的核心所在，南面的大明殿、北面的延春阁呈一条直线，坐落在全城的中轴线上。大明殿落成于至元十年（1273），三级台基被雕龙刻凤的白石阑干围绕，建筑东西长二百尺，南北宽一百二十尺，高九十尺，是举行皇帝即位、元旦、庆寿等重大活动的地方。忽必烈为了使子孙后代牢记前辈创业的艰难，特地从沙漠里移来一片莎草种在大明殿前的台基上，希望他们时时睹物思人、居安思危。正如元代柯九思描写的那样："黑河万里连沙漠，世祖深思创业难。数尺阑干护春草，丹墀留与子孙看。"③

---

① 萧洵：《故宫遗录》，北京出版社 1963 年版，第 67 页。
② 陶宗仪：《南村辍耕录》卷 21 "宫阙制度"条，中华书局 1959 年版，第 250 页。
③ 于敏中等：《日下旧闻考》卷 30《宫室》引柯九思《宫词》，北京古籍出版社 1985 年版，第 437 页。

每逢重大庆典，皇帝与皇后同登御榻，在大明殿接受朝拜，这是蒙古族独有的传统。殿里陈列的物品，有乐器、酒瓮以及自动报时的七宝灯漏等。延春阁在大明殿北面，下为延春堂，上称延春阁，东侧有阶梯上下连通，也与后面的寝殿连成"工"字形，是皇宫举行佛事、道教祠醮仪式或宴会的地方。大明殿、延春阁通过柱廊与它们后面的寝殿连接，平面形状如同"工"字，又分别被周庑围绕，从而在宫城内构成了两组相对封闭的建筑群（图3—5）。

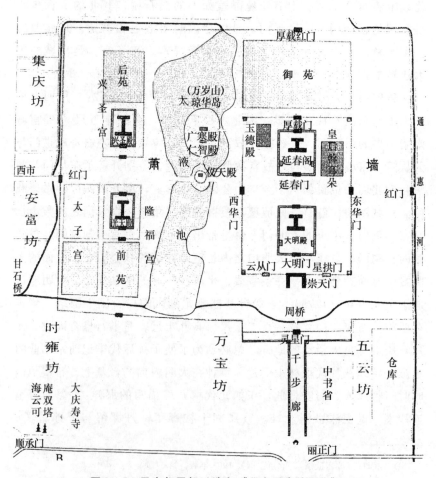

图3—5　元大都局部（选自《北京历史地图集》）

太液池西侧，有南边的隆福宫、北面的兴圣宫两组建筑。隆福宫被砖墙围绕，其主体建筑是由著名书法家赵孟頫命名的光天殿。天光殿有柱廊与后面的寝殿相连，周围建筑格局与大明殿、延春阁基本一致。这里原是忽必烈的太子真金居住的地方，称为东宫或太子宫。真金在忽必烈之前去世，其妻仍然住在此处。至元三十一年（1294），真金第三子铁穆耳继位，其母即为皇太后，于是改皇太后所居旧太子府为隆福宫。这座宫殿之所以在历史上闻名，还与宫前发生过益都千户王著击杀奸臣阿合马这一重大事件有关。《元史》记载："著自驰见阿合马，诡言太子将至，令省官悉候于宫前。……至东宫前，其徒皆下马，独伪太子者立马指挥，呼省官至前，责阿合马数语，著即牵去，以所袖铜锤碎其脑，立毙。"① 隆福宫北面的兴圣宫，建于元武宗时期。主体建筑兴圣殿有柱廊与寝殿相连，后面有延华阁等附属建筑。兴圣宫内的奎章阁，是专门收藏文物图书的地方，后改称宣文阁，意思基本未变。元顺帝时改称端本堂，成为皇太子读书的处所。

元大都宫殿的建筑形式主要是汉族传统的木结构，宫殿之间用柱廊连接，平面呈"工"字形，广泛采用色彩绚丽的琉璃构件。宫殿之内的布置则鲜明地体现了蒙古族的文化习俗，壁衣和地毯成为必不可少的装饰材料，凡是能够露出木结构的地方大多用织造物遮盖起来。上述宫城主体建筑之外的畏吾儿殿、棕毛殿、温石浴室以及完全用玻璃装饰的水晶圆殿，体现了少数民族工匠的高超技艺和建筑文化的多民族色彩。元大都在历史上具有深远影响的另一个建筑特点，就是在规划布局方面对城市中轴线的高度强化。宫殿、城门等基本按照对称原则安排，主要的宫殿和城门都分布在中轴线上，配殿和其他建筑则列于两侧，以此象征封建时代帝王权力的至高无上，迫使臣民在这些宏伟建筑的威压下陡增敬畏之心。这条中轴线南起丽正门（今北京正阳门之北），向北经过灵星门、崇天门、大明门、大明殿、延春门、延春阁、清宁殿、厚载门，最北到达中心阁（今北京鼓楼）。宫殿名称辞藻华丽雅致，建筑布局的对称与地名语词的对称互为表

---

① 《元史》卷 205 《奸臣传》"阿合马"，中华书局 1997 年缩印本，第 4563 页。

里。比如，皇城有"隆福宫"与"兴圣宫"；隆福宫有"翥凤楼"与"骖龙楼"、"崇华门"与"膺福门"、"寿昌殿"与"嘉禧殿"；兴圣宫有"弘庆门"与"宣则门"、"凝辉楼"与"延颢楼"、"芳碧亭"与"徽青亭"等。宫城之内有"星拱门"与"云从门"、"日精门"与"月华门"、"凤仪门"与"麟瑞门"、"景福门"与"延春门"、"懿范门"与"嘉则门"等①。

三　城门、坊巷及其文化渊源

元大都外城共有十一座城门，北面二门，东、西、南三面各有三门（图3—6）。方形城墙之内的建筑布局呈现以中轴线为参照的左右对称，城门的地理位置、名称含义也是如此。东墙的光熙门、崇仁门、齐化门依次与西墙的肃清门、和义门、平则门对称；北墙的健德门与安贞门，南墙丽正门两侧的顺承门与文明门，彼此间也有对称之美。刘秉忠的思想混合了儒、道、佛三种来源，深受其影响的大都城门名称有些源自《周易》，有些却并不容易在古代典籍中找到依据。鉴于我们已在《北京地名发展史》中对它们来自《周易》的语源做了说明②，这里不再逐一解释其语义。

大都的正南门丽正门，在当代的天安门金水桥前。《周易·离》："日月丽乎天，百谷草木丽乎土，重明以丽乎正，乃化成天下。"以"丽正"命名正南门，正如《说卦》所称："离也者明也，万物皆相见，南方之卦也。圣人南面而听天下，向明而治，盖取诸此也。"丽正门东侧的文明门，语出《周易·乾》"见龙在田，天下文明"；西侧的顺承门，源自《周易·坤》"至哉坤元，万物资生，乃顺承天"。文明门俗称哈达门，或以近音写作哈德门、海岱门。《析津志》称："文明门即哈达门。哈达大王府在门内，因名之。"③ 在明代把文明门

---

① 陶宗仪：《南村辍耕录》卷21"宫阙制度"条，中华书局1959年版，第250页；于敏中等：《日下旧闻考》卷30《宫室》引《禁扁》，北京古籍出版社1985年版，第429—430页。

② 孙冬虎：《北京地名发展史》，北京燕山出版社2010年版，第81—82页。

③ 于敏中等：《日下旧闻考》卷45《城市》引《析津志》，北京古籍出版社1985年版，第704页。

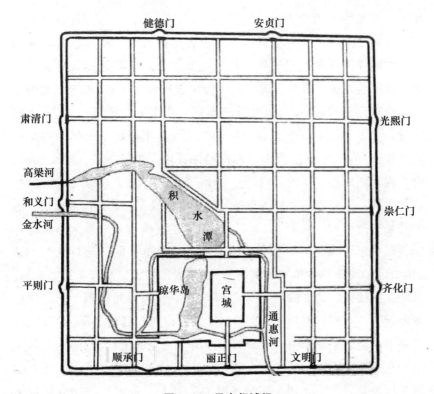

图3—6　元大都城门

改为崇文门后，哈达门这个俗称依然流行于口语中。在北城墙上，西北方的健德门语出《周易·乾》："天行健，君子以自强不息"；"君子以成德为行"。《说卦》称："乾，西北之卦也，言阴阳相薄也。"《周易·系辞下》亦云："夫乾，天下之至健也，德行恒易以知险。"与健德门对称的安贞门，故址应位于北土城东路元大都城垣遗址公园西侧。《周易·坤》说："东北丧朋，乃终有庆。安贞之吉，应地无疆。"和义门、齐化门等，还可从《周易》中找到某些直接的命名依据，其余几个则显得有些勉强。刘秉忠的思想来源相当庞杂，当年命名城门时也未必严格按照单一的经典从事。

元大都的街巷呈现为纵横垂直的方格状布局。马可波罗在其游记中描述"汗八里城"即元大都："街道甚直，以此端可见彼端，盖其布置，使此门可由街道远望彼门也。""各大街两旁，皆有种种商店屋舍。全城中划地为方形，划线整齐，建筑房舍。每方足以建筑大屋，连同庭院园囿而有余。以方地赐各部落首领，每首领各有其赐地。方地周围皆是美丽道路，行人由斯往来。全城地面规划有如棋盘，其美善之极，未可言宣。"①《析津志》称："自南以至于北谓之经，自东至西谓之纬。大街二十四步阔，小街十二步阔。三百八十四火巷，二十九衖通。衖通二字本方言。"② 南宋淳熙十三年（1186），赵善俊知鄂州，"适南市火，善俊亟往视事，弛竹木税，发粟振民，开古沟，创火巷，以绝后患"③。所谓"火巷"就是房屋之间留出的狭长空地，以充当防火隔离带得名，平时就成了居民的出入通道，也就是北方所称的"衚衕"，简写为"胡同"。清末朱一新《京师坊巷志稿》关于"衚衕"词源的考释表明，作为单字的"衕"见于先秦《山海经》与东汉许慎《说文解字》，后者已指出它具有街道的意思；其他文献证实，北方的"衕"与南方的"弄"只是体现了语音的地域差异，二者实质上是表示街巷的同义词；同时记载"衚"与"衕"的字书是南朝梁陈之间的顾野王编纂的《玉篇》，比元朝早七百年左右；《元经世大典》所称"火衖"（火巷）、"火弄"，北方人读来往往把仄声变为平声，用文字记录时则选用了"衚衕"二字以顺从语音的改变④。由此证实，"火衖"（火巷）或者"火弄"并非始于元代的蒙古语，而是我国南方古已有之的汉语方言词汇，"衚衕"是它在北方的音转，熊梦祥所谓"衖通二字本方言"仅是就其通行的地域性而言，这些都不意味着它来自蒙古语。部分当代论著认为，"胡同"是元代从蒙古语中借来的意为"水井"的名词。对照上述文献，此说显然缺乏充分的证据。从元大都的街巷特点来看，"火衖"与"衖通"应是宽度不等的两类街巷，否则熊梦祥也无须分别统计。我们可以推论：大都"三百八十四火巷、二十九衖通"的街巷布局，

① 冯承钧译：《马可波罗行纪》，上海书店出版社 2001 年版，第 210、213 页。
② 于敏中等：《日下旧闻考》卷 38《京城总纪》引《析津志》，北京古籍出版社 1985 年版，第 603 页。
③ 《宋史》卷 247《宗室列传四》，中华书局 1997 年缩印本，第 8761 页。
④ 朱一新：《京师坊巷志稿》卷上，北京古籍出版社 1982 年版，第 27 页。

包含了三百八十四条比较狭窄的"小衚衕"即"火巷";还有使这些"火巷"相互沟通的二十九条比较宽阔的"大衚衕"亦即"衚通"。平均计算,每条"衚通"应当与十三四条"火巷"连通,由此构成了元大都早期的街巷系统。

借助《析津志》的佚文,可以看到大都南北城若干街巷与市场的分布:"长街:千步廊街、丁字街、十字街、钟楼街、半边街、棋盘街。五门街、三叉街,此二街在南城。""米市、面市,钟楼前十字街西南角。羊市、马市、牛市、骆驼市、驴骡市,以上七处市,俱在羊角市一带。其杂货并在十市口。北有柴草市,此地若集市,近年俱于此街西为贸易所。段子市在钟楼街西南。皮帽市同上。菜市,丽正门三桥、哈达门丁字街。菜市,和义门外。帽子市,钟楼。穷汉市,一在钟楼后,为最;一在文明门外市桥;一在顺承门城南街边;一在丽正门西;一在顺承门里草塔儿。鹁鸽市在喜云楼下。鹅鸭市在钟楼西。珠子市,钟楼前街西第一巷。省东市,在检校司门前墙下。文籍市,在省前东街。纸劄市,省前。靴市,在翰林院东,就卖底皮、西甸皮,诸靴材都出在一处。车市,齐化门十字街东。拱木市,城西。猪市,文明门外一里。鱼市,文明门外桥南一里。草市,门门有之。沙剌市,一巷皆卖金银、珍珠、宝贝,在钟楼前。柴炭市集市,一顺承门外,一钟楼,一千斯仓,一枢密院。人市,在羊角市,至今楼子尚存;此是至元间,后有司禁约,姑存此以为鉴戒。煤市,修文坊前。南城市、穷汉市,在大悲阁东南巷内。蒸饼市,大悲阁后。胭粉市,披云楼南。果市,和义门外、顺承门外、安贞门外。铁器市,钟楼后。"[1] 这里提到的大都北城六条、南城(金中都旧城)两条长街,大体根据街道的形状、附近的建筑命名。多种行业的市场分布在大都城内外,显示了手工业和经济贸易的活跃。"钟楼前街西第一巷"等叙述性的定位方式表明,元大都的街巷虽然布局严整但街巷名称(至少是官方认可的地名)并不完备。

---

[1]　于敏中等:《日下旧闻考》卷 38《京城总纪》引《析津志》,北京古籍出版社 1985 年版,第 603—604 页。

元大都的基层社会管理单元，是被方格网状的街巷胡同划出的数十个坊。今人对于元代坊制及其命名依据的认识，基本来源于《日下旧闻考》征引的元代文献，由此引起的一些问题已得到逐步澄清。该书先引《元一统志》："至元二十五年（1288），省部照依大都总管府讲究，分定街道坊门，翰林院拟定名号。"接着又引《析津志》："坊名：元五十，以大衍之数成之，名皆切近。乃翰林院侍书学士虞集伯生所立。外有数坊，为大都路教授时所立。"①考察虞集的生平，至元二十五年时他只有十七岁，"大德初，始至京师。以大臣荐，授大都路儒学教授"②，显然不可能参与定立大都坊名之事，《析津志》所记必定有误。但从"外有数坊，为大都路教授时所立"一语看来，虞集应是大德以后某些新增或更名之坊的命名者。关于大都究竟设立多少坊的问题，人们通常根据"坊名：元五十，以大衍之数成之"，认定元大都在至元年间有五十个坊。其理论依据来自《周易·系辞上》的"大衍之数五十"之语，坊名及其语源则采自《日下旧闻考》征引的《元一统志》对数十坊的逐一释义③。这些坊名或出于《尚书》、《周易》、《诗经》、《论语》、《孟子》、《左传》等古代典籍，或取自元代之前的著名掌故，还有的采用了表示某种意愿的嘉言美辞。我们在《北京地名发展史》中，已经对各个坊名的语源做了追索和解说④，本章不再赘述。

不过，当我们仔细查对《日下旧闻考》转引的《元一统志》坊名释文时发现，被说明语源的只有四十九坊而不是《析津志》所说的五十坊这个"大衍之数"。钦定的《日下旧闻考》在抄文过程中，绝无草率到漏落一坊之理。或以为，"居仁坊"实际上有东西两个，恰好符合五十之数。然而，此说是对《元一统志》释文的误读，不能成立。这段原文为："由义坊，西方属义故；居仁坊，地在东市，

①　于敏中等：《日下旧闻考》卷38《京城总纪》引《元一统志》及《析津志》，北京古籍出版社1985年版，第600页。

②　《元史》卷181《虞集传》，中华书局1997年缩印本，第4175页。

③　于敏中等：《日下旧闻考》卷38《京城总纪》引《元一统志》，北京古籍出版社1985年版，第600—602页。

④　孙冬虎：《北京地名发展史》，北京燕山出版社2010年版，第87—97页。

东属仁。取《孟子》居仁由义之言，分为东西坊名。"两个坊的命名出自《孟子·尽心上》："居仁由义，大人之事备矣。"在我国传统文化中，把仁、义、礼、智、信五种道德观念与东、西、南、北、中五个方位相配，东方对应着"仁"，西方对应着"义"。处于大都东侧与西侧、位置上相互对称的两个坊，从《孟子》"居仁由义"之语中各取其半，据此分称"居仁坊"和"由义坊"。如果把释文后半段标点为"居仁坊，地在东市，东属仁，取《孟子》居仁由义之言，分为东西坊名"，则不仅前面"由义坊"的语源没有着落，而且有违原文把两个同源坊名一并解释的逻辑。事实证明，元大都最初应当只有"四十九坊"，而《析津志》所谓"坊名：元五十，以大衍之数成之"，则是未能完整地体会《周易·系辞上》文句造成的失误。因为，在《周易·系辞上》"大衍之数五十"后面，紧接着还有一句"其用四十有九"。汉代经学家王弼提出："演天地之数，所赖者五十也，其用四十有九，则其一不用也。"① 这就是说，演算天地万物、占卜吉凶，只需要五十根蓍草（即所谓"策"）就够了，而在推衍时真正用到的只是其中的四十九根。由此可以得到的基本结论是：在悠久的儒家文化传统影响下，元代依据《周易》设置大都各坊时，势必本着严格遵循圣贤经典的精神，以"大衍之数五十"的原则做出宏观规划，再依"其用四十有九"之言确定其具体数量，这就形成了载于《元一统志》的大都"四十九坊"而不是与"大衍之数"相等的"五十坊"。换言之，《元一统志》记载的四十九坊并无遗漏，大都城内并不存在所谓"五十坊"；《析津志》所说的"以大衍之数成之"，道出了各坊布局的理论依据，但对坊的准确数目却疏于核对，只是顺着《周易》"大衍之数五十"的习惯性思维，断定元大都在忽必烈时代设置了五十个坊，后来者则沿用"五十坊"之说，或偶有对《元一统志》行文不周的怀疑。自元末熊梦祥开始，历经明清以迄当今，六百多年间对大都坊数究竟是多少的问题一误再误，根

① 《周易正义》卷7《系辞上》，《十三经注疏》，中华书局1980年影印清阮元刻本，第80页上、中栏。

源就在于论者对《周易·系辞上》文句理解的疏阔：只盯住了"大衍之数五十"，却忽略了紧随其后的"其用四十有九"。

第四节　明北京的北缩南拓及清代以后的北京

明代北京在继承元大都已有格局的基础上，先后进行了北墙南缩、南墙外拓、增筑外城等重大改造。由此奠定的城市轮廓与街巷格局被清代北京全面沿袭，到清末民国时期才加以局部改造，1949 年以后又陆续进行了大规模改造，直至形成今天的城市格局。

一　明代北京城垣的三度变迁

洪武元年八月庚午（1368 年 9 月 14 日），徐达率领的明朝军队占领元大都，改大都路为北平府，元大都随即称为北平城。一周之后（9 月 21 日），"大将军徐达命指挥华云龙经理故元都，新筑城垣，北取径直，东西长一千八百九十丈"①。由此废弃了安贞门、健德门一线的北城墙，将北平城的北墙向南缩进五里。随后"督工修故元都西北城垣"②，加紧修筑南缩之后新的北城墙。到九月初一（10 月 12 日），"大将军徐达改故元都安贞门为安定门，建（按，当为"健"）德门为德胜门"③。这并不是对元大都北墙两座旧城门的更名，而是命名了原安贞门、健德门以南的新城墙对应位置上刚刚开辟的安定门、德胜门。这是明代北京城垣与城市格局的第一次重大变迁。

一种观点认为，徐达把北平城的北墙南移，是为了缩小城市规模以节省守城兵力，便于防止元朝势力的反扑。但是，考察古代的礼制要求以及明初的军事形势，却未必如此。在明朝大军抵达通州准备攻城之前，元顺帝已率宫廷人员连夜出健德门、经居庸关逃到上都。明军占领大都后，"大将军徐达遣副将军常遇春、参政傅友德等率兵发

---

① 《明太祖实录》卷34，洪武元年八月丁丑。
② 《明太祖实录》卷34，洪武元年八月己卯。
③ 《明太祖实录》卷35，洪武元年九月戊戌朔。

北平，取未下州郡"①。继续向山西及塞北进军，席卷山后及大宁等军事要地。这时的北平已从战争前线变为后方，虽然偶有元军的骚扰，比如洪武二年二月"故元丞相也速侵通州"，但"亡国之后，屡挫之兵"迅速被守将以计吓退②。北平城南缩五里后所减少的些许守军，对于需要大量军队戍守的北平而言几乎毫无意义。相反，古代城市规模在礼制方面的象征意义更为重要。《左传》云："先王之制，大都，不过叁国之一；中，五之一；小，九之一。"③ 这就意味着，大、中、小城邑的范围，不能超越国都的三分之一、五分之一与九分之一。即使无须拘泥于具体的数字，在元朝的大都降为明朝的北平府之后，它的城市规模至少不能僭越当时作为国都的南京。将元大都相对空旷的北部甩到新城之外，就成为遵从古代礼制要求的必然选择，而且也是最容易实现的途径，北墙南缩的军事意义则微乎其微。《洪武北平图经志书》称"克复后以城围太广，乃减其东西迤北之半"④，但也从未表明是因为防守吃力才觉得"城围太广"。仓促修建的北城墙在经过积水潭以北时，由于要顾及高梁河从西向东汇入积水潭的河道，拐角处的城墙就修成了一个略偏于西南的斜角而不是直角形状，俗传所谓象征"天倾西北，地陷东南"云云，只是后来者的附会。

　　朱元璋去世后，镇守北平的燕王朱棣发动"靖难之役"，从他的侄子建文帝手中夺取了帝位，史称明成祖。永乐元年（1403）正月升北平为北京、改北平府为顺天府。朱棣做燕王时，他的王府就利用了元大都宫城的大内旧殿。永乐四年（1406）闰七月，"文武群臣、淇国公丘福等，请建北京宫殿以备巡幸。遂遣工部尚书宋礼诣四川，吏部右侍郎师逵诣湖广，户部左侍郎古朴诣江西，右副都御史刘观诣浙江，右金都御史仲成诣山西，督军民采木，人月给米五斗、钞三

① 《明太祖实录》卷34，洪武元年八月甲子。
② 《明太祖实录》卷39，洪武二年二月庚辰。
③ 《左传·隐公元年》，《黄侃手批白文十三经》本，上海古籍出版社1983年影印，第1页。
④ 于敏中等：《日下旧闻考》卷38《京城总记》引《洪武北平图经志书》，北京古籍出版社1985年版，第604页。

锭。命泰宁侯陈圭，北京刑部侍郎张思恭，督军民匠砖瓦造，人月给
米五斗。命工部征天下诸色匠作；在京诸卫及河南、山东、陕西、山
西都司，中都留守司，直隶各卫选军士；河南、山东、陕西、山西等
布政司，直隶凤阳、淮安、扬州、庐州、安庆、徐州、和州选民丁，
期明年五月俱赴北京听役，率半年更代，人月给米五斗。其征发军民
之处，一应差役及闸办银课等项，悉令停止"①。从《明实录》等文
献的记载看，派遣大臣到四川、湖广等地深山中采伐大木，疏通运河
以备运输建筑材料和粮食，在北京附近烧造砖瓦等一直在进行，但征
发军民工匠"明年五月俱赴北京听役"并未实行，以便稳定政局、
恢复经济、做好物资准备。五年八月，敕尚书宋礼等："朕以营建北
京，命卿等取材于外。军民之劳，夙夜在念。"② 六年六月，先是诏
谕北京诸司文武群臣："自今北京诸群不急之务及诸买办，悉行停
止；其民之流移未归者，免赋役三年；奉天靖难始终报效之家，厚加
存抚。"接着敕泰宁侯陈圭及北京刑部："方今盛暑，军民赴工者宜
厚加抚恤，饮食作息必以时，无过于劳疾，疾悉与医药。"③ 不久再
命户部尚书夏原吉："自南京抵北京，缘河巡视军民运木烧砖，务在
抚绥得宜，作息以时。凡监工官员作毙害人及怠事者，悉治如律。"④
经过近十年的准备，永乐十四年十一月，"复诏群臣议营建北京"。
此前永乐帝巡视北京时，群臣上疏称"河道疏通，漕运日广，商贾
辐辏，财货充盈，良材巨木已集京师，天下军民乐于趋事"⑤，因而
最终确定了营建北京的计划，从修筑皇城宫殿开始，推进到四围的城
郭。十五年正月，"命平江伯陈瑄充总兵官，率领官军攒运粮储，并
提督沿河运木赴北京"⑥，继续为营建北京提供粮食和木料。经过三
年多的营建，北京的宫殿等建筑基本齐备。十八年十一月戊辰
（1420 年 12 月 8 日）昭告天下：北京行在改称京师，将于十九年正

① 《明太宗实录》卷 57，永乐四年闰七月壬戌。
② 《明太宗实录》卷 71，永乐五年八月甲申。
③ 《明太宗实录》卷 80，永乐六年六月庚辰。
④ 《明太宗实录》卷 80，永乐六年六月丁亥。
⑤ 《明太宗实录》卷 182，永乐十四年十一月壬寅。
⑥ 《明太宗实录》卷 184，永乐十五年正壬子。

月初一（1421 年 2 月 2 日）在奉天殿接受百官朝贺①。以此为标志，
明朝的国都从南京迁到了北京。

《明太宗实录》永乐十八年十二月癸亥（1421 年 2 月 1 日）条回
顾说："初，营建北京，凡庙社、郊祀、坛场、宫殿、门阙，规制悉
如南京，而高敞壮丽过之。复于皇城东南建皇太孙宫、东安门外东南
建十王邸。通为屋八千三百五十楹。自永乐十五年六月兴工，至是
成。"② 这里需要指出的是，上述八千三百五十间房屋，是此前营建
北京的工程总量③。今人或将"复于……"之后的一句标点为"复于
皇城东南建皇太孙宫、东安门外东南建十王邸，通为屋八千三百五十
楹"，这样一来，"八千三百五十楹"就成了皇太孙宫、十王邸所拥
有的建筑数量。十王邸或称十王府，始于洪武年间的南京，是被封在
外地的诸王进京朝觐时的临时住所。永乐年间的北京仍然延续了这项
制度，同时却严格限制诸王进京，十王府在很大程度上形同虚设。由
此证明，所谓"十王邸"或"十王府"绝非十座王府，而只是供诸
王暂住的一座王府，朝廷也不可能大而不当地安排数千间房屋长期闲
置。从地理空间与工程进度来看，明代北京东安门外东南无法容纳十
座王府，三年内也不大可能完成八千余间房屋的施工总量。与此相
仿，清初皇太极所造的"十王亭"也只是一座亭子。《啸亭杂录》记
载："我文皇抚定辽沈，规模阔大而集思广益，纳谏如流。造十王亭
于宫右侧，凡有军国重事，集众宗藩议于亭中而量加采择。故当时政
治肃清，良有以也。"④ 这可为明代的"十王府"只是一座王府增加
一个参照。

迁都之前的永乐十七年（1419）十一月，"拓北京南城计二千七
百余丈"⑤，为修筑皇城提供了足够的空间。在洪武元年（1368）北
城墙南缩五里之后，这是明代北京城垣与城市格局的第二次重大变

①　《明太宗实录》卷 231，永乐十八年十一月戊辰。
②　《明太宗实录》卷 232，永乐十八年十二月癸亥。
③　李宝臣：《明京师十王邸考——兼证永乐营建北京宫殿总量》，《北京文博》2004
年第 3 期。
④　昭槤：《啸亭杂录》卷 2 "十王亭"条，中华书局 1980 年版，第 45 页。
⑤　《明太宗实录》卷 218，永乐十七年十一月甲子。

化。南城墙由今长安街一线向南扩展了大约二里远，到达今崇文门、前门、宣武门一线，由此使北京内城（北城）的轮廓得以长期固定下来。明前期的北京城门，除了洪武元年徐达命名的北城德胜门、安定门之外，长期沿用元大都时代的名称。此次外扩之后的南城墙三个城门，依然像元代那样以丽正门居中，文明门、顺承门分列东西两侧。只有元代的崇仁门、和义门，应在洪武年间已改称东直门、西直门。《明太宗实录》载：建文元年七月癸酉（1399 年 8 月 6 日），朱棣部下的大将张玉等设计擒获皇帝派来监视燕王的谢贵等人，"是夜，玉等攻九门。黎明已克其八，惟西直门未下"[1]。既然"和义门"这时已作"西直门"，根据语义对称的城门命名规律，"崇仁门"无疑也同时改称"东直门"，更名的年代应在此前的洪武年间。其后，永乐十三年（1415）二月，"置南北二京城门郎。北京丽正、文明、顺承、齐化、平则、东直、西直、安定、德胜九门"[2]。到明英宗即位后，"正统初，更名丽正为正阳、文明为崇文、顺成（引者按，即顺承门）为宣武、齐化为朝阳、平则为阜成。余四门仍旧"[3]。经过这样的一番改动，"正阳门"位居正中、面向正南，其余城门的位置及含义仍然左右对称：安定门、德胜门，寄托着对国家长治久安、以德取胜的期望；崇文门、宣武门，象征着文治、武功是维护江山社稷的两大基石。左崇文、右宣武的设置，与朝堂上官员文站东、武列西的次序一致。朝阳门面向太阳升起的东方，阜成门面向象征秋天收获的西方。东直门与西直门的"直"字，有"正当"、"面临"之意。另外，它们之间没有皇城阻隔，其名正可形容连接两座城门的道路畅通无碍。由此确定的京城九门之名延续到今天，即使大多数城门早已消失，它们仍然作为地片名被广泛使用并且派生出多种类型的专用名称。

　　嘉靖三十二年（1553）增筑外城，是明代北京城垣与城市格局

---

　　① 《明太宗实录》卷 2，建文元年七月癸酉。
　　② 《明太宗实录》卷 161，永乐十三年二月癸未。
　　③ 申时行等：《大明会典》卷 187《工部七·营造五》"城垣"，国家图书馆藏明万历十五年内府刻本，第 2 页。

的第三次变迁，也是古代北京城市轮廓的最后定型。明朝始终面临着来自北方的军事威胁，但永乐年间营建北京只是初具规模，并未像南京那样修筑一道外城以保护内城。正统十四年（1449）发生"土木之变"以后，蒙古军队直驱北京城下，日渐增多的城外居民无处逃遁，凸显出修筑外城的迫切性和必要性。成化十二年（1476）八月之前，陕州判官叶培提议修筑北京外城，此时又有定西侯蒋琬旧事重提，都被朝廷以等待丰年兴工或军民负担过重而搁置①。到嘉靖二十一年（1542）七月，掌都察院事毛伯温再次建议仿效南京修筑外城，以军情紧急、庙工方兴、民困财竭暂缓②。二十九年八月严嵩上疏《请乞修筑南关围墙》，十二月朝廷开始"筑正阳、崇文、宣武三关厢外城"③，但次年二月因为财力匮乏停工④。三十二年三月，在兵科给事中朱伯辰建议、大学士严嵩支持下，决定利用旧有基址修筑环绕北京四面的外城⑤。闰三月，兵部尚书聂豹等"将城垣制度、合用军夫、匠役、钱粮、器具、兴工日期，及提督工程、巡视分理各官，一切应行事宜计处停当，逐一开具，并将罗城规制画图贴说，随本进呈"⑥。皇帝批准了这个计划，并派成国公朱希忠告于太庙⑦。然而，工程浩繁导致财力难支，施工刚过二十天，原定的"四周之制"就缩小为只包南墙，"将见筑正南一面城基，东折转北，接城东南角；西折转北，接城西南角"⑧，十月辛丑（1553 年 12 月 3 日），"新筑京师外城成。上命正阳外门名永定，崇文外门名左安，宣武外门名右安，大通桥门名广渠，彰义街门名广宁"⑨。城门命名以期盼安定、宁和为主旨，正反映了修筑外城时的北京面临着战争的威胁。广渠门

① 《明孝宗实录》卷 156，成化十二年八月庚辰。
② 《明世宗实录》卷 264，嘉靖二十一年七月戊午。
③ 《明世宗实录》卷 368，嘉靖二十九年十二月甲申。
④ 《明世宗实录》卷 370，嘉靖三十年二月庚辰。
⑤ 《明世宗实录》卷 395，嘉靖三十二年三月丙午。
⑥ 《明世宗实录》卷 396，嘉靖三十二年闰三月丙辰。
⑦ 《明世宗实录》卷 396，嘉靖三十二年闰三月乙丑。
⑧ 《明世宗实录》卷 397，嘉靖三十二年四月丙戌。
⑨ 《明世宗实录》卷 403，嘉靖三十二年十月辛丑。

面向运输漕粮的通惠河，"广渠"含有宽广的水道或拓宽水道之意。广宁门是经卢沟桥到北京的必经之地，清朝后期至民国年间，语义相同的"广安门"开始与"广宁门"混用并逐渐取代了它的地位，但《清实录》等多种文献已经证实，这个约定俗成的渐变过程与清代为道光帝旻宁避讳无关，所谓"广宁门因避讳而改名"是想当然的向壁虚构①。增筑南城之后，北京城的总体轮廓就从"口"字形变成了"凸"字形。这个格局在清代、民国时期没有变化，直到1949年以后拆除城墙修建二环路，旧时的城市面貌才彻底消失。

二　明北京的皇城宫城与坊巷

明代北京的皇城与宫城，充分利用了元大都的旧有基础。永乐年间北京城墙南拓之后，皇城、宫城的南垣均比元大都旧城稍有前移，北、东两面城墙也比旧址略有扩展。侯仁之先生指出："明朝对北京城的改建，最重要的是在全城的中轴线上，又把元朝中心阁以南的全部建筑物，重新加以规划，并增加了新的内容，从而在全城的平面设计上作出了极为重要的发展。"② 与此同时，北京城内的坊巷也在继承元大都格局的前提下有所变动。

明代宫城的南门（午门）在元大都皇城南门（灵星门）附近，明代皇城的南门（承天门）则被推进到今东西长安街北侧的天安门。承天门前有金水桥，由此向南穿过千步廊，在今毛主席纪念堂附近有作为国家象征的大明门。大明门与承天门之间，是东、西、南三面被宫墙封闭起来的"T"形宫廷广场。广场东西两侧筑有长安左门与长安右门，二者之间形成了东西向的天街。千步廊位于大明门—天街—承天门这条城市中轴线上，两侧对称分布着五府六部等中央官署。皇城的北城墙在今地安门东、西大街南侧，开辟了北安门。皇城的东墙原在今东皇城根一线以西，墙外就是元代通惠河穿过文明门（今崇文门北）向北进入积水潭的河道，其地相当于今天的南河沿大街与

---

① 尹钧科、孙冬虎：《北京地名研究》，北京燕山出版社2009年版，第281—286页。
② 侯仁之：《北京旧城平面设计的改造》，载《历史地理学的理论与实践》，上海人民出版1984年版，第214页。

北河沿大街一线。宣德七年（1432）六月，"上以东安门外缘河居人逼近黄墙，喧嚣之声彻于大内，命行在工部改筑黄墙于河东。皇城之西有隙地甚广，豫徙缘河之人居之。命锦衣卫指挥、监察御史、给事中各一员，度其旧居地广狭，如旧数与地作居。凡官吏、军民、工匠，俱给假二十日使治居"①。河边居民的嘈杂声音闻于宫墙之内，于是被皇帝限令在二十天之内迁到皇城以西的空闲地带。工部奉命把皇城的东墙向外挪移到河道东岸，其地即今东皇城根一线，墙上开辟东安门。通惠河进入积水潭之前的一段由此被圈入皇城之内，大运河上的漕船也就失去了直接驶入城里的条件，这是北京城市史上的一个重要事件。皇城的西墙在今西皇城根一线，设置了与东安门对应的西安门。

由承天门向北经过端门至午门，即从皇城到宫城之间的距离之远，明显超过了前代的宫廷布局。利用这段空间，明朝在午门之前、中心御道的左右两侧，按照古代都城左祖右社的传统规制，修建了太庙和社稷坛。皇城与宫城的空间联系由此变得更加紧密，同时大大强化了平面布局严整对称的艺术效果。宫城以北，在元代延春阁故址，堆土筑成了高约 46 米多的万岁山（景山），它是全城的制高点、内城的几何中心，主峰正处在北京城的中轴线上，并且具有压胜前朝的寓意，因此也被称为镇山。宫城以西的西苑，是皇家的园林区。在西苑以西，皇城的西南部有万寿宫、大光明殿等，西北部有清馥殿及内府诸库。皇城东北部以及宫城东西两侧有很多内官衙署，东南部有重华宫以及珍藏实录典籍的皇史宬等建筑。

皇城之中的宫城又称紫禁城。我国古代把天上的恒星分为若干区域，众星拱卫的中心是以北极为中枢的紫微垣，因此用紫禁城比喻处在天下中枢的皇宫禁地。紫禁城周垣七里，四周有护城河（俗称筒子河）环绕。正门叫做午门，后门称玄武门，东西两侧有东华门与西华门。紫禁城的建筑，分为外朝、内廷两部分。外朝以奉天、华盖、谨身三大殿为主，是处理朝政、举行重大礼仪活动的场所。奉天

---

① 《明宣宗实录》卷91，宣德七年六月甲辰。

殿前的奉天门东西两侧，有对称分布的文华殿和武英殿。内廷是皇帝和后妃的生活起居处，建筑以乾清、交泰、坤宁三大宫为主，东西两翼有东六宫与西六宫。东、西六宫以南，分别有奉先殿和养心殿。三大宫以北的御花园东西两侧，是乾清宫的东五所和西五所。自永乐十九年（1421）三大殿发生火灾、次年乾清宫同样遭灾之后，紫禁城的宫殿火灾频发。修建工程持续不断，到嘉靖年间达到极盛，宫殿门阙之名也多次更改。嘉靖四十一年（1562）重建后的三大殿，即依次更名为皇极殿、中极殿、建极殿。紫禁城的外朝三大殿与内廷三大宫分布紧凑、辉煌壮丽，两侧殿宇左右对称、规制严整，总体布局气势宏伟。在蒯祥、杨青、陆祥、徐杲、冯巧等著名匠师的精妙设计之下，数以万计的劳动人民以巧夺天工的高超技艺，为世界建筑史留下了一件无与伦比的瑰宝。

宫城、皇城的建筑布局，凸显了中轴线对全城的控制地位，皇城南北的城市改造又使之再度延伸。明代"在相当于元代中心阁的位置上，分别建筑了鼓楼和钟楼，南北相望，作为中轴线的新顶点。另外又在正阳门外迤南东西两方互相对称的位置上，建造了天坛（东）和山川坛（西，最初也叫地坛，后来又改称先农坛）。及至嘉靖三十二年（1553）加筑外城之后，全城的中轴线更向南延伸，经过天坛与山川坛之间，直到外城南面正中的永定门。这样，全城明显可见的中轴线，南起永定门，北至钟鼓楼，全长几达八公里，这在旧日的城市规划中是极为罕见的"①。在北京城市规划与城市建设史上，明代树立了一个重要的里程碑。

洪武年间的北平府，直接继承了元大都时代的坊巷制度与大部分坊名。《京师坊巷志稿》引洪武《北平图经志书》称"北平府设坊三十三"，但只列出了 32 个坊名②，《日下旧闻考》卷三十八《京城总纪》大致与此相同。其中见于《元一统志》所载 49 坊的有 17 坊，

---

① 侯仁之：《北京旧城平面设计的改造》，载《历史地理学的理论与实践》，上海人民出版社 1984 年版，第 215—216 页。

② 朱一新：《京师坊巷志稿》卷下引《北平图经志书》，北京古籍出版社 1982 年版，第 276—277 页。

见于《析津志》所增诸坊的有 11 坊，明代新命名的只有贤良、靖恭、教忠、崇教 4 坊。永乐年间迁都北京后，城坊设置有所变化。嘉靖三十九年（1560）成书的张爵《京师五城坊巷衚衕集》记载，北京内城有 29 坊，直接或间接继承于元大都的有 23 个，本朝创立的不过河漕西、朝天宫西、教忠、崇教、日忠、靖恭 6 坊（图 3—7）。教忠坊内有文丞相祠，"元杀宋臣丞相文天祥于此处，故名曰教忠"[①]；崇教坊内有国子监、文庙，坊名取自崇信儒学、重视教育的思想，二者都产生于洪武年间。河漕西坊、朝天宫西坊，以地理方位命名；日忠坊可能源于《论语·学而》"曾子曰：吾日三省吾身，为人谋而不忠乎？与朋友交而不信乎？传不习乎？"，这三坊应在永乐以后的某个时期命名。

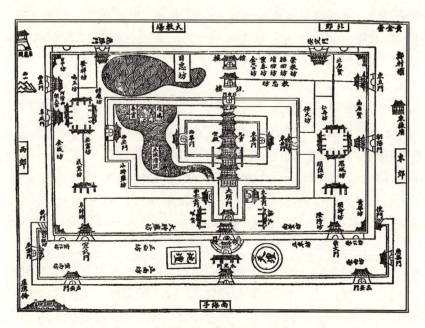

图 3—7　张爵《京师五城坊巷衚衕集》附图

---

① 张爵：《京师五城坊巷衚衕集》，北京古籍出版社 1982 年版，第 18 页。

三　清代以后的北京城市格局

清朝定都北京后，沿用明代旧城，总体布局和街道系统基本未变。惟有八旗军民分驻内城，原住内城的汉人迁入外城或郊区。作为改朝换代的标志，顺治元年（1644）迅速把标志前朝的大明门改称大清门，此即《日下旧闻考》所谓"顺治元年肇定大清门名额"①。顺治八年（1651）九月，重建皇城的南门承天门并改称天安门，北门北安门随后改称地安门。天安门至午门之间的太庙、社稷坛仍然沿袭旧制。万岁山改称景山，俗称煤山。乾隆十五年（1750）或十六年，在景山五峰各建一亭。中峰之上的万春亭最大，处在全城的中轴线上。皇城东南的重华宫，康熙年间改建为吗哈噶喇庙，附近的皇史宬继续保留。西苑的宫殿被废除或改建的很多，宫城周围的明代内官各衙署所在地，到清代大部分转为民居，留下了内官监胡同、织染局胡同、惜薪司胡同、酒醋局胡同等具有时代特征的地名。

明末李自成的军队从北京撤退时，放火焚烧了紫禁城的部分宫殿。清朝定都北京一个月之后的顺治元年（1644）七月，即着手修建皇帝居住的乾清宫。此后陆续重建了皇极、中极、建极三大殿，并依次改名为太和、中和、保和殿，到顺治三年外朝宫殿区基本齐备。康熙三十四年（1695）太和殿被焚毁，到三十七年完成重修。

清初宫廷内的重要建筑工程，由顺天府人梁九负责营造。重建太和殿前，他按照十分之一的比例制作了据以施工的木模型，当时被誉为绝技。与梁九同时的木工匠师雷发达，是大量宫殿和园林的建筑图样设计者。继承他事业的六代子孙在样式房任掌案，负责过故宫、三海、圆明园、颐和园、静宜园、承德避暑山庄、清东西陵等重要工程的设计，这个家族被誉为"样式雷"。康熙年间在武英殿成立修书

---

①　于敏中等：《日下旧闻考》卷9《国朝宫室》，北京古籍出版社1985年版，第127页。

处，编辑多达一万卷的类书《古今图书集成》，并用铜活字印刷。乾隆年间，增修了建福宫、寿安宫、文渊阁等，宫殿建设达到鼎盛。文渊阁创建于乾隆三十九年（1774），是专门贮藏《四库全书》的藏书阁，四库馆设在武英殿。这里翻印的古籍，书版刻制工艺高超、纸墨精良、校勘详审，通常被称为"殿本"。

经过几代人的增建和维修，紫禁城的建筑格局在嘉庆年间最终定型。紫禁城的北门玄武门在康熙年间改称神武门，其余各门以及主体建筑一如明朝规制。在前朝三大殿中，南边规模最大的太和殿，是皇帝设朝之处，举凡朝会、赐宴、命将出师、任命重臣等重大典礼，都在这里举行；中间规模最小的中和殿，是皇帝升朝之前接见内阁及各部大臣的地方，出祭太庙、社稷时也在此做准备；北面的保和殿，规模介于太和殿、中和殿之间，是宴请外宾、举行殿试的场所。后廷三大宫沿用明代称谓，皇帝在乾清宫召对大臣，交泰殿存放玉玺，坤宁宫是帝后的寝宫。坤宁宫以北的御花园，后廷两侧的东西六宫，六宫以南的奉先殿和养心殿，其分布格局、功能、称谓都与明代一致。养心殿的东殿是清末慈禧太后垂帘听政之处；西殿是乾隆帝练习书法的三希堂，以珍藏着东晋王羲之《快雪时晴帖》、王献之《中秋帖》、王珣《伯远帖》三种古今稀有的书法作品而得名。

康熙十五年（1676）入京觐见的罗马尼亚人米列斯库，在《中国漫记》中写道：北京"皇城之瑰丽与雄伟，使欧洲所有皇宫都相形见绌。……中华帝国一切稀世珍宝，皇城里无不应有尽有。另外，国外进贡的所有珍宝也都收藏在这里。所以，整个皇城犹如一座宝城，拥有的珍宝璀璨夺目，举世无双"[①]。光绪二十六年（1900）八国联军侵入北京后，这座瑰丽的皇宫遭受深重灾难，大批文物珍宝被劫掠而去，给中国人民留下了永远不可泯灭的民族遗恨。天安门东侧的中央机构所在地被开辟为外国使馆区，城市格局由此发生引人注目的变化（图3—8）。

---

① ［罗马尼亚］尼·斯·米列斯库：《中国漫记》，蒋本良、柳凤运译，中华书局1990年版，第70—71页。

图3—8　清末户部街（选自《北京老城门》）

中华民国时期，昔日的皇宫变成了故宫博物院。1914 年以后，为了建设近现代的城市交通，实施了改建正阳门、拆除瓮城，打通东西长安街、南北长街、南北池子，修筑环城铁路等一系列工程。主持这一时期城市改造的朱启钤回忆说："时方改建正阳门，撤除千步廊，取废材输供斯园（按：中央公园，后改中山公园）构造，故用工称事所费无多。乃时论不察，訾余为坏古制、侵官物者有之，好土木、恣娱乐者有之。谤书四出，继以弹章，甚至为风水之说，耸动道路听闻。百堵待举而阻议横生，是则在此一息间，又百感以俱来矣。"① 大总统袁世凯赞同朱启钤的各项计划，特制一把银镐，上镌"内务部朱总长启钤奉大总统命令修改正阳门，朱总长爰于一千九百十五年六月十九日用此器拆去旧城第一砖，俾交通永便"字样②。有了这把"尚方宝剑"，朱启钤倡导的新型市政建设得以实行。

　　① 朱启钤：《一息斋记》，载北京市政协文史资料研究委员会、中共河北省秦皇岛市委统战部编《蠖公纪事》，中国文史出版社 1991 年版，第 12 页。
　　② 林洙：《叩开鲁班的大门——中国营造学社史略》，中国建筑工业出版 1995 年版，第 7 页。另，朱海北《正阳门城垣改建史话》（北京市政协《文史资料选编》第 27 辑，北京出版社 1986 年版）载，银镐镌刻文字为"内务总长朱启钤奉大总统命令修改正阳门，爰于一九一五年六月十六日用此器拆去旧城第一砖，俾交通永便"。二者略有差别，未知孰是，并记于此。

　　1949 年以后北京城市面貌发生了巨大转折，最具标志意义的是内外城城墙的拆除和天安门广场的改造。城墙的拆除象征着一个时代的结束，关于其间利弊得失的讨论和思考，几十年来从未中断，在历史文化遗产保护不断升温的今天尤其如此。从积极的角度看，我们引用侯仁之先生的几段论述："现在经过改造后的天安门广场，也正是全城平面布局的中心。对比之下，紫禁城这个在旧日突出于全城中轴线上的古建筑群，则已经退居到类似'后院'的次要地位。""东西长安街经过改造，拆除了封闭天安门广场的东西三座门（在明代为长安左门、长安右门），加宽了路面，开拓了天安门广场东西两翼的远景，使广场上的气象更加波澜壮阔，空间关系更加开敞豁朗。""至于从长安街开始继续向东西两方径直延伸的大干路，又彻底扭转了几百年来北京旧城在平面设计上那条南北中轴线的支配地位，从而使新市区的扩建，沿着一条新轴线向东西两方有计划有步骤地发展起来。""首都东西向新轴线的开辟，也并不排除南北向的传统轴线的进一步改造。"随着旧日城墙的全部拆除，"中心市区已经突破了旧城圈，从而使旧北京城的古老格局彻底改观"[①]。1991 年 5 月 14 日，侯仁之先生在清华大学建筑学院的学术报告会上，提出了北京城市发展的三个里程碑的思想。1996 年 11 月 4 日在北京市第五次文物工作会议上的发言，对此做出了书面陈述："第一个里程碑是历史上北京城的中心建筑紫禁城。它的建成至今已有 570 余年，代表的是封建王朝统治时期北京城市建设的核心，也是我国传统建筑艺术的一大杰作。到今天它依然屹立在全城空间结构的中心，但已不仅是中国人民的艺术财富，它已被列为'世界文化遗产'，享誉全球。第二个里程碑就是新中国建立之后，在北京城的空间结构上，突出地标志着一个新时代已经来临的天安门广场。它赋予具有悠久传统的全城中轴线以崭新的意义，显示出在城市建设上'古为今用，推陈出新'的新时代特征，在文化传统上有着承先启后的特殊含义。第三个里程碑最初

---

　　① 侯仁之：《北京旧城平面设计的改造》，载《历史地理学的理论与实践》，上海人民出版社 1984 年版，第 222—225 页。

是由于亚运会的召开和国家奥林匹克体育中心的兴建，才开始显示出北京走向国际性大城市的时代已经到来。"① 2010 年，侯仁之先生再次阐述了上述观点②，高度概括了北京城的历史发展阶段及其时代特征。

第五节　皇家园林和私家园林的开辟

北京历史上的皇家园林，自辽金时期初见端倪，再经元明两代的持续建设，到清代达到中国古典园林的高峰。北京当代的著名园林，几乎无不承受清代建设的遗泽。皇家园林具有环境建设和娱乐休闲的功能，其造园艺术通常代表着相应时代的最高水准，在金代和清代甚至成为皇宫之外的另一个政务中心。此外，历史上的私家园林，也是北京园林必不可少的组成部分。

一　自辽代到清代的皇家园林

来自北方的契丹以骑马射猎见长，进入陪都南京的帝王尽量保持着原有的生活习惯。丹凤门外有契丹皇室的马球场，辽兴宗泛舟前往的临水殿，大约在今广安门外青年湖西岸。城市周边最著名的苑囿，是位于今通州潞县镇一带的延芳淀。方圆数百里的淀泊芦苇丛生、禽鸟众多，辽代帝王与贵族大臣每年春天到此行猎。届时"卫士皆衣墨绿，各持链锤、鹰食、刺鹅锥，列水次，相去五七步。上风击鼓，惊鹅稍离水面，国主亲放海东青鹘擒之。鹅坠，恐鹘力不胜，在列者以佩锥刺鹅，急取其脑饲鹘。得头鹅者，例赏银绢"③。圣宗时期狩猎活动最为频繁，为此在今神仙村附近修筑了神潜宫，观赏牡丹和钓鱼的长春宫应当也距延芳淀不远。辽景宗、圣宗"春赏花，夏纳凉"的华林庄、天柱庄；在今顺义区花梨坎村与天竺镇。

① 侯仁之：《北京城市发展的三个里程碑》，《北京文博》1996 年第 4 期。
② 侯仁之：《北京城市规划建设中的三个里程碑》，载《侯仁之讲北京》，北京出版社 2003 年版，第 155—165 页。
③ 《辽史》卷 40《地理志四》，中华书局 1997 年缩印本，第 496 页。

　　自金代海陵王营建燕京开始，经过几代帝王的持续建设，中都内外形成了多处环境优美、风景秀丽的帝王游乐之地。在宫城的西门玉华门外，有著名的皇家园林同乐园，又称西苑、西园、琼林苑，包括瑶池、蓬瀛、柳庄、杏村等宫苑胜景①。贞元元年（1153）十一月修成的瑶池殿，在同乐园的瑶池旁。中都城南门外有广乐园，亦称南园、南苑，又以园中的熙春殿得名熙春园。查《金史》诸本纪，海陵王、世宗、章宗都曾在园中游玩，参加打马球（称"击毬"或"击鞠"）、比赛箭术的射柳等体现女真族尚武精神的活动，通常都允许百姓围观。章宗多次到城南行猎的建春宫，大约在今南苑附近。

　　西郊的香山、玉泉山一带，是金代著名的游览胜地。世宗命巨构等大臣经营香山行宫及香山寺，大定二十六年（1186）三月寺院建成后赐名大永安寺，给田二千亩、栗七千株、钱二万贯。玉泉山行宫可能建于章宗时，他多次游览玉泉山、香山，仅见于《金史》记载的就各有七次。明代万历年间袁中道记载："法云寺在西山后，去沙河四十里。……故老云：金章宗游览之所，凡有八院，此其香水院也。"② 世间所传章宗在西山修建的八处行宫，亦称"八大水院"或"西山八院"。它们的位置迄今尚未定论，兹取其中一说：玉泉山泉水院，大觉寺清水院，金山寺金水院，法云寺香水院，黄普寺圣水院，香山寺潭水院，双泉寺双水院，栖隐寺灵水院。

　　大定十九年（1179）在中都城东北建成的大宁宫（或作太宁宫，又称北宫、北苑），在今北海公园一带。世宗役使大批士卒、民夫和工匠，掘土凿池，开挖海子，赐名"太液池"，即今北海与中海；堆砌假山，叠筑琼华岛，栽植花木，其地即今北海公园白塔山，是离宫建筑群的中心。次年四月大宁宫发生火灾，修复后更为寿宁宫、寿安宫。章宗明昌二年（1191）四月改称万宁宫，以宫殿壮丽、碧波浩淼著称。世宗、章宗长期在此避暑与处理国政，甚至不顾礼制的要

────────────

　　① 宇文懋昭：《大金国志》卷13《海陵炀王纪年上》，《大金国志校证》本，中华书局1986年版，第187页。

　　② 袁中道：《珂雪斋集》卷16《西山游后记》，上海古籍出版社1989年版，第685页。

求。大宁宫以西的西园,有瑶光台(今北海公园团城)、琼华岛(今北海公园琼华岛)。瑶光台上的瑶光楼金碧辉煌,飞檐重叠、斗拱交错,面对着古高梁河河道汇聚的大片水域,是皇帝纳凉赏月之所。琼华岛在金代又称寿乐山,堆砌着玲珑剔透、千姿百态的艮岳(太湖石),相传是海陵王营建中都时从北宋汴京取来。琼华岛山顶的广寒殿,与正南的瑶光楼相对。金末蒙古军队占领中都,大宁宫遭到破坏。成吉思汗二十年(1225)五月,丘处机登上琼华岛赋诗:"地土临边塞,城池压古今。虽多坏宫阙,尚有好园林。绿树攒攒密,清风阵阵深。日游仙岛上,高视八纮吟。"① 几经战火之后,园林之胜依然可观。嗣后,元代在大宁宫一带营建大都新城,进而为明清北京城奠定了历史基础。

元代以及明清时期的皇家园林,大致可分为两种类型:皇城或城郊以人工造景为主要方式构筑的游览型花园;远郊基本保持森林、草原、湖泊原始面貌的天然休闲围猎场所。在元代的皇家园林中,皇城内的太液池、万寿山、灵囿、御苑属于前一类;大都城南的下马飞放泊以及通州的柳林行宫一带,是第二种皇家园林的代表。

元大都宫城以西的太液池,即今北海和中海,是一片画山绣水与杨柳芙蓉交相辉映的园林区。龙船往来游戏的池中有两个小岛,南面位于今团城所在地的称为瀛洲,上有仪天殿(或称圆殿);北面位于今北海公园白塔山的小岛就是著名的琼华岛,至元八年(1271)改称万寿山(或称万岁山),山顶有全城地势最高的广寒殿。元末陶宗仪记载:"万寿山在大内西北太液池之阳,金人名琼花岛。中统三年修缮之。至元八年赐今名。其山皆叠玲珑石为之,峰峦隐映,松桧隆郁,秀若天成。……山之东有石桥,长七十六尺,阔四十一尺半,为石渠以载金水,而流于山后以汲于山顶也。又东为灵囿,奇兽珍禽在焉。广寒殿在山顶。"② 金代人工堆砌的湖中小岛,到元代成为大都的中心。灵囿或称灵圃,大致在今白塔山以东至景山公园一带。马可

---

① 李志常:《长春真人西游记》卷下,《四部备要》第35册,中华书局1936年版,第15页上栏。

② 陶宗仪:《南村辍耕录》卷21"宫阙制度"条,中华书局1959年版,第255页。

波罗描述道：大都城内"有一极美草原，中植种种美丽果树。不少兽类，若鹿、獐、山羊、松鼠，繁殖其中。带麝之兽为数不少，其形甚美而种类甚多，所以除往来行人所经之道外，别无余地。……北方距皇宫一箭之地，有一山丘，人力所筑，高百步，周围约一哩。山顶平，满植树木，树叶不落，四季常青。汗闻某地有美树，则遣人取之，连根带土拔起，植此山中，不论树之大小。树大则命象负而来，由是世界最美之树皆聚于此。君主并命人琉璃矿石满盖此山，其色甚碧，由是不特树绿，其山亦绿，竟成一色。故人称此山曰绿山，此名诚不虚也"①。从这片园林的独特地位与巨大规模看，"绿山"就是今天的白塔山。宫城北面的御苑，主要种植观赏性的花木，用水碾从太液池引水浇灌。里面还有"熟地八顷"，皇帝有时在此举行耕田仪式，借以象征对农业的重视。

　　元朝定鼎大都后，长于骑射的蒙古人难以忘却本民族的传统习俗，把农闲之季到郊外游猎作为一种休闲方式。"冬春之交，天子或亲幸近郊，纵鹰隼搏击，以为游豫之度，谓之飞放。"② 大都周围设置了多处"飞放泊"，也就是由广阔的水面、丰美的草地、众多的动物构成的皇家猎场，可视为以原生风貌为主的皇家园林。大都东南的柳林一带（今通州以南三十里柳营附近），是辽金时期延芳淀的一部分，到元代成为著名的飞放之地。在今永定门外南苑一带，元代有面积达四十顷的下马飞放泊，以骑马出城很快即可到达而得名。为了保证大都周围的范围内有足够的飞禽走兽供皇帝射猎，元朝设置了范围广阔的禁猎区："大都八百里以内，东至滦州，南至河间，西至中山，北至宣德府，捕兔有禁。以天鹅、鸳老、仙鹤、鸦鹘私卖者，即以其家妇子给捕获之人。有于禁地围猎为奴婢首出者，断奴婢为良民。收住兔鹘向就近官司送纳，喂以新羊肉，无则杀鸡喂之。自正月初一日至七月二十日禁不打捕，著之令甲。"③ 此外还颁行了很多在

　　① 冯承钧译：《马可波罗行纪》，上海书店出版社 2001 年版，第 203—204 页。
　　② 《元史》卷 101《兵志四》，中华书局 1997 年缩印本，第 2599 页。
　　③ 于敏中等：《日下旧闻考》卷 75《国朝苑囿》引《鸿雪录》，北京古籍出版社 1985 年版，第 1267 页。

动物繁育季节禁止捕猎的规定，有利于保持动物种群的相对平衡。另据《析津志》记载，大兴县每年都要派人在"管南柳中飞放之所"的广阔湖水里种植茨菰，招引成千上万的天鹅供帝王涉猎①，其地应当距离下马飞放泊不远，或许就是下马飞放泊的一部分。

　　明代永乐年间营建北京，宫城以西的西苑得到进一步整修，延续了元代作为皇家园林宫殿区的传统。太液池中屹立的琼华岛和瀛洲，与四周的湖水、花木、殿堂亭阁交相辉映，瀛洲之上新修了承光殿。元代有木桥连接瀛洲与太液池东西两岸，明代把东边的木桥填为平地，西边的木桥也在弘治二年（1489）改为石砌的玉河桥。玉河桥西有牌坊名金鳌，东有牌坊称玉蝀，因此也称金鳌玉蝀桥。以此桥为界，太液池被分成了北海、中海两部分。称为"南海"的湖区是明代在太液池南面开拓出来的水域，由此形成了西苑三海的格局。天顺三年（1459），李贤奉诏游览西苑："初入苑，即临太液池。蒲苇盈水际，如剑戟丛立。芰荷翠洁，清目可爱。循池东岸北行，榆柳杏桃，草色铺岸如茵，花香袭人。行百步许，至椒园，松桧苍翠，果树纷罗。中有圆殿，金碧掩映，四面豁敞，曰崇智。南有小池，金鱼作阵，游戏其中。"这是在中海东岸看到的景象。由此向北，到达今北海团城所在的瀛洲，"前有花树数品，香气极清。中有圆殿，巍然高耸，曰承光。北望山峰，嶙峋崒嵂。俯瞰池波，荡漾澄澈。而山川之间千姿万态，莫不呈奇献秀于几窗之前"。再向北过石桥登上琼华岛万岁山，在怪石参差、佳木异草的映衬下，"山畔并列三殿，中曰仁智，左曰介福，右曰延和。至其顶，有殿当中，楼宇宏伟，檐楹翚飞，高插于层霄之上。殿内清虚，寒气逼人，虽盛夏亭午，暑气不到，殊觉旷荡潇爽，与人境隔异，曰广寒。左右四亭，在各峰之顶，曰方壶、瀛洲、玉虹、金露"。转到太液池西岸南行，有大光明殿和兔儿山，"又西南有小山子，远望郁然，日光横照，紫翠重叠。至则有殿倚山，山下有洞，洞上石岩横列，密孔泉出，迸流而下，曰水帘。……至其顶，一室正中，四面帘栊，栏槛之外，奇峰回互，茂树

_____
① 熊梦祥：《析津志》，《析津志辑佚》本，北京古籍出版社1983年版，第236页。

环拥，异花瑶草，莫可名状。下转山前，一殿深静高爽，殿前石桥隐若虹起，极其精巧。左右有沼，沼中有台，台外古木丛高，百鸟翔集，鸣声上下，至于南台，林木隐森。过桥而南，有殿面水，曰昭和。门外有亭临岸，沙鸥水禽，如在镜中"①。明代西苑这片皇家园林的建设，在元、清两代之间具有承前启后的地位。

今南苑一带建立皇家苑囿，始于元代下马飞放泊。明永乐十二年（1414）大大扩展了南海子的范围。天顺二年（1458）十月，明英宗到南海子检阅士兵围猎，随同前往的彭时记载："海子距城南二十里，方一百六十里，辟四门，缭以崇墉。中有水泉三处，獐鹿雉兔不可以数计，藉海户千余守视。每猎则海户合围，纵骑士驰射于中，亦以训武也。"② 海户世代相沿守护南苑，由此形成的聚落称为海户屯，有的一直沿用至今。明末清初的吴伟业《海户曲》写道③，南海子本是"平畴如掌催东作，水田漠漠江南乐。驾鹅鹧鹚满烟汀，不枉人呼飞放泊"的皇家园林，遭受战乱后变得凄凉破败，"新丰野老惊心目，缚落编篱守麋鹿。兵火摧残泪满衣，升平再睹修茅屋。衰草今成御宿园，豫游只少千章木"。清朝建都北京不久，"上林丞尉已连催，洒扫离宫补花竹"，这片皇家园林由此再现生机。

清朝自顺治年间不断修葺南苑，到乾隆时期，"设海户一千六百，人各给地二十四亩。春蒐冬狩，以时讲武。恭遇大阅，则肃陈兵旅于此"。"南苑缭垣为门凡九，正南曰南红门，东南曰回城门，西南曰黄村门，正北曰大红门，稍东曰小红门，正东曰东红门，东北曰双桥门，正西曰西红门，西北曰镇国寺门。"④ 与明代相比，海户的数量有所增加，苑门由四个增开为九个，河渠水泊数次大规模疏导，并建造了旧衙门、新衙门、团河、南红门四处行宫。光绪二十六年（1900），南苑的行宫、庙宇惨遭八国联军摧毁，我国特有的珍稀动

---

① 于敏中等：《日下旧闻考》卷 35《宫室》引李贤《赐游西苑记》，北京古籍出版社 1985 年版，第 552 页。

② 彭时：《彭文宪公笔记》，《丛书集成初编》本，商务印书馆 1936 年版，第 18 页。

③ 吴伟业：《梅村集》卷 6《海户曲》，国家图书馆藏清顺治十七年刻本。

④ 于敏中等：《日下旧闻考》卷 74《国朝苑囿》，北京古籍出版社 1985 年版，第 1231、1232、1236 页。

物麋鹿（俗称"四不像"）等鸟兽被劫掠。昔日的皇家苑囿成为荒草离离、狡兔出没之地，朝廷不得不在两年后拍卖开垦为农田。当1985年我国在南苑一带试图恢复麋鹿种群时，还要从英国乌邦寺公园引进当年被劫走的那些麋鹿的后代。

西苑在清代依然是传统的皇家园林区，顺治八年（1651）在琼华岛广寒殿旧址修建了白塔，乾隆年间重修琼华岛，竖立御书"琼岛春阴"碑，新修或改建了阐福寺、画舫斋、宝月楼、万佛楼、承光殿等。元代琼华岛广寒殿的巨型玉石酒瓮"渎山大玉海"，在明代广寒殿倒塌后，被西华门内真武庙的道人用作腌菜缸。乾隆十年（1745）寻回玉瓮，放置在北海团城。

清朝以修建西郊的"三山五园"——畅春园、圆明园、万寿山清漪园（颐和园）、玉泉山静明园、香山静宜园——为标志，达到了中国古典园林史上的巅峰。

畅春园位于今海淀镇西北、北京大学西门外，周垣一千零六十余丈。康熙帝为在听政之余修养身心，以明代武清侯李伟的清华园旧址改建为畅春园，后来主要作为皇太后的游憩之处。这座园林清末毁于英法联军的纵火劫掠，只剩下了永慕寺和永佑寺的两个山门。

圆明园约在畅春园以北一里，始建于康熙四十八年（1709），原是赐予皇四子胤禛（即后来的雍正帝）的园子。历经多次扩建，至乾隆九年（1744）形成占地三千余亩的规模，有正大光明、鱼跃鸢飞、曲院风荷等钦定四十景。十四年（1749）在圆明园东墙外的水磨村，修筑具有中西合璧风格的长春园。三十七年（1772）又将圆明园前的几处私园合并整修为绮春园，后改名万春园。这样，圆明园、长春园、万春园合成为占地五千二百多亩的圆明三园，统称圆明园。圆明园规模之大、建筑之多、景色之美、造园艺术之精妙、文化蕴涵之丰厚举世无双，有"万园之园"的盛誉。自雍正至咸丰朝的百余年间，皇帝每年有一多半时间都在圆明园起居听政，使这里成为紫禁城外的又一处政务中心。咸丰十年（1860）和光绪二十六年（1900），圆明园先后遭到英法联军和八国联军的焚烧抢劫，只留下一片废墟。今天的圆明园遗址，已成为进行爱国主义教育的课堂。

　　万寿山清漪园即今天的颐和园。万寿山原名瓮山，山前的水泊元代称瓮山泊，明代称西湖或西湖景。"环湖十余里，荷蒲菱芡，与夫沙禽水鸟，出没隐见于天光云影中，可称绝胜。"① 清乾隆十五年（1750），为庆贺皇太后六十大寿，在明代圆静寺故址兴建大报恩延寿寺。此后将瓮山改名万寿山，又把向东开拓疏浚的西湖改称昆明湖，在湖畔建楼阁廊亭，成为一处占地三千九百亩的皇家园林。咸丰十年（1860）英法联军侵入北京，清漪园被付之一炬。光绪十四年（1888），慈禧太后动用海军经费三千万两加以修复，取"颐养天和"之意，改名颐和园，作为消夏避暑的行宫。光绪二十六年（1900）又遭八国联军破坏，两年后慈禧太后再度动用巨款修复。颐和园是我国现存最完整、规模最大的皇家园林，1924 年开放为公园，1961 年被国务院公布为全国重点文物保护单位，1998 年作为文化遗产被联合国教科文组织世界遗产委员会列入《世界遗产名录》。

　　玉泉山静明园在颐和园西。玉泉山是北京西山的一条小支脉，西南麓有号称"天下第一泉"的玉泉。金章宗的行宫"泉水院"就在这里，元明时期修建了多处佛寺道观，"玉泉垂虹"成为明代京师八景之一。清康熙年间创建了占地九百七十五亩的静明园，有玉泉趵突、裂帛湖光等十六景。园林在清末迭遭英法联军和八国联军破坏，玉泉山的泉水至今也已盛景不再。

　　金代与清康熙年间，曾在香山修建寺院和行宫。在此基础上，乾隆年间建成了占地约两千四百亩的静宜园。园中有勤政殿、丽瞩楼、来青轩等二十八景。秋季的香山红叶，是著名的自然景观。

二　元明清时期的私家园林

　　私家园林是具有强大政治经济力量支撑的官宦势要或富商大贾修筑的园林，北京的城市性质决定了这里的私家园林之主大体属于前一类，它们的兴废通常取决于主人政治命运的起伏。先秦蓟城至金中都

---

　　① 蒋一葵：《长安客话》卷 3《郊坰杂记》"玉泉山"条，北京古籍出版社 1994 年版，第 47—48 页。

时代的私家园林踪迹难寻，文献记载较多的是年代更晚的元大都与明清北京私家园林。

元代最著名的私家园林，应推名臣廉希宪的万柳堂和廉园。元代不知出于何人之手的文献《广客谈》记载："野云廉公于都城外万柳堂张筵，邀疏斋卢处道、松雪赵子昂、歌姬刘氏名解语花，宾主尽欢。刘氏折荷花，左手持献，右手举杯，歌《骤雨打新荷》。松雪喜而赋诗，诚一时盛事。惜全集中不载。诗曰：……"① 到元末明初，陶宗仪以《广客谈》为蓝本，在《南村辍耕录》中做了更加生动的描述，对后世产生了广泛的影响。关于万柳堂的定位，他也只是笼统地表示"京师城外万柳堂，亦一宴游处也"②。到明朝万历年间，王嘉谟游览万柳堂一带后，有诗《城西万柳塘，元人游赏处也，今惟曲池残树犹堪吟赏。偶游，聊赋二首》③。这个较长的题目以及"城西胜迹已尘埃，池水东流何日回。荒树远迷白马寺，寒云还覆钓鱼台"等句，都表明万柳堂位于北京城西，已经衰落为文人凭吊的前朝遗迹。"万柳堂"被写成同音的"万柳塘"，大体也是后来建筑不见踪迹而只剩下曲池残树之故。比王嘉谟稍晚些的蒋一葵，在《长安客话》中对万柳堂的地理位置、景观特色、来龙去脉做了比较详细的描述："平则门外迤南十里花园村，有泉从地涌出，汇为池，其水至冬不竭。金时，郡人王郁隐此，作台池上，假钓为乐。至今人呼其地为钓鱼台。""元初，野云廉公希宪即钓鱼台为别墅，构堂池上，绕池植柳数百株，因题曰万柳堂。池中多莲，每夏柳荫莲香，风景可爱。一日招卢疏斋挚、赵松雪孟頫游宴。……"④ 这就表明，元代的万柳堂修建于金代的钓鱼台所在地，而钓鱼台在平则门外以南十里的花园村一带。根据上述文献，我们对照古今地理环境与地名所指地点考定，万柳堂在今阜成门西南约十里、玉渊潭北侧的东、西钓鱼台一

---

① 佚名：《广客谈》，《丛书集成初编》本，商务印书馆 1936 年版，第 1 页。
② 陶宗仪：《南村辍耕录》卷 9 "万柳堂"条，中华书局 1959 年版，第 110 页。
③ 王嘉谟：《蓟丘集》卷 24，国家图书馆藏明刻本。
④ 蒋一葵：《长安客话》卷 3《郊坰杂记》"钓鱼台"、"万柳堂"条，北京古籍出版社 1994 年版，第 63—64 页。

带，花园村至今仍是这里的一个区片名称。崇祯年间刊行的《帝京景物略》把万柳堂与今丰台草桥附近的廉希宪别墅"廉园"相混，清代以来的文献又延续了这个错误，甚至将其定位在清康熙年间冯溥在南城广渠门内修建的另一万柳堂（在今龙潭公园内）①。最近的研究注意到，从参与万柳堂雅集的赵孟𫖯、卢挚的生平看来，《广客谈》中的"野云廉公"或许是廉希宪的后人②，但这并不影响廉希宪修建万柳堂与廉园的事实。

　　《长安客话》记载："野云廉公未老休致，其城南别墅，当时称曰廉园。花园村之名起此。"③ 这里的"花园村"并非今阜成门外玉渊潭一带的那个"花园村"，而是右安门外草桥附近的同名村落，今称"花园"。元人袁桷称赞"廉右丞园号为京城第一，名花几万本"，"主人妙手随机转，万木姚黄磨紫金"④。工部官员也对廉希宪说过："牡丹名品惟相公家。"⑤ 受廉园花卉盛名的影响，这一带形成的聚落即以"花园村"为名。这样，同名异地的"花园村"旁边的"廉园"，很容易被混淆为同一主人的"万柳堂"。

　　蒋一葵追述说："元人别墅，万柳堂外有匏瓜亭、南野亭、玩芳亭、玉渊亭，今俱废。然当时文人骚客来游赏者，多有题咏。……玉渊亭在城西玉渊潭上，潭为郡人丁氏故地。柳堤环抱，景气萧爽，沙禽水鸟，多翔集其间，为游赏佳丽之所。元时，士大夫休暇宴游于此，赓和极盛，今俱不传。"⑥ 所谓"匏瓜"，就是乡间用来制作盛酒器或水瓢的葫芦。匏瓜亭的主人是元代曾任断事府参谋的赵禹卿，因

---

① 孙冬虎：《元清两代北京万柳堂园林的变迁》，《中国历史地理论丛》2006 年第 2 期；《万柳堂与玉渊潭及龙潭公园的历史因缘》，《北京档案史料》2013 年第 3 期。

② 承蒙北京市社会科学院历史所郑永华研究员见告，谨此致谢！

③ 蒋一葵：《长安客话》卷 3《郊坰杂记》"万柳堂"条，北京古籍出版社 1994 年版，第 63 页。

④ 袁桷：《清容居士集》卷 10《廉右丞园号为京城第一，名花几万本。右丞有诗，次韵》，《文津阁四库全书》第 1203 册，台湾商务印书馆 1986 年影印本，第 125 页。

⑤ 苏天爵：《元朝名臣事略》卷 7《平章廉文正王》，中华书局 1996 年版，第 141 页。

⑥ 蒋一葵：《长安客话》卷 3《郊坰杂记》"万柳堂"条，北京古籍出版社 1994 年版，第 64 页。

此人称"赵参谋匏瓜亭"。《析津志》称:"匏瓜亭在燕之阳春门外,去城十里。又匏瓜乃野人篱落间物,非珍奇可玩之景,然而士大夫竞为歌诗、吟咏叹赏,长篇短章,累千百万言犹未已。"① 元人王恽《题赵禹卿东皋亭林六首》中的"东皋",民国之前称东皋村,在今丰台区蒲黄榆方庄体育公园附近,匏瓜亭即在此处。《析津志》称"玩芳亭在燕京东营内,乃粟院使之别墅,一时文彦品题甚富",其地当在草桥以东。见于该书的元代其他私人别墅,"遂初亭在(燕)京施仁门北"。"远风台,在燕京丰宜门外,西南行五里。韩御史之别墅也。"② 我们考订,远风台大约在今玉泉营以西、郑王坟到于家胡同一带,经过了从"远风台"到"风台"再到"丰台"的用字简化和同音异写,所指地点也逐渐转移到今丰台镇,成为"丰台"得名的语言之源③。元代的私家园林,还有大都城东南的双清亭、城东齐化门外的漱芳亭以及东岳庙的杏花园等④。

明代北京的私家园林,多见于崇祯年间刘侗、于奕正《帝京景物略》。最著名的是海淀的"李园"与"米园"。李园即武清侯李伟修建的清华园,在今北京大学西墙外,清康熙年间改建为畅春园。米园指米万钟修建的勺园,位于清华园东墙外、今北京大学西门附近。李园"方十里,正中挹海堂;堂北亭,置'清雅'二字,明肃太后手书也。亭一望牡丹,石间之,芍药间之,濒于水则已。飞桥而汀,桥下金鲫,长者五尺(按:当为'尺五'之误),锦片片花影中,惊则火流,饵则霞起。汀而北,一望又荷蕖,望尽而山,剑铤螺蠡,巧诡于山,假山也。维假山,则又自然真山也。山水之际,高楼斯起,楼之上斯台,平看香山,俯看玉泉,两高斯亲,峙若承睫。园中水程十数里,舟莫或不达;屿石百座,槛莫或不周。灵璧、太湖、锦川百计,乔木千计,竹万计,花亿万计,阴莫或不接。园东西相直,米太

① 熊梦祥:《析津志》,《析津志辑佚》本,北京古籍出版社1983年版,第105页。
② 同上书,第103—105页。
③ 孙冬虎:《丰台地名探源》,首都师范大学出版社2009年版,第113—124页。
④ 于光度:《元大都的园林》,《北京史苑》第4辑,北京出版社1988年版,第225—234页。

仆匀园，百亩耳，望之等深，步焉则等远。入路，柳数行，乱石数垛。路而南，陂焉。陂上，桥高于屋；桥上，望园一方，皆水也。水皆莲，莲皆以白。堂楼亭榭，数可八九，进可得四，覆者皆柳也。肃者皆松，列者皆槐，笋者皆石及竹。水之，使不得径也；栈而阁道之，使不得舟也。堂室无通户，左右无兼径。阶必以渠，取道必渠之外廓。其取道也，板而槛，七之；树根槎枒，二之；砌上下折，一之。客从桥上指，了了也。下桥而北，园始门焉。入门，客憪然矣。意所畅，穷目；目所畅，穷趾。朝光在树，疑中疑夕，东西迷也。最后一堂，忽启北窗，稻畦千顷，急视，幸日乃未曛。福清叶公台山过海淀，曰：'李园壮丽，米园曲折；米园不俗，李园不酸'"①。这段文字，将李园和米园的景色与特点描述得淋漓尽致。

　　《帝京景物略》还记载了明朝定国公园、英国（公）新园、英国（公）家园、成国公园、冉驸马园、曲水园、李皇亲新园、惠安伯园、白石庄、韦公寺等私家园林。什刹海周围、内城东南隅泡子河两岸与外城金鱼池地区，是明代私家园林的集中分布区。在德胜门内，"立净业寺门，目存水南，坐太师圃、晾马厂、镜园、莲花庵、刘茂才园。目存水北，东望之，方园也，宜夕；西望之，漫园、湜园、杨园、王园也"②，可见什刹海沿岸私家园林数量之多、分布之密。崇文门东城角的泡子河，"东西亦堤岸，岸亦园亭，堤亦林木，水亦芦荻，芦荻上下亦鱼鸟。南之岸，方家园、张家园、房家园；以房园最，园水多也。北之岸，张家园、傅家东西园；以东园最，园水多、园月多也。路回而石桥，横乎桥而北面焉，中吕公堂，西杨氏泌园，东玉皇阁。水曲通，林交加，夏秋之际，尘亦罕至"③。刘侗的文字略显冷僻晦涩，但生动展示了明末北京城内私家园林的分布。

　　清代北京西郊的皇家园林，很多以明代私家园林为基础改建而

---

　　①　刘侗、于奕正：《帝京景物略》卷5《西城外》"海淀"条，北京古籍出版社1983年版，第217—218页。

　　②　刘侗、于奕正：《帝京景物略》卷1《城北内外》"水关"条，北京古籍出版社1983年版，第19页。

　　③　刘侗、于奕正：《帝京景物略》卷2《城东内外》"泡子河"条，北京古籍出版社1983年版，第52—53页。

成。西直门外的乐善园，是乾隆十二年（1747）在康亲王园邸旧址修葺的一处皇家园林。后来成为福康安的私园，俗称三贝子花园。清末改为农事实验场，1934年称万牲园，1955年定名北京动物园。在畅春园、圆明园、颐和园之间，还有蔚秀园、承泽园、淑春园、朗润园、鸣鹤园、镜春园、澄怀园、一亩园、自得园、熙春园、近春园、礼王园等私家园林，成为以"三山五园"为主体的清代北京西郊皇家园林区的点缀和衬景。

王府、宅第园林是清代私家园林的主要类型，它们也离不开对元明两朝的继承和改造。近人崇彝记述道："京师园林，以各府为胜，如太平湖之旧醇王府、三转桥之恭王府、甘水桥北岸之新醇王府，尤以二龙坑之郑王府为最有名。其园甚巨丽，奥如旷如，各极其妙，今改中国大学。闻当年履亲王府之园亦甚美，……其地在东直门内羊馆胡同东口外，邻于俄罗斯教堂。宅第之园，当以弓弦胡同完颜氏之半亩园为最负盛名，缘山池皆李笠翁所造。道光末年，麟见亭河督得之，增修后半部，尤为深秀之致。东单裱褙胡同盛伯希之意园，亦精雅可喜。先伯南昌公之寄园，本汪文端公（由敦）旧园，虽仅余一半，而山石树木，点缀不凡，犹可想见当年匠心独运。西城巡捕厅胡同恩楚香先生之园（惜忘其名），略仿小仓山之景，筑室开池，栽花补树，俱经名手助理，至可观也。"[①] 私家园林的主人与功能，随着社会的变化处于不断转换之中。清初文华殿大学士冯溥出于对元代廉希宪的仰慕，也把自己的别墅称作"万柳堂"。康熙二十四年（1685）《大兴县志》称："今广渠门内东南角，有大学士益都冯公溥别业，慕希宪遗踪，亦名万柳堂。"[②] 这处私家园林的故址，在今崇文门外的龙潭公园内。朱彝尊《万柳堂记》描写道："度隙地广三十亩，为园京城东南隅。聚土以为山，不必帖以石也；捎沟以为池，不必甃以砖也。短垣以缭之，骑者可望。即其中境，转而益深。园无杂树，迤逦下上皆柳，故其堂曰万柳之堂。今文华殿大学士益都冯公，

①　崇彝：《道咸以来朝野杂记》，北京古籍出版社1982年版，第96页。
②　（康熙）《大兴县志》卷1《舆地·古迹考》，第27页。

取元野云廉公燕游旧地以名之也。"① 冯氏万柳堂维持数年之后转让给仓场侍郎石文桂，康熙四十一年（1702）"石氏建大悲阁大殿、关帝殿、弥勒殿，舍僧住持，圣祖御书拈花禅寺额"②，休闲别墅由此变为寺院。二十余年后的雍正之初，园林胜景已迅速衰败，"凡其所植柳斩焉，无一株之存"③。道光年间，"昔之所谓莲塘花屿者，即今日之瓦砾苍苔也"④。为了补救破败的园林，"道光初年，朱处士野云补种柳五百株"⑤。此后"阮文达（阮元）、潘文勤（潘祖荫）二公曾补种柳二次，今寺亦废"⑥。在今天龙潭公园内，惟有"万柳堂"碑石在提醒游人，这里在清代曾是一处文人雅集的私家园林。

第六节　北京周边聚落的时空变迁

聚落是人类聚居场所的总称，在这个意义上，城市与乡村都是聚落的形态之一。本节讨论的"聚落"限定为乡间的村落，即《汉书》所谓"稍筑室宅，遂成聚落"之意⑦。古代乃至近现代的北京，城墙就是城市与乡村之间最显著的分界标志。正如老舍先生《四世同堂》描写的那样："北平虽然作了几百年的'帝王之都'，它的四郊却并没有受过多少好处。一出城，都市立刻变成了田野。城外几乎没有什么好的道路，更没有什么工厂，而只有些菜园与不十分肥美的田；田亩中夹着许多没有树木的坟地。在平日，这里的农家，和其他的北方的农家一样，时常受着狂风、干旱、蝗虫的欺侮。"⑧ 除了城市外围

---

① 朱彝尊：《曝书亭集》卷66《万柳堂记》，《四部丛刊》排印本，中华书局1936年版，第768页。

② 于敏中等：《日下旧闻考》卷56《城市》，北京古籍出版社1985年版，第912页。

③ 刘大櫆：《海峰先生文》卷9《游万柳堂记》，国家图书馆藏清同治十三年刻本，第19页。

④ 钱泳：《履园丛话》卷20《园林》"万柳堂"条，中华书局1979年版，第520页。

⑤ 周家楣等：《光绪顺天府志》卷16《京师志十六·寺观一》，北京古籍出版社1987年版，第508页。

⑥ 崇彝：《道咸以来朝野杂记》，北京古籍出版社1982年版，第25页。

⑦ 《汉书》卷29《沟洫志》，中华书局1997年缩印本，第1692页。

⑧ 老舍：《四世同堂》，百花文艺出版社1985年版，第146页。

具有军事意义的若干驻兵地点之外，周边聚落与城市的关联很少，自身形态的变化也相当缓慢。

一　区域聚落发展的历史进程

北京周边聚落发展的轨迹，大体是首先出现于山麓地带与河谷阶地，继而向平原深处与浅山区双向推进，最后再向深山区扩展。原始聚落的出现，可以追溯到旧石器与新石器时代，分布于北京市境内的考古地点或文化遗址就有数十处。然而，考古学只能证明原始聚落的存在及其大致年代，更加具体的情形必须依赖此后很久才出现的文字记载。即使到了有文字记载的年代乃至文化已经高度发达的秦汉时期，普通聚落与重要历史事件相联系进而被载入文献的机遇也很有限。尽管从政区设置、人口数量等方面可以推测乡村增长的一般趋向，但见于文献的仍然寥寥无几。郦道元《水经注》记载了位于今北京地区的北城村、芹城、英城、徐城、娄城、圣聚等聚落①，其形成必在北魏或更早的年代。此后，正史、地志、文集、笔记等类著述日益丰富，为寻找聚落形成和变迁的线索提供了更多途径。

晚近时期，墓志一类资料受到普遍重视。考古收获容易被管理单位长期束之高阁，它们的刊布有赖于文物管理和研究部门的努力。1979年赵其昌《唐幽州村乡初探》一文②，是利用墓志等考古资料研究古代聚落的发轫之作。1987年北京图书馆等编《房山石经题记汇编》出版③，其间著录的历代信众所在的城镇乡村，与出土墓志所载墓主葬地一样，提供了聚落研究的可靠依据。《北京文博》自1996年1期至1998年3期连续刊登《市文物局资料信息中心藏北京地区出土墓志拓片目录》④，也是研究者所需要的线索。2012年出版的

---

① 参见《水经注》卷12《圣水》、卷13《㶟水》、卷14《㶟余水》诸篇。

② 赵其昌：《唐幽州村乡初探》，载《中国考古学会第一次年会论文集》，文物出版社1979年版；后编入《京华集》，文物出版社2008年版，第36—52页。

③ 北京图书馆金石组、中国佛教图书文物馆石经组编：《房山石经题记汇编》，书目文献出版社1987年版。

④ 孔繁云等：《市文物局资料信息中心藏北京地区出土墓志拓片目录》，《北京文博》1996年第1—3期，1997年第1—4期，1998年第1—3期。

《北京考古史》，以各个时期的多种考古发掘报告为基础，归纳出各类专题的考古学进展，其间也包括关于历代聚落的阐述①。在此前后，尹钧科《北京郊区村落发展史》问世②，是运用历史地理学方法系统研究北京周边聚落的开端。

　　利用墓志、石经题记以及少量文献钩沉出来的唐代村落，在今北京市境内已有五六十个之多。1951 年在东单御河桥出土的《唐任紫宸墓志》与其妻《桑氏夫人墓志》载，任氏于元和三年（808）"十月十九日葬于幽州城东北七里余"，桑氏在元和八年"十一月十七日卜葬于幽州城东北五里燕夏乡海王村"。清乾隆三十五年（1770）在今和平门外琉璃厂出土的辽代李内贞墓志，称其保宁十年（978）"八月八日葬于京东燕下乡海王村"③。这样看来，至少在跨越两个朝代的上述 170 余年之间，燕夏（下）乡的海王村是一个绵延数里的散列型村落。永定门外邓家村出土的《唐敬延祚墓志》称，中和三年（883）二月十一日"葬于蓟县界会川乡邓村里之原"。古今村名一致，所属县乡俱载，邓村的历史至少可以上推到唐代，并且已是一个达到"百户为里"之制的大村落。诸如此类的研究显示，唐代幽州城近郊以及大房山山前平原的村落较多，固然可能是区域农业开发悠久的反映，更与现代城市建设带动的考古发掘比较密集有关；这些村庄如海王村的房屋建筑，实际上占地不会长达数里之远，很可能是稀疏散布的若干个自然村统用一个名称④。

　　辽、金、元三朝被学者视为"北京郊区村落复杂化"的时期⑤，一方面表现为文献、碑刻、墓志记载的村落比从前显著增加，另一方面则是实际存在的村落远非被记录下来的那些而已，但可资钩沉的史料又明显不足。平谷西北部、密云中部、怀柔西南部、昌平东北部、房山东北部的浅山丘陵区以及门头沟的斋堂川，有些村庄大致在辽金

---

　　① 宋大川主编：《北京考古史》，上海古籍出版社 2012 年版。
　　② 尹钧科：《北京郊区村落发展史》，北京大学出版社 2001 年版。
　　③ 钱大昕：《潜研堂文集》卷 18《记琉璃厂李公墓志》，上海古籍出版社 1989 年版，第 299—300 页。
　　④ 尹钧科：《北京郊区村落发展史》，北京大学出版社 2001 年版，第 87—95 页。
　　⑤ 同上书，第 101 页。

时即已出现。辽代南京地区的村落，见于《辽史》、《宋史》记载的有：古北口、天柱、华林、龙泉、白马村、台湖、牛栏山、银冶岭、庙城、安祖寨、青白口、大安山、水碾庄、盐沟、潞阴镇等。墓志中的辽代村落有：密云县嘉禾乡提辖庄；宛平县礼贤乡北彭里，仁寿乡陈王里、南刘里，太平乡万合里，房仙乡鲁郭里、池水里，西北乡南樊里；昌平县仁和乡东道里；析津县（蓟北县）使相乡勋贤里，招贤乡东綦里，燕下乡海王村；潞阴县太平乡砂混里等。门头沟上清水村双林寺辽统和十年（992）经幢上的题名，有玉河县清水村、斋堂村、胡家林村、齐家庄、青白口村、交道村、僧道岩等村落，其他经幢碑刻上有南安寨（在今海淀），田阳（通州），甘池村、坟庄、卢村、刘李村、十渡村（房山），兴寿村（昌平），大王镇、西寨务（平谷），近郊还有东李雍村。顺义辽代净光舍利塔塔基出土的石刻，有二十多个村名。其他文献如北宋王曾《王沂公行程录》等，也记载了若干村落。嗣后，《金史》本纪、五行志、地理志涉及的帝王经行地点、自然灾害发生地、县级以下少数城镇，包括了金中都地区的若干聚落。出土墓志以及碑文、石经题记，仍然是认识金代聚落的主要史源，与唐、辽时期的同类史料具有同等价值。元、明、清时期追记前代史事的文献，如《析津志》、《元史》、《明一统志》、《日下旧闻考》、《光绪顺天府志》等，大大丰富了寻找金代聚落的线索。到元代，帝王在大都地区经行的聚落、昌平等地的军屯或民屯，频繁地见于《元史》本纪、兵志及其他卷帙中，河渠志中与河流水系有关的村庄就有十几个[①]。《析津志》与明初《图经志书》记录的驿站和急递铺，准确地显示着聚落的位置和名称。仅《永乐大典》抄本《顺天府志》在各州县之下征引《图经志书》的部分，就记载了今北京地区的20多处急递铺、将近120处乡社[②]，所涉及的村落应形成于元代乃至更早的时期。即使是笔记类的文献，也不乏关于聚落的内容。王恽《中堂事记》，记载了从金中都北门（通玄门，今西便门外

①　《元史》卷64《河渠志一》、卷66《河渠志三》，中华书局1997年缩印本，第1587—1598、1659—1660页。

②　《顺天府志》，缪荃孙《永乐大典》抄本，北京大学出版社1983年影印。

白云观稍北）出发、经昌平南口前往内蒙古开平的经过。蒙古中统二年（1261）三月五日，"丞相祃祃与同僚发自燕京。是夕，宿通玄北郭。……六日丁卯午，憩海店，距京城廿里。凡省部未决事务，于此悉行决遣。是晚，宿南口新店，距海店七十里"[①]。这里的"海店"、"南口新店"，即今海淀镇与昌平以西2公里的辛店。清光绪年间麻兆庆《昌平外志》，根据前代文献追记了元代昌平县乡村44个[②]，实际存在的聚落当然更多。

明清两朝是北京郊区村落蓬勃发展的时期[③]。人口随着农业开发迅速增长，人类活动更加广泛和密集，都是促使村落增多的推动力量。地方志等类文献往往有专门的卷帙完整记录本州县管辖下的村落，从而使研究者得以知晓区域聚落发展的全貌，其数量之多也非此前从各类文献中钩沉所得的一鳞半爪可比。明初大量移民促进了大批村落的涌现，由此建立的村屯不下二三百处。移民的主要来源包括洪武初年徐达迁到北平府的山后"沙漠遗民"、洪武至永乐年间从江浙一带迁来的富户，影响最大的是永乐年间多次从山西迁往北京地区的移民，乃至华北地区普遍形成了早期居民来自"山西洪洞大槐树"的"民间共识"。军民屯田是聚落发展的又一推动因素，永乐年间隶属于北京地区各卫所的军屯有265个，其中在今北京市境内的就达155个。明代修筑边墙、城堡，沿边屯驻大批兵马戍卒，促使长城内侧村落增多。顺天府内有大量土地饲养战马以供军需，进而形成了一批以"马房"相称或具有牧马地特征的村落。包括皇庄在内的大批庄田遍及顺天府境，由此聚集而成的村落大都以"庄"为通名。守护昌平十三陵地区皇家陵墓的住户逐渐聚集成村，清代以后根据所在地点，以"长陵村"、"悼陵监"、"康陵园"之类为名。"西山三百七十寺"的修建，也会带动当地村落的形成和发展。北京城市建设带动了一些村落的成长，有些村落则随着外城的修建被淹没于城区之

---

①　王恽：《秋涧集》卷80《中堂事记》上，《四库全书荟要》集部第54册，世界书局影印本，第388页。

②　麻兆庆：《昌平外志》，国家图书馆藏清光绪十八年榆荫堂刻本。

③　尹钧科：《北京郊区村落发展史》，北京大学出版社2001年版，第177页。

中。明代北京郊区村落的发展，奠定了当代村落地理分布格局的基础。此后，在清初圈地风潮影响下，北京地区涌现了大批旗庄。人口激增促使村落规模加大，并且在附近分解或兴建新村。从城内疏散或从旗庄逃离的人口到北部山区开荒种田，使荒凉之地出现了新的村落。西郊三山五园的兴建，也带动了周边村落的形成。清末皇家园林南苑的放垦，更是在短期内出现了数十处以商号名称或吉祥用语为名的村落，明显改变了区域聚落的分布格局。

民国时期北京郊区的村落，大致从缓慢发展趋于萧条。1949 年以后，近郊部分村落在城市建设中逐渐消失。官厅水库、密云水库等水利设施的建设，使得数十个村庄搬迁或合并。随着城市化进程与市区拓展的加快，郊区村落势必越来越多地被城市居民区取代。

二　区域聚落的空间分布特征

根据尹钧科先生的研究[①]，从鸟瞰中的形状着眼，北京郊区的村落形态可分为集团型、散列型、集团—散列型三类。规模较大、人口较多、房舍布局紧凑的集团型村落，是北京郊区村落的主体，集中分布在地处平原的通州、大兴、顺义，以及房山、门头沟、昌平、延庆、怀柔、密云、平谷的平原区以及比较开阔的山间谷地。平坦开阔的地形与充足肥沃的土地资源，是农业开发和聚族而居的有利条件，往往形成集团型村落。规模较小、房舍布局零散、沿着山沟或道路稀稀落落长达几里或十几里的散列型村落，主要分布在房山西部、门头沟西部、延庆东部、怀柔北部、密云西北部、平谷北部的深山区。这里地形崎岖，缺水少地，不利于耕垦和生活，只能容纳少数几户人家。再加上经济条件的贫困，难以聚集成更大的村落。集团—散列型村落，表现为在大型的集团型村落之间散布着三五家到十几家的小居民点，北京近郊区历史上为首都服务的军队、工匠、苑户、杂役等，大多无须聚族而居，因而在集团型村落之间增添了零散的小居民点。

---

① 尹钧科：《北京郊区村落的分布特点及成因初探》，《历史地理》第 11 辑，上海人民出版社 1993 年版。

山区较开阔的谷地或浅山丘陵区，具有形成集团型村落与散列型村落的地理环境，在地形与交通条件的制约下，形成集团—散列型村落。"总起来看，在北京郊区，不同形态的村落分布略呈圈层，在近郊区为集团—散列型村落，其外是集团型村落，再外是集团—散列型村落，最外层为散列型村落。只是部分地区因地形影响，打破了这种呈现圈层分布的规律。"①

从村落具有的人口来看，北京西部和北部山区土地资源有限，自然条件和交通状况都不利于农业开发，一处居民点也难以容纳较多的人口，因此，千人以上的大型村落很少。在千人以上村落较多的平原地区，呈现出近山地区比远山地区多，近河地区比远河地区多的分布规律。山麓平原和河谷阶地的地势较高，既便于获得水源，也可以躲避水患，适合农耕和居住。因此，农业开发的历史通常较早，容易聚集人口形成较大的村落。从考古发现的新石器时代遗址到两汉以来所设县级政区的治所，都以分布在山麓平原的居多。作为县治的聚落，在相应区域内通常也是人口最多的地方。

西汉在今北京市辖域设置了15个县或侯国，分属上谷郡、渔阳郡、广阳国。《晋书·地理志》称："古者有分土而无分民。若乃大者跨州连郡，小则十有余城，以户口为差降，略封疆之远近，所谓分民自汉始也。"② 据此可知，西汉设县以人烟疏密、户口多寡为依据。人户稠密之地设县较多而每县所辖地域较小，人户稀疏之地设县较少而每县所辖地域较大。从古北口至大兴区黄村之间划一条东北—西南向的直线，大体可将北京小平原均分为两部分，而西部山前平原的县级政区治所远远多于东部。上述15个县或侯国，有13个在此线以西，占总数的86.7%；东部只有2个，占13.3%。由此表明，西汉时期，北京小平原西半部的人烟远比东半部稠密，村落规模和密集程度也应当远非东半部可比。房山区东部山麓平原，在唐辽时期已是村墅连延，当代许多村庄已见于那时的文献或石刻。

---

① 尹钧科：《北京郊区村落的分布特点及成因初探》，《历史地理》第11辑，上海人民出版社1993年版。

② 《晋书》卷14《地理志上》，中华书局1997年缩印本，第413页。

在北京东部和北部平原地区，顺义东北部有潮河灌溉，两岸淤积的土壤宜于农耕，东汉张堪曾在这里组织民众开稻田八千顷。大兴东部、通州南部的平原地区，处在永定河下游，河流泛滥淤积为当地造就了肥沃的土地。明初山西和山东的移民到来后在此设屯耕种，由此形成的村落在民间号称"七十二连营"。经过几百年的发展，村落规模逐渐扩大，直至成为居民达千人以上的集团型村落。通州南部地势低洼，有辽代著名的大湖延芳淀。这里在汉代属于泉州县漷村镇。辽统和十二年（994）正月初一，"漷阴镇水，漂溺三十余村"①，表明村落的分布已比较密集。辽代帝王每年春天到此行猎，带动了周边地区"居民成邑，就城故漷阴镇，后改为县"②。延芳淀在元代淤浅为四五个较小的淀泊，到清代完全衍为平陆，被陆续前来定居的人们开垦成良田，进而聚集人口形成较大的村落。

在怀柔北部、延庆东北部、房山西部、门头沟北部的深山区，相当多的村落直至清代才形成。房山西部山区的现有村落，大部分不见于康熙《房山县志》。怀柔北部山区的村庄，形成于清代的接近90%。延庆县千家店、花盆、沙梁子、白河堡、红旗甸等乡的村庄，确定为清代形成者约占总数的70%。上述村落在清代的出现，反映出近二三百年间北京郊区村落向深山区推进的发展趋势，对村落分布的空间特征具有一定程度的影响。

① 《辽史》卷 13《圣宗本纪四》，中华书局 1997 年缩印本，第 144 页。
② 《辽史》卷 40《地理志四》"漷阴县"，中华书局 1997 年缩印本，第 496 页。

第四章　区域人口的时空变迁

　　古代人口统计数据的笼统、简略与缺乏，大大增加了认识北京地区历史时期人口数量与地理分布等问题的难度。与其他方面的研究一样，时代越远越觉得模糊，晚近时期则随着数据资料的增多变得相对清晰起来。人口的自然增长深受以农业开发为主体的经济发展水平制约，某些高产作物的引进则起到了推波助澜的作用。促使人口减少的因素，大致包括战争、灾害、瘟疫等。在自然环境或社会因素的驱使下发生的人口迁移，一定时期实行的人口控制政策，都会影响到区域人口的地理分布状况。

第一节　辽代之前的人口增减与迁移

　　历代行政区划的伸缩变更，要求我们在引用古籍中的人口记载之前，必须解决古今地域的对应问题。历史上不少政区单元（如州、县等）所管辖的地域，并不是完整地被包含在今北京地区的范围内，这就势必削弱研究的精确程度，但在很多时候也只能如此。

一　区域与城市的人口推测

　　战国时期的苏秦游说燕文侯时说，燕国"地方二千余里，带甲数十万，车七百乘，骑六千匹，粟支十年"①。燕国的范围远大于今天的北京地区，纵横家的文学语言难免夸张，但也不妨就此略作推

---

① 《战国策》卷29《燕一》"苏秦将为从"条，岳麓书社1988年版，第282页。

测。据韩光辉研究①，北京地区战国时期人口曾达 20 多万人，城市人口也在 10 万人以上。到西汉时期，北京地区分属广阳国之蓟、广阳、阴乡县，涿郡之良乡、西乡县，上谷郡之军都、昌平、居庸、夷舆县，渔阳郡之渔阳、狐奴、路、平谷、安乐、犷平县，右北平郡无终县西部。在上述范围内，根据《汉书·地理志》记载，西汉元始二年（2）约有 10 万户、30 余万人，其中蓟城的人口也在 10 万人左右。东汉时期，广阳国改为郡，四郡属县的设置也有所变化。《后汉书·郡国志》的记载显示，今北京地区盛期人口约 11 万户、60 余万人，蓟城人口约 12 万人。

西晋时期的政区设置仍有变更，根据《晋书·地理志》记载，太康初（约在公元 280 年）这里有 2.6 万户。按照全国平均每户 6.57 口计算，总人口约 18 万人，其中城市人口大约 8 万人。北魏天兴二年（399），后燕燕郡太守高湖"率户三千归国"②。他们应当是蓟城百姓的一部分，但无法据此判定全城的人口总数。《魏书·地形志》形容："正光（520—524）已前，时惟全盛，户口之数，比夫晋之太康，倍而已矣。"③ 如果依此推断，总人口应当约为 5.2 万户、32 万人，蓟城人口约 10 万人。但据该志所载，以蓟城为治所的幽州，辖燕、范阳、渔阳 3 郡 18 县，绝大部分在今北京地区的燕郡有 5748 户、22559 口，渔阳郡有 6984 户、29670 口，二者合计为 12732 户、52229 口④。即使再加上仅以千计的其他郡县的零星户口，今北京地区范围内的户口也远远达不到比西晋太康时期多一倍的规模，这应是统计年代或口径不同所致。

到唐代，今北京地区分属幽州范阳郡之蓟、广平、良乡、昌平、潞、固安、安次县，檀州密云郡之燕乐、密云县，妫州妫川郡之怀戎县东部，在不同时期还有寄治幽州的顺州、归顺州、燕州等十几个羁

---

① 参见《北京历史地图集》第三集"人口"部分，北京出版集团公司、文津出版社 2013 年版。

② 《魏书》卷 32《高湖传》，中华书局 1997 年缩印本，第 751 页。

③ 《魏书》卷 106 上《地形志上》，中华书局 1997 年缩印本，第 2455 页。

④ 同上书，第 2475—2476 页。

廮州，饶乐都督府南部也在境内。根据《新唐书·地理志》的记载统计，上述范围内约有 5 万余户、27 万人，加上驻扎幽州的经略军、威武军、清夷军 5 万人及其眷属，人口极盛时期可达 40 万人以上，蓟城的人口应在 15 万人左右。到战乱频发的唐末五代时期，人口损耗是必然的结果。

二 战争影响下的人口迁移

在以人力为主要生产力的古代农业社会，战争除了争夺土地城池之外，一个主要的目标就是获得对方领土上的人口，作为开发资源与发展经济的劳动力。即使是历代充实国都及其他大城市或其周边的人口，也有很多是在战争胜利之后采取的强制措施。安土重迁的传统在我国北方表现得更为普遍，但战争、灾害、瘟疫等迫使百姓成为流民，他们避难求生的过程也就是人口迁移的过程，而战争因素的影响更为频繁和直接。

秦汉时期幽州的人口迁移，始于秦始皇完成统一战争之后。为了充实国都地区的人口，防止山东六国贵族的反抗，"徙天下豪富于咸阳十二万户"①，其中自应包括燕国蓟城等地的富户。农民起义推翻了短暂的秦朝，随即又有楚汉战争。"汉初大乱，燕、齐、赵人往避地者数万口"②，人口流入我国东北的辽东郡及高句丽一带。西汉初年"天下初定，故大城名都散亡，户口可得而数者十二三"③，经过多年的休养生息才得以恢复。刘邦采纳谋士刘敬的建议，迁徙齐、楚大族与"燕、赵、韩、魏后及豪杰名家，且实关中"，总数达"十余万口"④。自秦至西汉初年，蓟城及其周围地区的人口以离散迁移、总量减耗为特征。东汉初期，为了躲避匈奴的南下侵扰，塞外人口向长城以南迁移。建武十五年（39）二月，"徙雁门、代郡、上谷三郡

---

① 《史记》卷 6《秦始皇本纪》，中华书局 1997 年缩印本，第 239 页。
② 《后汉书》卷 85《东夷列传》，中华书局 1997 年缩印本，第 2817 页。
③ 《史记》卷 18《高祖功臣侯者年表》，中华书局 1997 年缩印本，第 877 页。
④ 《汉书》卷 43《刘敬传》，中华书局 1997 年缩印本，第 2123 页。

民，置常山关、居庸关以东"①。此事在吴汉率军北击匈奴之后，合计"吏人六万余口"②。东汉雁门、代郡、上谷郡，治所分别为阴馆县（今山西朔州市东南夏关城）、高柳县（今山西阳高县西南）、沮阳县（今河北怀来县东南）。东汉末年，幽州牧刘虞治理地方成就显著。时值黄巾起义引发中原离乱，"青、徐士庶避黄巾之难归虞者百余万口，皆收视温恤，为安立生业，流民皆忘其迁徙"③。这个时期的幽州，流民的到来促使人口激增，他们被很好地安置也显示了局部的暂时稳定。

东汉末期幽州人口的流失，以遭受塞外部族乌丸（亦作乌桓）战争掳掠最突出。建安初年，"三郡乌丸承天下乱，破幽州，略有汉民合十余万户"④。这里的"三郡"既是乌丸所居的地域，也是幽州被掠人口的去处，有必要稍加说明。《三国志》载："汉末，辽西乌丸大人丘力居，众五千余落；上谷乌丸大人难楼，众九千余落，各称王。而辽东属国乌丸大人苏仆延，众千余落，自称峭王；右北平乌丸大人乌延，众八百余落，自称汗鲁王，皆有计策勇健。……后丘力居死，子楼班年小，从子蹋顿有武略，代立，总摄三王部，众皆从其教令。袁绍与公孙瓒连战不决，蹋顿遣使诣绍求和亲，助绍击瓒，破之。绍矫制赐蹋顿、峭王、汗鲁王印绶，皆以为单于。"裴松之注引《英雄记》："绍遣使即拜乌丸三王为单于，……版文曰：使持节大将军督幽、青、并领冀州牧阮乡侯绍，承制诏辽东属国率众王颁下、乌丸辽西率众王蹋顿、右北平率众王汗卢：……"⑤ 由此可见，"三郡乌丸"就是占有东汉所辖辽东属国、辽西郡、右北平郡的乌丸所部，其地包括今河北遵化、昌黎、秦皇岛至辽宁锦州及其以东地区。乌丸掳掠的幽州十余万户汉民，即被迁到了渤海湾西岸、辽东湾北岸的上述范围内。至建安十二年（207），曹操北征乌桓，八月在柳城（今

① 《后汉书》卷1下《光武帝纪下》，中华书局1997年缩印本，第64页。
② 《后汉书》卷18《吴汉传》，中华书局1997年缩印本，第683页。
③ 《后汉书》卷73《刘虞传》，中华书局1997年缩印本，第2354页。
④ 《三国志》卷1《魏书·武帝纪》，中华书局1997年缩印本，第28页。
⑤ 《三国志》卷30《魏书·乌丸传》，中华书局1997年缩印本，第834页。

辽宁朝阳西南十二台营子）一战，"斩蹋顿及名王已下，胡、汉降者二十余万口"①；"其余遗迸，皆降。及幽州、并州柔所统乌丸万余落，悉徙其族居中国"②。上文中的"迸"意为奔散，"柔"指此前已率众归附的鲜卑首领阎柔。战争结束后，降附曹操的乌丸骑兵成为"天下名骑"，被掳掠的汉人也应有一部分回到了幽州。

在战乱频起、政治分裂的魏晋南北朝时期，幽州地区的人口迁移所涉地域广阔、变动频繁、规模较大，内聚迁移与离散迁移交互进行。汉末袁绍占据河北时，不少人逃到塞外躲避战乱。三国魏黄初三年（222），与魏交好的鲜卑首领轲比能"驱牛马七万余口交市，遣魏人千余家居上谷"③。太和二年（228）正月，司马懿斩杀谋叛的新城郡（治今湖北房县）太守孟达，"徙孟达余众七千余家于幽州"④。景初元年（237）七月，征讨辽东公孙渊的幽州刺史毌丘俭奉命撤军，"右北平乌丸单于寇娄敦、辽西乌丸都督王护留等居辽东，率部众随俭内附"⑤。

西晋末年北方的五胡崛起，中原汉族人民纷纷南迁避难。东晋南朝相继侨置州郡县，安置来自黄淮流域的移民。"自夷狄乱华，司、冀、雍、凉、青、并、兖、豫、幽、平诸州一时沦没，遗民南渡，并侨置牧司，非旧土也。"⑥ 这次规模巨大的人口迁移产生了深远的历史影响，正如谭其骧先生指出的那样："是役为吾中华民族发展史上之一大关键，盖南方长江流域之日渐开发，北方黄河流域之日就衰落，比较纯粹之华夏血统之南徙，胥由于此也。"⑦ 由于史料的缺乏，即使从侨置郡县的情形反推，也难以看出今北京地区人口南迁的大致轮廓。幽州毗邻五胡统治区域，西晋末年有自此避入辽东者。永嘉年

---

①　《三国志》卷1《魏书·武帝纪》，中华书局1997年缩印本，第29页。
②　《三国志》卷30《魏书·乌丸传》，中华书局1997年缩印本，第835页。
③　《三国志》卷30《魏书·鲜卑传》，中华书局1997年缩印本，第839页。
④　《晋书》卷1《宣帝纪》，中华书局1997年缩印本，第6页。
⑤　《三国志》卷3《魏书·明帝纪》，中华书局1997年缩印本，第109页。
⑥　《宋书》卷35《州郡志一》，中华书局1997年缩印本，第1028页。
⑦　谭其骧：《晋永嘉丧乱后之民族迁徙》，载《长水集》（上），人民出版社1987年版，第199页。

间，王浚为幽州刺史，"驱略三郡（按：代郡、上谷、广宁）士女出塞"，"为政苛暴，……下不堪命，多叛入鲜卑"①。渤海郡蓨县（治今河北景县南）人高瞻，永嘉之乱时还乡，"与叔父隐率数千家北徙幽州。既而以王浚政令无恒，乃依崔毖，随毖如辽东"②。

当十六国后赵、前燕、后燕及随后的北魏、北齐占据幽州时，这里既有人口的迁出也有迁入，完全视军事形势与政治经济的需要而定。概而言之，据有此地者通常将他处人口迁入，攻伐此地者则将人口迁出；如需充实国都周边或其他州县，据有此地者亦将幽州人口迁出。东晋咸康五年（339）九月，后赵将领夔安攻克石城（治今安徽贵池市西南七十里石城村），"遂略汉东，拥七千余家迁于幽冀"③。次年，后赵石虎准备征讨前燕，"徙辽西、北平、渔阳万户于兖、豫、雍、洛四州之地"④。不料对方行动更加迅速机敏，慕容皝"率骑二万出蠮螉塞（今河北迁西县喜峰口），长驱至于蓟城，进渡武遂津（今河北徐水），入于高阳（今河北高阳）。所过焚烧积聚，掠徙幽、冀三万余户"⑤。永和六年（350），慕容儁率军攻陷蓟城，"徙广宁（治今河北张家口）、上谷人于徐无（治今河北遵化东），代郡人于凡城（今河北平泉南）而还"⑥。七年，慕容恪入中山（今河北定州），"迁其将帅、土豪数十家诣蓟"⑦。八年，"燕王儁还蓟，稍徙军中文武兵民家属于蓟"⑧。这些家属从北方迁到河北中部平原，慕容儁担心他们眷恋已经熟悉的土地，因此采取了"稍徙"即逐步迁移的策略，将其迁回蓟城周围。十二年，慕容恪占领广固（今山东青州西北），"徙鲜卑胡羯三千余户于蓟"⑨。兴宁二年（364），慕

---

① 《晋书》卷39《王浚传》，中华书局1997年缩印本，第1148页。
② 《晋书》卷108《慕容廆载记》，中华书局1997年缩印本，第2812—2813页。
③ 《晋书》卷7《成帝纪》，中华书局1997年缩印本，第182页。
④ 《晋书》卷106《石季龙载记上》，中华书局1997年缩印本，第2770页。
⑤ 《晋书》卷109《慕容皝载记》，中华书局1997年缩印本，第2821页。
⑥ 《晋书》卷110《慕容儁载记》，中华书局1997年缩印本，第2832页。
⑦ 《资治通鉴》卷99，晋穆帝永和七年八月，中华书局1956年标点本，第3118页。
⑧ 《资治通鉴》卷99，晋穆帝永和八年三月，中华书局1956年标点本，第3123页。
⑨ 《晋书》卷110《慕容儁载记》，中华书局1997年缩印本，第2837页。

容评击败晋军，"燕人遂拔许昌、汝南、陈郡（今河南许昌、汝南、淮阳），徙万余户于幽、冀二州"①。太元十年（385），后燕建节将军徐岩在武邑（今河北武邑）叛变，"驱掠四千余人，北走幽州。……乘胜入蓟，掠千余户而去。所过寇暴，遂据令支（今河北迁安县西）"②。

北魏时期，移民充实国都地区是人口迁移的一个重要方面。道武帝天兴元年（398）正月，"徙山东六州民吏及徒何、高丽杂夷三十六万，百工伎巧十万余口，以充京师"③。明元帝泰常三年（418）四月，"徙冀、定、幽三州徒何于京师"④。从北魏当时据有的领土看来，幽州肯定在"山东六州"之内，"徒何"即鲜卑部族。在孝文帝迁都洛阳之前，北魏的"京师"是平城（今山西大同）。延和元年（432）九月征讨辽东获胜，"徙营丘（今辽宁凌海市东）、成周（今辽宁西南部）、辽东（今辽宁辽阳）、乐浪（侨治今辽宁义县西南）、带方（侨治今辽宁义县西南）、玄菟（十六国徙治辽西）六郡民三万家于幽州，开仓以赈之"⑤。景明三年（502），司州鲁阳郡（治今河南鲁山县）柳北喜、鲁北燕等聚众反叛，李崇"累战破之，斩北燕等，徙万余户于幽并诸州"⑥。北魏末期社会动荡，建义元年（528），"幽州平北府主簿河间邢杲，率河北流民十余万户，反于青州之北海，自署汉王"⑦。如此之多的流民活动于幽州内外，成为战乱中人口迁徙的经常现象。

隋朝开皇年间社会稳定带来的人口增长，受阻于大业年间开挖运河与三次大规模征伐辽东的战争。隋末战乱与唐初突厥南犯，都使幽州百姓流离失所。到唐代，北方部族内附与沿边安置战俘，成为幽州人口集聚的主要方面。贞观四年（630）擒东突厥颉利可汗，俘获部

① 《资治通鉴》卷101，晋哀帝兴宁二年四月，中华书局1956年标点本，第3195页。
② 《晋书》卷123《慕容垂载记》，中华书局1997年缩印本，第3086页。
③ 《魏书》卷2《太祖纪》，中华书局1997年缩印本，第32页。
④ 《魏书》卷3《太宗纪》，中华书局1997年缩印本，第58页。
⑤ 《魏书》卷4上《世祖纪上》，中华书局1997年缩印本，第81页。
⑥ 《魏书》卷66《李崇传》，中华书局1997年缩印本，第1467页。
⑦ 《魏书》卷10《孝庄纪》，中华书局1997年缩印本，第258页。

众十余万人。稍后，唐太宗采纳温彦博的建议，将其安置在北部缘边地带，"自幽州至灵州（治今宁夏灵武），置顺、祐、化、长四州都督府，又分颉利之地六州，左置定襄都督府，右置云中都督府，以统其部众"①。顺州在贞观六年初设时寄治营州南五柳城（今辽宁朝阳南），后移治幽州城（今北京西南），其余诸州亦在今山西、内蒙古至宁夏一线。贞观十九年（645）攻克辽东城（今辽宁辽阳老城），"应没为奴婢者一万四千人，并遣先集幽州，……令有司准其直，以布帛赎之，赦为百姓"②。万岁通天元年（696），契丹陷营州（治今辽宁朝阳），营州都督府及所属羁縻州迁至幽州以南③。直至开元五年（717）三月，"于柳城依旧置营州都督府"④，但仍有人口滞留幽州。自武德至天宝年间，为安置降附的突厥、高丽、契丹、奚人，有多个羁縻州寄治幽州城或良乡、昌平等地，以天宝初年的户口统计，顺州（1064 户，5157 口）、归顺州（1037，4469）、燕州（2045，11603）、威州（611，1869）、慎州（250，984）、崇州（200，716）、夷宾州（130，640）、师州（314，3215）、鲜州（107，367）、带州（569，1990）、黎州（569，1991）、沃州（159，619）、归义州（195，624）、瑞州（195，624），合计 7445 户、34868 口⑤。标志唐朝由盛转衰的"安史之乱"，使河北地区"农桑井邑，靡获安居，骨肉室家，不能相保"⑥，幽州人口大量流亡。

及至唐末五代时期，盘踞幽州的"刘守光暴虐，幽、涿之人多亡入契丹"⑦。在后晋石敬瑭割让幽州等十六州之前，契丹耶律阿保机多次进兵掳掠人口，本章第二节"辽南京地区的城乡人口"将加以说明。许多叛附无常的将领为之臂助，贻害甚重。神册二年（917）二月，晋新州裨将卢文进杀节度使李存矩投降契丹，在他的

<hr>

① 《旧唐书》卷 194 上《突厥传上》，中华书局 1997 年缩印本，第 5163 页。
② 《旧唐书》卷 199 上《高丽传》，中华书局 1997 年缩印本，第 5326 页。
③ 《旧唐书》卷 199 下《契丹传》，中华书局 1997 年缩印本，第 5350 页。
④ 《旧唐书》卷 8《玄宗本纪上》，中华书局 1997 年缩印本，第 177 页。
⑤ 《旧唐书》卷 39《地理志二》，中华书局 1997 年缩印本，第 1521—1525 页。
⑥ 《旧唐书》卷 141《田承嗣传》，中华书局 1997 年缩印本，第 3838 页。
⑦ 《新五代史》卷 72《四夷附录一》，中华书局 1997 年缩印本，第 886 页。

引导下，"自是北师数至，驱掳数州士女，……同光之世，为患尤深。文进在平州，率奚族劲骑，鸟击兽博，倏来忽往，燕、赵诸州，荆榛满目。军屯涿州，每岁运粮，自瓦桥至幽州，劲兵猛将，援递粮车，然犹为契丹所钞，奔命不暇，皆文进导之也"①。所谓"同光之世"，即后唐庄宗同光年间（923—925）。战乱掳掠连绵不已，人口自然大量耗减。

第二节　辽南京地区的城乡人口

自契丹占据幽州并将其提升为南京，从前屡遭战争掳掠杀戮的人口逐步恢复，这里开始成为辽朝经济文化最发达的地区。以韩光辉《北京历史人口地理》问世为标志，专业研究者对史料的发掘与探索，使北京地区近千年来人口发展的轮廓日渐清晰。以这部著作作为向导，我们得以将辽南京、金中都直至元大都、明清北京以及民国北京（北平）的城乡人口发展做一简要梳理。

一　人口规模与分布的估算

除了《辽史》地理志、兵卫志记载的州县赋役户丁外，辽南京地区的户口还包括宫卫军户和僧尼人口等②。从辽圣宗统和年间开始，先后十次下诏进行检括户丁，目的在于获得兵员和劳力。在辽代"因俗而治"的官制下，州县赋役户由州县领属与检括，从属于治理汉人的南面官系统；宫卫户由契丹户与奚、女真、室韦等蕃户组成，隶属于治理宫帐、部族的北面官系统。宫卫是军政兵民一体的组织，"有事则以攻战为务，闲暇则以畋渔为生。无日不营，无在不卫"③，下设若干提辖司管理宫卫户口。此外，"辽人佞佛尤甚，多以良民赐诸寺，分其税一半输官，一半输寺，故谓之二税户"④。南京地区佛

① 《旧五代史》卷97《卢文进传》，中华书局1997年缩印本，第1295页。
② 韩光辉：《北京历史人口地理》，北京大学出版社1996年版，第48页。
③ 《辽史》卷31《营卫志上》，中华书局1997年缩印本，第361页。
④ 《金史》卷46《食货志一》，中华书局1997年缩印本，第1033页。

寺林立，众多僧尼不属于承担赋役的州县编民，是上述户籍之外的人口。天祚帝天庆三年（1113）三月"籍诸道户"①，辽代全面核实户丁只此一次，《辽史·地理志》所载户数就是这一年的统计数据②。

依据《辽史·地理志》记载，位于今北京市范围内的州县户数，大致有南京析津府析津县 2 万，宛平 2 万 2 千，昌平 7 千，良乡 7 千，潞县 6 千，玉河 1 千，漷阴 5 千，怀柔 5 千，密云 5 千，行唐 3 千户③；西京道儒州缙山县 5 千户④。上述诸州县总计 8.6 万户，如以每户 5 人估算，则合 43 万人。如果加上与今北京市毗邻交错的范阳、三河、渔阳、兴化诸县的部分人口，总数当在 9.3 万户、46.5 万人⑤。辽代宫卫骑军分为十二宫一府，各有正丁、蕃汉转丁、骑军数千至二万不等，"自上京至南京，总要之地各置提辖司。重地每宫皆置，内地一二而已"。"凡诸宫卫，丁四十万八千（按：正丁 16 万，蕃汉转丁 24.8 万），出骑军十万一千"⑥。《辽史》所载的南京、西京、奉圣州、平州、中京、上京所属提辖司合计 40 个，南京之下有延庆宫、兴圣宫等 11 提辖司，与其余京州 29 提辖司平均，应有丁 11.22 万人，骑军 27775 人。但是，"太和、永昌二宫宜与兴圣、延庆同，旧史不见提辖司，盖阙文也"⑦。鉴于南京地区的重要性，二宫必在此设置提辖司，实际存在的宫卫兵丁与骑军肯定还要多些。韩光辉根据辽代军制估算，天庆初年，南京地区共有军人 1.2 万户、7.8 万人，其中南京城里有 6.3 万人⑧。辽道宗大康四年（1078）七月，"诸路奏饭僧尼三十六万"⑨。五京道之一的南京道佛教最发达，僧尼无疑要在 8 万人以上，作为佛教中心的南京地区则应占其中 4 万

---

① 《辽史》卷 27《天祚皇帝本纪一》，中华书局 1997 年缩印本，第 327 页。
② 韩光辉：《北京历史人口地理》，北京大学出版社 1996 年版，第 51 页。
③ 《辽史》卷 40《地理志四》，中华书局 1997 年缩印本，第 494—497 页。
④ 《辽史》卷 41《地理志五》，中华书局 1997 年缩印本，第 511 页。
⑤ 韩光辉：《北京历史人口地理》，北京大学出版社 1996 年版，第 52 页。
⑥ 《辽史》卷 35《兵卫志中》，中华书局 1997 年缩印本，第 406、409 页。
⑦ 同上书，第 406 页。
⑧ 韩光辉：《北京历史人口地理》，北京大学出版社 1996 年版，第 54 页。
⑨ 《辽史》卷 23《道宗本纪三》，中华书局 1997 年缩印本，第 281 页。

人以上。这样，辽天庆三年（1113），南京地区总计应有 10.5 万户、58.3 万人。

《辽史·地理志》所载析津、宛平二县的户丁统计，是包括南京城内编户在内的数据。与周边各县乡村比较，编户更密集的南京城应在 1.6 万户左右。沿袭唐制的南京 26 坊，从经济发展水平、建筑形式、面积大小等方面考虑，每坊容纳的编户应在北魏洛阳 300 余户之上、北宋汴京内城 700 余户之下。以每坊容纳 600 户、每户 5 口计算，南京城内约有 1.6 万户、赋役居民 8 万人；再加上军队与僧尼，总计约 2.5 万户、15.8 万人。而在人口大量流徙、俘迁的唐末五代至契丹初据期间，幽州（南京）地区人口约在 2.5 万户、10 万人，城市人口约为 0.5 万户、2.2 万人[1]。《契丹国志》称南京"户口三十万"[2]，仅仅是"户"与"口"笼统言之的形容，显然不能视为关于城市人口规模的确切数据，惟其与《辽史·地理志》所载的南京道总计 24.7 万户差相仿佛。

二　人口迁移的过程与方向

在契丹占据幽蓟地区之前，耶律阿保机多次进兵掳掠人口，将他们北迁至契丹旧境内从事生产，幽州及其以南成为战争环境中的人口输出之地。当后晋石敬瑭割让幽蓟十六州之后，幽州上升为辽南京，从其他区域向这里聚集成为人口迁移的主要方面，而且往往与战争相关。

唐天复三年（903）十月，耶律阿保机"引军略至蓟北，俘获以还"；天祐二年（905）十月，与唐河东节度使李克用合击幽州刘仁恭，"拔数州，尽徙其民以归"[3]。即位之后的六年（912）春，"亲征幽州，东西旌旗相望，亘数百里。所经郡县，望风皆下，俘获甚众，振旅而还"；契丹神册元年（916）十一月，"攻蔚、新、武、妫、儒五州（分别治今河北蔚县、涿鹿、宣化、怀来与北京延庆），

---

① 韩光辉：《北京历史人口地理》，北京大学出版社 1996 年版，第 55—59 页。
② 叶隆礼：《契丹国志》卷 22 "南京"条，上海古籍出版社 1985 年版，第 217 页。
③ 《辽史》卷 1《太祖本纪上》，中华书局 1997 年缩印本，第 2 页。

俘获不可胜纪"①。六年十一月"下古北口","分兵略檀（今北京密云）、顺（今北京顺义）、安远（今天津蓟县西北）、三河（今河北三河）、良乡（今北京良乡）、望都（今河北望都）、潞（今北京通州）、满城（今河北满城）、遂城（今河北徐水）等十余城，俘其民徙内地"，即契丹在北方的兴起之地；十二月"诏徙檀、顺民于东平（治今辽宁开原中固镇）、沈州（治今辽宁沈阳老城区）"。天赞元年（922）二月"复徇幽、蓟地"；三年正月"遣兵略地燕南"，五月"徙蓟州民实辽州（治今辽宁新民市辽滨塔）地"②。

对于流徙塞外以及乘乱掳掠的幽州民众，阿保机采取了安抚存恤政策。即位九年（915）始在滦河沿岸设立汉城，"率汉人耕种，为治城郭、邑屋、廛市，如幽州制度，汉人安之，不复思归"③，此地即泽州神山县（治今河北平泉西南察罕城）。过了170多年后，北宋元祐四年（1089）出使辽国的苏辙看到："汉人何年被流徙，衣服渐变存语言。力耕分获世为客，赋役稀少聊偷生。"④ 阿保机击败渤海国后，"徙其名帐千余户于燕，给以田畴，捐其赋入，往来贸易关市皆不征，有战则用为前驱"⑤。除了散处契丹旧境者之外，汉民通常"依唐州县置城以居之"⑥，并且大多沿用其故土的州县名称。这些同名异地的州县，成为表示居民来源的显著标志：

（1）在上京道（治今内蒙古巴林左旗东南），临潢县，"太祖天赞初南攻燕、蓟，以所俘人户散居潢水之北，县临潢水，故以名。地宜种植。户三千五百"；潞县，"本幽州潞县民，天赞元年，太祖破蓟州，掠潞县民，布于京东，与渤海人杂处。隶崇德宫。户三千"⑦。后周广顺三年（953）自契丹逃回的胡峤追述：上京"有绫锦诸工

①　《辽史》卷34《兵卫志上》，中华书局1997年缩印本，第396页。
②　《辽史》卷2《太祖本纪下》，中华书局1997年缩印本，第17—19页。
③　《新五代史》卷72《四夷附录一》，中华书局1997年缩印本，第886页。
④　苏辙：《栾城集》卷16《奉使契丹二十八首》之《出山》，上海古籍出版社1987年版，第397页。
⑤　洪皓：《松漠纪闻》，吉林文史出版社1986年版，第19页。
⑥　《新五代史》卷72《四夷附录一》，中华书局1997年缩印本，第886页。
⑦　《辽史》卷37《地理志一》，中华书局1997年缩印本，第439页。

作、宦者、翰林、伎术、教坊、角牴、秀才、僧、尼、道士等，皆中国人，而并、汾、幽、蓟之人尤多"①。怀州，"太宗行帐放牧于此。天赞中，从太祖破扶余城，下龙泉府，俘其人，筑寨居之。会同中，掠燕、蓟所俘亦置此"；长春州长春县，"本混同江地。燕、蓟犯罪者流配于此。户二千"；乌州爱民县，"拨剌王从军南征，俘汉民置于此。户一千"；龙化州龙化县，"太祖东伐女直，南掠燕、蓟，所俘建城置邑。户一千"②。此外，诸王、外戚、大臣及诸部为安置俘掠人口，"加以私奴置投下州"或作"头下州"，与幽蓟地区相关的有：壕州，"国舅宰相南征，俘掠汉民，居辽东西安平县故地。……户六千"；原州，"国舅金德俘掠汉民建城。……户五百"；福州，"国舅萧宁建。南征俘掠汉民，居北安平县故地。……户三百"；顺州，"横帐南王府俘掠燕、蓟、顺州之民，建城居之。……户一千"③。

（2）在东京道（治今辽宁辽阳老城），沈州乐郊县，"太祖俘蓟州三河民，建三河县，后更名"；灵源县，"太祖俘蓟州吏民，建渔阳县，后更名"。辽州之下有祺州，"本渤海蒙州地，太祖以檀州俘于此建檀州，后更名"；祺州所辖庆云县，"太祖俘密云民，于此建密云县，后更名"。龙州，"开泰九年，迁城于东北，以宗州、檀州汉户一千复置"④。

（3）在中京道（治今内蒙古宁城大明镇），泽州，"太祖俘蔚州民，立寨居之，采炼陷河银冶。……开泰中置泽州"，统神山、滦河二县。兴中府兴中县，"本汉柳城县地。太祖掠汉民居此，建霸城县。重熙中置府，更名"，这是"太祖平奚及俘燕民"的结果⑤。

（4）在南京道（治今北京西南），檀州行唐县"本定州行唐县。太祖掠定州，破行唐，尽驱其民，北至檀州，择旷土居之，凡置十

---

① 《新五代史》卷73《四夷附录二》，中华书局1997年缩印本，第906页。
② 《辽史》卷37《地理志一》，中华书局1997年缩印本，第443、445、447页。
③ 同上书，第449—450页。
④ 《辽史》卷38《地理志二》，中华书局1997年缩印本，第466—470页。
⑤ 《辽史》卷39《地理志三》，中华书局1997年缩印本，第484—486页。

寨，仍名行唐县。隶彰愍宫。户三千"；平州，"太祖天赞二年取之，以定州俘户错置其地"，下辖的安喜县是"太祖以定州安喜县俘户置，……户五千"，望都县是"太祖以定州望都县俘户置，……户三千"。滦州也是"太祖以俘户置"①。

　　经历了契丹立国初期的肆意掳掠之后，战争仍然是促使人口迁移的重要因素。圣宗统和年间与北宋数次交战，边民归附、边将归降与众多战俘，增强了人口向南京周边较大规模的聚集。统和元年（983）二月，"南京统军使耶律善补奏，宋边七十余村来附，诏抚存之"②。七年正月，"宋鸡壁砦守将郭荣率众来降，诏屯南京"，随后契丹大军攻破易州，"迁易州军民于燕京"。二月，"诏鸡壁砦民二百户徙居檀、顺、蓟三州"③。在契丹境内，统和十五年"诏山前后未纳税户，并于密云、燕乐两县占田置业入税"④，这也属于局部的人口迁移。此外，自然灾害是推动人口迁移的另一巨大力量。早在北周广顺元年（辽应历元年，951），饥馑造成的幽州流民已散入北周所辖的沧州境内。二年十月"沧州奏：自十月已前，蕃归汉户万九千八百户。是时，北境饥馑，人民转徙，襁负而归中土者，散居河北州县，凡数十万口"⑤。不仅如此，"冬十月，辽瀛、莫、幽州大水，流民入塞者数十万口，本国亦不之禁。周诏所在赈给存处之，中国民被掠得归者什五六"⑥。此后，汉人由于自然灾害、眷恋故土或民族矛盾，屡有南逃后周或北宋之人，到契丹衰败的辽代末年尤其众多。

　　辽南京地区人口迁移的方向，随着区域归属和城市性质的变化而转换，人口迁移与发展的结果还影响到近千年来北京建都的历史进程。"在契丹贵族获得对南京地区的统治前后，以军事手段强制人口迁移，形成了人口离散迁移与内聚迁移交错进行的复杂局面。总的来

---

① 《辽史》卷40《地理志四》，中华书局1997年缩印本，第497—500页。

② 《辽史》卷10《圣宗本纪一》，中华书局1997年缩印本，第109页。

③ 《辽史》卷12《圣宗本纪三》，中华书局1997年缩印本，第133页。

④ 《辽史》卷59《食货志上》，中华书局1997年缩印本，第926页。

⑤ 《旧五代史》卷112《周太祖纪三》，中华书局1997年缩印本，第1485页。

⑥ 叶隆礼：《契丹国志》卷5《穆宗天顺皇帝》，上海古籍出版社1985年版，第51页。

看，先以离散迁移为主，使区域人口迅速减少；后以内聚迁移为主，使区域人口得到补偿甚至增加，为南京地区人口的空前增长奠定了基础，从而在南京地区形成了汉人与契丹、奚、渤海、室韦等少数民族人口杂居共处，共同开发区域经济的新形势，推动和促进了民族融合的进程，同时也揭开了创建多民族统一国家并奠都燕京的历史序幕。"① 前一个朝代的衰亡预示着后一个朝代的崛起，在接踵而至的金、元、明、清时期，来自北方的女真、蒙古、满洲与南方的明朝，先是初期对前朝进行攻伐掳掠，据此建都后则致力于充实周边人口，到朝代末期往往由自然灾害、政治腐败、军事失利引发社会动荡和政权败亡，人口迁移的方向随之大体呈现出离散—内聚—离散相互交替的规律。

第三节 金中都地区的人口状况

历史上的北京在金中都时代成为北半个中国的政治中心，城市与人口的发展呈现出新的格局。比较健全的人口统计制度与相对丰富的文献记载，使区域人口规模与人口迁移的历史面貌逐渐清晰起来。

一 户口构成与人口规模

考察金代的户籍制度，中都地区的户口由州县赋役户口、猛安谋克户口、宗室将军户口、监户与官户组成②。

金朝形成了一套自下而上的户口调查统计系统，"京府州县郭下则置坊正，村社则随户众寡为乡置里正，以按比户口，催督赋役，劝课农桑。……凡户口计帐，三年一籍。自正月初，州县以里正、主首，猛安谋克则以寨使，诣编户家责手实，具男女老幼年与姓名，生者增之，死者除之。正月二十日以实数报县，二月二十日申州，以十日内达上司，无远近皆以四月二十日到部呈省。凡汉人、渤海人不得

① 韩光辉：《北京历史人口地理》，北京大学出版社 1996 年版，第 235 页。
② 同上书，第 59 页。

充猛安谋克户。猛安谋克之奴婢免为良者，止隶本部为正户。凡没入官良人，隶宫籍监为监户；没入官奴婢，隶太府监为官户"①。数量被严格限制的僧尼，皆于所在州县入籍，消除了辽代僧尼过多的弊端。猛安谋克是金代除汉人与渤海人之外、以女真人为主建立的军事行政组织，大体三百户为一谋克，七至十谋克为一猛安，相应的官职亦称猛安、谋克。这两级组织既是军事编制也是民政管理单位，成员平时为民从事捕鱼射猎，听闻警号则自带步骑装备上阵当兵。进入中原之后，他们与百姓杂处，屯田耕种。官居从四品的猛安，除了"掌修理军务、训练武艺、劝课农桑"，还要与府尹、诸州防御使一样负责户口编审，"专掌通检推排簿籍"②。在州县赋役户口与猛安谋克户口之外，女真贵族的宗室将军户口由大宗正府管理，监户与官户是服务于帝王的奴婢户口。

《金史·地理志》记载了金代极盛时期的户数，统计年代是章宗泰和七年（1207）而不是金代末年③。州县赋役户与猛安谋克户是中都城乡的基本户口，中都城里还有宗室将军户、宫监户、官户与武卫军户，中都警巡院为此同时设立女真司吏 3 人、汉人司吏 15 人④，大定八年（1169）增设为左、右警巡院，司吏亦当相应增加一倍，合计 36 人。宗室之子承裕曾经"除中都左警巡副使，通括户籍，百姓称其平"⑤。金代的诸府节镇录事司"掌同警巡使。司吏，户万以上设六人，以下为率减之"⑥。据此推测，中都左、右警巡院的 36 名司吏管理的城市人口大约为 6 万户，"以极盛时期的户量 6.5 人计之，泰和七年（1207）中都城市总人口约计 40 万人"⑦。

警巡院是与大兴、宛平二县平行的独立市政单位，它所管辖的城市户口应是大兴府户口的一部分。因此，《金史·地理志》所载大兴

① 《金史》卷46《食货志一》，中华书局 1997 年缩印本，第 1031—1032 页。
② 《金史》卷 57《百官志三》，中华书局 1997 年缩印本，第 1329、1312 页。
③ 韩光辉：《北京历史人口地理》，北京大学出版社 1996 年版，第 63 页。
④ 《金史》卷 57《百官志三》，中华书局 1997 年缩印本，第 1313 页。
⑤ 《金史》卷 93《承裕传》，中华书局 1997 年缩印本，第 2065 页。
⑥ 《金史》卷 57《百官志三》，中华书局 1997 年缩印本，第 1314 页。
⑦ 韩光辉：《北京历史人口地理》，北京大学出版社 1996 年版，第 67 页。

府 10 县 1 镇 (广阳镇) 的 225592 户，实际应包括两个警巡院所属的城市户口在内。鉴于镇的户数远少于县，将城市人口之外的户数以 10 县平均，每县约为 16559 户，大兴、宛平、漷阴、昌平、良乡 5 县合计 82795 户。顺州所辖温阳、密云二县 32433 户；通州潞县、三河县 35099 户①。此外，包括蓟州平峪县 (今平谷)、涿州奉先县 (今房山)、西京德兴府缙山县 (今延庆)、北京路兴州宜兴县 (治今河北滦平县东北十五里小城子) 的人口在内，中都地区约有 25 万户、161 万人，其中城市人口 6.2 万户、40 万人②。

二 都城迁移与人口迁移

金朝的都城先是由海陵王从上京 (今黑龙江阿城) 迁到燕京并改为中都，到金末又从中都迁到南京 (今河南开封)。伴随着国都地位的得与失，中都及其周边的人口迁移也经历了"离散—内聚—离散"三个阶段。

战争的目的在于占有土地和人民，金天辅六年 (辽保大二年，1122)，完颜阿骨打统率的女真军队攻克辽南京。次年四月，"命习古乃、婆卢火监护长胜军，及燕京豪族工匠，由松亭关徙之内地"③，以此充实上京地区。金人按约定将燕山府交还宋朝前，"根括燕山府所管州县百五十贯已上家业者，得三万余户，尽数起发，合境不胜残扰"④。所谓"根括"，就是彻底搜刮。这些汉民被迫"由松亭关去燕中"⑤，"凡燕之金帛、子女、职官、民户，为金人席卷而东。宋朝捐岁币数百万，所得者空城而已"⑥。战乱造成的大量流民，宋朝

① 《金史》卷 24《地理志上》，中华书局 1997 年缩印本，第 573—575 页。
② 韩光辉：《北京历史人口地理》，北京大学出版社 1996 年版，第 66 页。
③ 《金史》卷 2《太祖本纪》，中华书局 1997 年缩印本，第 41 页。
④ 徐梦莘编：《三朝北盟会编》政宣上帙 15 引《茅斋自叙》，台北大化书局 1979 年影印本，第甲 143—144 页。
⑤ 徐梦莘编：《三朝北盟会编》政宣上帙 16 引《北征纪实》，台北大化书局 1979 年影印本，第甲 149 页。
⑥ 宇文懋昭：《大金国志》卷 2《太祖纪年下》，《大金国志校证》本，中华书局 1986 年版，第 30 页。

"因分遣诸州赡之，凡州县动数千口，至少犹不下五七百口"①。天会三年（1125）金人复得燕山府，五年四月攻克北宋汴京，徽钦二帝、后妃、大臣、官吏及大批工匠、商贾等被掳。时人记载："天会时掠致宋国男妇不下二十万。"②"男女北迁者，以五百人为一队，虏以数十骑驱之，如驱羊豕。京师人不能徒走远涉，稍不前，即敲杀，遗骸蔽野。"③"畿辅所破郡县，尽皆驱虏北行，何啻千万。比到燕山，无论贵贱壮弱，路途之遥，饥饿之困，死者枕藉，骨肉遍野。壮强者仅至燕山，各便生养。有力者坐营铺肆，无力者喝贷挟托，老弱者乞丐于市，南人以类各相嫁娶。燕山有市卖人，充□□军兵。虏得南人，视人立价卖之。此本朝人陷虏，于此可见也。"④ 有幸存活下来的汴京及其周边的人口，一部分滞留在燕京周边。随着对宋战争的胜利，天会六年二月"迁洛阳、襄阳、颖昌、汝、郑、均、房、唐、邓、陈、蔡之民于河北"⑤，其中可能有一部分到达了燕京地区。汴京及中原地区的人口由于北宋败亡被迫迁到黄河以北，对燕京地区而言则是惨痛时局下的内聚迁移。

金灭北宋后，始将猛安谋克户迁到燕南戍边。天会十一年（1133）"起女真国土人散居汉地"，南宋人推测："女真，一部族耳。后既广汉地，恐人见其虚实，遂尽起本国之土人，棋布星列，散居四方。令下之日，比屋连村，屯结而起。"⑥ 自北方大规模南下的女真族散处于汉人之中，皇统五年（1145）与奚、契丹人组成屯田军，"凡屯田之所，自燕山之南、淮陇之北皆有之，多至六万人，皆筑垒

① 徐梦莘编：《三朝北盟会编》政宣上帙16引《北征纪实》，台北大化书局1979年影印本，第甲149页。
② 确庵、耐庵编：《靖康稗史》卷6《呻吟语》引《燕人塵》，《靖康稗史笺证》本，中华书局1988年版，第199页。
③ 徐梦莘编：《三朝北盟会编》靖康中帙74引《汴都记》，台北大化书局1979年影印本，第乙401页。
④ 徐梦莘编：《三朝北盟会编》靖康中帙73引《燕云录》，台北大化书局1979年影印本，第乙396页。
⑤ 《金史》卷3《太宗本纪》，中华书局1997年缩印本，第58页。
⑥ 宇文懋昭：《大金国志》卷8《太宗纪年六》，《大金国志校证》本，中华书局1986年版，第126页。

于村落间"①；九年八月又采纳宰臣提议，"徙辽阳、勃海之民于燕南"②。区域人口的内聚迁移，在海陵王贞元元年（1153）迁都燕京并改称中都后达到高潮。从上京会宁府迁来的中央机构与中都设置的地方官员，数量应与《金史·职官志》所载的金代中期情形近似，总数在 3000 名以上。《金史·兵志》载："贞元迁都，遂徙上京路太祖、辽王宗幹、秦王宗翰之猛安，并为合扎猛安，及右谏议乌里补猛安，太师勖、宗正宗敏之族，处之中都。"③ 自贞元迁都到正隆初年，上京地区的女真族奉旨南下。"贞元初，起上京诸猛安于中都、山东等路安置。"④ 正隆元年（1156）二月，"遣刑部尚书纥石烈娄室等十一人，分行大兴府、山东、真定府，拘括系官或荒闲牧地，及官民占射逃绝户地，戍兵占佃宫籍监、外路官本业外增置土田，及大兴府、平州路僧尼道士女冠等地，盖以授所迁之猛安谋克户，且令民请射，而官得其租也"⑤，太师勖同年"与宗室俱迁中都"⑥。海陵王采纳了主持营建燕京的张浩的建议，"凡四方之民欲居中都者，给复十年，以实京城"⑦。虽然正隆三年（1158）九月为准备南下伐宋，"迁中都屯军二猛安于南京（今河南开封），遣吏部尚书李惇等分地安置"⑧，但世宗即位不久的大定二年（1162）正月，就把此前从征的"咸平、济州军二万入屯京师"⑨，此后又"诏徙女直猛安谋克于中都，给以近郊官地"⑩。由此估算，金人先后迁入中都地区的猛安谋克户、官吏及四方民户"累计约 4 万户，30 万人"⑪，大定年间管理城市的中

---

① 宇文懋昭：《大金国志》卷 12《熙宗纪年四》，《大金国志校证》本，中华书局 1986 年版，第 173 页。

② 《金史》卷 4《熙宗本纪》，中华书局 1997 年缩印本，第 86 页。

③ 《金史》卷 44《兵志》，中华书局 1997 年缩印本，第 993 页。

④ 《金史》卷 83《纳合椿年传》，中华书局 1997 年缩印本，第 1872 页。

⑤ 《金史》卷 47《食货志二》，中华书局 1997 年缩印本，第 1044 页。

⑥ 《金史》卷 66《勖传》，中华书局 1997 年缩印本，第 1560 页。

⑦ 《金史》卷 83《张浩传》，中华书局 1997 年缩印本，第 1863 页。

⑧ 《金史》卷 5《海陵本纪》，中华书局 1997 年缩印本，第 109 页。

⑨ 《金史》卷 6《世宗本纪上》，中华书局 1997 年缩印本，第 125 页。

⑩ 《金史》卷 83《张汝弼传》，中华书局 1997 年缩印本，第 1869 页。

⑪ 韩光辉：《北京历史人口地理》，北京大学出版社 1996 年版，第 242 页。

都警巡院从一个变为两个，就是此前人口大量增殖的反映。

国势衰落的金朝末年，北方州郡尽失于蒙古铁骑，大安三年（1211）以后中都连续数度被围，"京师乏粮，军民饿死者十四五"[①]。贞祐二年（1214）五月金宣宗决意迁都南京，失去首都地位且变为战争前线的中都随之开始了人口的离散迁移。成千上万的宫眷、侍卫、百官、宗室与各类人等随驾南下，涿州地方官所献"顿食"（短暂停宿的膳食）"凡二千舆"即二千车，渡黄河时需要"办沿河船凡四千艘"[②]。迁都后的朝廷致力于"哀兵徒，徙豪民，以实南京"[③]，不仅"听民南渡"而且动员河北民众南逃，"所至加存恤"[④]。这样，数年之间，"河北军户徙河南者几百万口"[⑤]，"河北失业之民侨居河南、陕西，盖不可以数计"，人口高度集中造成了严重的土地紧缺，"百司用度，三军调发，一人耕之，百人食之"[⑥]。更为悲惨的是，天兴元年（1232）五月"汴京大疫凡五十日，诸门出死者九十余万人，贫不能葬者不在是数"[⑦]。即使如此，嗣后蒙古军队破城之时，依然有"避兵居汴者得百四十七万人"[⑧]，来自中都地区者肯定不少。在这前后，留在中都周边的部分人口则被蒙古军队掠至北方草原。在屡经战乱、饥馑、南逃、北迁之后，中都地区在金朝结束时大约只有不足 30 万人，离散迁移等造成的人口耗减却高达 130 万人以上[⑨]。

第四节　元大都地区的人口变动

经历了金末战争与人口耗减之后，在历史上享有盛誉的元大都崛

①　宇文懋昭：《大金国志》卷 24《宣宗纪年上》，《大金国志校证》本，中华书局1986 年版，第 325 页。

②　同上书，第 332 页。

③　《金史》卷 105《张翰传》，中华书局 1997 年缩印本，第 2323 页。

④　《金史》卷 14《宣宗本纪上》，中华书局 1997 年缩印本，第 306、309 页。

⑤　《金史》卷 107《高汝砺传》，中华书局 1997 年缩印本，第 2355 页。

⑥　《金史》卷 102《田琢传》，中华书局 1997 年缩印本，第 2250 页。

⑦　《金史》卷 17《哀宗本纪上》，中华书局 1997 年缩印本，第 387 页。

⑧　《元史》卷 146《耶律楚材传》，中华书局 1997 年缩印本，第 3459 页。

⑨　韩光辉：《北京历史人口地理》，北京大学出版社 1996 年版，第 246 页。

起于中都的东北郊，并为明清北京城确定了基本格局。大规模移民充实首都的结果，是城市及周边地区的人口从复苏走向繁荣。

一　人口构成与城乡人口数量

蒙古国时期的户口分类系统相当复杂，至元年间趋于简明。中统五年八月（同月改为至元元年，1264）颁旨，天下人户按"三等九甲"分类编入鼠尾文簿，"除军户人匠各另攒造，其余站户、医卜、打捕鹰房、种田、金银、铁冶、乐人等一切诸色户计，与民户一体推定鼠尾，类攒将来，科征差发"①。以社会身份区分，元代大都地区的城乡户籍主要由州县户口、军站户口、匠役户口、僧道人口构成②。

州县户口向国家提供赋税、承担差役，由州县、路府、行省构成其统计管理系统，包括上述所谓"一切诸色户计"与民户在内，惟有站户实际上与军户相当。军户中有蒙古军以及由诸部族构成的探马赤军，"上马则备战斗，下马则屯聚牧养"③，百户、千户、万户、枢密院负责管理这些兵民一体的户口。此外，蒙古平定中原后"发民为卒，是为汉军"④，其管理系统与前两者相同，都是独立于州县民户之外的世袭军籍。站户是在元代极为发达的驿传（站赤）系统承担差役、供应食宿的民户，"每户取二丁，及家属于立站去处安置"。至元十一年（1274）十月规定，"其站户家属，令元籍州县管领"。二十八年七月，"诏各路、府、州、县达鲁花赤长官，依军户例，兼管站赤奥鲁（按：军户、站户家属或其管理机构），非奉通政院明文，不得擅科差役"⑤。匠役户口的官匠户分属军队或局院，有世袭、免差并按月支取俸饷的特殊身份，在大都城内数量众多，由大都路管领诸色人匠提举司负责管理。在宗教发达的元代，僧道是一个享有某

---

① 《通制条格》卷17《赋役》"科差"条，浙江古籍出版社1986年版，第211—212页。
② 韩光辉：《北京历史人口地理》，北京大学出版社1996年版，第68页。
③ 《元史》卷98《兵志一》，中华书局1997年缩印本，第2508页。
④ 同上。
⑤ 《元史》卷101《兵志四》，中华书局1997年缩印本，第2585—2588页。

些特权的人群。

　　《元史·地理志》所载的户口，只是至元七年（1270）的州县赋役户口。大都路（时称中都路）所领二院、六县、十州（州领十六县），总计 147590 户、401350 人①，平均每户 2.72 人。其中左、右警巡院，大兴、宛平、良乡、昌平县，涿州房山县，通州潞县，蓟州平谷县，漷州、顺州、檀州、龙庆州，在今北京市境内。至元三年（1266）规定，"六千户之下者为下州"，"不及二千户者为下县"②。根据韩光辉先生研究，由于流民还籍复业等因素的影响，至元三年到七年北方地区的人口平均增长率为 47.6‰，照其上限推算，至元七年的下州可达 7200 户，下县约为 2400 户，中都地区州县城乡赋役户口约计 10.3 万户、28.2 万人，其中城市赋役居民 5.28 万户③。其次，忽必烈迁都中都前后，迁入的军站户、匠户、官吏等，达到 6.6 万户。蒙古国时期在北方州县签发军人形成的军户，相当于所在州县的六分之一，至元七年在中都地区约为 1.7 万户、6.8 万人。驻扎在密云、昌平等近畿的诸卫军，从至元初年到元代中期，由大约 2000 丁（户）增长到 1 万丁（户），连同家属约 4 万口。第三，元代大都地区需在本区内签取站户的水陆驿站，有大都、通州、昌平、良乡、蓟州、夏店、涿州、榆林等处，合计船 10 只、马 2162 匹、车 378 辆④。至元十九年之前，"随路站赤三五户，共当正马一匹，十三户供车一辆，自备一切什物公用"⑤。以 4 户当 1 马（榆林站据《元经世大典》以 3 户当 1 马）推算，大都地区的站户应有 1.3 万户。其中一部分是"军籍内无姓名者，又原籍贴户不曾应当差役者"⑥，但主要签发自州县民户且一般就近在驿站所在地区签发赋役。从大都地区

---

　　①　《元史》卷 58《地理志一》，中华书局 1997 年缩印本，第 1347—1349 页。

　　②　《元史》卷 91《百官志七》，中华书局 1997 年缩印本，第 2318 页。

　　③　韩光辉：《北京历史人口地理》，北京大学出版社 1996 年版，第 74—75 页。

　　④　《永乐大典》卷 19422 引《元经世大典》，中华书局 1986 年影印本，第 8 册，第 7241—7242 页。

　　⑤　《元史》卷 101《兵志四》，中华书局 1997 年缩印本，第 2586 页。

　　⑥　柯绍忞：《新元史》卷 68《食货志一》，开明书店 1935 年版，第 166 页第四栏。

签发的站户约为 0.98 万户, 若以每户 6.5 人计约合 6.4 万人①。第四, 僧道人口记载较少, 至元二十七年 (1290) 二月 "顺州僧、道士四百九十一人饥, 给九十日粮"②。据此估算, 京郊各州县僧道人口当在 0.6 万人以上。"因此, 至元七年大都 (中都) 地区户口共计约 18.4 万余户, 63.5 万余人。其中, 中都城市 11.95 万户, 41.8 万人。"③

大都地区人口在元代中期迅速增长。至元三年 (1266), 户口稀疏的缙山县被省入怀来县。两年后即至元五年复置缙山县, 其户数最多也只能与不及两千户的下县怀来相近。延祐三年 (1316) 缙山县升为龙庆州, 领怀来县。至顺元年十二月甲戌 (1331 年 2 月 5 日), 朝廷 "赈龙庆州怀来县前岁被兵万一千八百六十户粮两月"④。如果这 11860 户是指龙庆州与怀来县的户数, 此前六十多年间两地一共净增八千多户; 若是仅指龙庆州所辖的怀来县一地而言, 则净增达一万户左右。至顺二年 (1331) 三月, "发通州官粮赈檀、顺、昌平等处饥民九万余户"⑤。至元三年时的这两个下州与一个下县, 合计应在 1.4 万户以下, 六十多年后增长了近 8 万户。参考上述例证与大都城市人口的增长过程推断, 大都地区在户口极盛时期的泰定四年 (1327) 总计约 43.7 万户、208.2 万余人, 其中大都南北城有 21.2 万户、95.2 万人⑥。

大都城市人口的变化, 可根据为防盗而设的弓手情况做出推断。中统五年 (1264) 依照民户多寡, 在诸色人等之内 "每百户取中产者一人以充"; "中都设巡马侍卫亲军, 内差四百名"⑦。至元十八年

① 韩光辉:《北京历史人口地理》, 北京大学出版社 1996 年版, 第 77—78 页。
② 《元史》卷 16《世祖本纪十三》, 中华书局 1997 年缩印本, 第 334 页。
③ 韩光辉:《北京历史人口地理》, 北京大学出版社 1996 年版, 第 79 页。
④ 《元史》卷 34《文宗本纪三》, 中华书局 1997 年缩印本, 第 771 页。
⑤ 《元史》卷 35《文宗本纪四》, 中华书局 1997 年缩印本, 第 781 页。
⑥ 韩光辉:《北京历史人口地理》, 北京大学出版社 1996 年版, 第 80 页。
⑦ 苏天爵编:《元文类》卷 41《经世大典序录》"弓手"条, 吉林人民出版社 1998 年版, 第 745 页。

（1281）九月"增大都巡兵千人"①，由此达到"南城设一千四百名，北城七百九十五人"。至正九年（1349）定制："南兵马指挥使司一千名，西北关厢巡检司三十人，南关厢巡检司三十七人，北兵马指挥使司一千人，东关厢巡检司十八人。畿内共五十二所，二千八百九十九人"②。由此可见，中统五年中都（即大都南城）各类人户为4万户，以每户3.5人估算当为14万人；至元十八年南城14万户，北城7.95万户，合计21.95万户，以每户4人计为87.8万人；至正九年南城与北城各10万户，另有关厢人口0.85万户，合计20.85万户，以每户4人计为83.4万人。泰定四年（1327）的21.2万户、95.2万人，是元代大都城市人口发展的高峰③。

二　人口迁移的规模与途径

与辽金两朝的人口迁移规律相似，元代大都地区的人口迁移也经历了三个阶段：从蒙古国时期中都被掳掠的离散迁移，发展到忽必烈以后充实大都的内聚迁移，再到元代中后期以流民为主的离散迁移与内聚迁移并存。

蒙古军队在金末多次围困直至攻克中都，除了焚毁建筑、大肆杀戮外，到中原粗定时"所过犹纵兵抄掠"④，人口的离散迁移导致社会残破凋敝，"河北累经劫掠，户口亡匿，田畴荒废"⑤。当忽必烈迁都中都旧城前后，特别是营建中都新城并改称大都之后，沿袭了历代传统的做法"迁居民以实之"⑥。迁入的人口包括军人、匠户、官员、降服军将及其家属，他们或担任官员、侍卫，或充当屯军、工匠、奴婢，汉人与蒙古、色目、女真、回、阿速人杂居，形成了大都地区的

---

① 《元史》卷11《世祖本纪八》，中华书局1997年缩印本，第234页。
② 苏天爵编：《元文类》卷41《经世大典序录》"弓手"条，吉林人民出版社1998年版，第745页。
③ 韩光辉：《北京历史人口地理》，北京大学出版社1996年版，第84页。
④ 《元史》卷119《木华黎传》，中华书局1997年缩印本，第2933页。
⑤ 《金史》卷107《高汝砺传》，中华书局1997年缩印本，第2356页。
⑥ 于敏中等：《日下旧闻考》卷38《京城总记》引《元一统志》，北京古籍出版社1985年版，第597页。

民族多样性。大大小小的人口迁移，仅《元史》记载的就有 50 多次，兹举其要者如下。世祖中统元年（1260）五月，"征诸路兵三万驻燕京近地"①；二年十月"修燕京旧城。命平章政事赵璧、左三部尚书怯烈门率蒙古、汉军驻燕京近郊、太行一带，……又选锐卒三千付史枢管领，于燕京近郊屯驻"②；三年正月"命江汉大都督史权、亳州万户张弘彦将兵八千赴燕"③；至元八年二月"发中都、真定、顺天、河间、平滦民二万八千余人筑宫城"④；十四年正月"命阿术选锐军万人赴阙"⑤；十六年四月"选南军精锐者二万人充侍卫军，并发其家赴京师"，五月"徙丁子峪所驻侍卫军万人，屯田昌平"⑥；二十二年正月"徙屯卫辉新附军六千家，廪之京师，以完仓廪。……徙江南乐工八百家于京师"⑦。成宗元贞二年（1296）十一月，"以洪泽、芍陂屯田军万人修大都城"⑧。武宗至大元年（1308），"命江南行省万户府，选汉军之精锐者一万人，为东宫卫兵，立卫率府"⑨。按照大都城市人口增长过程推算，至元元年至十八年间迁入大都的各类人户在 16 万户左右，以汉人和蒙古人为主，形成了规模空前的内聚迁移。充实首都的目标基本实现之后，迁入的人口大大减少。此外，虽有以军士为主的大约 1.5 万人从大都地区迁出，但不足以影响人口增长的大势。

　　元代中后期人口的迁移，首先表现为蒙古流民从草原来到大都地区以及朝廷对他们的遣返。元祐七年（1320）四月"括马三万匹，给蒙古流民，遣还其部"⑩。天历二年（1329）三月，"蒙古饥民之聚京师者，遣往居庸关北，人给钞一锭、布一匹，仍令兴和路赈粮两

---

　　① 《元史》卷 4《世祖本纪一》，中华书局 1997 年缩印本，第 66 页。

　　② 同上书，第 75 页。

　　③ 《元史》卷 5《世祖本纪二》，中华书局 1997 年缩印本，第 81 页。

　　④ 《元史》卷 7《世祖本纪四》，中华书局 1997 年缩印本，第 133 页。

　　⑤ 《元史》卷 9《世祖本纪六》，中华书局 1997 年缩印本，第 187 页。

　　⑥ 《元史》卷 10《世祖本纪七》，中华书局 1997 年缩印本，第 211—212 页。

　　⑦ 《元史》卷 13《世祖本纪十》，中华书局 1997 年缩印本，第 271 页。

　　⑧ 《元史》卷 19《成宗本纪二》，中华书局 1997 年缩印本，第 407 页。

　　⑨ 《元史》卷 99《兵志二》，中华书局 1997 年缩印本，第 2528 页。

　　⑩ 《元史》卷 27《英宗本纪一》，中华书局 1997 年缩印本，第 601 页。

月，还所部"①。其次是沉重的赋役或自然灾害迫使人口逃亡。大约在至正二年（1342），王思诚指出："至元十六年（1279）开坝河，设坝夫户八千三百七十有七；车户五千七十，出车三百九十辆；船户九百五十，出船一百九十艘。坝夫累岁逃亡，十损四五，而运粮之数，十增八九。船止六十八艘，户止七百六十有一，车之存者二百六十七辆，户之存者二千七百五十有五，昼夜奔驰，犹不能给。坝夫户之存者一千八百三十有二，一夫日运四百余石，肩背成疮，憔悴如鬼，甚可哀也。"② 在前后 60 余年间，在大都东北的运粮通道坝河之上，车辆、船只大量减少，坝夫、车户、船户的总数由 14397 户减少到 5350 户，只有初设时期的 37.16%，其"累岁逃亡"已经远远不止"十损四五"。此外，京畿蒙古人户以及被裹挟的汉人随元顺帝北逃，进一步增加了人口的离散迁移。

第五节　明北京地区人口的增减聚散

明代北京及其周边地区人口的发展变化，同样受到政治中心的往复摆动、战争时期人口掳掠与和平年代迁民充实京师的左右。人口数量的增减与人口迁移的聚散，都表现出比较明显的阶段性特征。

一　城乡户口构成与人口数量

明代承袭了元代的户籍制度，在北京地区主要由民户即城市和州县的赋役户口、卫所军户、官匠户、皇室服务人口构成③。洪武十四年（1381）"诏天下编赋役黄册，以一百十户为一里，推丁粮多者十户为长，余百户为十甲，甲凡十人。岁役里长一人，甲首一人，董一里一甲之事。先后以丁粮多寡为序，凡十年一周，曰排年。在城曰坊，近城曰厢，乡都曰里。里编为册，册首总为一图。鳏寡孤独不任役者，附十甲后为畸零。僧道给度牒，有田者编册如民科，无田者亦

---

① 《元史》卷 33《文宗本纪二》，中华书局 1997 年缩印本，第 732 页。
② 《元史》卷 183《王思诚传》，中华书局 1997 年缩印本，第 4211—4212 页。
③ 韩光辉：《北京历史人口地理》，北京大学出版社 1996 年版，第 85 页。

为畸零"①。永乐迁都北京后，坊、厢之下设置牌铺，由此形成了以里甲（坊、厢）为基础的户口统计管理系统。明代的民屯由所在州县管理，列入本地民户。军户是承担军役的世袭户口，统辖军屯的卫所既是军事组织又是生产组织，"大率五千六百人为卫，千一百二十人为千户所，百十有二人为百户所"②。在他们长期驻扎的延庆、顺义、平谷、良乡、怀柔等地，具有独立于州县之外的实土。匠户主要来自元代的官匠户，隶属于工部或内府内官监，有轮班匠与住坐匠、军匠与民匠之分。为皇室服务的人口，包括宫廷里的宫人、太监以及上林苑的苑户、南海子的海户等。

延庆、永宁、香河、文安等州县的户口增减过程表明，明朝对京畿州县实行了严格的保甲户口定期编审。康熙《通州志》记载："明永乐十年编审州籍共二十七里，二十年增编发迁民九屯，为三十六里。宣德七年再增迁民八屯、归并土民三里，为四十一里。正统七年归并土民一里、迁民六屯，为三十四里。景泰三年归并一里一屯，天顺六年归并一里，为三十一里。弘治五年归并四里一屯，为二十六里。万历初归并一里一屯（进士一坊、永贵屯），止二十四里。"③ 这个过程，可以代表明代北京地区人口发展的一般趋向。在宣德与正统年间，经过几十年的经济发展和休养生息，北京地区的户口达到极盛时期。正统末年的瓦剌南犯和土木之变，带来了战争杀戮、社会动荡、赋役沉重与人口逃亡，成为区域人口发展由盛变衰的转折点。成化六年（1470）十二月，奉命赈灾的监察御史"周源往大兴、宛平、顺义、昌平四县"④，到次年七月，"源赈济顺天府大兴等四县饥民二十一万九千八百余口"⑤。到嘉靖三年（1524），上述四县的户口为162435人⑥，在50年间减少了57365人，大约占25.79%，此后人口

---

① 《明史》卷77《食货志一》，中华书局1997年缩印本，第1878页。

② 《明史》卷90《兵志二》，中华书局1997年缩印本，第2193页。

③ （康熙）《通州志》卷1《封域志·乡屯》，国家图书馆藏清康熙三十六年刻本，第12页。

④ 《明宪宗实录》卷86，成化六年十二月庚戌。

⑤ 《明宪宗实录》卷93，成化七年七月戊子。

⑥ （万历）《顺天府志》卷3《食货志·户口》，第2—9页。

数量继续下降。大兴、宛平二县没有北京城市人口的实际管辖权，"当成祖建都金台时，即因居民疏密，编为保甲，属五城兵马司，而以所职业、籍名在官"①，关于它们的户口统计自然不包括北京城在内。参照上述例证显示的人口增长率与增减趋势估算，明代北京地区的州县户口约为：洪武八年（1375）4.48 万户、17.93 万人；正统十三年（1448）8.75 万户、44.62 万人；弘治四年（1491）5.86 万户、28.38 万人；万历六年（1578）5.37 万户、29.14 万人；天启元年（1621）3.93 万户、20.07 万人；崇祯二年（1629）3.65 万户、18.65 万人②。

　　根据《明史·兵志》记载，洪武初年北平只有六卫驻军，其后增设燕王府三护卫、密云卫、通州卫、居庸关守御千户所。永乐十八年（1420），"北京建，在南诸卫多北调"③，京城内外卫所、军屯剧增，到明代中后期逐渐减少。洪武年间的"大军月粮式"规定，卫所之下的百户每月要为旗下的 112 人领取 102 石 8 斗粮食，每类军人按照各自的级别支取："总旗支米一石五斗，二名；小旗支米一石二斗，一十名；头军支米一石，五十八名；次军支米八斗，二十三名；只身支米六斗，一十九名。"④ 通常一石米可养活三口人，支取月粮的数额可以反映户量的变化。按照上述比例，军中无家口的占 17%，有家口的平均户量 2.95 人，若计算所有军士则平均每户 2.75 人。洪熙帝即位后，"月增给在京文武官及锦衣卫将军、总小旗米各五斗；杂职及吏并各卫总小旗，军力士、校尉人等，有家属者各米四斗，无家属者各斗五升"，起因虽在于"此曹多有家属矣，（月粮）五斗不足以瞻"⑤，但也是单身军士减少、平均户量增大的结果。参考宣府左右卫军人与家属的情况，北京地区的军户应在每家 3 人上下。到景泰三年（1452），"京通各卫仓军等月粮，有家小支六斗者添为一石，

　① 沈榜：《宛署杂记》卷 13《铺行》，北京古籍出版社 1983 年版，第 118 页。

　② 韩光辉：《北京历史人口地理》，北京大学出版社 1996 年版，第 98—99 页。

　③ 《明史》卷 90《兵志二》，中华书局 1997 年缩印本，第 2195 页。

　④ 李东阳等：《明会典》卷 27《户部十二》，《文渊阁四库全书》第 617 册，台湾商务印书馆 1986 年影印本，第 299 页。

　⑤ 《明仁宗实录》卷 6，永乐二十二年十月己未。

无家小支四斗者添为六斗"①，由此反映的平均户量约为 4 人。根据这些情况推算，洪武初年北平城驻军 26880 人，州县驻扎屯居 34272 人，连同家属共约 15.3 万人。永乐迁都到正统年间，京师卫所及各州县屯军共 50 余万人，连同家属共约 180 万人。明代中后期北京地区驻军约 23 万人，包括驻扎京城及附近州县的京卫军 14 万人，驻扎或屯居京郊州县 9 万人，二者连同家属共计约 105 万人。天启初年，北京地区驻军约 20 万人，连同家属共约 80 万人②。

洪武二年（1369）"定置内使监奉御凡六十人"，到正德十六年（1521）"自太监至火者近万人矣"③，嘉靖末年"选取宫人所积不下数千余人"④。上林苑的苑户与南海子的海户，为宫廷生产蔬果花木、牧养家禽牲畜。永乐五年（1407）五月"命户部：徙山西之平阳、泽、潞，山东之登、莱等府州民五千户，隶上林苑监牧养栽种"⑤。综合《明史》等文献的记载，到明代中后期，上林苑监之下的蕃育、嘉蔬、良牧、林衡 4 署，合计已有 7716 户，5.4 万人。天顺二年（1458）英宗到南海子行猎，此地已是"藉海户千余守视"⑥，连同家属当在 0.5 万人左右。正德十一年（1516）数千自宫者多次到礼部滋扰，朝廷无奈"收自宫男子三千四百六十八人充海户，月予米人三斗"⑦。明代中后期的苑户与海户合计，当在 6.5 万人左右。

明初北平城的户口包括在大兴、宛平二县之中，并且以驻军及其家属为主。洪武二年（1369）约为 3.69 万户、9.6 万人。永乐迁都后，北京城人口迅速膨胀，逐渐成为四方辐辏的商业都会。正统十三年（1448）约为 27.3 万户、96 万余人⑧。嘉靖年间张爵记载，北京

---

① 李东阳等：《明会典》卷 27《户部十二》，《文渊阁四库全书》第 617 册，台湾商务印书馆 1986 年影印本，第 303 页。

② 韩光辉：《北京历史人口地理》，北京大学出版社 1996 年版，第 102 页。

③ 郑晓：《今言》卷 4，中华书局 1984 年版，第 164 页。

④ 高仪：《议放宫女疏》，载陈子龙等编《明经世文编》卷 311《高文端公文集》，中华书局 1962 年影印本，第 3288 页。

⑤ 《明太宗实录》卷 67，永乐五年五月乙卯。

⑥ 彭时：《彭文宪公笔记》，《丛书集成初编》本，商务印书馆 1936 年版，第 18 页。

⑦ 《明武宗实录》卷 137，正德十一年五月甲辰。

⑧ 韩光辉：《北京历史人口地理》，北京大学出版社 1996 年版，第 109—110 页。

修筑外城之后，内外城共设 36 坊、97 牌、670 铺，与各关厢合计 106 牌、720 铺①。稍后的沈榜称："国初悉城内外居民，因其里巷多少，编为排甲。"② "见行城内各坊，随居民多少，分为若干铺，每铺立铺头火夫三五人，而统之以总甲；城外各村，随地方远近，分为若干保甲，每保设牌甲若干人。"③ 排甲、里甲、坊铺总甲职责相同，都管辖 110 户。以每户 5 人计算，北京旧城（中、东、西、北城）473 铺合计 52030 户、260150 人，新城（南城）247 铺合计 27170 户、135850 人。全城总计 7.92 万户、39.6 万人。天启元年（1621）在军事形势紧张的情况下，强化以保甲之法整饬户口，"各城御史严督各兵马司，逐户编集，十家一甲，十甲一保，互相稽查。凡一家之中名姓何人，原籍何处，作何生理，有无父子兄弟，曾否寄寓亲朋，开载明白，具造花名清册呈报"④。与此同时还加强对流动人口的巡查登记，以确保京城安全。经过这样一番严格细致的调查，获得了准确的人口数据："中城兵马司所属地方九坊五十三铺，共计人户二万五千四百四十名，甲长二千五百四十四名；东城所属一百七十三铺，共计人户三万六千八十名，甲长三千六百零八名；南城所属一百三十五铺，共计人户四万三千三百名，甲长四千三百三十名；西城所属一百零一铺，共计人户三万七千六百四十名，甲长三千七百六十四名；北城所属在城六十三铺，共计人户八千七百三十名，甲长八百七十三名。"⑤ 北京全城共计 525 铺、15119 甲、151190 户，以每户 5 人估算，总计 755950 人。再加上皇城中居住的皇室、宫人、太监等，约为 77 万人。另据《多尔衮摄政日记》载："王上问京师居民若干，对曰：崇祯二年（1629）曾查过，内外二城共七百万。"⑥ 这里显系刊印时将"七十万"误植为"七百万"，在战祸迭起、灾疫肆虐的明

① 张爵：《京师五城坊巷胡同集》，北京古籍出版社 1982 年版，第 5—19 页。
② 沈榜：《宛署杂记》卷 13《铺行》，北京古籍出版社 1983 年版，第 103 页。
③ 沈榜：《宛署杂记》卷 5《街道》，北京古籍出版社 1983 年版，第 42 页。
④ 《明熹宗实录》卷 9，天启元年四月丁亥。
⑤ 同上。
⑥ 《多尔衮摄政日记》顺治二年闰六月二十一日，北平故宫博物院 1933 年刊印，第 25 页。

末，北京城人口有 70 万的规模已非常难得。

二　规模庞大的人口迁移

在包括北京地区在内的华北很多村庄，都有早期居民是明朝从山西洪洞县大槐树下迁来的传说。这样的"口述史"在几百年来被广泛放大到与山西移民无关的地区，却也显示出当年政府移民的庞大规模及其对历史的深刻影响。从离散迁移与内聚迁移的交替，到内聚迁移高潮的出现，再发展到中后期以离散迁移为主，成为明代北京地区人口迁移过程的三个阶段。

明初失去首都地位的元大都降为北平府，但依然具有重要的军事地位。洪武元年（1368）八月，"诏大将军徐达置燕山等六卫，以守御北平。于是达改飞熊卫为大兴左卫，淮安卫为大兴右卫，乐安卫为燕山左卫，济宁卫为燕山右卫，青州卫为永清左卫，徐州五所为永清右卫。上以元都既免，遂命大将军徐达、副将军常遇春率师取山西，别留兵三万人分隶六卫，令都督副使孙兴祖、金事华云龙守之"①。军人与家属合计约 8.4 万人。在招抚北逃军民的同时，迁出元朝故都的人口。八月攻克大都不久，"征元故官送至京师（南京）"②；九月颁诏"其北平府应有南方之人，愿归乡里者，听未附州郡总兵官明示祸福，随处招谕"③；"徙北平在城兵民于汴梁"④，再加上元末战争中逃离的民众，都属于北平府人口的离散迁移。嗣后军事形势趋于稳定，军队戍守与军民屯垦导致区域人口的内聚迁移。洪武四年（1371）三月，"徙顺宁、宜兴州沿边之民皆入北平州县屯戍，仍以其旧部将校抚绥安集之，计户万七千二百七十四、口九万三千八百七十八"⑤；六月，"魏国公徐达驻师北平，以沙漠既平，徙北平山后之民三万五千八百户、一十九万七千二十七口散处卫府，籍为军者，给

---

①　《明太祖实录》卷 34，洪武元年八月癸未。
②　《明太祖实录》卷 34，洪武元年八月壬午。
③　《明太祖实录》卷 35，洪武元年十月戊寅。
④　《明太祖实录》卷 35，洪武元年九月戊子。
⑤　《明太祖实录》卷 62，洪武四年三月乙巳。

以粮，籍为民者，给田以耕。凡已降而内徙者，户三万四千五百六十，口一十八万五千一百三十二；招降及捕获者，户二千二百四十，口一万一千八百九十五。宜兴州楼子、塔厓、狮厓、松垛、窨子峪、水峪、台庄七寨，户一千三十八，口五千八百九十五；永平府梦洞山、雕窝厓、高家峪、大斧厓、石虎、青矿洞、庄家洞、杨马山、买驴、独厓、判官峪十一寨，户一千二百二，口六千。达又以沙漠遗民三万二千八百六十户屯田北平府管内之地，凡置屯二百五十四，开田一千三百四十三顷。大兴县四十九屯，五千七百四十五户；宛平县四十一屯，六千一百六十六户；良乡县二十三屯，二千八百八十一户；固安县三十七屯，四千八百五十一户；通州八屯，九百一十六户；三河县二十六屯，二千八百三十一户；漷州九屯，一千一百五十五户；武清县一十五屯，二千三十一户；蓟州一十屯，一千九十三户；昌平县二十六屯，三千八百一十一户；顺义县一十屯，一千三百七十户"[①]。其中，居于北平地区的175屯，计有2.3万户、12.4万人。怀柔县自洪武二年到八年，由575户、1734人增加到4213户、16177人[②]，显然是接受了大量屯居移民的结果。五年七月，"革妫川、宜兴、兴、云四州，徙其民于北平附近州县屯田"[③]。二十二年，"上以山西地狭民稠，下令许其民分丁于北平、山东、河南旷土耕种"[④]。综合各州县情况，北平地区的移民总数必在3万户、16万人以上。此外，驻扎在卫所的军人也有15.6万人。二者合计，洪武至建文年间，迁入北平地区的军民总人口约31.6万人[⑤]。

为期四年的"靖难之役"过后，"淮以北鞠为茂草"[⑥]。永乐年间营建北京并大量移民充实周边地区，政府强迫性的有计划迁徙与民间的自发迁徙相结合，军民人等来到北京地区屯田戍守，形成了与元

① 《明太祖实录》卷66，洪武四年六月戊申。

② 《顺天府志》卷13《怀柔县》，缪荃孙《永乐大典》抄本，北京大学出版社1983年影印，第351页。

③ 《明太祖实录》卷75，洪武五年七月戊辰。

④ 《明太祖实录》卷197，洪武二十二年九月甲戌。

⑤ 韩光辉：《北京历史人口地理》，北京大学出版社1996年版，第261页。

⑥ 《明史》卷77《食货志一》，中华书局1997年缩印本，第1881页。

代建都之初相近的人口内聚迁移高潮。移民的主要来源是山西百姓与南方富户，早在洪武三十五年九月（建文四年，1402），已经即位的明成祖"命户部遣官核实山西太原、平阳二府，泽、潞、辽、沁、汾五州丁多田少及无田之家，分其丁口以实北平各府州县"①。关于永乐元年（1403）八月的迁民，综合多种史料可得其全貌。《明太宗实录》记为"简直隶苏州等十郡、浙江等九布政司富民实北京"②；《大明会典》做了具体描述："令选浙江、江西、湖广、福建、四川、广东、广西、陕西、河南，及直隶苏、松、常、镇、扬州、淮安、庐州、太平、宁国、安庆、徽州等府，无田粮并有田粮不及五石殷实大户，充北京富户，附顺天府籍，优免差役五年。"③《明史》则称之为"复选应天、浙江富民三千户，充北京宛、大二县厢长，附籍京师，仍应本籍徭役"④。永乐二年九月和三年九月，两次分别"徙山西太原、平阳、泽、潞、辽、沁、汾民一万户实北京"⑤。五年五月，"命户部徙山西之平阳、驲（按：应为"泽"之误）、潞，山东之登、莱府等府州民五千户，隶上林苑监牧养栽种"⑥。战乱平息后流民回原籍开荒种田，也是一种自发的人口迁移。洪武三十五年八月，"直隶淮安及北平、永平、河间诸郡，避兵流移复业者凡七万一千三百余户"⑦。还有一些军人被转为平民，到原籍或其他地方开荒耕种。同年十二月，户部尚书掌北平布政司事郭资奏："北平、保定、永平三府之民，初以垛集。"青壮年从军或战死导致"民人衰耗，甚至户绝，田土荒芜。今宜令在任者籍记其名，放还耕种，俟有紧急，仍复征用，其幼小记录者，乞削其军籍，俾应民差"⑧。这是人口在军营

①　《明太宗实录》卷 12 下，洪武三十五年九月乙未。
②　《明太宗实录》卷 22，永乐元年八月甲戌。
③　申时行等：《大明会典》卷 19《户部六》"富户"，国家图书馆藏明万历十五年内府刻本，第 21 页。
④　《明史》卷 77《食货志一》，中华书局 1997 年缩印本，第 1880 页。
⑤　《明太宗实录》卷 34，永乐二年九月丁卯；卷 46，永乐三年九月丁巳。
⑥　《明太宗实录》卷 67，永乐五年五月乙卯。
⑦　《明太宗实录》卷 11，洪武三十五年八月丁丑。
⑧　《明太宗实录》卷 15，洪武三十五年十二月壬申。

和农村之间的往复移动。营建北京前后迁来的大批民人匠役等约 6.8 万户以上，鼓励商人等自发迁居的也应不少于 1 万户；永乐宣德中调入北京地区的卫所军人约 30.5 万人，连同家属约为 79 万人①，为正统末年迎来人口极盛时期奠定了基础。明代中期，北京的商人铺户来自四面八方，全国各地的手工匠人迁居北京者不断增加，部分平民或流民到北京从事服务行当，官员及其家属也越来越多，由此继续推动城乡人口增长。

从万历年间开始，北京城市人口由内聚迁移转变为离散迁移。以万历年间的《宛署杂记》及清初记载明末制度的《天府广记》与嘉靖年间的《京师五城坊巷胡同集》比较，北京的坊与铺不断被归并裁革。鉴于人口自然增长率的变化通常比较平缓，这就意味着离散迁移的加剧。嘉隆之际至万历初年，有不堪重负的部分商民及众多南方迁来的富户逃亡。万历中期，宛平县在册的成丁由三万八千减少到不足一万四千，而且"率多逃绝不堪，名存实亡"②，城乡人口的离散迁移居于主导地位。苛政、战争、灾害使京郊州县户口明显减少。顺天府"比岁以来，旱蝗为祟，继以水涝，嗷嗷之众，四方流离，野无居人"③。满洲军队四次入关掳掠杀戮，此后有李自成攻克北京期间的损耗以及撤退时裹挟的人口。顺治元年（1644）直隶巡按卫周胤称："赋役繁重，民失生全。突遭寇祸，逃亡倍多。""臣巡行各处，一望极目，田地荒凉，四顾郊原，社灶烟冷。""荒与亡居其十之六七。"④北京周边地区延续着历代末期人口耗减的一般规律。

第六节　清北京地区的人口发展过程

清代北京地区包括内城、外城、城属、近畿州县四个地域单元，各单元的户口编审系统及管理制度互有差异，全部户口由州县赋役户

---

① 韩光辉：《北京历史人口地理》，北京大学出版社 1996 年版，第 264 页。
② 沈榜：《宛署杂记》卷 6《人丁》，北京古籍出版社 1983 年版，第 49 页。
③ （万历）《顺天府志》卷 3《食货志·户口》，第 2 页。
④ 卫周胤：《痛陈民苦疏》，《皇清奏议》卷 1，都城国史馆琴川居士排字本。

口与城市户口（内城、外城、城属户口）构成。除了清代前期以八旗进入北京为主的人口内聚迁移之外，离散迁移始终存在于清代北京的人口发展过程中。

一　人口构成与人口规模的演变

清代大兴、宛平二县与北京内外城及城属地区，是彼此独立的行政区域。顺治至乾隆年间，定期进行州县人丁编审与赋役户口统计。乾隆二十二年（1757）更定保甲法，"旗民杂处村庄一体编列"①，在畿辅旗庄屯居的旗下人口自此归入了嗣后的州县户口统计范围内。《清史稿·地理志》与《顺天府志》记载的户口，就是州县赋役户口。满洲八旗"按行军旗色以定户籍，设官分职，以养以教，而兵寓其中。……及定鼎燕京，分田授宅，辨方定位。居则环卫周防，出则折冲御侮"②。八旗及旗下所属参领、佐领，共同构成了以军政合一、军民合一为特征，独立于州县之外的人丁户口编审体系。宗室与觉罗户口除编入玉牒外，还实行以宗室佐领为单位的呈报制度，为皇族服务的人口隶属于内务府上三旗与下五旗包衣佐领与管领，他们都是京师八旗户口的重要组成部分。外城是汉人、汉官、回回、商人的聚集区，由外城的五城兵马司分别管理各自的地方事务，其户口统计与大兴、宛平及京师八旗无关。五城还管辖营汛所属的城外若干村庄，乾隆三十一年（1766）提准："五城所属各村庄，向来并未照州县之例编联保甲。嗣后按其居民户口，照例酌编，责成副指挥等不时查察。"③ 在外城和城属地区，由实际管理京师的步军统领与营汛、五城、坊巷（村庄）构成了户口管理编审系统。

清代对北京地区州县赋役人丁进行定期编审，《畿辅条鞭赋役全书》记录的数据为：顺治初年 4.4 万人，康熙五十年（1711）5.97

---

① 《皇朝文献通考》卷 19《户口一》，《文渊阁四库全书》第 632 册，台湾商务印书馆 1986 年影印本，第 413 页上栏。

② （乾隆）《大清会典》卷 95《八旗都统》，《文渊阁四库全书》第 619 册，台湾商务印书馆 1986 年影印本，第 917 页上栏。

③ （光绪）《大清会典事例》卷 1033《都察院·五城》"条教"，新文丰出版公司影印清光绪二十五年刻本，第 22 册，第 17416 页。

万人，乾隆三十六年（1771）7.35万人①。根据《日下旧闻考》、光绪《顺天府志》、光绪《延庆州志》、《顺天府宣统二年统计表》等文献记载，对志书不载年份采用人口回溯法推算，得到北京地区州县赋役户口数：乾隆四十六年（1781）共计1184677口；光绪八年至九年（1882—1883）233385户、1364397口；宣统二年（1910）305479户、1591109口②。

　　乾隆与嘉庆《八旗通志》、光绪《大清会典事例》所载的八旗佐领数额，是探讨内城户口的途径之一。入关前的满蒙汉军八旗及内务府包衣旗人共有佐领（满语译音"牛录"，含管领）647个，加上半分佐领27个，折合660.5个佐领。当时每一牛录编三百或二百壮丁，入关时的八旗兵丁约计17.2万人。入关后的京师八旗不断增加，顺治四年（1647）为706.5个佐领、18.13万人，十四年751.5个、19.03万人。康熙至嘉庆年间，每佐领编壮丁约为一百五十人。以此推算，康熙二十年（1681）957个佐领、约16.91万人，五十年（1711）为1293个、19.39万人；乾隆四十六年（1781）1369.5个、20.54万人；嘉庆六年（1801）1374.5个、20.62万人。根据有限的八旗佐领户口编审资料判断，京师旗人平均每户在4人左右，丁口比多在1：3.4上下。如此则清军入关时的旗下总人口约为58万人，再加上战争中获得的奴仆，总数应近百万人。除去驻守各地或出师中原的约十万军队以及安置在京畿五百里之内的旗人外，顺治四年实际居住在京师的八旗人口约有48万人（其中包括家内奴仆约5万人），到康熙五十年增为68万人。乾隆后期疏散京师大批闲散旗人和兵丁，内城总人口仍有70万人。光绪初年，京师八旗人口约67万人，还有家内奴仆及内城汉人约3.5万人。庚子之变后，内城居住状况和民族构成明显改观。宣统年间京师八旗共计49.6万人，其中内城23.4万人、外城1.2万人、城属25.06万人；内城有汉人约21万人。此外，

<hr />

① 据《明清赋役全书》第1编《畿辅条鞭赋役全书》（国家图书馆出版社2010年版）统计。

② 韩光辉：《北京历史人口地理》，北京大学出版社1996年版，第118页。

各时期驻扎在近畿州县的八旗兵丁，自数百人至九千余人不等①。

在顺治四年（1647）左右，北京周边"凡属圈占之区，旗庄多十之七八，居民仅十之二三"②。参考州县赋役人口增长率等指标推算，当时北京四郊约有汉人 3.5 万人，迁入的旗下人口（包括投充汉人奴仆）约 8.5 万人，合计约 12 万人③。到光绪三十四年（1908），按照民政部调查户口章程规定，步军统领所属京营统计四郊户口，旗人及圆明园等处驻防八旗兵丁 25.1 万人，汉人 9.2 万余人，合计 34.3 万余人，旗人的迁入成为推动人口增长的重要因素。

清代将北京内外城混一分割为南北向延伸的五城，自西向东依次排列为西、北、中、南、东城。虽然南城、北城之名与方位不符，但外城由此也有了五城。清初沿用了明代户籍与保甲制度，城下分坊，坊下置铺，铺设总甲。"铺"与州县城乡领 1000 户的"保"相当，外城置 35 铺④，应合 3.5 万户，以每户 4.2 人计约为 14.4 万人。宣统年间外城 52226 户，316472 人⑤。

这样，清代北京城市户口（内外城与城属地区），在几个标志性的年份大约为：顺治四年（1647）65.9 万人；康熙五十年（1711）92.3 万人；乾隆四十六年（1781）98.7 万人；光绪八年（1882）108.5 万人；宣统二年（1910）112.9 万人。连续而缓慢的人口增长至乾嘉之际理应达到极盛，但康熙后期历雍乾两朝大量疏散京师旗人到外地屯种谋食，同时控制外城人口的迁移增长，极大地减缓了城市人口的膨胀，八旗人口在北京地区总人口中的比例也由康熙五十年的 34.2% 下降到光绪八年的 27.8%，宣统二年更是下降到 16.5%⑥。

将上述城市户口与州县赋役户口相加，得到北京地区在清代的总

　　① 韩光辉：《北京历史人口地理》，北京大学出版社 1996 年版，第 120—125 页。
　　② 宋荦：《西陂类稿》卷38《条议畿东十事》，《文渊阁四库全书》第 1323 册，台湾商务印书馆 1986 年影印本，第 490 页。
　　③ 韩光辉：《北京历史人口地理》，北京大学出版社 1996 年版，第 127 页。
　　④（光绪）《大清会典事例》卷 1032《都察院》"五城地界"，新文丰出版公司影印清光绪二十五年刻本，第 22 册，第 17407 页。
　　⑤ 内政部统计科：《内务统计》京师人口之部，1912 年。
　　⑥ 韩光辉：《北京历史人口地理》，北京大学出版社 1996 年版，第 128—129 页。

人口约为：顺治四年130.5万人；康熙五十年181.5万人；乾隆四十六年218.0万人；光绪八年245.9万人；宣统二年272.0万人①。

二　内聚与离散并存的人口迁移

始为国都的金中都、元大都以及明朝靖难之役过后的北京，都经历了所谓"迁民以实京师"的过程，以此弥补前一朝代末年由于战争杀掠、避难逃亡而造成的人口耗减，并为新时代的城市发展提供动力。但是，当清军自东北入关后，国都北京的内城却被满洲八旗整体占据，形成外来人口规模空前的内聚迁移。与此同时，以汉族为主的内城原有居民则被全部迁往外城或者京畿地区，表现为人口数量庞大、所涉地域空间却很狭小的离散迁移，这是清代前期北京人口迁移不同于此前各朝的显著特征。

以八旗人口为主的内聚迁移，包括前述入关时在660.5个佐领之下的八旗兵丁及其家属共58万人，连同此前他们在战争中获得的奴仆，分布在北京地区的八旗人口约近一百万人。顺治元年（1644）至康熙八年（1609）之间，在近畿五百里内三次圈占大量土地和房产，就是为了安置这些居于统治地位的外来移民。根据《畿辅通志·经政志》的记载统计，北京地区州县93.2%的土地被圈占②。旗下人口与汉民杂处，集中分布于近畿州县的多处旗庄。战争中"八旗士卒多争先用命，效死疆场，丁口稀少"③。在清初的移民高潮过后，又从各地调入满蒙兵丁8600余员，补充京师缺额后还新编佐领40余个。平定三藩后调入汉官与兵丁1.6万余名，编设京师汉军佐领98个④。

满洲八旗涌入北京内城后，摄政王多尔衮在顺治元年（1644）六月发布谕令："京城内官民房屋被圈者，皆免三年赋税。其中有与

---

① 韩光辉：《北京历史人口地理》，北京大学出版社1996年版，第120页。
② 同上书，第273页。
③ 昭梿：《啸亭杂录》卷1"爱惜满洲士卒"条，中华书局1980年版，第6页。
④ 韩光辉：《北京历史人口地理》，北京大学出版社1996年版，第274页。

被圈房屋之人同居者，亦免一年。"① 汉人房产或被圈占或与之共住，激烈冲突不可避免。顺治五年八月，皇帝谕户部等衙门："京城汉官、汉民，原与满洲共处。近闻争端日起，劫杀抢夺，而满汉人等彼此推诿，竟无已时，似此何日清宁？此实参居杂处之所致也。朕反覆思维，迁移虽劳一时，然满汉各安、不相扰害，实为永便。除八旗投充汉人不令迁移外，凡汉官及商民人等尽徙南城居住，其原房或拆去另盖，或贸卖取价，各从其便。朕重念迁徙累民，著户、工二部详察房屋间数，每间给银四两。此银不可发与该管官员人等给散，令各亲身赴户部衙门当堂领取，务使迁徙之人得蒙实惠。六部、都察院、翰林院、顺天府及大小各衙门书办吏役人等，若系看守仓库，原住衙门内者勿动，另住者尽行搬移。寺院庙宇中居住僧道勿动，寺庙外居住者尽行搬移。若俗人焚香往来，日间不禁，不许留宿过夜。如有违犯，其该寺庙僧道量事轻重问罪，著礼部详细稽察。凡应迁移之人，先给赏银，听其择便，定限来岁岁终搬尽。"② 内城人口由此被迫大规模迁移，顺治十年从浙江来到北京的史学家谈迁看到，"以汉人尽归之外城，其汉人投旗者不归也"③。

在北京周边地区，清初被圈占土地的汉族贫民不得不投充旗下，仅宛平、通州、房山、昌平、平谷、怀柔、密云、顺义 8 州县，就达4700 余丁、21000 余口。在民族与阶级的双重压迫下，投充者逃亡甚众。清朝对于逃人"立法过重，株连太多，使海内无贫富、无良贱、无官民，皆惴惴焉莫保其身家"，"法愈峻，逃愈多"。朝臣上疏指出："使其安居得所，何苦相率而逃，至于三万之多"；"妇女踯躅于原野，老稚僵仆于沟渠，其强有力者东西驱逐而无所投止，势必铤而走险。"④ 京畿地区的逃人是这三万多人的一部分，顺治二年（1645）的一份题本称：密云县遭遇奇荒，"相率匍匐他乡，将见人民希绝，城屋空虚矣"，"地多圈种，人效投充，以一切召买餧养之役，尽责

① 《清世祖实录》卷5，顺治元年六月丙寅。
② 《清世祖实录》卷40，顺治五年八月辛亥。
③ 谈迁：《北游录·纪闻下》"八旗"条，中华书局1960年版，第347页。
④ 《清世祖实录》卷88，顺治十二年正月庚戌。

之见在子遗之民，所以相率逃徙，莫可禁遏也"①。怀柔县"自旗圈之后，所余民地无几"，在康熙六十年（1721）之前，"历年投充老故逃亡及优免供丁，共三千一百八十四丁"。"康熙六十年编审人丁共一千八百八十七丁"，其中还包括未被新丁顶补的"节年逃绝之丁"②。类似情形在顺义、怀柔、昌平等地亦不鲜见。

清代中期，京师八旗人口在承平年代迅速增殖，由此造成巨大的经济压力。生活在乾隆至道光年间的昭梿指出："若在朝公卿有为国家计久远者，宜仿《周礼》寓兵于农之策，开垦塞上闲田以及京畿旗税官地，使其各事南亩，生有定业。三时务农，暇以讲武。国家若有所调遣，可朝呼而夕至，则其体恤耆旧之制，益昭然从厚矣。"③实际上，朝廷已经注意疏散京师八旗人口。乾隆二十九年（1764）七月，采纳四川总督阿桂补充驻守西安满洲兵员的请求，"应由京拨兵一千五百名遣往，其官员亦照数派拨，则京师又得一千五百兵缺。选人挑补，于八旗生计有益"④。嘉庆十七年（1812）四月，计划"将在京闲散旗人陆续资送前往吉林，以闲旷地亩拨给管业。或自行耕种，或招佃取租，均足以资养赡"⑤。道光五年（1825）十月谕内阁："京旗户口前往双城堡屯田，现届道光六年移驻之期。经户部查明，愿往者共一百八十九户，较之道光四五年倍形踊跃，来年愿往者自必更多。"⑥今人估算，清代中期移出的京城八旗人口约有22万人⑦，昭梿的担忧表明问题仍然比较严重。

清代后期受内外战争、自然灾害、政治变动的影响，大量人口长期或短期地出京避难，形成了阶段性的离散迁移。咸丰三年（1853）太平军攻克金陵，北京城"人心惶惶，阖城钱铺于二月初同日关闭，

---

① 故宫博物院明清档案部编：《清代档案史料丛编》第4辑《宋权题密云地圈人投子遗之民相率逃徙情形本》，中华书局1979年版，第52页。
② （康熙）《怀柔县新志》卷4《赋役》，第3、6—7页。
③ 昭梿：《啸亭杂录》卷10"八旗之制"条，中华书局1980年版，第338页。
④ 《清高宗实录》卷715，乾隆二十九年七月丙子。
⑤ 《清仁宗实录》卷256，嘉庆十七年四月甲辰。
⑥ 《清宣宗实录》卷90，道光五年十月庚辰。
⑦ 韩光辉：《北京历史人口地理》，北京大学出版社1996年版，第279页。

京师已设防，任京职者纷纷告假出都"①。随后，林凤翔等率部北伐，进抵京畿。四年二月凤保等奏称："自今春以来，京官之告假出都，富民之挈家外徙，总计不下三万家矣。各街巷十室九空，户口日减。即如北城，向来烟户最繁。臣等查上年北城司坊清册计户一万八千有奇，今甫及一年，北城现户仅八千有余。一城如此，五城可知。"②十年八月英法联军焚掠圆明园等西郊园林，"内外城各铺户席卷而逃，钱当店被抢者数十家。各官眷出城者，更不胜数矣。是时，未关闭者止一西便门。拥挤纷纷，车马填塞，竟有候至终日不能出城者"③。北京城被攻占后，"两日来居人益狂奔四出，内城几空，外城亦十徙八九"④。光绪二十六年（1900）八国联军进攻北京，"满街由通州逃来难民，携男抱女纷纷不断"，"铺户无论生意大小，无一家不弃却货物、闭户潜逃。外省及四乡之人身背包裹而行，如潮水一般，俱由彰仪门而出"⑤，战争导致数十万人流离失所。晚清最著名的大面积自然灾害，是我国北方自光绪二年（1876）开始、嗣后两年日趋严重的旱灾，史称"丁戊奇荒"。河南、山西饥民流离转徙到京畿觅食，而"京师五城地面，近来倒毙颇多，亦著该管官随时迅速收埋"⑥，户口流亡耗减甚重。国势的衰落加剧了八旗人口的贫困化，但他们在困顿中获得了出外贸易及在外寄籍的自由，可以脱离京师到外地谋生。辛亥革命后，许多宗室、官僚及其眷属避到天津等地。诸如此类的离散迁移，是延缓晚清北京地区人口增长势头的基本原因。

① 洪良品等校：《文文忠公事略》卷2《自订年谱上》，沈云龙主编《近代中国史料丛刊》第22辑，文海出版社1966年影印本，第84页。

② 太平天国历史博物馆编：《太平天国史料丛编简辑》第5册《凤保等奏陈都城军备未严民生日蹙折》，中华书局1962年版，第248页。

③ 齐思和等编：《第二次鸦片战争》第2册《庚申英夷入寇大变记略》，上海人民出版社1978年版，第52页。

④ 李慈铭：《越缦堂日记补》（咸丰十年九月初二日），载《历代日记丛钞》，学苑出版社2006年版，第55册，第297页。

⑤ 中国科学院历史研究所第三所编辑：《庚子记事》，科学出版社1959年版，第30—31页。

⑥ 《清德宗实录》卷68，光绪四年二月丙午。

第七节　人口发展与分布的一般规律

北京及周边地区自辽代以来的人口状况，基本上随着这座城市作为国都的历史节拍而起伏。自然地理环境与社会政治经济条件决定的人口分布，也在延续基本格局的前提下有所变更，由此可以归纳出某些规律性的认识。

一　人口发展过程及其主要影响因素

将一个朝代的始终作为观察问题的时段，我们可以看到，自辽代以来，无论历史上的北京城还是周边地区的人口状况，都呈现出"前期弥补流失耗减—中期加剧内聚增长—后期再度流失耗减"的阶段性特征。辽、金、元、清以此为都之前，契丹、女真、蒙古、满洲的军队都是趁着前一个朝代末期的政治混乱与经济衰落取得军事优势，以武力大肆掳掠或杀戮长城以南的人口，从而造成区域人口的离散迁移与显著耗减。明朝虽然起自南方，却也有元末人口北逃以及朱棣发动靖难之役造成的人口损失。当这些原来的杀戮掳掠者随着军事胜利占据北京并以此为都之后，无一例外地需要充实京师人口以保障城市繁荣与军事安全。朝廷通过动员与强制的手段从各地迁移人口到京城及其周边，内聚迁移与和平环境中的自然增长，使城市及周边人口呈现阶梯式增长，经过几十年的积累之后达到本朝人口的极盛时期。进入这个朝代的末期有时甚至还要早些，国势在政治、经济、军事等方面整体衰败，似乎就像历史的重演或统治者在为他们的祖先还债一样，新崛起的势力自北向南（元末、清末例外）跨过长城掳掠杀戮，在占据北京建立新朝之前，又造成区域人口的离散迁移与大量损耗，等待着未来的新政权予以稳定和充实。这样，每个朝代的前期与中期都保持着较高的人口增长率，到后期则增长放缓乃至发生短期内的人口锐减，由此表现为阶段性的大幅度增减摆动。清代与民国之间的政权更替以和平方式实现，避免了由于战乱造成人口损耗与离散迁移。从总体上看，历代充实京师的内聚迁移是北京城乡人口增长的根本原因。

自然增殖是北京地区人口不断增长的决定性因素，需要以比较安定的社会环境与相对繁荣的经济条件为保障。辽、金、元、明、清各朝在北京建都（或陪都）后，都致力于改进原有制度以实现社会稳定，注重恢复发展农业生产以及商业、手工业、矿业，通过漕运大量输入外地粮食以满足城乡供给。这些措施有助于维持和推动北京城乡的人口再生产过程，外地粮食的输入以及商业手工业的发展更是城市人口规模扩大的决定性因素，"国家承平日久，户口增息"① 一类记载常见于史籍。但是，以根深蒂固的自然经济与特殊的帝都优势为背景的城市经济结构和经济形态，虽然在一定时期刺激了城市与区域的人口增长，却没有提供扩大城市手工业生产的动力，因而从根本上限制了城市人口的进一步发展。

为了满足劳动力和赋役的需求，辽、金、元、明、清各朝都在较长时期内实行了刺激人口增殖的方针。将奴婢解放为国家的赋役编户，社会身份与经济地位的改变有助于促进人口增殖。提倡甚至强迫男女以时婚嫁，鼓励人口生育，是历代一贯非常重视的基本国策。在元代，"诸男女议婚，有以指腹割衿为定者，禁之。诸嫁娶之家，饮食宴好，求足成礼，以华侈相尚、暮夜不休者，禁之。诸男女婚姻，媒氏违例多索聘财及多取媒利者，谕众决遣"②。明代法律规定，"禁指腹、割衫襟为亲者。凡庶人娶妇，男年十六、女年十四以上，并听婚娶"③。诸如此类的规定，是各朝法律体系的组成部分。清代满汉通婚由严格禁止到逐步松懈，势必推动结婚生育率的提高与人口优化。抚育幼稚、严禁弃婴，提倡孝道、赡养老弱，发展医药、治疗士民、赈济灾荒、制止流亡，都是有利于人口增殖的制度。

北京地区人口的阶段性锐减，除了政权更替前后社会动荡造成的离散迁移、战争期间的严重荼毒之外，洪水、干旱、蝗虫、瘟疫、地震等自然灾害也是不可忽视的重要因素，它们与社会因素一起导致粮

---

① 《金史》卷50《食货志五》，中华书局1997年缩印本，第1116页。
② 《元史》卷103《刑法志二》，中华书局1997年缩印本，第2642页。
③ 《明史》卷55《礼志九》，中华书局1997年缩印本，第1403页。

食短缺与人口的流离或死亡。辽统和十二年（994）正月，"潝阴镇水，漂没三十余村"[①]；清宁三年（北宋嘉祐二年，1057），"雄州北界、幽州地大震，大坏城郭，覆压者数万人"[②]。元顺帝元统元年（1333）六月"大霖雨，京畿水平地丈余，饥民四十余万"[③]；至正十九年（1359），大都及河南、山东、山西五十余州县"皆蝗。食禾稼，草木俱尽。所至蔽日，碍人马不能行，填坑堑皆盈。饥民捕蝗以为食，或曝干而积之。又馨，则人相食"[④]。明崇祯元年（1628）夏，"畿辅旱，赤地千里"[⑤]；十六年（1643），京师自二月至七月"大疫，诏释轻犯，发帑疗治，瘗五城暴骸"[⑥]。清嘉庆六年（1801），"京师自六月初旬，大雨连绵，河水涨决，直隶被水地方至九十余州县之多，实非寻常偏灾可比"[⑦]。类似记载史不绝书，尹钧科等《北京历史自然灾害研究》、于德源《北京灾害史》等，对此做出了比较系统的研究[⑧]。

二 人口分布的基本特征与主要成因

古代根深蒂固的农业经济传统与相对稳定的自然地理环境，不同时期社会政治经济因素对人口发展的影响，使北京地区自辽代以来的人口分布呈现出明显的历史继承性与区域差异性。

以中心城市为核心，在周边地区由近及远，形成若干个从密集到稀疏、规则或不规则、封闭或不封闭的圈层。辽代南京地区的人口，以南京城最为密集，达到每平方公里1.4万人。由此向四围州县，环绕中心城市的宛平、析津人口比较密集，外围的良乡、潞县（今通

---

① 《辽史》卷13《圣宗本纪四》，中华书局 1997 年缩印本，第 144 页。
② 《宋史》卷67《五行志五》，中华书局 1997 年缩印本，第 1484 页。
③ 《元史》卷38《顺帝本纪一》，中华书局 1997 年缩印本，第 817 页。
④ 《元史》卷51《五行志二》，中华书局 1997 年缩印本，第 1108 页。
⑤ 《明史》卷30《五行志三》，中华书局 1997 年缩印本，第 485 页。
⑥ 《明史》卷24《庄烈帝纪二》，中华书局 1997 年缩印本，第 333 页。
⑦ 《清仁宗实录》卷 86，嘉庆六年八月乙卯。
⑧ 尹钧科等：《北京历史自然灾害研究》，中国环境科学出版社 1997 年版；于德源：《北京灾害史》，同心出版社 2008 年版。

州)、怀柔、昌平密度降低;在密云、行唐(今密云东南)、缙山
(今延庆)及蓟州洳水流域(今平谷一带),人口主要分布在山间盆
地与河流阶地之上;东南低洼平原地带的潞阴县人口较少,西山、军
都山、燕山山地最为稀疏。金代的区域总人口与各州县的人口密度都
超过辽代,但地理分布格局依旧是由中心向四围逐渐减少,环绕中都
的州县以人口多寡排序依次为:大兴、宛平、良乡、潞县、温阳
(今顺义)、昌平、密云、奉先(今房山)、潞阴(今通州潞县)、缙
山(今延庆)、平峪(今平谷)。元代大都新城的居民构成以皇室、
官僚、军队、富豪、教徒、部分工匠为主,人口数量和密度都小于集
中了城市贫民、小手工业者、中小商人、下层官吏及部分工匠的旧城
即原金中都。以大都为中心,从城区、近郊、平原州县到山区,人口
数量与人口密度依次减小,彼此之间的区域差异更加突出。明代外城
南部比较空旷,但其北部及内城仍是人口最密集的区域。宛平县西部
山区面积广大,但东部平原与山前冲积扇人口众多。延庆、昌平、密
云、平谷山区的人口,随着长城沿线军队的增多而密集起来。潞县境
内湖泊萎缩,人口分布趋于均匀。清代在人口总量上升的前提下,仍
然延续着人口密度由内到外逐渐降低的一般特征。各州县境内人口稀
疏的山区面积不等,人口密度由大到小依次为:通州、大兴、平谷、
顺义、良乡、怀柔、宛平、密云、昌平、房山、延庆。此外,在作为
这个圈层结构核心的中心城市之内,人口分布也具有圈层特征。辽南
京内城与元大都、金中都、明清北京的皇城人口比较稀疏,围绕着它
们的四隅城区则变得相当稠密。这些城市人口的稠密之区,通常是商
业手工业、社会服务业发达或下层市民聚集的所在。

从总体的空间形态观察,自密云盆地东北端点向西南至拒马河出
口,以此为轴线形成了一条人口密集分布的条带,呈中间宽阔、两端
狭窄的纺锤形。历史上的北京城虽然稍稍偏离轴线,但依然处在这个
人口密集分布条带之上。在它的两边各有一条与之基本平行的人口分
布条带,南边的由湖泊低地构成,人口稀疏;北边的由西山、军都山
构成,人口密度更小。若将人口比较密集的延庆盆地、平谷盆地以及
人口稀疏的燕山西部山地视为独立的三块,北京地区的人口分布就表

现为"三带三块"的格局①。

　　不同时期的人口分布，具有由平原农业区向低平原农业区和山地农林牧业区推进的特征。根据政治军事的需要，历史上多次移民充实京师人口，在畿内实行军屯与民屯，向长城一线的山区关隘要塞派遣大量军队携眷驻扎，国家力量改变了人口分布态势。自明代以来，随着人口自然增长与外来移民的涌入，京郊低地平原与山区宜农之地被逐渐开垦，生产力的提高尤其是水利工程技术的进步以及玉米、红薯等高产作物的种植，对农业发展与人口增殖影响极大。虽然山区人口依旧远比城市或平原稀疏，但绝对人口数量乃至在总人口中的比重显著增加，由此拓展了人口分布的地域空间。

　　在影响人口分布特征的众多因素中，区域自然地理环境是最基本的条件。首先，人类的生产和生活深受自然环境的优劣、自然资源的多寡制约，土地、水源、气候等因素决定了物质的丰歉，直接左右着人口的增殖与生聚。在以农业为主要经济来源、生产力水平相对较低的古代社会，靠天吃饭就意味着对自然条件的严重依赖。城市与乡村，山区与平原，旱地与水地，自然环境差异非常明显，由此成为奠定各区域人口分布特征以及世代相沿的历史继承性的基础。其次，人口分布必然受到相应时期社会生产方式和生产力空间分布的制约，生产力的发展能够帮助人们改变不利的自然条件、扩大自身的生活领域，使城市居民的高度聚集与山区人口的明显增加成为可能。交通条件的改善为人口的地域再分配提供了新动力，历史上的多次大规模移民屯垦以及北京对外交往的加强、物资运输的畅通、沿途水陆码头的发展，都有赖于交通条件的支撑。经济发展与交通条件，决定了北京地区人口分布"三条三块"与圈层分布特征的形成，是影响人口地理分布的最终决定因素。第三，历史上的北京作为都城所具有的特殊地理区位和政治优势，保障了人口长期稳定的大规模内聚迁移。自辽代以后各朝通常都有一定的军户、民户、工匠迁入，辽、金、元、清时期还有契丹、女真、蒙古、满洲八旗的部民到来。尤其是明代前

---

① 韩光辉：《北京历史人口地理》，北京大学出版社1996年版，第336页。

期，不仅有大量军队、工匠、民户内聚迁移到北京，而且将部分卫所军人及其眷属派驻长城沿线的延庆、昌平、密云、平谷等山区隘口关镇，广泛推行军屯和民屯，奠定了北京地区村落发展与人口布局的基本框架。古代相对稳定的区域城市群体与行政建置，也使区域人口分布的历史继承性与区域差异性得到延续。

第五章　控御海内的水陆交通格局

优越的交通条件是决定北京在历史上长期作为国家首都的关键因素之一，首都独一无二的政治优势又转过来强化了国家对于北京交通条件的要求，进而促进了水陆交通线的开辟与交通设施的不断改善，形成了以北京为中心控御海内的交通格局。

第一节　区域环境造就的交通条件

自然地理环境提供的可能性与社会人文背景促成的必要性，决定着交通发展的历史过程与未来趋向。北京地区的交通发展，同样取决于这两种因素的共同作用。

北京市处于华北平原与太行山、燕山山地交接地带，背靠群山、面向平原，西、北、东北三面是太行山和燕山山地；此外还有大量低山丘陵与河谷、盆地。地势西北高、东南低。山区面积约占北京市辖境总面积的62%，整个区域跨越了我国地势的第二级与第三级阶梯，永定河、潮白河、北运河、大清河、蓟运河五大水系自西北向东南流注，由此冲积成的"北京小平原"与华北平原相接，平原区约占北京市辖境总面积的38%。这五大水系，特别是永定河与潮白河及其支流，历史时期的变迁十分频繁，留下了错综复杂的河流故道。河流在提供舟楫灌溉之利的同时，也会在一定条件下变为交通的障碍，桥梁就成了连接两岸往来的重要途径。今通州区南部、顺义区东北部、昌平区西部、海淀区中南部和北部、朝阳区中部和北部、大兴区北部等地，曾在不同时期分布着大小不一的天然湖泊。湖泊一般有调节河流水量以保障航运通畅的功能，沿岸也往往形成运输码头，成为水路交通与陆路交通的转捩点。山岭既是北京的军事屏障也是阻碍交通的天然险阻，狭窄的山间通道由此成为沟通燕山南北、太行东西的要冲，进而形成许多扼守这些要冲的关隘。

围绕着历史上的北京作为诸侯国都、军事重镇尤其是国家首都的地理形势，古人屡次从自然地理着眼，指出了北京周边山川形胜的优势条件，而交通、经济、军事等因素的作用与此不可分割。《战国策》、《史记》等对于燕国地理条件的描述证明，先秦时期的燕都蓟城已经是一个沟通中原农耕文化与北方游牧文化的重要都市。当元大都与明清北京成为统一国家的首都之后，这类论述变得更加系统。元末明初的陶宗仪说，大都"右拥太行，左注沧海，抚中原，正南面，枕居庸，奠朔方。峙万岁山，浚太液池，派玉泉，通金水，萦畿带甸，负山引河。壮哉帝居，择此天府"①。大都背靠山岭，河流贯通城内外以及四围州县，具有天然的建都优势。

明代的北京面临着来自北方的军事威胁，沟通太行山东西、燕山南北的山间通道两端或其他险要之处，往往成为军队戍守的关口，长城沿线尤其如此。明末清初的孙承泽在《春明梦余录》中指出：在北京周围，"真定以北，至于永平，关口不下百十，而居庸、紫荆、山海、喜峰、古北、黄花镇险阨尤著。会通漕运便利，天津又通海运，诚万世帝王之都"②。康熙《大兴县志》对北京山川形胜的解说，突出显示了地理位置、地形、交通、军事等因素的作用：北京"东枕辽海，沃野数千里。关山以外，直抵盛京。气势庞厚，文武之丰镐不是过也。天津襟带河海，运道咽喉，转东南之粟以实天庾。通州屹为畿辅要地。北则居庸耸峙，为天下九塞之一。悬崖峭壁，保障都城，雄关叠嶂，直接宣府，尤重镇也。……若夫万里河山而都城位北，南向以收其朝拱之势，梯航车马，络绎奔赴，皆自南而北以奉神

---

① 陶宗仪：《南村辍耕录》卷21"宫阙制度"条，中华书局1959年版，第250页。
② 孙承泽：《春明梦余录》卷2《形胜》，北京古籍出版社1992年版，第14页。

京，岂非古今第一形胜哉！"① 这两段文字，是古人对北京地理优势的全面总结。

我们必须看到，元明清时期关于北京地理形势的评说，是在元大都与明清北京城业已成为全国首都之后的揄扬，几乎等同于为三代帝王之所以选择在此建都所做的合理性、必然性论证，因而基本不会或不敢提到北京地理环境的劣势。明末清初的历史地理学家顾祖禹感叹道："呜呼！以燕都僻处一隅，关塞之防，日不暇给；卒旅奔命，挽输悬远。脱外滋肩背之忧，内启门庭之寇，左支右吾，仓皇四顾。下尺一之符征兵于四方，恐救未至而国先亡也；撤关门之戍以为内援之师，又恐军未离而险先失也。甚且借虎以驱狼，不知虎之且纵其搏噬；以鸟喙攻毒，而不知鸟喙之即足以杀身也，不亦悲哉！"② 从单纯的自然地理环境看，北京确实存在着这些不足，但它在辽代以后由陪都到全国首都的演变证明，包括政治军事形势、社会心理作用、交通条件等在内的人文因素，在一定的历史机遇下能够有效克服自然环境的不足，改变城市及其周边地区发展的轨迹。作为区域历史进程不可分割的组成部分，北京的交通发展恰恰获得了可遇而不可求的历史机遇。

都城所处的地理环境与经济环境的不足越突出，就越需要依靠交通条件的改善加以扭转，这也是辽代以后北京地区交通发展的直接动力。北京的国都地位对交通环境提出了更高的要求，交通事业也在适应这种地位的过程中得到发展。当国都成为全国的交通中心以后，交通条件反过来又变为强化国都地位的因素。由于风云际会、机缘巧合，北京获得了历史的垂青，长期成为国家的都城。在这个最为显著的政治因素影响下，区域交通发展赢得了得天独厚的人文环境与历史机遇。换言之，北京的国都地位决定了近千年来的交通发展状况。京杭大运河与海上的漕运，化解了周边物产难以支撑城市需求的困境；

---

① 于敏中等：《日下旧闻考》卷5《形胜》引《大兴县志》，北京古籍出版社1985年版，第87页。国家图书馆藏清抄本康熙《大兴县志》卷1《舆地·形胜考》文字多有错漏，与此不尽相同。

② 顾祖禹：《读史方舆纪要》"直隶方舆纪要序"，中华书局1955年版，第434页。

以北京为中心的陆路交通，增强了首都与全国各地的联系，保障了中央对地方的控御；平时被视为交通阻隔的太行山、燕山山脉，战时则是便于防守的天然屏障，崇山峻岭之上的长城使拱卫京师的军事力量获得了可靠的依托。总体来看，它们大都属于交通的范畴或与交通密切关联。从这个意义上说，交通条件弥补了作为首都的北京在地理位置与经济环境方面的弱点。直到近现代，日新月异的技术更加有力地克服了自然环境上的不足。但是随着工业化的进程，北京面临城市日益膨胀而引发的交通困扰，这一问题很难从传统社会寻找答案。

第二节　辽代之前陆上交通线的开辟与延续

早期的北京交通路线沿着山间河谷或者河流两岸被开辟出来。古人类遗址的发掘和发现，为北京早期交通路线的研究提供了一些佐证。旧石器时代的人类主要依靠采集、狩猎和捕鱼等方式维持生存，为了寻找果实、追猎动物和寻找捕鱼场所，不得不经常过着流动的生活。由于技术水平有限，他们所利用的路径主要是天然的山间小路、河谷以及平原坦途。在生产生活经验积累愈加丰富的情况下，他们对已经走过的道路形成了深刻的印象，大大小小的道路因此被开辟出来，成为社会群体赖以生存的条件。随着各地越来越多的尝试和探求，直至形成了北京地区基本的交通道路格局。

北京最早的古人类遗址周口店北京人遗址，在北京市房山区境内周口店镇以西的龙骨山上，处于山区和平原接壤部位，发现埋藏有不同时期的各类化石和文化遗物地点 27 处。远古时期此处生活着 50 万至 24 万年前的"北京人"，10 万年前的"新洞人"，1.8 万年前的"山顶洞人"。"北京人"所居住的洞穴原是一个天然的石灰岩溶洞，在大约 24 万年前，洞穴失去了可以居住的条件，北京猿人迁居到其他地方。他们的去向尚无确切资料证实，不过在北京西北的永定河中上游流域、山西省阳高县与河北省阳原县交界处，1974 年发现了距今约 10 万年的许家窑文化遗址。考古研究证实，许家窑人是北京猿人的后裔，他们是从周口店迁移到了山西境内。在当时的条件下，无疑要沿着天然的山谷和河谷小道行进。依照地形大致推断，他们从周口店出发，行进到永定河流域逆河而上，走出西山进入河北境内，继续沿着永定河上游河道桑乾河上行，最终抵达山间盆地之内的许家窑。这条通达山西的道路是一条天然的交通走廊，在远古时期就留下了人类迁移往来的多种遗迹，后世的道路往往是它的继续开辟和延伸。继北京猿人之后，相继出现在周口店的新洞人、山顶洞人的活动范围继续扩大。

旧石器时代人类对道路的开辟主要依据天然的条件，或者说主要是发现一些较为便于行走的路径以直接利用。进入距今一万年前开始的新石器时代之后，人类更多趋向定居的农业生活，生活地点由丛林走向平原地带。为养活日益增多的人口，人们不断寻找新的土地，交通路线的拓展也与之相应而行。

新石器时代晚期是国家形成的萌芽阶段，在传说中的黄帝时代，交通和社会制度初具规模，部落联盟或者各个方国之间发生了较多的联络往来，水陆交通似乎已通达四方。后人追述说："昔在黄帝，作舟车以济不通，旁行天下，方制万里，画野分州，得百里之国万区。是故《易》称'先王建万国，亲诸侯'，《书》云'协和万国'，此之谓也。"① 把舟车等交通工具的发明归之于黄帝，表现了后人对中华民族人文始祖的敬仰。

夏商周时代，各地与国都的联系前所未有地加强，对王命传达与国家礼仪的高度尊崇，直接提升了开拓交通路线、制造交通工具、加强交通管理的作用。含有设想成分的周代交通管理，已经成为一套体系完整、组织严密的制度。在交通工具的发明与道路系统的形成方面，这个时期也具有奠基意义。昌平区雪山村发掘的雪山二期文化中的三足盘证实，以二里头文化为代表的夏文化已影响到北京地区，这里到达中原的道路也比较通畅。商周时期的北京周边，有众多联系广泛的小方国和部族。西周初年分封燕、蓟，西周后期强盛的燕国吞并蓟国，将国都迁到蓟城，同时向冀北、辽西扩张。孤竹、令支、无终

---

① 《汉书》卷28上《地理志第八上》，中华书局1997年缩印本，第1523页。

等方国、部族或臣服于燕，或为燕所灭，相继纳入燕国的封域。北京昌平白浮村西周墓、延庆西拨子村考古遗存中，出土了大量青铜礼器、兵器、车马器、陶器、玉器、象牙器及有字的甲骨，显示出北方草原文化对燕地的影响。燕侯定期前往国都镐京（今陕西西安市西）朝觐纳贡，周王则遣使往来燕地，蓟城通往镐京的道路应当十分通畅。琉璃河镇董家林一带的西周燕都遗址发掘出了驷马马车，显示当时的道路已比较宽阔。

　　春秋战国之际，社会经济水平的提高带动了城市的迅速发展，对交通产生了极大的促进作用。各个封国之间或相互进攻或彼此结盟，其政治、经济、军事联系不再受到严格限制，周王对此也无可奈何。各国招贤纳士，游士侠客往来其间。君侯交聘会盟，使者络绎于途。在这样的背景下，北京地区的交通道路已是任由车马纵横驰骋了。

　　战国时期燕国的对外交往和开拓有了显著发展，这里西通秦晋，南近赵国，东通齐鲁，四通八达的交通在兼并战争中便于向南北用兵，对有意争雄的诸侯国来说，可谓"有所附则无不重"①。燕国强盛时的势力向东北已经达到朝鲜，为防止东胡入侵，修建了自造阳（今河北赤城县独石口）至襄平（今辽宁省辽阳）的长城，置上谷、渔阳、右北平、辽西、辽东五郡，相应地也应有自蓟城通往五郡的道路。燕赵之间仅隔易水，交通便利。城市的发展和经济交流，为改善交通提供了基本动力。汉人桓宽记载："燕之涿、蓟，赵之邯郸，魏之温轵，韩之荥阳，齐之临淄，楚之宛、陈，郑之阳翟，三川之二周，富冠海内，皆为天下名都，……居五诸之冲，跨街衢之路也。"②这些都城兴旺发达的原因之一，就是因为居于枢纽之地，修建了宽阔的街道。公元前316年，燕王哙禅让君位与相国子之，引发燕国内乱，给邻近的齐国、中山国提供了可乘之机。1974年在河北平山县中山王墓出土的铁足大鼎铭文证实，中山国的军队"奋枹振铎，辟启封疆，方数百里，列城数十，克敌大邦"③，表明燕国已有很多城

①　《战国策》卷29《燕一》"苏秦死"条，岳麓书社1988年版，第287页。
②　桓宽：《盐铁论·通有》，《诸子集成》第7册，中华书局1954年影印本，第4页。
③　王彩梅：《燕国简史》，紫禁城出版社2001年版，第69—70页引张政烺释文。

镇。城镇之间的相互往来，构建了当时北京地区的主要交通体系。燕都蓟城与下都（今易县武阳台）、中都（大约在今房山窦店古城）之间，也应有联结它们的重要交通线。北京不少区县有春秋战国至秦汉的古城遗址，它们或者作为军事要地而修建，或者因为行政原因而设置，还有一些因为经济发展而形成的城镇。政治、军事、经济的需要，使这些城镇只有处在重要的交通线上才便于人们往来。春秋战国时期燕国林立的城镇，呈现了当时日渐发达的交通状况。

先秦时期奠定了北京地区交通道路的基本格局，后世继续改进道路通行状况和交通工具，增辟新的交通路线。在自然环境和人文背景制约下的交通路线具有显著的历史继承性，一旦开辟出来就很难从根本上被改变。当代北京地区通往区域之外的主要干道，就其历史渊源而言，都可以追溯到先秦时期。在这之后的北京交通发展，也主要围绕着这些道路的兴衰来展开。

秦始皇在统一六国的战争中，已经初步疏通了全国的交通道路。完成统一后，又诏令车辆规格统一，所行道路也须宽阔整齐，以都城咸阳为中心，"为驰道于天下，东穷燕齐，南极吴楚。江湖之上，滨海之观毕至。道广五十步，三丈而树，厚筑其外，隐以金椎，树以青松"①。秦二世时曾"治直〔道〕、驰道"②。秦的驰道四通八达，将三十六郡连接起来，形成遍布全国的交通网络，很多路段是在原有道路的基础上改筑或整治而成。由咸阳向东通往燕地的驰道大致沿太行山东麓修筑，这条驰道可从《史记》中得到印证："然邯郸亦漳、河之间一都会也，北通燕、涿，南有郑、卫。"③ 邯郸为太行山东麓大道的重要站点之一，燕地的蓟城则是大道东北之末端，南端在今河南境内，有先秦时期曾为郑国之都的新郑，先后作为卫国之都的淇县、滑县、濮阳、沁阳诸城，沁阳西南更有周王所居的洛邑（雒阳，今洛阳）。大致路线是由咸阳向东出函谷关（今河南灵宝北），经三川郡（今洛阳），再转向东北经邯郸郡邺县（今河北临漳西南）、邯郸

---

① 《汉书》卷51《贾山传》，中华书局1997年缩印本，第2328页。
② 《史记》卷87《李斯列传》，中华书局1997年缩印本，第2553页。
③ 《史记》卷129《货殖列传》，中华书局1997年缩印本，第3264页。

县（今邯郸）、恒山郡（今石家庄），然后至广阳郡蓟城（今北京）①。由咸阳向东北方向，从蒲坂出发，沿着汾水上溯太原，穿太行山井陉道，延伸到恒山郡，就连接到了东北通燕地的驰道。另外，从太原郡通代郡（今河北蔚县西南），再至上谷郡、渔阳郡，就抵达了燕地。从代郡到燕地，再经右北平直至碣石的这段道路，是秦塞上道路的东段。从代郡往西经云中、九原，是其西段。这条塞上大道沿着长城铺设，从咸阳向北经上郡（治今陕西榆林东南）的直道与其连接。燕地东通碣石、渤海以及辽东和齐地，北边紧邻匈奴等少数民族，正是秦始皇至海求仙北巡的必由之路，秦二世也要从燕地向东南走驰道前往泰山和会稽。

西汉沿用了秦代在幽州所修的驰道，汉初燕王臧荼叛乱，周勃"以将军从高帝击反者燕王臧荼，破之易下。所将卒当驰道为多"②。与匈奴的战争，对汉代开辟幽州与塞外及西北的交通影响显著。幽州通往西北的孔道，集中在上谷与渔阳二郡。上谷郡居庸县有居庸关，是北京通西北的重要陉道。在两汉及以后的战争中，无论是中原政权的出击还是北方少数民族势力的南侵，都多次进出居庸关。由上谷、渔阳通西北的道路可大致分为两条：一为幽州通雁门、代郡之路，并由此远及云中、九原等西北塞上诸郡，这是在秦塞北大道基础上形成的通道。另一条从幽州通往匈奴腹地。

秦汉魏晋北朝时期幽州通往东北的道路，经过右北平、辽西、辽东，向北至肃慎等地（今黑龙江中下游地区），向南到朝鲜半岛。东北各民族通过右北平、渔阳、上谷、太原等郡，与汉朝频繁通使和贸易往来。西汉末年，他们从幽州至东北的交通线上内侵到边郡地区。幽州通东北的另一条道路是沿渤海而行，称为傍海道。东汉建安十二年（207），曹操为扫平袁绍的残余势力、奠定稳固的北方出征乌桓。"夏五月，至无终。秋七月，大水，傍海道不通，田畴请为乡导，公从之。引军出卢龙塞，塞外道绝不通，乃堑山堙谷五百余里，经白

---

① 史念海：《祖国锦绣河山的历史变迁》，《中国历史地理论丛》1981 年第 1 辑。
② 《史记》卷 57《绛侯周勃世家》，中华书局 1997 年缩印本，第 2068 页。

檀，历平冈，涉鲜卑庭，东指柳城。"① 曹操由幽州蓟城出兵至无终（今天津蓟县），向东北出卢龙塞（今河北卢龙），沿渤海旁道路经白檀（今河北滦平北）向北至平冈（今内蒙古宁城西南），大败鲜卑于白狼堆（今辽宁建昌西北），最后向东北直捣柳城（今辽宁朝阳）。这条由蓟城经过卢龙塞通往东北的道路，以后成为军事家经常的选择。东晋永和六年（350），前燕慕容儁出师讨伐占据幽州的后赵，自龙城（今辽宁朝阳）趋卢龙塞，驻军无终，然后攻陷蓟城。从东北到幽州的道路，还可以由龙城经大漠，沿燕山北麓向西，从居庸关进入幽州地区。

秦汉之际，幽州地区与华北平原的交通已比较便捷。沿太行山东麓修筑的驰道，为幽州通往中原奠定了基础。这里居于华北平原北端，地接边塞，是多民族融合汇聚之处。西通关中，东接辽东，无论是进兵关中与西北大漠、东进蒙古高原和东北平原，还是控扼华北平原与齐鲁大地，幽州地区都处在极其理想的战略位置。自秦汉以来，作为防御匈奴、鲜卑、乌桓的要塞，幽州逐渐发展成为军事重镇，各种政治势力争夺中原的前哨阵地。由此进兵华北平原，是一条重要的交通路线。西汉末年，刘秀凭借华北地区的有利条件赢得了天下。北朝时期，由辽东发迹的鲜卑更是依赖幽州这一战略位置，以其作为据点南进中原。由幽州通往华北平原的大道，因其政治、军事作用而越发重要。

隋唐时期是秦汉之后再度实现全国统一的王朝，交通道路的建设有了突破性的进展。隋炀帝在西北道路的修建以及大运河的开凿上，投入了巨大的人力与物力。尽管这些工程给他的统治带来了毁灭性影响，但幽州地区的交通因此有了显著改观。经大运河可南通江淮，与繁荣的都城长安和大都会洛阳的联系也更为频繁。经过北朝时期长期的民族融合，幽州与西北和东北游牧民族的交往十分密切。隋炀帝时期积极经营西北，他所巡行的地域远达今日的青海。隋朝征讨高句丽的战争，使涿郡成为重要的军事基地，促进了涿郡通往东北道路的发

---

① 《三国志》卷1《魏书·武帝纪》，中华书局1997年缩印本，第29页。

展。唐朝实行开放的民族和文化政策，国内外的交流频繁，推动幽州与外地的交通在隋代基础上继续有所提升。唐后期的藩镇割据，使幽州的对外交通受到很多限制。无论通往中原还是西北、东北塞外的交通线，都因为政治分裂而受阻，无复盛唐时代四通八达的风光。

隋唐时期开疆拓土，与北方少数民族往来密切。幽州通西北及塞北的道路虽沿用前代旧道，但使用频率远超前朝，并且有所延伸与扩展。唐后期幽州与华北平原的交通受阻，去往长安的道路改为西北行，从居庸关经蔚州取道太原至长安成为常途。在东北方向，幽州通东北诸族的最重要道路之一，是经临渝关（后改称渝关，也作榆关，即今山海关），至营州（柳城郡），进而抵达东北诸族驻地以及辽东。隋唐时期置营州总管府（隋）或都督府（唐），对契丹、高丽诸族加以镇抚。这条道路在军事上意义重大，征讨突厥、契丹以及高丽诸族的战争，无不经过临渝关。唐末五代以后，临渝关更是成为幽州抵御契丹的最后关卡。自后晋割让幽燕之地给契丹后，临渝关道便是辽朝往来东北根据地与南京（今北京西南）的主干道，在辽宋交聘使的行程中屡次提及。这条道路在营州分为两路：一为柳城通奚、契丹及诸蕃道；一为柳城向东通辽东道。

第三节 帝都控御之下的陆上交通网建设

自五代后晋石敬瑭将幽蓟十六州割让给契丹，今北京地区的发展就开始了历史性的转折。契丹（辽）把幽州提升为陪都南京，作为俯瞰华北平原进而南下进兵或与北宋对峙的桥头堡。宋辽之间经历了初期的战争阶段，在订立澶渊之盟后维持了长久的和平往来岁月。崛起于东北的女真族建立金朝，灭辽后把都城从黑龙江阿城的金上京迁到辽南京旧址，将城墙四面拓展之后，定名为中都，与之对峙的则是南宋。这样，自秦汉至隋唐五代这个漫长阶段的军事重镇幽州，经历了由北方政权的陪都辽南京到北半个中国首都金中都的重大变革。辽金都是兴起于东北的少数民族建立的政权，它们将东北诸多民族和部落归诸一统，随之又采用唐宋制度设置各级行政机构，也因此形成了自己的交通体系。到元明清时期，元大都与明清北京既是统一国家的首都，又是全国的交通中心。

辽金时期幽州地区陆路交通的主干，往南通达两宋都城，往北则与辽金的重要城市相接。两宋使臣多次通过幽州向北去往辽金两国的首都或陪都，辽金国君经常巡狩于五京之间，两宋使者也往往到其所在地朝聘。北宋王曾出使契丹，"初，奉使者止达幽州，后至中京，又至上京，或西凉淀、北安州、炭山、长泊"①。金代迁都后，中都作为北方交通枢纽的地位更加突出，太行山东麓大道畅通无阻，卢沟桥的修建进一步改善了幽州向南的通道。来往于金中都与南宋首都临安（杭州）之间的使节，多次经行这条南北交往的路线，留下了比较丰富的记载。

元朝结束了自五代宋辽金以来的分裂局面，疆域空前扩大，东西方的交流与往来也非常活跃，交通状况与之相辅相成、互相促进。元朝疏凿了南北大运河，开通了近海漕运航线；在陆路建立了无比庞大的驿路系统，军事势力极盛之时，东欧的多瑙河畔都设置驿站以通消息。中国工匠随着蒙元军队出现在东欧与阿拉伯半岛，西方的商团、教徒也纷纷漂洋过海或穿越亚欧大陆涌向大都，意大利人马可波罗就是其中的典型。忽必烈定都在大都之后，全国的政治中心也随之成为交通网络的中心。东北方向的驿道，从大都东行过通州经蓟州通辽阳行省。在西北方向，从大都北行经宣德通往上都（开平），或从大都经缙山、望云通上都，还可从大都出居庸关经大同前往河套地区。在我国东部地区有两条干线：与运河平行的驿道从大都以东的通州出发，经天津、德州、徐州、扬州，向西联通江宁（今南京），向南过江通往苏杭、福州，与大运河和近海漕运航线一起组成东部水陆交通网的骨架；另一路出大都向西南经涿州，向西通往太原，向南通汴梁，进而联通中原、华南、西南、西北各地。在城市交通方面，元大都规模宏大、布局严整，南北向与东西向纵横交叉的街道，方方正正

① 李焘：《续资治通鉴长编》卷79，宋真宗大中祥符五年十月己酉，中华书局1995年版，第1795页。

的坊里，造就了建筑布局与街道整齐划一的特色，也奠定了明清北京城的基本格局，在中国城市规划建设史上写下了浓墨重彩的一笔。大都宽阔的街巷成了人群熙熙攘攘、南北货物集散的繁华之地，城门是各类人员和货物进出的必经之路：文明门有南来的运河漕船入城，丽正门聚集了社会各个阶层的人士，顺承门是南来的商人落脚之地，平则门是西来的商贾通过的路径。车马交错、财货云集，正是大都水陆交通极为发达的反映。

洪武元年（1368）徐达统率的明军占领元大都，永乐帝从南京迁都北京之后，这里又成为全国的政治中心与水陆交通中心。明代北京的陆路交通基本延续了元代的格局，各使司首府都有交通干道通达北京，此外还建立了北京通往九边军事重地以及周边重要关口的驿路。这些交通主干线与各种支线、间道、便道一起，组成了以北京为中心的交通网。明成祖在昌平天寿山营建皇家陵园，此后诸帝每年都要前往皇陵祭祀，御路出德胜门到清河，经沙河直至陵区。京城以南，有出正阳门、永定门去皇家园囿南海子的御路。

清朝多次整修前代开辟的交通干线和次一级道路。雍正七年（1729）谕工部："迩年以来，广宁门外已修石道，其至通州运粮之路亦修整高洁，往来行人颇为便利。今直隶至江南大道，车轮马迹践压岁久，致通衢竟成沟堑。两旁之土，高出如岸。一遇雨水之时，众流汇归，积潦难退。行旅每苦泥泞，或至守候时日。朕心深为轸念。……特派工部侍郎法保、副都统韩光基、原任护军统领喀尔吉善、二等侍卫特库四员，于今年夏秋之交，自京师起程，由良乡至宿迁大道一路踏勘。将如何另开新道之处详悉议定，估计工费，绘图呈览。"[1] 乾隆二十八年（1763）直隶总督方观承奏报："直属自大兴、宛平，东至通州、三河、蓟州、丰润、玉田、抚宁一路；西至良乡、房山、易州、涿州一路；西南至定兴、安肃、清苑、满城、完县、望都一路；东南至新城、雄县、任邱、高阳、河间、献县、交河、阜城一路；运河大道武清、天津、大城、静海、青县、吴桥一路，共三十

---

① 《清世宗实录》卷 77，雍正七年正月癸酉。

二州县。叠道应加夯硪、沟渠应添桥座者，以次修理。”[1] 从北京城到郊外以及更远的周边地区，道路系统进一步完善。以皇家园林与帝王陵寝为终点，开辟了由北京城到西北郊三山五园、承德避暑山庄、遵化马兰峪清东陵、易县永宁山麓清西陵之间的道路。

第四节 运河系统的形成与历史上的漕运

北京地区水上运输的历史可以溯源到东汉时期，较大规模的兴办始自隋代大运河的开凿。以大运河为基础，唐末五代至辽金利用旧有河道漕运军粮。元大都与明清北京更需要大量的物资供应，漕运得到了更大程度上的开发。

东汉建武十三年（37），为运输抵御匈奴所需的军粮，王霸“陈委输可从温水漕，以省陆转输之劳，事皆施行”[2]。这是见于史籍最早的幽州地区开辟水运的记载。汉末曹操北征乌桓，建安十一年（206）“凿渠自呼沲入泒水，名平虏渠；又从泃河口凿入潞河，名泉州渠，以通海”[3]。平虏渠应是在今河北沧州东北向北开凿，引滹沱河水入泒水下游（今天津海河），从而与潞河的下游即笥沟（今北运河）相通。泉州治所在今天津武清西南，渠道因在其界内得名。平虏渠和泉州渠利用天然河道，顺其走势，在两河之间开凿部分短程渠道加以沟通，把滹沱河、泒水、潞河下游（笥沟）、鲍丘水（今潮河）连接起来，从而形成沟通南北的运粮航道，有些河段后来还成为隋唐大运河的基础。十六国和北朝时期，幽州地区与南北方的水陆交通常被阻隔，但在北齐河清三年（564）斛律羡任幽州刺史时，曾引高梁水北合易荆水（今温榆河），东汇入潞水（今北运河），“因以灌田，边储岁积，转漕用省，公私获利焉”[4]。不仅节省了运费，还扩大了农田灌溉面积。

---

① 《清高宗实录》卷687，乾隆二十八年五月辛巳。

② 《后汉书》卷20《王霸传》，中华书局1997年缩印本，第737页。

③ 《三国志》卷1《魏书·武帝纪》，中华书局1997年缩印本，第28页。

④ 《北齐书》卷17《斛律羡传》，中华书局1997年缩印本，第227页。

幽州水路交通在隋朝有了空前的发展，这就是隋炀帝大业元年（605）三月开始的南达余杭（今浙江杭州）、北通涿郡（今北京）、西连长安、东接洛阳的大运河水利工程。大运河的北京段自大业四年（608）正月开凿，"诏发河北诸郡男女百余万开永济渠，引沁水南达于河，北通涿郡"①。联系东都洛阳与东北重镇幽州的永济渠是隋代大运河的最北段，隋炀帝"将兴辽东之役，自洛口开渠，达于涿郡，以通运漕。（阎）毗督其役"②。此后，隋及唐前期用兵辽东和契丹、突厥，以黎阳、洛阳为中转，利用永济渠转输军粮等至幽州。大业七年（611）二月，炀帝"自江都行幸涿郡，御龙舟，渡河入永济渠"③，"四月庚午，车驾至涿郡之临朔宫"④。七月"发江淮以南民夫及船运黎阳（今河南浚县西南 30 里）及洛口（今河南巩义市东南）诸仓米至涿郡，舳舻相次千余里"⑤。武后时为讨伐突厥、契丹，也曾运送江淮粮食到幽州。"即日江南、淮南诸州租船数千艘，已至巩、洛，计有百余万斛，所司便勒往幽州纳充军粮。"⑥ 安史之乱时，清河就因堆积了大量江淮军需物资被称为"天下北库"⑦。唐后期的河北藩镇割据，使永济渠的作用明显减弱。

唐末五代时期，幽州地区运河的功能时断时续。幽州节度使赵德钧为抵御契丹，积极开辟粮运水道。后唐长兴三年（932）"新开东南河，自王马口至淤口，长一百六十五里，阔六十五步，深一丈二尺，以通漕运，舟胜千石，画图以献"⑧。这条运河起自淤口（今河北信安），接拒马河，终点在王马口（今河北廊坊西南王玛村），靠近桑干河（今永定河）在固安、永清一线的南派河道。它代替了旧

---

① 《隋书》卷 3《炀帝纪上》，中华书局 1997 年缩印本，第 70 页。
② 《隋书》卷 68《阎毗传》，中华书局 1997 年缩印本，第 1595 页。
③ 《资治通鉴》卷 181，隋炀帝大业七年二月，中华书局 1956 年标点本，第 5653 页。
④ 《资治通鉴》卷 181，隋炀帝大业七年四月，中华书局 1956 年标点本，第 5654 页。
⑤ 《资治通鉴》卷 181，隋炀帝大业七年七月，中华书局 1956 年标点本，第 5654 页。
⑥ 陈子昂：《上军国机要事》，载董浩等编《全唐文》卷 211，中华书局 1983 年影印本，第 2136 页。
⑦ 《资治通鉴》卷 217，唐肃宗至德元载三月，中华书局 1956 年标点本，第 6957 页。
⑧ 《旧五代史》卷 43《唐明宗纪九》，中华书局 1997 年缩印本，第 592 页。

有的永济渠北端，尽管《太平寰宇记》等文献称之为永济河、永济渠，但已非隋唐的永济渠。后周世宗柴荣北伐契丹之前，"命侍卫亲军都虞候韩通等将水陆军先发"①，疏通旧永济渠以运军需之物。

契丹统治幽州地区近二百年，从辽东等地调集的物资只能走海路运输，在今天津宁河县的蓟运河入海口靠岸，然后换载河船，循今蓟运河、北运河等进入辽南京城。漕船从海上登陆后转入内河运输、最后到达辽南京城的具体路线缺乏史料佐证，一说漕船沿今蓟运河西入沟河，至三河或北京平谷一带卸载，然后陆运至辽南京②。在民间影响广泛的萧太后河，相传是辽代太后萧绰执政时，利用永定河故道开挖的一条运粮河。今人推测，其路线是从辽南京城东南的迎春门南下，经今陶然亭湖一带水泊东行至今龙潭湖，出左安门向东南方向经十里河、老君堂、马家湾、高力庄，在通州张家湾入北运河。该河河床均宽31米，底均宽8米，两岸及河底均由坚固的黄黏土筑成，有"铜帮铁底运粮河"之称③。这条漕粮运河，是历史上的北京城挖掘人工河道以沟通北运河的开端。

金中都需要的漕粮从淮河以北或辽东半岛而来，漕船到达天津地区后，仍循潞河（今北运河）到今北京通州。海陵王天德三年（1151）将潞县升为通州，"取漕运通济之义"④，表明这里已是金中都的漕运枢纽。在海陵王时期至金世宗初年，中都和通州之间的漕运主要依靠今北京朝阳区境内的坝河，其名称始于元代在河中修建的七座滚水坝。此后，金章宗采用翰林院应奉韩玉的建议，于泰和四年（1204）至五年间开凿闸河（即《金史·河渠志》中的通济河）⑤。这条沟通中都与通州的运河，为元明清时期的通惠河奠定了基础。

元大都的粮赋供给几乎全部仰仗江南，朝廷着力开辟南北大运河

①　《资治通鉴》卷294，后周世宗显德六年二月，中华书局1956年标点本，第9596页。

②　于德源：《北京漕运和仓场》，同心出版社2004年版，第65页。

③　陈瑞芳：《十里河》，世界知识出版社2007年版，第517页。

④　郭子章：《郡县释名·北直隶郡县释名》卷上《京师顺天府》"通州"条，明万历年间刻本。

⑤　《金史》卷110《韩玉传》，中华书局1997年缩印本，第2429页。

并发展海运，但只能运抵通州。中统年间，郭守敬曾引玉泉水入坝河以接济漕运。在玉泉水专供皇城使用后，坝河又经常淤浅。郭守敬向元世祖提出："大都运粮河，不用一亩泉旧源，别引北山白浮泉（今北京昌平白浮村北）水，西折西南，经瓮山泊（今颐和园昆明湖），自西水门（今北京西直门北）入城，环汇于积水潭，复东折而南，出南水门（今前门与崇文门之间以北），合入旧运粮河（即金中都闸河）。每十里置一闸，比至通州，凡为闸七。距闸里许，上重置斗门（即闸门），互为提阃，以过舟止水。"① 至元二十九年（1292）春动工，次年秋告成。昌平白浮泉水汇聚温榆河上源诸脉泉流一路西行，从上游绕过沙河、清河谷地，循西山山麓转而东南，沿途收集清泉聚入瓮山泊。然后，从瓮山泊进入长河、高梁河，至和义门（今西直门）水关进大都城，汇入积水潭内。接着，从积水潭出万宁桥（今地安门北，俗称后门桥），沿皇城东墙外南下出丽正门（今正阳门北）东水关，转而东南至文明门（今崇文门北）外，与金朝时开凿的闸河故道相接，流至通州高丽庄、李二寺河口，全长164里。这项伟大的水利工程，将大运河的终点延伸到大都城内的积水潭，元世祖为这条新水道赐名"通惠河"。全国各地的物资源源不断地从水上"漂"来，造就了大都的繁华。积水潭沿岸更是客商云集，遍布货栈商肆。

　　大都建设需要大量的粮食、木材、石料等物资，至元二年（1265）郭守敬设想通过重开金朝曾经废弃的金口河，引卢沟水运送西山的木材和石料并接济漕运。至元三年（1266）十二月，元世祖决定"凿金口，导卢沟水以漕西山木石"②。文宗大德二年（1298）浑河泛滥，为防止洪水顺势沿金口河冲击大都新、旧二城，大都路都水监下令把金口闸门关闭。顺帝至正二年（1342）重开金口河，但最终失败，缺水又多沙的运河对首都的经济保障变得越来越吃力。

　　元末的战乱使北京地区曾经非常发达的水上运输陷于衰败，运河

---

① 《元史》卷164《郭守敬传》，中华书局1997年缩印本，第3851—3852页。
② 《元史》卷6《世祖纪三》，中华书局1997年缩印本，第113页。

因管理不善，河道淤塞荒废，至明初已无法使用。明成祖迁都后，先是利用元代的旧河道漕运并兼用海运。由于海运风险很大，又费尽心力疏通旧运河河道，才使得江南贡赋源源不断地供应北京。明代北京水路运输最依赖的是大通河和白漕、卫漕。大通河即元代的通惠河，自通州至北京大通桥之间的运道。明朝的北京皇城东移后，原来穿过东城的通惠河段被圈入皇城之内，漕船只得停泊在东便门外大通桥下。白漕是直沽（今天津）至通州间的运道，卫漕是利用南北流的卫水开通的由临清至直沽的运道。"综而计之，自昌平神山泉诸水，汇贯都城，过大通桥，东至通州入白河者，大通河也。自通州而南至直沽，会卫河入海者，白河也。自临清而北至直沽，会白河入海者，卫水也。"① 这几条水道，对于维持北京的漕运最为关键。嘉靖七年（1528）吴仲主持的开浚通惠河工程，在明代整治北京漕运通道的诸多措施中效果最明显。明朝非常重视整修通州以南的潞河（北运河）河道，漕船从天津经河西务继续北上到通州，带动了通州运河码头的兴盛。正如蒋一葵所述："国家奠鼎燕京，而以漕挽仰给东南。长河蜿蜒，势如游龙，而通州实咽喉之地。我明之有通，如唐之有灞陵，宋之有卫源，其烦剧一也。"②

　　清代大运河的水源问题比明代更加严重，通惠河时断时续，只剩下"五闸二坝"在起调节作用，汇入北运河的地点改回通州城北。北运河也面临着浅涩淤塞、舟楫不通的困境。康熙至乾隆年间，通过消除弊政、疏浚河道、保障水源、修造船只，延续了漕运的基本畅通。漕粮或在通州张家湾卸载，再以车运入京；或在通州石坝卸下，经通惠河转入京师。乾隆年间致力于收集西山玉泉诸水，以接济通惠河的水量。此后，治理河道淤浅、解决水源短缺，始终是保障漕运的最大问题。运河水路不畅，迫使道光到同治年间恢复部分海运。此后随着铁路的兴起，光绪末年漕运终告废止。

---

① 《明史》卷85《河渠志三》，中华书局1997年缩印本，第2077页。
② 蒋一葵：《长安客话》卷6《畿辅杂记》"古潞阳"条，北京古籍出版社1994年版，第130页。

第五节　卢沟桥等重要桥梁的修建

　　桥梁是陆上交通道路的组成部分，北京地区重要桥梁的建设，迄今尚有遗迹可寻的当推金代建造的卢沟桥。卢沟水流湍急，一直以浮桥渡人。金世宗大定二十八年（1188）五月，"诏卢沟河使旅往来之津要，令建石桥。未行而世宗崩。章宗大定二十九年六月，复以涉者病河流湍急，诏命造舟，既而更命建石桥。明昌三年三月成，敕命名曰广利"①。通常以所跨的河流"卢沟"称之为"卢沟桥"。它的建成极大地便利了商旅过往，成为北京连接华北的咽喉要冲。明正统九年（1444）、清康熙三十七年（1698）的"重建"，实际上并未改变桥的基础和形制，只是进行了比较全面的维修。卢沟桥全长212.2米，加上两端的引道总长266.5米，桥面宽7.5米，共11孔，是中国古代桥梁建筑史上的杰作，历经金、元、明、清及民国时期，其形制、桥基、桥身部分构件和石雕仍为金代原物且基本完好，桥身承载能力巨大而沉陷度极小。直到1985年，为了加强文物保护，卢沟桥才退出交通运输行列。1991年整修卢沟桥时发现，古代设计者采用"铁柱穿石"方法建造桥墩以防止地基下沉，其技艺之高超与设计之合理，令当代工程人员赞叹不已。

　　元代留下的桥梁十分稀少，明代修造的大批桥梁一直沿用到清代。《嘉庆重修一统志》记载的京师主要津梁，有东安门内的东安桥，西华门西的玉蛛桥，正阳门内御河上的玉河桥，地安门西北的银锭桥，德胜门内的德胜桥，正阳门外的正阳桥，西直门外的高梁桥，昆明湖以南的麦庄桥等。此外，通往昌平皇陵道路上的广济、安济、朝宗桥，也是从明代继承下来的桥梁。清末时人记载："都城内外，水陆大小桥梁凡三百有七十。或废久罔徵，或琐无足述。"② 分布在护城河、三海子、三山五园以及城内多条排水沟渠之上的桥梁，有的

① 《金史》卷27《河渠志》，中华书局1997年缩印本，第687页。
② 周家楣等：《光绪顺天府志》卷15《京师志十五·水道》，北京古籍出版社1987年版，第457页。

长期废圮无处寻找，有的规模很小无足轻重，《光绪顺天府志》择要提到名字的桥梁，有昆明湖长桥（俗名"十七孔桥"）、宣武门响闸桥等数十座。广安门外的普济桥，建于康熙年间①。

清代顺天府的北部州县以及宣化府的延庆州，在今北京市所辖范围之内。这个时期的桥梁大多是对明代以前设施的继承或维修，也有一些是清代新建。《光绪顺天府志》载②，大兴县跨越通惠河的大通桥（在今东便门外），在明正统三年（1438）五月始建、正德二年（1507）与隆庆二年（1568）重修之后，清康熙年间再次重修。宛平县西南跨越草桥引河的长安城桥，乾隆四年（1739）"总河顾琮架木，长九丈一尺，宽一丈四尺，空七"。良乡县跨越牤牛河的普济桥在县城南关外，建于明万历年间，清康熙三十六年重新修砌，到光绪年间已经圮废；跨越挟括河的挟括河桥在城西南四十五里，建于明代，清同治八年（1869）修，这条河流之上的石桥、中石桥、四益桥，分别建于同治十一年、十二年与光绪七年（1881）。雍正三年（1725），在房山县冈洼村修建了通济桥。

通州及其东南的张家湾，清代是大运河北端点繁忙的码头，潞县等地历史上也以水运闻名，仅见于《光绪顺天府志》记载的桥梁就有近60座，远多于其他州县。境内最著名的桥梁是城西南三十里、建于明代的马驹桥，乾隆三十八年（1773）重修，保障了凉水河南北的交通。晚近时期北京引入近代建筑技术修造铁路、公路及桥梁，钢铁、水泥成为新式桥梁的主要建材，涉水架桥的难度已经远远低于前代，河流所经之处已不复成为交通障碍。

第六节　驿站邮传建设的兴衰

驿站和急递铺负有传达国家政令信息、转运某些物资的责任，秦汉时期随着国家统一、交通开辟，邮驿布局更加完整。驿站还是公务

---

① 《嘉庆重修一统志》卷2《京师二·津梁》，商务印书馆1934年版，第8页。
② 周家楣等：《光绪顺天府志》卷47《河渠志十二·津梁》，北京古籍出版社1987年版，第1733—1758页。

人员旅途食宿的馆舍，还有越来越多的私家旅店为行人提供方便，亭、馆、驿、邮、传、乘等设施的功能大致相似。"秦法十里一亭。亭长者，主亭之吏也。亭谓停留行旅宿食之馆。"① 汉代沿用秦制，但已从只用于官方事务转变为官民共用，"大率十里一亭，亭有长。十亭一乡，乡有三老、有秩、啬夫、游徼。县大率方百里，其民稠则减，稀则旷，乡、亭亦如之，皆秦制也"②。秦汉的馆驿制度被后世长期继承，邮驿系统作为地方行政系统的一部分，一直是联系地方与中央政府的重要信息链。辽金以后，邮驿成为巩固国都政治地位的重要措施。元代兴建大都后，也形成了以此为中心的全国邮驿系统。《元史·兵志》记载："元制站赤者，驿传之译名也。盖以通达边情，布宣号令，古人所谓置邮而传命，未有重于此者焉。"③ 中书省直辖腹里地区，管领今京津、山东、河北、山西一带，"中书省所辖腹里各路站赤，总计一百九十八处：陆站一百七十五处，马一万二千二百九十八匹，车一千六十九辆，牛一千九百八十二只，驴四千九百八头。水站二十一处，船九百五十只，马二百六十六匹，牛二百只，驴三百九十四头，羊五百口。牛站二处，牛三百六只，车六十辆"④。明代以北京为中心的邮驿系统辐射全国各地，黄汴撰《一统路程图记》八卷，记载了全国各级地方驿站。

为了传递文书，清代按各地路程的远近与地形特点，分设驿、站、塘、台、所、铺等：各省腹地及盛京所设为"驿"，军报所设为"站"，甘肃安西所设为"军塘"，西北两路所设为"台"；内地各省旧设递运所，后裁并归"驿"；各省腹地厅州县皆设"铺司"，由京城至各省者又叫"京塘"⑤。两地之间经行的路线与驿站、递铺的位置，既有对前代习惯的继承，也有根据具体情况开辟的新路线、选定的新站点。这些驿站、递铺负责预备相应路段的人马、车船与经费，

---

① 《汉书》卷1上《高祖纪第一上》颜师古注，中华书局1997年缩印本，第3页。
② 《汉书》卷19上《百官公卿表第七》，中华书局1997年缩印本，第742页。
③ 《元史》卷101《兵志四》，中华书局1997年缩印本，第2583页。
④ 同上书，第2591—2592页。
⑤ （光绪）《大清会典》卷51《兵部》，新文丰出版公司影印清光绪二十五年刻本，第527页。

办理递送文书及其他相关事务。此外，会同馆管理京师驿传事务，因其设在京城而称为"皇华驿"。

电报、电话等西方近代化通信手段在清末传入中国，传统的邮驿事业也随之发生变革。在李鸿章建议下，光绪八年（1882）自天津延伸过来的电报线路越过通州到达了京师，这是北京电报通信的开端。各省"或本无而创设，或已有而引伸。其尤要之区，则陆线、水线兼营，正线、支线并设，纵横全国，经纬相维"①。北京的电报与山西、山东、江苏、河南、外蒙古等地相通，成为全国电报线路的汇总之地，而且与英、法、俄等国签约连线。与此同时，北京也设立了电话局。光绪二十二年（1896），总理各国事务衙门奏请推广海关已实行的邮递办法，二十三年（1897）正式成立大清邮政局，办公地点先在海关总税务司署，后迁到崇文门大街，三十一年（1905）迁到小报房胡同。三十二年（1906）设立邮传部，将路政、船政、电政、邮政等一应事务，都归入邮传部大臣的管理之下。三十三年（1907），邮政局再度迁址到东长安街。北京与国内外主要城市通邮，成为全国邮政的中枢。民国时期，延续并发展了清末的新型邮政事业。

第七节　晚清民国的铁路建设

西方近代工业技术成果在晚清陆续传入中国，铁路与火车成为交通事业发生重大变革的标志之一。鉴于修建铁路的巨大经济利益与政治意义，西方国家极力推销其技术并着手具体实施，中国方面则由起初的主观排斥进步到部分官员积极接受，进而使修筑铁路变为决策者的共识而获得较大发展，这大致成为清末铁路建设的三个阶段。

铁路与火车作为舶来品在中国登陆，首先出现于北京城。同治四年（1865）七月，英国人杜兰德在永定门外铺设了约一里长的铁路，

---

① 《清史稿》卷151《交通志三》，中华书局1998年缩印本，第4465页。

试验小火车①。李鸿章在皇城内铺设了 1510.4 米长的窄轨铁路，从中海西岸的紫光阁向北延伸到镜清斋（后改为静心斋），通称"西苑铁路"，请慈禧太后乘坐从国外进口的小火车，以赢得她对兴修铁路的支持。光绪十三年（1887）至三十年（1904），相继修成的津卢、津沽、关内、关外、新奉等铁路联为一体，称为"京奉铁路"（后称"北宁铁路"）。京奉铁路自正阳门东车站开始，出东便门，向西南奔向丰台。再转东南，至杨村渡北运河以达天津。随后东折出山海关，最后到达沈阳。全长 1123 公里，是沟通北京与东北的重要交通干道，但其利权却长期被英国和俄国霸占。

　　光绪二十二年（1896）通车的津卢铁路（天津至卢沟桥），开创了向外国借债修路的先例。二十三年（1897）自丰台延长至永定门外的马家堡，北京才真正有了现代意义上的铁路和火车，马家堡也成为北京最早的火车总站，这一段嗣后又成为卢保铁路自丰台向北的延伸。同年向比利时借款，开工修建卢汉铁路（京汉铁路），三十一年（1905）通车。京汉铁路自正阳门西站出发，从西便门向南折，经卢沟桥向南纵贯直隶、河南、湖北三省，抵达华中重镇汉口，长达 1315 公里，构成了联通海河、黄河、淮河、长江四大流域的南北交通大动脉，这就是今天京广铁路由北京至武汉的路段。在修筑京汉铁路期间，北京周围以运煤为主的铁路支线，如丰台支路、坨里支路、房山支路、周厂铁路也修建起来。此外还有坨里西至三安子、车厂村至三安子的高线铁路（或称航空铁路、钢索铁路，即索道），自新城县高碑店至易县梁各庄、供清室到西陵祭祀专用的西陵支路②。

　　光绪三十一年（1905）九月施工、宣统元年（1909）八月全路告线的京张铁路，南起北京丰台，经八达岭隧道至张家口，长 178.5 公里，连岔道计长 224.5 公里。这是我国在资金、设计、施工等方面完全独立自主的伟大创举，设计师詹天佑被朝廷隆重嘉奖。光绪三十四年（1908），筑成了京张铁路的京门支路（西直门至门头沟外小龙

---

　　①　李岳瑞：《春冰室野乘》卷下"铁路输入中国之始"条，《丛书集成续编》第 26 册，上海书店出版社 1994 年影印本，第 65 页。

　　②　白眉初：《中国人文地理》，建设图书馆 1928 年版，第 355 页。

村）；进入民国以后，1927 年建成门板支线（门头沟至板桥），1931
年冬建成清斋支线（清水涧至斋堂），二者合称"门斋铁路"，它们
都是以运输煤炭建材为主的铁路支线。

清末京奉、京汉、津浦、京张等铁路的相继建成，是处于内外交
困的晚清政府在时势逼迫下争取自强自立的结果。北京的陆路交通由
此发生了数千年未有的重大变革，奠定了现代北京作为全国最大的铁
路交通枢纽的基础。

第八节　清末民国的城市交通

社会变革打破了北京封闭的城市格局，近代化的城市改造给交通
环境带来巨大改观。清末对维修通过城门的道路比较关注，进入民国
以后，朱启钤等推动了正阳门及市内街道的整治，火车、电车、汽车
的兴起迅速提升了北京的交通水准。以北京为中心的铁路网建设，强
化了它在全国的交通中心地位。环城铁路的建设既是这个大型铁路网
的一环，又是北京市内交通系统的组成部分。有轨电车、汽车成为体
现市内交通技术变革的主要标志，人力三轮车的应用更为普遍，自行
车也逐渐成为市民的交通工具。

清代北京城的道路和卫生状况极不理想，大约在嘉庆年间，一位
广东顺德人记载："京城街道，除正阳门外绝不砌石。故天晴时则沙
深埋足，尘细扑面；阴雨则污泥满道，臭气蒸天，如游没底之堑，如
行积秽之沟。偶一翻车，即三薰三沐，莫蠲其臭。"大街两旁堆积生
活垃圾，"人家扫除之物悉倾于门外，灶烬、炉灰、瓷碎、瓦屑堆如
山积，街道高于屋者至有丈余，入门则循级而下，如落坑谷"①。这
样的情形，到清末依然如故。光绪三十年（1904），内城工巡总局设
立行政处，负责道路交通和市政建设。次年，工巡总局改为巡警总
厅，由警务处交通股负责道路、桥梁、沟渠及其他公共交通事宜。这

---

① 佚名：《燕京杂记》，载王锡祺编《小方壶斋舆地丛钞》第六帙，杭州古籍书店
1985 年影印本，第 1 页。

个时期着手将甬道铲平，修成土路或石渣路。中间是人行道与轻便车道，左右两侧是重车道，重车道外再挖排水沟，雨水由此流入护城河。街道两旁种植杨柳树，树立牌楼等作为地名标志。在排放生活污水的沟眼四周修建栏杆，街道两旁安装路灯，使行人再无倾陷之患。前门、骡马市、大栅栏、崇文门、王府井、东长安街、灯市口、朝阳门、鼓楼、宣武门、德胜门、西安门、西直门等处的主要街道得到整修，实行新的交通规则也使交通秩序明显好转。城门由按时启闭改为出入无禁，大大方便了行人。

进入民国以后，1914 年 6 月京都市政公所成立，北洋政府内务总长朱启钤兼任第一届督办。借鉴各国市政先例整理北京街市，从两个试点推广到全市，各项规则颇为详细。这一时期的市政建设和管理工作，在科学性与规范性方面已经具有很高的近代化水准。1928 年首都南迁后，修路成为北平市工务局主管的政务之一。1933 年 6 月袁良任北平市长后，工务局修筑和改建道路进展比较迅速。1935 年 10 月袁良去职，日寇逼近华北，北平的市政建设陷于停滞，其后不久即进入八年沦陷时期。

北京城市交通的进步，还表现为交通工具的改变。民国初年的交通工具仍以传统的骡马、马车、轿子、人力车为主，1904 年左右从日本传入北京的自行车开始普及各个阶层。代表交通事业发展趋向的交通工具，是以燃油驱动的火车、电车、汽车等，尽管它们在起始阶段还比较弱小，但毕竟具有划时代的标志意义。1913 年北京创办了第一家小型出租汽车行。1919 年燕京汽车行成立，两辆汽车经营长途客运业务，运营路线从市区到顺义县高丽营。1921 年 6 月北京电车股份有限公司成立，1923 年开始装设路轨，1924 年 12 月在前门举行通车典礼，营业线路总长近 40 公里。由此奠定的有轨电车的基本格局，一直维持到 1949 年和平解放。1935 年，北平市政府组建北平公共汽车筹备委员会（后称北平公共汽车管理处），先后开辟了 5 条运营路线，这是北京城区公共汽车事业的开端。

经过上述各节的讨论，可以得到下列认识：

北京地区的交通状况及其发展，以辽金为分界线。此前幽州作为东北边塞重镇，自然地理环境与政治、军事因素对道路的开辟影响巨大。辽金以后的帝都时代，人文因素的作用占到更多成分。人为的措施依赖于先天的地理环境，但为京城服务的实际需要强化了人对环境的干预动机，随之也引发了对交通环境的改变。

地理位置过于偏东的北京，由于近千年来得天独厚的历史机遇而成为陪都直至全国首都，交通条件在很大程度上弥补了它在自然环境上的劣势。政治中心对全国的控御无疑要依赖陆路与水路的畅通，而首都的政治优势和功能要求也提升了历代执政者对发展北京水陆交通（晚近时期还有航空交通）的极大关注，进而使发达的交通变成了定都于北京的极大优势。交通条件影响着城市空间定位的优劣以及发展潜力的大小，如何尽量利用陆上通道特别是数条通道交会点的优势，如何有效保障城市具有充足的水源，决定了历史上的北京从早期聚落发展为全国首都这个漫长过程中的空间定位及其变化方向。

北京交通的首都优势，突出体现在国家对京城干道建设的高度重视及其严格管理方面。金代大力推行都门之外道路两侧的植树绿化，元代的大都城规划水准极高、街道整齐宽阔。在清代，从朝阳门到通州的运粮道路、西直门到圆明园的御路、广安门至卢沟桥的主干道都由土路改造成了条石铺砌的大路。为了保障皇帝巡行、政令发布以及京城物资供应的需要，元、明、清三代屡次颁布诏令修治道路桥梁、疏浚漕运河道，严禁官民人家侵占城市内的街衢道路或损害运河堤闸，这些都有助于维护北京的水陆交通和城市生活的正常运转。当晚清时期铁路从西方传入中国后，北京的铁路建设虽然起初不如上海、天津等城市主动，但首都的示范作用以及一旦兴办之后的发展势头之强劲却非别处可比，不久即迅速成为我国的铁路交通中心。进入民国以后，北京为方便交通而拆除皇城、修建马路、改明沟为暗渠，创办公共电汽车事业以增强交通运输能力，推进了城市交通的近代化。此外，北京地区陆上的通衢大道与乡间小路，水上的海路与运河，也是区域环境特征与发展水平的反映。皇家御路、漕粮运道、邮传驿路、商旅通道，显示了道路功能的多样性。玉辇龙舟、肩舆坐骑、车船驼队、马牛驴骡和人力车等，分别满足了不同人群的交通需求。火车、汽车、飞机在晚清传入中国后，北京的交通事业随之进入了主要以煤炭、石油等化石燃料为动力的时代。人力和畜力虽然仍在许多行业广泛使用，但它们已经失去了从前在交通运输方面的主导地位。这个划时代的世界性技术变革，极大地推动了社会进步，改变了北京居民的生活。交通事业发展到当代，机动车辆激增与人口过度聚集往往造成严重的拥挤堵塞，与农业社会时期的景象早已形成天壤之别。

第六章　经济活动的历史
进程与地理空间

　　历史经济地理研究的主旨，在于说明地理因素与经济活动的相互关系以及由此形成的若干地理现象，归纳其间发展变化的某些特征与规律。传统社会的经济活动以农业、手工业（包括工矿业等）、商业等门类为主。经济史著作与相关史料的整理，是区域历史经济地理研究的臂助。全国或区域性的著作，多少都包括一些关于北京地区的内容。

第一节　先秦时期的区域农业状况

　　早期人类在经过采集天然果实与原始狩猎阶段之后，将某些野生的植物培育改良为人工种植的农作物、动物驯化为可以饲养的家畜家禽，从而在新石器时代产生了原始的农业和畜牧业。在漫长的古代社会，农业一直是国家经济的根本所在，也是大多数人的生产方式。按照当代的概念，种植业、畜牧业、林业、渔业都可归入农业的范畴，但当我们讨论历史时期的农业问题时，通常是以种植业为主，有时根据具体的区域特点兼及畜牧业的状况。考古发掘与古代文献，为我们提供了认识北京地区原始农业起源与先秦时期农业状况的证据。

一　原始农业起源的考古学证据

　　北京地区迄今所见新石器时代早期遗址，位于西部的门头沟区东胡林村西、清水河畔二级阶地的马兰黄土之上，高出河床 25 米多，距今 10000 年左右。这座二男一女合葬墓中的器物，包括 6 件具有明显人工打击痕迹的石英岩片①。与东胡林同处太行山东麓的河北磁山、河南裴李岗新石器时代早期遗址，曾经发现了数以千计的石镰等农业生产工具，是华北地区出现原始农业的标志。东胡林遗址没有出土陶器和农业生产工具，而人工打击的石片通常是狩猎时代的生产工具，由此隐约显示出北京地区的农业起源应当稍晚于磁山、裴李岗所代表的新石器时代早期。即使北京地区的原始农业在这个时代已经萌芽，也仍然是以采集、狩猎作为主要生产方式。

属于新石器时代中期的平谷区上宅、北埝头遗址，反映了北京地区原始农业的明显进步。上宅遗址位于该村西北，南临洵河，高出河床 10—13 米。在距今 7000—6500 年前的第 2 期文化堆积中，考古工作者发现了禾本科植物花粉，大约可以视为古人类种植作物的证据。上宅出土的以石器为主的 2000 余件生产工具，包括石斧、锛、凿、磨石、磨盘、磨棒、铲、锄形器、砧石、石球、柳叶形石刀等，此外还有 800 余件可复原的陶制生活用品如罐、钵、碗、杯、勺之类，陶猪头、石羊头、陶羊头、陶蚕（或以为是蛇）则是原始的装饰艺术品②。尽管陶蚕尚需进一步确认，陶猪也许是常见的猎物而不是家畜，但也从一个方面表明了新石器时代中期动物与人类生活的密切关系。北埝头遗址东距上宅遗址约 30 公里，位于村西洳河（洵河支流）南岸高出河床约 7 米的黄土台地上。其间发现了 10 座半地穴式房址，石制工具 70 余件、陶器 93 件，种类与上宅遗址相仿③。

新石器时代晚期的文化遗址，见于昌平城西 4 公里的雪山村以及昌平林场、马坊、曹碾、燕丹，密云燕落寨、坑子地，房山镇江营、丁家洼，平谷刘家河，海淀清河镇等地。零星发现新石器时代的石刀、石片、石磨盘、石铲、石镰、石锄、石斧等工具的地点，包括海

---

① 周国兴等：《北京东胡林村的新石器时代墓葬》，《考古》1972 年第 6 期。
② 北京市文物研究所等：《北京平谷上宅新石器时代遗址发掘简报》，《文物》1989 年第 8 期。
③ 北京市文物研究所等：《北京平谷北埝头新石器时代遗址调查与发掘》，《文物》1989 年第 8 期。

淀中关村、白家疃、田村、西山，朝阳立水桥，怀柔大榛峪、北干沟，密云南石城、董各庄、龟脖子、山安口、老爷庙，怀柔宝山寺、喇叭沟门、汤河口、怀柔水库，平谷前吉山，顺义大北坞、魏家店，门头沟松树峪等地[①]。这些地点出土的新石器时代的石制生产工具及陶制生活用品，共同见证了北京地区原始农业的发展程度，而石核、石镞等表明狩猎在社会经济中仍然占有一定地位。

北京地区上述石器出土的地点，主要分布在山区向平原过渡的山麓坡地与河流冲积扇台地上，这是远古时期人类利用自然条件弥补生产水平不足、规避水灾危害而形成的一般地理特征，也是决定北京地区原始农业起源以及农业生产地带由山区向平原渐进过程的前提条件。已有研究对此做了详细归纳："旧石器时代的周口店北京猿人是生活在平原与山脉过渡的山前丘陵地带。北京猿人时代的周口店地区的地貌与现代大体相似，仅山脉高度低数十米、坡度较陡而已。新石器早期的东胡林遗址处于山区河谷台地；中期的上宅、北埝头遗址分别位于山前地带和山前平原的河岸台地，燕落寨遗址位于山前丘陵地带河岸沙丘上，镇江营遗址位于山前地带的河岸台地上，雪山遗址位于山前冲积平原古河道以西的雪山缓坡上；新石器晚期的坑子地遗址位于山区河岸山梁上，丁家洼遗址位于山前地带丁家洼河（古防水）西岸，曹碾、燕丹、清河镇遗址分别位于洪冲积平原上温榆河和清河河岸，刘家河遗址位于山前地带的北高南低的缓坡之上。其他在怀柔、密云、顺义、平谷、朝阳、海淀等区县发现的零散石器的遗址，也都位于山麓坡地或河流冲积扇台地上。通过对以上遗址的地理环境进行归纳、分类、比较，可以判断：北京地区旧石器时代人类主要活动于山前丘陵地带的岩洞内；新石器早期的人类则活动于山区河谷台地上；中期则大多活动于山前地带或山前平原的河岸台地上。新石器晚期遗址除具有中期遗址相同的地理特征外，个别则向平陆发展，深入到洪冲积平原的河畔，如昌平县曹碾、燕丹，海淀区清河镇等处。由此，我们可以大致勾勒出北京地区新石器时代人类由山区向山前地

---

① 　北京市文物研究所：《北京考古四十年》，北京燕山出版社1990年版。

带和山前平原台地，并进一步向内地洪冲积平原移动的轨迹。与人类
这种逐渐脱离山区而向平原地区发展趋势相对应的，就是人类逐渐摆
脱狩猎、采集的生活方式而向原始农业生产的生活方式转变。因为平
原地区能为远古人类提供更多的便于开垦的肥沃土地，在生产水平十
分低下、生产工具十分简陋的情况下，不断寻找便于耕作的土地亦即
适宜的生活环境，才是促使远古人类不自觉地由山区向平原地区迁徙
的真正原因。山前靠近河流的台地，本身既可以避免水患之害，四周
又有肥沃松软的土地可供开垦，又有丰富的水源可供灌溉和交通，因
此成为新石器时代人类首选的栖身之所。"[1] 促使这种转变的外在动
力，主要是人类不得不适应以气候波动为主的环境变迁。根据在周口
店附近钻孔取样获得的孢粉分析结果，距今 11000—10000 年的新石
器与旧石器时代交替之际，气候由暖干转为暖湿，此后则比现代略为
冷湿，在距今 8000—2000 年期间又趋温暖，其间有短期的气温下
降[2]。冷湿的气候使古人类赖以狩猎与采集的野生动植物减少，增加
种植与饲养势必成为新的生存途径，这应当是导致北京地区在距今
8000 年左右萌生原始农业的重要因素。

二 先秦时期的农业生产

考古发掘的成果，显露了北京地区先秦时期农业发展的某些迹
象。在昌平雪山、下苑，房山刘李店、镇江营、塔照、西营，丰台榆
树庄、平谷刘家河、密云凤凰山等地，发现了处在新石器晚期龙山文
化之后、大致与商代中前期相当的夏家店下层文化遗址。出土的陶器
以鬲、簋、甗最常见，还有罐、盘、盆、碗等。甗是蒸饭的用具，它
与石刀、石镰、鹿角镶等工具一起，反映了农业在社会经济中逐渐上
升的地位。北京地区正处在华北平原与东北平原及西北高原的交接地
带，北侧的燕山山脉与西侧的太行山脉构成了三大地理单元的分界
线。在如此独特的地理位置影响下，这里就成了燕山南北不同文化类

---

① 于德源：《北京农业经济史》，京华出版社 1998 年版，第 34—35 页。
② 孔昭宸等：《依据孢粉资料讨论周口店地区北京猿人生活时期及其前后自然环境的
演变》，载《北京猿人遗址综合研究》，科学出版社 1985 年版，第 119 页。

型相互交融的区域。从考古学角度看，存在于北京地区的夏家店下层文化燕南型，是燕山南北诸族文化以及中原夏商文化的融合体。它先是深受燕山以北诸族文化的影响，继而融入在中原崛起的殷商文化之中，进入了历史发展的"青铜时代"。

1977 年在平谷刘家河发现的商代中期墓葬，出土了以青铜礼器为主的金、铜、玉、陶器 40 余件。其中的一件铁刃铜钺，嵌入钺身的铁刃采用陨铁锻制，可见时人对铁的性质已有相当程度的认识。此外，在房山焦各庄、董家林、刘李店、丁家洼以及平谷韩庄、昌平小北邵等地，也发现了一些商代的陶器、石器或铜器①。用来加工农作物的石杵与青铜祭器中的酒器，应当是在生产力低下的前提下粮食生产增加、加工技术与消费水平有所提高的象征。西周初年"封召公奭于燕"，"帝尧之后于蓟"②，燕国都城位于今房山董家林，这个城邑至少在商朝末年就已存在。董家林古城遗址以东的黄土坡村有商周墓葬群，京广铁路以西、年代早至商朝末期的墓葬有殉人的情况，铁路以东、晚于西周初期的部分则不再以人殉葬，这应当是奴隶在生产领域变得越来越重要的反映。西周铜鼎铭文中，有"召公耤匽"的记载③。召公奭参加燕国耕田的礼仪性活动，体现了重视农业生产的态度。青铜时代的农业生产工具仍然以蚌器和石器为主，贵重的铜大多用来铸造祭祀的礼器和作战的兵器，房山、昌平、顺义、延庆等地的考古发掘都证明了这种情况。农业与狩猎及畜牧业并存的经济形态，也是北京地区既以中原农耕文化为主又深受北方草原文化影响的结果。

一般认为，春秋战国之际我国进入了铁器时代。春秋时期尚属弱小的燕国，到战国尤其是燕昭王时期，通过招贤纳士达到了富国强兵的目的。考古工作者在顺义蓝家营发现了战国时期长 24.5 厘米、宽

① 北京市文物研究所：《北京考古四十年》，北京燕山出版社 1990 年版；北京市文物工作队：《北京房山县考古调查简报》，《考古》1963 年第 3 期；北京市文物局考古队：《建国以来北京市考古和文物保护工作》，载《文物考古工作三十年》（1949—1979），文物出版社 1979 年版。

② 《史记》卷 4《周本纪》，中华书局 1997 年缩印本，第 127 页。

③ 陈梦家：《西周铜器断代（二）》，《考古学报》1955 年第 10 期。

3 厘米的铁制镰刀以及长 18.8 厘米的铁镬,英各庄出土了战国时期的铁斧,表明燕国的农业生产也已比较普遍地使用了铁制工具。在今北京市境内虽未找到重要的冶铁遗址,但有周边地区的情形作为旁证。1953 年在河北兴隆县发现了战国时期燕国官营的冶铁工场遗址,出土了以锄、镰、镬、斧等农具为主的铁制铸范 87 件,其中包括一次可以浇铸出两把镰刀的双镰范,并在附近找到了铸成的铁斧、铁锄。金相分析表明,这些铁范采用高温液体还原法,以木炭冶炼铁矿石浇铸而成,使用生铁的年代比欧洲至少早 1500 年以上。该遗址以东三里的古洞沟有古代铁矿坑,周围山岭历来森林茂密,原料与燃料显然可以就地解决①。在 1950—1973 年陆续发掘的河北易县燕下都遗址,发现了铸铁作坊并出土了铁制的铲、斧、犁、镰、锄、镬等农具和大量兵器,甚至包括具有代表先进工艺的纯铁、钢和可锻性铸铁制造的成品。冶铁技术的提高与铁制农具的大量出现,是农业生产进步的标志。从地理方位上看,兴隆与易县分别在今北京的东北与西南,处于这两处重要冶铁遗址之间的燕国都城周边地区使用的生产工具当与此无异,农业耕作的水平也应高于二者所在的浅山区。

古代典籍也有关于燕国农业的零星记载。《尚书》中的《禹贡》篇一般被认为是战国时人的作品,北京地区所在的冀州"厥土惟白壤,厥赋惟上上错,厥田惟中中"②。换言之,冀州多盐碱土壤,肥力中等但缴纳的田赋却在上等,当是土地开发利用程度较高的反映。《战国策》记载,纵横家苏秦游说燕文侯时,赞颂燕国"粟支十年","民虽不由田作,枣栗之实足实于民矣,此所谓天府也"③。策士的语言虽然不免夸张,却也不能都是毫无根据的诳语,燕国具有充足的粮食与广泛的经济林应是基本可靠的事实。东汉刘向《别录》称:"方士传言,邹衍在燕,燕有谷,地美而寒,不生五谷。邹子居之,吹律

---

① 郑绍宗:《热河兴隆发现的战国生产工具铸范》,《考古通讯》1956 年第 1 期。

② 《尚书·禹贡》,《黄侃手批白文十三经》本,上海古籍出版社 1983 年影印,第 9 页。

③ 《战国策》卷 29《燕一》"苏秦将为从"条,岳麓书社 1988 年版,第 282 页。

而温气至，而穀生，今名黍谷。"① 黍谷山位于今北京密云县南部，亦名燕谷山。邹衍是战国末期的哲学家，他吹奏音乐使谷地由寒变暖直至可种黍稷的传说，应是古人对这里因受山地小气候影响而气温相对较高的艺术化解释，也可能是历史上曾在此培育耐寒早熟作物品种所留下的文学想象。至于北京地区先秦时期的作物种类，《周礼·职方》记载幽州"其谷宜三种"，东汉郑玄注解释为"三种，黍、稷、稻"，唐代贾公彦疏称："周时，幽州南侵徐州之地也。知三种黍、稷、稻者，西与冀州相接，冀州皆黍、稷，幽州见宜稻，故知三种黍、稷、稻也。"② 稷就是粟。一般认为由南方野生稻驯化而来的水稻，大约在商周时期逐渐扩展到黄河以北地区，也成为北京地区的代表性作物之一。

获取水源的技术对农业经济和社会生活具有重要的影响。《周礼·考工记》记载，以面积大小区分开来的土地单元——井、成、同之间，有深度和宽度不等的渠道——沟、洫、浍"专达于川"③。《庄子》描述道：子贡见汉阴丈人凿隧入井、抱瓮而灌，于是向他介绍高效省力的桔槔，"凿木为机，后重前轻，挈水若抽，数如泆汤，其名为槔"④。尽管《周礼》充满理想化的设计并不等于现实，《庄子》所记也不在今北京地区，但古人开渠引用河流水源或汲取泉水灌溉农田，不同地域之间应有其相近之处。1956 年，北京文物部门在宣武门以西象来街豁口东西两侧至和平门一带，发现 151 座古瓦井，其中 36 座属于战国时期，115 座属于汉代。1965—1972 年，在古代蓟城所在地区，发现了东周至西汉早期的 65 座瓦井，"瓦井出土的地区有陶然亭姚家井、广内大街北线阁、白云观、宣武门内南顺

---

①　欧阳询：《艺文类聚》卷 9《水部下》引刘向《别录》，上海古籍出版社 1982 年版，第 175 页。

②　《周礼注疏》卷 33《职方氏》，《十三经注疏》，中华书局 1980 年影印清阮元刻本，第 863 页上栏。

③　《周礼·考工记》"匠人"，《黄侃手批白文十三经》本，上海古籍出版社 1983 年影印，第 130 页。

④　《庄子·天地》，王先谦《庄子集解》卷 3，《诸子集成》第 3 册，中华书局 1954 年影印本，第 74—75 页。

城街、和平门外海王村等处。较为密集的地方是内城西南转角经宣武门至和平门一线"①。据此看来，北京地区至少在两千多年前就已经凿井利用地下水，在主要解决日常生活用水的同时，也应当在农田灌溉方面有所应用。战国时期燕太子丹派遣荆轲刺杀秦王，觐见之礼"督亢地图"描绘的"督亢陂"一带，是方圆五十余里、湖泊支渠四通八达的膏腴之地。"督亢"地区泛指今河北涿州市东南直至高碑店、固安等市县，与此毗连的今北京市南部地区理应相差不远。

第二节　秦汉至北朝时期的农田水利

　　与当代资源紧缺、人多地少的状况相反，受生产力水平尤其是粮食产量所能养活的人口数量所限，再加上战争、疾疫等因素对人口增长的削弱，古代社会在很长时期内都是以地旷人稀为特征。人口数量亦即劳动力的紧缺与广阔地域的富源尚未开发，是人地关系的常态。战争中掳掠人口以从事生产，和平时期朝廷数次强制迁民，都是人力资源相对缺乏的证明。秦朝统一之后，幽州作为远离政治中心的北部边地军事重镇，区域开发与经济发展往往是军事需要推动的结果，举凡土地屯垦、运河通漕、农田水利设施的修建等，几乎无不如此。

一　秦汉时期土地开发的进程
　　关于秦汉时期幽州地区的土地开发和农业生产，考古发掘的收获提供了一些线索。秦朝历时比较短暂，所谓"秦汉时期"也往往大体从汉代开始说起。城镇是控制周边乡村的行政中心和经济中心，北京地区发现汉代城址的地点，包括房山区广阳城（广阳县城）、窦店（良乡县城）、长沟（西乡县）、蔡庄、芦村，昌平区旧县（军都县）、秦城，平谷区北城子（博陆城），大兴区大回城，海淀区肖家河、清河、朱房等地。这些城址起源年代早的能够上溯到西周或战国，延续时间长的则以辽金时期为下限。它们在汉代乃至更长历史时

①　北京市文物管理处写作小组：《北京地区的古瓦井》，《文物》1972年第2期。

期内的发展,势必得益于周边乡村农业的支撑。战国至西汉早期的朱房古城遗址内,在铜铁冶铸作坊以及大量兵器之外,还发现了铁铸的锄、镢、铲、耧足。铁铲可能是木杴上用来翻土的铁刃套,用来播种的耧是沿用至今的农具。1950 年代初期,清河镇出土的两件汉代铁犁铧,是牲畜或人力耕地的破土工具。这些都表明,铁制农具使西汉幽州地区的农业技术与发达的中原地区并无太大的差距。

作为北方军事重镇的幽州,是两汉时期边地屯田的地区之一。汉文帝时晁错提出在边地募民屯田:"陛下幸忧边境,遣将吏发卒以治塞,甚大惠也。然令远方之卒守塞,一岁而更,不知胡人之能,不如选常居者,家室田作,且以备之。……先为室屋,具田器,乃募罪人及免徒复作令居之;不足,募以丁奴婢赎罪及输奴婢欲以拜爵者;不足,乃募民之欲往者。皆赐高爵,复其家。予冬夏衣,廪食,能自给而止。郡县之民得买其爵,以自增至卿。其亡夫若妻者,县官买与之。"[1] 这条以利禄为驱动的徙民实边之策,着眼于募集罪犯刑徒以及愿意前往边地屯田的百姓,给他们赐以官爵、免除赋税,提供生活的方便,以此充实边塞地区人口,减轻轮番调兵戍守的压力,节省为军队运输粮食的费用。到汉武帝时期,西北数郡的军队开始战时守边、平时屯田,迁延日久则成为以农为主的屯田士。汉武帝元朔元年(前 128),匈奴大举入边,车骑将军卫青出雁门驱敌。"卫尉安国为材官将军,屯于渔阳。安国捕生虏,言匈奴远去。即上书言:方田作时,请且罢军屯。罢军屯月余,匈奴大入上谷、渔阳。安国壁乃有七百余人,出与战,不胜,复入壁。匈奴虏略千余人及畜产而去。"[2] 屯驻渔阳(治今北京密云县西南)的韩安国轻信俘虏之言,请求在匈奴远去的情况下专心耕作。不料一个多月后匈奴再犯渔阳、上谷(治今河北怀来县东南),韩安国的军队正忙于农耕,营寨里只剩七百余人迎战,致使战斗失利、人畜被掳。受到皇帝斥责的韩安国,次年郁郁而终。由此显示,驻守边境的军队也有在战事间隙屯田垦地的

---

① 《汉书》卷 49《晁错传》,中华书局 1997 年缩印本,第 2286 页。
② 《史记》卷 108《韩长孺列传》,中华书局 1997 年缩印本,第 2864 页。

任务，但与专门务农的屯田士兵不同。西汉时"边郡置农都尉，主
屯田殖谷"，东汉建武六年（30）省诸郡都尉，"唯边郡往往置都尉
及属国都尉"①。由于军事上的特殊地位，朝廷对边境地区的屯田非
常重视。在两汉时期处在边郡的幽州，显然属于常置农都尉管理屯田
的区域。数万士兵经年累月的辛苦，使大片荒地变为良田，这是对区
域农业开发史的重要贡献。

　　东汉中平五年（188），此前在幽州刺史任上颇有德政的汉朝宗
室刘虞，被任命为幽州牧以平息战乱。刘虞进驻蓟城（今北京西南）
后，"罢省屯兵，务广恩信"，减轻屯田士卒的负担，积极发展农业
生产，抚恤饱受战乱的民众。此前，由于幽州与北方民族的游牧区域
相接，驻边军队耗费极大，每年需要以青、冀二州的赋税二亿有余相
接济。面对战乱造成交通处处断绝以致无法运输的形势，刘虞"务
存宽政，劝督农植。开上谷胡市之利，通渔阳盐铁之饶。民悦年登，
谷石三十。青、徐士庶避黄巾之难归虞者百余万口，皆收视温恤，为
安立生业，流民皆忘其迁徙。虞虽为上公，天性节约，敝衣绳履，食
无兼肉，远近豪俊夙僭奢者，莫不改操而归心焉"②。在鼓励垦田耕
种的基础上，刘虞通过开放上谷郡与境外少数民族的商业贸易、开发
渔阳的矿产资源恢复凋敝的经济，在大动乱的东汉末年稳定了幽州地
区的社会秩序。一石谷子只卖三十钱，是农业丰收的反映。幽州地区
的相对安定，吸引了躲避黄巾起义的百余万口青州、徐州之民前来归
附。刘虞予以收留和妥善安置，使他们摆脱了流离迁徙的伤痛。人口
数量的上升意味着劳动力的增加，在传统社会尤其具有决定性的意
义，青徐之民的到来无疑为幽州地区的农业开发注入了新的动力。刘
虞身为高官却生活简朴，这也应是他在幽州深得民心的原因之一。初
平四年（193）冬，由于与驻在幽州的公孙瓒矛盾日益加剧，刘虞
"遂自率诸屯兵众合十万人以攻瓒"，这些平素主要从事农业耕作的
士兵"不习战，又爱人庐舍，敕不听焚烧，急攻围不下"，刘虞最终

---

　　① 《后汉书》志28《百官志五》，中华书局1997年缩印本，第3621页。
　　② 《后汉书》卷73《刘虞传》，中华书局1997年缩印本，第2354页。

兵败被杀①。上述记载表明，幽州地区受刘虞节制的屯军显然在十万
人以上。迄今无法知晓每位屯军耕种的面积，但历史上的一些数据可
能有些参考价值。西汉神爵元年（前61），老将赵充国在西北与羌人
作战，就是采取士兵屯田以待其敝的方针。他在写给汉宣帝的奏疏中
说"田事出，赋人二十亩"②，就是每人承担二十亩土地耕种之意。
以此估量，幽州地区属于军屯的土地或许在二百万亩之上。

　　东汉初年，渔阳太守张堪在狐奴县（治今北京顺义东北15公里
北府村南）开辟稻田，是北京农业经济史与水利开发史上的著名事
件。张堪字君游，南阳宛县人。早年失去父亲，但他把数百万遗产让
给家人。十六岁到长安求学，有崇高的志向并厉行付诸实践，被众儒
生称为"圣童"。东汉开国皇帝刘秀尚未成就大业时，就对张堪的志
行操守颇为赞赏，即位后拜他为郎中，在进军成都讨伐公孙述的途中
又任命他为蜀郡太守。"成都既拔，堪先入据其城，捡阅库藏，收其
珍宝，悉条列上言，秋毫无私。慰抚吏民，蜀人大悦。"③ 张堪做了
两年太守后改任骑都尉，此后在高柳（今山西阳高县一带）率军击
破匈奴，拜渔阳太守。他在任上打击扰乱地方的奸猾之徒，赏罚必
信，官员和民众都乐于效力。匈奴曾派上万骑兵侵入渔阳境内，张堪
率数千骑兵迅速出击，取得了重大胜利，全郡得到安宁。在这样的形
势下，张堪领导百姓在狐奴县开辟稻田八千余顷，鼓励农耕以实现家
给人足。百姓编成歌谣颂扬道："桑无附枝，麦穗两岐。张君为政，
乐不可支。"④ 在张堪做太守的八年里，匈奴一直不敢侵犯渔阳边境，
他为官的品德操守一直被人们称赞。

二　戾陵堰车箱渠的创修与灌溉效益

　　魏晋北朝时期在国家南北分裂、政权频繁交替的背景下，通过农
业开发解决军粮供应，借助水陆通道把粮食及时送往军营，是守卫边

---

①　《后汉书》卷73《刘虞传》，中华书局1997年缩印本，第2356—2357页。
②　《汉书》卷69《赵充国传》，中华书局1997年缩印本，第2986页。
③　《后汉书》卷31《张堪传》，中华书局1997年缩印本，第1100页。
④　同上。

境和赢得战争的重要条件。三国魏镇北将军刘靖主持修建的戾陵堰与车箱渠，是这一时期效益最为突出的水利工程，对于幽州地区土地开辟与灌溉农业的发展产生了深远的影响。

刘靖与其父刘馥、子刘弘，是中国历史上少有的祖孙三代致力于兴修水利的杰出人物。《三国志》记载①：刘馥字元颖，沛国相县（治今安徽淮北市相山区）人。东汉建安初年，扬州一带战乱频发，刘馥被曹操表荐为扬州刺史。他上任后致力于招抚流民，"聚诸生，立学校，广屯田，兴治芍陂及茹陂、七门、吴塘诸堨以溉稻田，官民有畜"。直到西晋初年，"陂塘之利，至今为用"。刘靖，字文恭，三国魏黄初年间从黄门侍郎迁庐江太守，后出任河南尹。散骑常侍应璩对他治理地方的功绩称赞有加："入作纳言，出临京任。富民之术，日引月长。藩落高峻，绝穿窬之心。五种别出，远水火之灾。农器必具，无失时之阙。蚕麦有苫备之用，无雨湿之虞。封符指期，无流连之吏。鳏寡孤独，蒙廪振之实。加之以明摘幽微，重之以秉宪不挠；有司供承王命，百里垂拱仰办。虽昔赵、张、三王之治，未足以方也。"应璩认为，不论在朝廷任职还是治理地方，刘靖都堪当大任。他持之以恒地推行富民措施，修筑保卫城乡安全的高峻藩篱，救济百姓，秉公执法，刷新吏治。管理国都所在的河南地区的劳绩，即使是西汉时期政声卓著的京兆尹赵广汉、张敞、王尊、王章、王骏都难以比拟。"五种别出，远水火之灾。农器必具，无失时之阙。蚕麦有苫备之用，无雨湿之虞。"这是刘靖重视恢复地方农桑经济的反映：教育百姓种植五谷，注意远离水火灾害；农用器具必须准备齐全，以免产生耽误农时的过失；平时备足遮风挡雨的材料，以此消除桑蚕与粮食被雨淋湿的担忧。刘靖为政以发展生产、造福百姓为宗旨，颇有乃父遗风。

刘靖后来担任大司农卫尉，又迁镇北将军，朝廷赐予符节统领河北地区的军事。刘靖把加强边塞防守视为维护地方安定的根本，在开拓边守、屯据险要的基础上，"又修广戾陵渠大堨，水溉灌蓟南北。

---

① 《三国志》卷15《魏书·刘馥传》，中华书局1997年缩印本，第463—465页。

三更种稻，边民利之"。嘉平六年（254）刘靖去世，追赠征北将军，进封建成乡侯，谥为景侯。刘靖的小儿子刘弘（字叔和，清人为避乾隆帝弘历之讳，改作"刘宏"），进入西晋之后长期担任荆州刺史等高官，为政"推诚群下，厉以公义，简刑狱，务农桑"，保障了荆州的社会安定。时人称誉刘氏一家"自靖至弘，世不旷名，而有政事才"①。当刘弘受命担任"使持节监幽州诸军事，领护乌丸校尉、宁朔将军"时，直接继承了父亲镇边守土、兴修水利的事业，使戾陵堰、车箱渠发挥出更大的效益。

关于刘靖、刘弘父子兴修水利的事迹，迄今所见最完整的材料是北魏郦道元《水经注》所载的"刘靖碑"及其"遏表"。卷十三《漯水》写道：蓟县故城"大城东门内道左，有魏征北将军建成乡景侯刘靖碑。晋司隶校尉王密表，靖功加于民，宜在祀典。以元康四年九月二十日刊石建碑，扬于后叶矣"②。"后叶"即"后世"之意。兴修水利的始末缘由，见于卷十四《鲍丘水》：

> 鲍丘水入潞，通得潞河之称矣。高粱水注之，水首受漯水于戾陵堰，水北有梁山，山有燕刺王旦之陵，故以戾陵名堰。水自堰枝分，东迳梁山南，又东北迳刘靖碑北。其词云：
> 魏使持节都督河北道诸军事、征北将军、建城乡侯、沛国刘靖，字文恭，登梁山以观源流，相漯水以度形势；嘉武安之通渠，羡秦民之殷富。乃使帐下丁鸿督军士千人，以嘉平二年，立遏于水，导高粱河，造戾陵遏，开车箱渠。
> 其遏表云：
> 高粱河水者，出自并州，潞河之别源也。长岸峻固，直截中流，积石笼以为主遏，高一丈，东西长三十丈，南北广七十余步。依北岸立水门，门广四丈，立水十丈。山水暴发，则乘遏东

① 《三国志》卷15《魏书·刘馥传》裴松之注引《晋阳秋》，中华书局1997年缩印本，第465页。
② 郦道元：《水经注》卷13《漯水》，上海古籍出版社1990年陈桥驿点校本，第273页。

下；平流守常，则自门北入。灌田岁二千顷，凡所封地，百余万亩。至景元三年辛酉，诏书以民食转广、陆费不赡，遣谒者樊晨更制水门，限田千顷，刻地四千三百一十六顷，出给郡县，改定田五千九百三十顷。水流乘车箱渠，自蓟西北迳昌平，东尽渔阳潞县，凡所润含四五百里，所灌田万有余顷。高下孔齐，原隰底平。疏之斯溉，决之斯散。导渠口以为涛门，洒滮池以为甘泽。施加于当时，敷被于后世。晋元康四年，君少子骁骑将军、平乡侯弘，受命使持节监幽州诸军事，领护乌丸校尉、宁朔将军。遏立积三十六载，至五年夏六月，洪水暴出，毁损四分之三，剩北岸七十余丈。上渠车箱，所在漫溢（引者按：《永乐大典》本《水经注》"剩"字作"乘"，此句可标点为："乘北岸七十余丈上渠，车箱所在漫溢"，应是）。追惟前立遏之勋，亲临山川，指授规略。命司马、关内侯逢恽，内外将士二千人，起长岸，立石渠，修主遏，治水门。门广四丈，立水五尺。兴复载利通塞之宜，准遵旧制，凡用功四万有余焉。诸部王侯，不召而自至。缰负而事者，盖数千人。《诗》载"经始勿亟"，《易》称"民忘其劳"，斯之谓乎。于是二府文武之士，感秦国思郑渠之绩，魏人置豹祀之义，乃遏慕仁政，追述成功。元康五年十月十一日，刊石立表，以纪勋烈，并记遏制度，永为后式焉①。

　　《水经注》卷十三与卷十四的两处记载显示，西晋元康四年九月二十日（294 年 10 月 26 日）在蓟城东门内修建了"刘靖碑"，其地当在今北京西南广安门以东，以缅怀刘靖"嘉平二年，立遏于水，导高梁河，造戾陵遏，开车箱渠"的功绩。立碑的倡议者是西晋司隶校尉王密，他上表奏明朝廷，认为刘靖对民众有功，应当列入国家表彰祭祀的范围之内。次年十月十一日（295 年 11 月 5 日），又树立了"以纪勋烈，并记遏制度"的"遏表"，旨在铭记为创建和维护戾

---

　　① 郦道元：《水经注》卷 14《鲍丘水》，上海古籍出版社 1990 年陈桥驿点校本，第 280—281 页。

陵遏与车箱渠做出巨大贡献的刘靖、樊晨、刘弘，并使人物的事迹与
工程的规制"永为后式"，为后人树立典范。"刊石建碑"与"刊石
立表"的材质相同但形制各异，后者大体应与纪念柱或华表相似。
"遏表"很可能与"刘靖碑"竖在一处，二者所记的内容又密不可
分，这应当是郦道元将"碑"与"表"之上的文字连续记下的缘故。
今人在看到高梁水"又东北迳刘靖碑北，其词云：……"时，绝大
多数都把以下的 600 余字一律视为"刘靖碑"的碑文，而对"其遏
表云：……"的提醒熟视无睹，也没有察觉"碑文"与"表文"合
二为一之后"其遏表云"四字插在中间是何等突兀。从《水经注》
的行文看，它们应当是分别镌刻在两个纪念建筑之上的文字。

　　庆陵堰和车箱渠早已湮废，历史上的制度、名物至今也不免隔
膜，再加上《水经注》版本不同导致"遏表"的文字彼此略有出入，
因此影响了对这项水利工程的认识。一般认为，刘靖是在㶟水（古永
定河）之上修建了横截河面的"庆陵堰"以阻滞水流、提高水位，
通过"梁山"以南的人工渠道"车箱渠"，将㶟水引入高梁河，先向
北，再向东流去。在侯仁之先生主编《中国古代地理名著选读》之
后①，尹钧科、吴文涛《历史上的永定河与北京》等继续对此予以阐
释②。关于梁山的位置，早期大多以为即今石景山，后来从地理形
势、考古遗迹等方面判断，以定位于今四平山或者黑头山为宜③。对
照这一带的山河形势，庆陵堰应是一道紧靠石景山西侧山包、朝着西
北即㶟水上游来水方向伸到对岸的拦河坝，由此把河水滞留在石景山
以北、四平山以南的河段。两个山包之间相对低洼的地形缺口，即今
石景山发电厂所在地，则是把㶟水引入高梁水的车厢渠的取水口④。

---

① 侯仁之主编：《中国古代地理名著选读》，科学出版社 1959 年版，第 96—110 页。
② 尹钧科、吴文涛：《历史上的永定河与北京》，北京燕山出版社 2005 年版。
③ 参见《石景山区地名志》编辑委员会编：《石景山区地名志》，北京科学技术出版
社 1991 年版，第 89 页；罗保平：《刘靖建庆陵遏位置之商榷》，《京华旧事存真》第 4 辑，
北京古籍出版社 1992 年版；孙冬虎：《北京地名发展史》，北京燕山出版社 2010 年版，第
200 页。
④ 石景山区地名志编辑委员会：《石景山区地名志》，北京科学技术出版社 1991 年
版，第 438 页。

从刘靖的官爵与汉魏时期的食邑制度看，"遏表"所谓"凡所封地，百余万亩"不可能是朝廷赐予他的土地，"封"字应与《左传》"既东封郑，又欲肆其西封"①、《史记》"诸侯各守其封域"②一样，做"疆界"、"界域"、"领地"之类解释，指的是在刘靖管辖范围内，修渠之后受益的土地总计达到百余万亩。樊晨建立新水门之后"限田千顷，刻地四千三百一十六顷，出给郡县，改定田五千九百三十顷"，大致可理解为：朝廷限令从军屯中拿出水田一千顷，共划出土地四千三百一十六顷，转交给所在郡县的民众耕种；重新核定属于军屯的水田面积为五千九百三十顷。经过樊晨改造的车箱渠"所灌田万有余顷"，正与这里的地方 4316 顷、军方 5930 顷之数大致相合。此外，从刘靖"以嘉平二年（250）立遏于水"到刘弘再修戾陵遏的西晋元康五年（295），按照我国以虚岁计算年龄的方法将首尾年份包括在内，则两次施工延续的时间为 46 年，由此可见"遏表"所谓"遏立积三十六载"当为"遏立积四十六载"之误。《周礼》根据地力优劣划分出"不易之地"、"一易之地"、"再易之地"三种土地类型③，分别是年年可耕、隔年可耕、隔两年可耕之地。"遏表"中的"三更种稻"之"更"与"易"相同，取替换、轮转之意，亦即每块土地三年轮换一次种植水稻，通过轮作休耕的方式涵养土壤肥力。"修广戾陵渠大堨"也就是修建著名的戾陵遏（即戾陵堰）和车箱渠，但"修广"二字似乎又包含着在前人已有基础上整修拓宽戾陵遏之意。

经过上述梳理和考订，对于《水经注》所载的刘靖碑与遏表，我们可以做出如下的理解，并由此看到刘靖、樊晨、刘弘先后创建与维修戾陵堰、车箱渠，引㶟水灌溉今北京地区土地的基本情况：

（1）刘靖到任后，登上㶟水边的梁山（今黑头山一带），实地考

---

① 《左传·僖公三十年》，《黄侃手批白文十三经》本，上海古籍出版社 1983 年影印，第 99 页。

② 《史记》卷 6《秦始皇本纪》，中华书局 1997 年缩印本，第 246 页。

③ 《周礼·地官司徒》"大司徒之职"，《黄侃手批白文十三经》本，上海古籍出版社 1983 年影印，第 28 页。

察源流与周围地形。他赞赏战国时期秦国在关中地区开渠引水以强国富民的壮举，决心仿效前贤在蓟城一带兴修水利。因此派遣丁鸿督率上千士兵，于三国魏嘉平二年（250）在㶟水之上修建拦河坝（"戾陵遏"或称"戾陵堰"），开凿车箱渠，将㶟水向东引入高梁河，以此灌溉蓟城南北的农田。戾陵遏的施工方法是：首先加固㶟水堤岸以提高抗冲刷能力，再把用藤条或竹木编织的笼子装满石块，用一个个石笼堆垒成高一丈、东西长三十丈、南北宽七十余步的主遏，也就是一道拦河的滚水坝，阻截㶟水主流以抬高上游水位。在滚水坝之上，紧靠河道北岸设立四丈宽、水下深十丈的水门（水闸）。一旦遇到山洪暴发，㶟水主干的河水就漫过滚水坝向下游分泄。当水位处在平常高度而需要灌溉农田时，就打开北岸的水门把㶟水引入高梁河。修建了戾陵遏与车箱渠之后，在刘靖管辖范围内，每年能够经营水田二千顷，受益的土地达一百多万亩。景元三年（262）某月的辛酉日，皇帝颁布诏书，因为百姓需要的粮食日益增多，用于运粮的费用越来越不充裕，于是派遣樊晨担任主管河堤事务的官员（谒者），重新改造水门。朝廷限令把水田千顷、共计土地四千三百一十六顷，从原属军队屯种的范围内划出转交给所在郡县，以解决地方百姓的口粮需求；军队屯种的水田核定为五千九百三十顷。经过樊晨的改造之后，从㶟水引出的水流沿着车箱渠，自蓟城西北流过昌平县所属区域，向东到达渔阳郡潞县（今北京通州一带）境内，滋润了沿途四五百里的土地，得到灌溉的田地有一万多顷。有了车箱渠，地势高的地方可以引水，广平低湿之地也能耕种。疏通水道即可灌溉农田，掘开沟渠能够分流排水。渠口导流，如同放开一道道湍急汹涌的水门；清水灌田，就像播洒一阵阵滋润禾苗的甘露。既造福于当时，又惠及于后世。

（2）到了西晋元康四年（294），刘靖的小儿子骁骑将军、平乡侯刘弘，被朝廷任命为使持节监幽州诸军事、兼任护乌丸校尉、宁朔将军。此时，距离他父亲刘靖主持修建戾陵遏，已经过去了四十六年之久。元康五年（295）六月，㶟水上下洪水暴发，毁损了戾陵遏四分之三的坝体，漫过㶟水北岸曾经加固的堤防，从七十余丈的决口处冲入车箱渠，导致渠道无法容纳洪水而四处决溢。刘弘追思前辈修建戾陵遏的功勋，亲临实地考察山川形势，指导制定河渠治理的规划方略。命令属下的司马、关内侯逢恽，率领包括内附的乌丸、鲜卑诸部军队在内的两千将士，建起灅水沿岸的长堤，恢复多处被冲垮的石渠，维修遭到山洪重创的主遏，改造已经不敷应用的水门。水门宽四丈，水下深五尺。刘弘恢复了车箱渠水路畅通、便利民众的功能，所有工程一律严格遵循旧有规制，总计用工四万有余。乌丸、鲜卑各部的王侯，无须刘弘邀请就主动为他帮忙；百姓们同样积极出力，就好像"即使背着孩子也要前来"一样，参与施工的有数千人之多。《诗经》说"经始勿亟"，《易》称"民忘其劳"，意思是开始做事时无须急于完成，百姓却像对待父母一样主动前来帮忙而忘记了辛劳。这不正是关于刘弘兴修水利的写照吗？有鉴于此，丞相、御史二府的文武官员，有感于秦国人思念郑国开渠的功绩、魏国人建祠祭祀治理漳河的西门豹的深厚情义，怀着对前贤所施仁政的企慕，追述他们修造戾陵遏与车箱渠的壮举。元康五年十月十一日（295 年 11 月 5 日）刻石立表，以铭记刘靖父子等人的崇高功绩，同时录下修造戾陵遏的规格和做法，永远作为后人遵从的标准。

"遏表"所记戾陵遏的形制，按照三国魏杜夔律尺以及六尺为步的通例折算，1 尺约合今 0.242 米，1 步约等于 1.452 米。戾陵遏高一丈（约 2.42 米）、东西长三十丈（约 72.6 米）、南北广七十余步（约 101.64 米）。这就表明，沿着灅水水流中心线做出的剖面，是一个底长 30 丈、高 1 丈的等腰三角形，迎水面与泄水面的坡度只有十五分之一。这条以石笼堆垒起来的漫水坝既可拦河又能行洪，相当平缓的坡度也有利于减少主遏迎水一侧的泥沙淤积。

三　戾陵堰车箱渠在北朝的效益

利用戾陵堰与车箱渠引灅水灌溉蓟城南北的广阔土地，从三国至西晋持续获益数十年。晋室南渡之后，这一大型水利工程在战乱频仍的十六国时期逐渐废毁。到了社会相对稳定的北朝，戾陵堰与车箱渠这套灌溉系统又曾几度兴复。

北魏孝明帝时期（516—528），裴延儁任平北将军、幽州刺史。

"范阳郡有旧督亢渠，径五十里；渔阳燕郡有故戾陵诸堰，广袤三十里。皆废毁多时，莫能修复。时水旱不调，民多饥馁，延俊谓疏通旧迹，势必可成，乃表求营造。遂躬自履行，相度水形，随力分督，未几而就。溉田百万余亩，为利十倍，百姓至今赖之。又命主簿郦恽修起学校，礼教大行，民歌谣之。在州五年，考绩为天下最。"① 督亢渠在今河北涿州一带。裴延俊修复督亢渠、戾陵堰和车箱渠等旧有渠道的计划被批准后，他像刘靖、刘弘等人一样，对勘测河道形势在内的各个环节事必躬亲，安排各级官员分头督促。整修后的灌溉面积达到一百多万亩，收益为旱地的十倍，直到北齐时期仍在造福百姓。与此同时，裴延俊命主簿郦恽修建学校，倡导推广文化教育，民间自发编成歌谣予以称颂。裴延俊做幽州刺史五年，政绩考核为天下第一等。助其成功的主簿郦恽，是郦道元的堂弟、叔父郦爽之子。

在裴延俊之后大约三十年，北齐"孝昭皇建中（引者按："皇建"只有元年，即公元 560 年），平州刺史稽晔建议，开幽州督亢旧陂，长城左右营屯。岁收稻粟数十万石，北境得以周赡"②。在长城左右屯田开垦，所涉区域应当包括今北京地区。到了河清三年（564）颁布关于田赋的法令，明确要求"缘边城守之地，堪垦食者皆营屯田，置都使、子使以统之。一子使当田五十顷，岁终考其所入，以论褒贬"③，把屯田的成效与边地官员的升迁密切联系在一起。就在这一年，斛律羡担任使持节都督幽、安、平、南（营）、北营、东燕六州诸军事，幽州刺史。第二年即天统元年（565），为了防备北方突厥犯边，他采取了两个方面的措施："自库堆戍东拒于海，随山屈曲二千余里。其间二百里中凡有险要，或斩山筑城，或断谷起障，并置立戍逻五十余所。又导高梁水北合易京，东会于潞，因以灌田。边储岁积，转漕用省，公私获利焉。"④ 前者是加强军事设施建设，从大约在山西北部的库堆戍向东直到海边，沿着山岭辗转起伏的

---

① 《魏书》卷 69 《裴延俊传》，中华书局 1997 年缩印本，第 1529 页。
② 《隋书》卷 24 《食货志》，中华书局 1997 年缩印本，第 677 页。
③ 同上书，第 678 页。
④ 《北齐书》卷 17 《斛律羡传》，中华书局 1997 年缩印本，第 227 页。

边防线绵延两千多里，选择二百里长的险要地段，修筑城堡、设置障碍，还建立了五十多处戍守巡逻的据点；后者则是通过兴修水利巩固军事防御的经济后盾，逐年增加戍边军队的粮食储备，从而节省国家运粮的费用。斛律羡把高梁水向北引入易京水（《水经注》作"易荆水"，即今温榆河），再向东注入潞水（今北运河），既解决了从水路运送粮饷的问题，还灌溉了沿途的大片农田。从渠道的经行路线看，应是利用了车箱渠故道并有所扩充。

第三节　隋唐五代时期的农业开发

见于记载的隋唐五代时期幽州的农业与农田水利，一般与戍守的军队在这个区域屯田有关。隋文帝开皇五年（585）五月，接受工部尚书长孙平的建议，把修建义仓储粮备荒作为国家的常规制度，"于是奏令诸州百姓及军人，劝课当社，共立义仓。收获之日，随其所得，劝课出粟及麦，于当社造仓窖贮之。即委社司，执帐检校，每年收积，勿使损败。若时或不熟，当社有饥馑者，即以此谷赈给。自是诸州储峙委积"[1]。隋朝此时尚未完成渡江平陈的统一大业，这项制度首先推行于长江以北，幽州的情形也应当相去不远。义仓的普遍建立使得丰年储粮于民而灾年能够放赈，提高了应对自然灾害的能力，"诸州储峙委积"表明了以粮食为主的物资积累日益增多。

隋炀帝时期的大运河，南起余杭（今浙江杭州）、北至涿郡（今北京），沟通了我国南北方的经济文化交流，在交通史上具有重大意义，也是日后北京崛起为帝都的地理条件之一。但是，开凿运河需要大量征发沿途州郡的劳动力，后世享受了它的通航、灌溉之利，当时却导致土地因为无人耕种而抛荒。大业四年（608），"发河北诸郡百余万众，引沁水，南达于河，北通涿郡。自是以丁男不供，始以妇人从役"[2]。修建临朔宫的繁重劳役，也使得成千上万的百姓被耽误农

---

① 《隋书》卷24《食货志》，中华书局1997年缩印本，第684页。
② 同上书，第687页。

时，幽州的农业生产随之凋敝，进而发生严重饥荒。隋炀帝征伐高丽，调用大批民夫将粮食运到前线，"车牛往者皆不返，士卒死亡过半"①，进一步加剧了百姓的负担与粮荒程度。《隋书》记载："是时百姓废业，屯集城堡，无以自给。然所在仓库，犹大充牣，吏皆惧法，莫肯赈救，由是益困。初皆剥树皮以食之，渐及于叶，皮叶皆尽，乃煮土或捣藁为末而食之。其后人乃相食。"② 战争与饥荒引发的社会动荡，成为导致隋朝灭亡的重要原因。

经过隋末的战乱，幽州地区成为人少地多的"宽乡"。唐初实行均田制与租庸调法，减轻赋税以鼓励恢复农业生产。武德六年（623）六月颁布《劝农诏》，要求"州县牧宰，明加劝导，咸使戮力，无或失时"。贞观元年（627）九月，颁布《温彦博等检行诸州苗稼诏》，委派温彦博、魏徵等大臣到"河北燕赵之际，山西并潞所管，及蒲虞之郊、幽延以北"，调查庄稼长势与社会情形，以备朝廷加以赈济③。贞观二年（628），尚书左丞戴胄建议在各地建立义仓，"若年谷不登，百姓饥馑，当所州县，随便取给，则有无均平，常免匮竭"。唐太宗采纳了户部尚书韩仲良的具体建议："王公已下，垦田亩纳二升。其粟麦粳稻之属，各依土地，贮之州县，以备凶年。"④ 十三年十二月壬午（640 年 1 月 12 日），"诏于洛、相、幽、徐、齐、并、秦、蒲等州，并置常平仓"⑤，"粟藏九年，米藏五年"⑥。常平仓的建立表明当地已有可供贮存的较多农产品，这是幽州等地农业得到初步恢复的反映。见于文献的唐代土地开发事迹，以高宗永徽年间裴行方在桑干河（即永定河）下游引水灌溉土地、种植水稻最典型。

---

① 《资治通鉴》卷 181，隋炀帝大业七年十二月，中华书局 1956 年标点本，第 5656 页。

② 《隋书》卷 24《食货志》，中华书局 1997 年缩印本，第 688—689 页。

③ 宋敏求：《唐大诏令集》卷 111《温彦博等检行诸州苗稼诏》，商务印书馆 1959 年版，第 576 页。

④ 王溥：《唐会要》卷 88 "仓及常平仓"条，中华书局 1955 年版，第 1612 页。

⑤ 《旧唐书》卷 3《太宗本纪下》，中华书局 1997 年缩印本，第 50 页。

⑥ 马端临：《文献通考》卷 21《市籴考二》"常平义仓租税"，中华书局 1986 年版，第 204 页。

《册府元龟》记载："裴行方简较（引者按：即检校）幽州都督，引卢沟水广开稻田数千顷，百姓赖以丰给。"[1] 从幽州地区水利开发的过程考察，估计是将卢沟水向东引入高梁河，以此灌溉沿途的农田乃至种植水稻。裴行方的举动与东汉张堪开渠种稻异曲同工，或许还与魏晋时期的戾陵堰、车箱渠具有某种历史的关联。

在以农业为主要经济支柱的国家，人口的增减往往与耕地面积的伸缩基本同步。但是，鉴于历代户口的统计标准、文献记载的详略程度互有差异，二者之间的相关性显然并不等于具体的垦田数字。不同区域之间普遍存在着人口数量、分布密度的差异，每个人所占有的土地随着所处地区乃至村落各不相同，而官方公布的每户或每人的授田亩数只是制度规定的数字，根据人口数字平均计算的结果与实际情况必然出入不小。即使是文献记载比较明确的军屯人数与亩数，也只是证明了该地在军事上的重要性，据此进行的推论也不应超出文献确指的范围。根据《大唐六典》、《通典》、《玉海》等文献记载，唐开元、天宝年间屯田，军屯、民屯分别隶属诸军镇与司农寺，二者所属的屯田事务由尚书省管理。开元二十五年（737）颁布法令："诸屯隶司农寺者，每三十顷以下、二十顷以上为一屯。隶州镇诸军者，每五十顷为一屯。应置者，皆从尚书省处分。其旧屯重置者，一依承前封疆为定。新置者，并取荒闲无籍广占之地。"[2] 这个法令还规定了配备耕牛、派遣官员、等级核定等事宜。天宝八年（749），"天下屯收百九十一万三千九百六十石"，其中"河北四十万三千二百八十石"[3]，占全国屯田收益的21%以上。《旧唐书》记载："凡天下诸军州管屯，总九百九十有二。"[4] 此语源出《大唐六典》卷七，但包括明正德二年（1515）刊行的"正德本"以及日本学者据此勘校的各种版本，均在"凡天下诸"之下脱正文81字、注文720字，虽依据

---

① 王钦若等：《册府元龟》卷678《牧守部·兴利》，凤凰出版社2006年校订本，第7813页。

② 杜佑：《通典》卷2《食货二》"屯田"，中华书局1988年版，第44页。

③ 同上。

④ 《旧唐书》卷43《职官志二》，中华书局1997年缩印本，第1840页。

《通典》及《旧唐书》有所补正，但仍缺少关于各屯分布情形的大段注文。幸运的是，现存最早的南宋绍兴四年（1130）温州州学刻《大唐六典》残卷（通称"南宋本"），恰可补"正德本"阙文。据此可知，在全国 992 屯之中，"河北道幽州五十五屯，清夷一十五屯，北郡六屯，威武一十五屯，静塞二十屯，平川三十四屯，平卢三十五屯，安东一十二屯，长阳使六屯，榆关一十屯"①。《旧唐书·地理志》等文献表明，唐开元年间，幽州辖蓟（治所在今北京西南）、潞（今北京通州东八里古城）、雍奴（今天津武清区杨村西北旧县）、渔阳（今天津蓟县）、良乡（今北京房山东南）、固安（今河北固安）、昌平（今北京昌平西旧县）、范阳（今河北涿州）、归义（今河北容城县东）、安次（今河北廊坊西旧州）诸县，"幽州五十五屯"就分布在这样广大的范围之内。在范阳节度使统辖的九军中，各有15 屯的"威武军，在檀州（治今北京密云）城内，管兵万人，马三百疋。清夷军，在妫州（治今河北怀来县旧城）城内，管兵万人，马三百疋"；有 20 屯的"静塞军，在蓟州（治今天津蓟县）城内，管兵万六千人，马五百疋"②。属于平卢军节度使统辖、有 35 屯的"平卢军在营州（今辽宁朝阳）城内，管兵万六千人"；有 12 屯的"安东"即"安东都护府"，开元二年至天宝二年（714—743）之间的治所在平州（今河北卢龙县），《旧唐书》所称"在营州东二百七十里，管兵八千五百人，马七百疋"，显然不是这个时段的情形；有 10 屯的"榆关"即"榆关守捉，在营州城西四百八十里，管兵三百人，马百疋"③，其地在今河北抚宁县东。此外，有 34 屯的"平川"可能是"平州"之误。各有 6 屯的"长阳使"与"北郡"暂时无考。戍边军队必须有足够的粮食保障，这是军屯迅速发展的动因，由此形成了驻军兵马越多的地方屯田也越多的大致规律，幽州地区农业开发的广度随之大幅度扩展。自然条件影响着不同区域之间农业开发的难

①　《宋本大唐六典》卷 7《尚书工部》"屯田郎中"，中华书局 1991 年影印南宋温州州学刻本。

②　《旧唐书》卷 38《地理志一》，中华书局 1997 年缩印本，第 1387 页。

③　同上。

易程度，人类活动从山前台地更多地走向平原，今北京地区西北、东北部的山区或半山区的农业生产水平自然要落后于处在农业主体地位的南部平原地区。

　　唐末及五代时期的时局，以政权频繁更迭、战争连绵不断为基本特点。唐天佑三年（906）七月，朱全忠率军进攻沧州，镇守幽州的刘仁恭"师徒屡丧，乃酷法尽发部内男子十五已上、七十已下，各自备兵粮以从军，闾里为之一空。部内男子无贵贱，并黥其面，文曰'定霸都'，士人黥其臂，文曰'一心事主'。由是燕、蓟人士例多黥涅，或伏窜而免。仁恭阅众，得二十万"①。从十五岁少年到七十老翁都被抓到军中，大量劳动力被杀戮、掠夺或逃亡。刘仁恭、刘守光父子在此前后的残暴统治，造成社会的剧烈动荡，土地抛荒极为普遍。屡次越过长城南侵的契丹，是对幽州造成严重破坏的另一支主要力量。契丹神册元年（916）十一月，耶律阿保机率军"攻蔚、新、武、妫、儒五州（分别治今河北蔚县、涿鹿、宣化、怀来与北京延庆），斩首万四千七百余级"，次年三月至八月又进攻并围困幽州②。神册六年（921）"十一月癸卯，下古北口。丁未，分兵略檀、顺、安远、三河、良乡、望都、潞、满城、遂城等十余城，俘其民徙内地。十二月，……诏徙檀、顺民于东平、沈州"③。其中，檀、顺、潞、良乡四州县即今北京密云、顺义、通州与房山区良乡，"安远"当为"安次"之误，即今河北廊坊安次区，遂城治今河北徐水，三河、望都、满城三县古今名称未变。这些地方的百姓被俘虏到"内地"即契丹统治区域，今密云、顺义之民又被迁移到更加遥远的东平县（治今辽宁开原中固镇）、沈州（治今辽宁沈阳老城区）。诸如此类的战争与掳掠频频发生，人民自然没有从事正常经济活动的可能。后唐同光三年（925）赵德钧任幽州节度使。由于契丹入寇抄掠，"幽州东十里之外，人不敢樵牧。德钧于州东五十里城潞县而戍

　　① 《旧五代史》卷135《僭伪列传二》"刘仁恭"，中华书局1997年缩印本，第1801页。
　　② 《辽史》卷1《太祖本纪上》，中华书局1997年缩印本，第11页。
　　③ 《辽史》卷2《太祖本纪下》，中华书局1997年缩印本，第17页。

之，近州之民始得稼穑"①。在此前后，他又修筑良乡、三河县城并增兵防守，打通了从涿州、蓟州运粮至幽州城的通道。赵德钧镇守幽州十余年，颇有保境安民的善政，使局部地区的农业生产得到恢复。

第四节　辽金时期的农业发展

辽太宗十一年（936），后晋石敬瑭把幽、蓟等十六州土地割让给契丹。两年之后的会同元年（938），幽州被提升为辽的陪都南京。在此前后的战争形势下，这座城市最突出的功能仍然是延续多年的军事重镇，只是期间发生了从中原政权向北进兵的前沿据点变为北方契丹军队伺机南下的桥头堡这一巨大转折。辽南京虽然只是陪都之一，却被赋了了更多的政治象征意义，由此开启了辽南京—金中都—元大都—明清北京这样一个基本连续的城市发展过程。以此为主线，我们把这个漫长的阶段称作北京的"帝都时代"。

一　辽南京地区的垦田种稻

在与中原政权的战争中，契丹对幽州等地多次烧杀掳掠。但当他们据有幽州时，不仅将城市提升为首都之外的次一级政治中心，而且实行了由汉官管理汉族区域事务的政策，为周边乡村农业经济的恢复和发展提供了近二百年相对稳定的环境。会同九年（946）契丹军队再次南进，"秋七月辛亥，诏征诸道兵，敢伤禾稼者，以军法论"②，在境外肆意杀掠、对本国严加保护。在与北宋的战争中屡建大功的耶律休哥，契丹圣宗统和年间总揽南京地区的军务，"均戍兵，立更休法，劝农桑，修武备，边境大治。……休哥以燕民疲弊，省赋役，恤孤寡，戒戍兵无犯宋境，虽马牛逸于北者悉还之。远近向化，边鄙以安"③。耶律休哥致力于减轻兵役负担与维护边境和平，使百姓获得

---

① 《资治通鉴》卷278，后唐明宗长兴三年八月，中华书局1956年标点本，第9076页。

② 《辽史》卷4《太宗本纪下》，中华书局1997年缩印本，第57页。

③ 《辽史》卷83《耶律休哥传》，中华书局1997年缩印本，第1300页。

了从事农业生产的基本条件。《辽史·圣宗本纪》记载：统和七年
（989）正月，先有"宋鸡壁砦守将郭荣率众来降，诏屯南京"，随后
在进兵易州时"禁部从伐民桑梓"，攻下易州后又"迁易州军民于燕
京"；二月"诏鸡壁砦民二百户徙居檀、顺、蓟三州"；六月，"诏燕
乐（治今密云东北燕落村）、密云二县荒地许民耕种，免赋役十
年"[①]。契丹招纳的降卒与掳掠的百姓，被用来充实了南京周边地区
的农垦劳力，同时注重开垦密云山区、半山区的荒地。另据《辽
史·食货志》：统和六年"徙吉避寨居民三百户于檀、顺、蓟三州，
择沃壤，给牛、种谷"[②]。虽与《辽史·圣宗本纪》所述从"鸡壁
砦"（"吉避寨"是其近音异写）迁民的年份、户数都有不同，二者
记载的却是同一事件。统和十三年（998）六月，"诏许昌平、怀柔
等县诸人请业荒地"[③]。同年"诏诸道置义仓"，十五年"诏免南京
旧欠义仓粟，仍禁诸军官非时畋牧妨农"[④]。这些措施，都有利于南
京地区的农业生产。辽圣宗太平二年（1022）、道宗清宁六年
（1060），耶律宗政两度"判武定军节度，奉圣、归化、儒、可汗等
州观察处置巡检屯田劝农等使"[⑤]。奉圣、归化、可汗州分别治今河
北涿鹿、宣化、怀来旧城，儒州治今北京延庆。耶律宗政的任职情况
表明，这些地方在数十年间有相当数量的屯田，包括延庆在内的桑干
河流域得到了比较普遍的开发。

幽燕之地素以盛产枣栗闻名，在辽代的职官系统中有"南京栗
园司"，职责就是"典南京栗园"[⑥]。统和二十八年（1010），萧韩家
奴担任此职。辽圣宗"尝从容问曰：'卿居外有异闻乎？'韩家奴对
曰：'臣惟知炒栗：小者熟，则大者必生；大者熟，则小者必焦。使
大小均熟，始为尽美。不知其他。'盖尝掌栗园，故托栗以讽谏。帝

---

① 《辽史》卷12《圣宗本纪三》，中华书局1997年缩印本，第133—135页。

② 《辽史》卷59《食货志上》，中华书局1997年缩印本，第924页。

③ 《辽史》卷13《圣宗本纪四》，中华书局1997年缩印本，第146页。

④ 《辽史》卷59《食货志上》，中华书局1997年缩印本，第924—925页。

⑤ 王寔：《耶律宗政墓志铭》，载陈述辑校《全辽文》，中华书局1982年版，第
156—157页。

⑥ 《辽史》卷48《百官志四》，中华书局1997年缩印本，第810页。

大笑"①。从明清文献的追述看，白云观西南、宛平西四十四里以及固安县境内，都有称为"栗园"的村落②。房山北郑村出土的应历五年（955）《佛顶尊胜陁罗尼幢记》提到"北衙栗园庄官"③，应是"北面官"系统中与"南京栗园司"分别管理栗园事务的官员。在幽燕寺院冠于北方的辽代，佛寺的田产数量不菲。清宁五年（1059），辽道宗驾临南京，随行的懿德皇后之母秦越国大长主拿出自己的住宅兴建寺院（后来建成大昊天寺），而且还施舍了"稻畦百顷，户口百家，枣栗蔬园"以及各类其他器物④。距离南京不远的蓟州上方感化寺，亦是"野有良田百余顷，园有甘栗万余株"⑤，除了少量自营之外大部分出租给佃农。

相对稳定的环境促进了农业经济的恢复，辽人眼里的幽燕之地，是"红稻青秔，实鱼盐之沃壤"⑥。宋金联合灭辽之后不久，北宋宣和七年（乙巳，1125）许亢宗出使金国，经过暂时归还宋朝的燕山府（即此前的辽南京），留下的印象是"锦绣组绮，精绝天下。膏腴蔬蓏、果实稻粱之类，靡不毕出；而桑柘麦麻、羊豕雉兔，不问可知"⑦。然而，契丹在很长时期内从妨碍骑兵往来着眼，禁止在与宋交界的边境地区种植水稻。景宗保宁年间（969—979），南院枢密使高勋"以南京郊内多隙地，请疏畦种稻"，就遭到林牙耶律昆的反

①　《辽史》卷103《文学列传上》"萧韩家奴"，中华书局1997年缩印本，第1446页。

②　于敏中等：《日下旧闻考》卷95《郊坰》引《析津日记》，北京古籍出版社1985年版，第1588页；顾祖禹：《读史方舆纪要》卷11《直隶二·顺天府·固安县》"栗园"条，中华书局1955年版，第483页。

③　陈述辑校：《全辽文》，中华书局1982年版，第181页注释。

④　即满：《妙行大师行状碑》，载陈述辑校《全辽文》，中华书局1982年版，第301页。

⑤　南抃：《上方感化寺碑》，载陈述辑校《全辽文》，中华书局1982年版，第290页。

⑥　李仲宣：《祐唐寺创建讲堂碑》，载陈述辑校《全辽文》，中华书局1982年版，第96页。

⑦　徐梦莘编：《三朝北盟会编》政宣上帙20引《宣和乙巳奉使行程录》，台北大化书局1979年影印本，第甲186—187页。

对："果令种稻，引水为畦，设以京叛，官军何自而入？"①清宁十年（1064）二月，仍在"禁南京民决水种粳稻"②，却从反面证明南京周围百姓已在一定范围内突破了这条禁令。但在边境的另一侧，北宋把海河上游的众多淀泊连成一条水网，首先用以阻滞契丹骑兵南下奔袭。沈括记载："自保州（治今河北保定）西北沉远泊，东尽沧州泥枯（今天津塘沽以西）海口，几八百里悉为潴潦。阔者有及六十里者，至今以为藩篱。"此外，还收到了种植水稻与改良土壤的显著成效："深、冀、沧、瀛间，惟大河、滹沱、漳水所淤方为美田，淤淀不至处悉是斥卤，不可种艺。异日惟是聚集游民，刮碱煮盐，颇干盐禁，时为盗寇。自为潴泊，奸盐遂少，而鱼蟹菰苇之利，人亦赖之。"③这对于边界北侧的契丹势必具有很大影响，再加上南京地区日益增长的粮食需求，迫使辽道宗在咸雍四年（北宋熙宁元年，1068）三月解除禁令，"诏南京除军行地，余皆得种稻"④。熙宁八年（1075）沈括在出使契丹途中看到："北白沟馆，南距雄州三十八里，面拒马河，负北塘，广三四里，陂泽绎属，略如三关。近岁，狄人稍为缭堤畜水，以仿塞南。"⑤契丹仿效北宋筑堤蓄水，构筑拒马河一线宽阔水网的同时，还为种稻开辟了水源。在辽南京以北的顺州（今北京顺义），"其地平斥，土厚宜稼。城北依洞水为险，水之荄数百步，地广多粟"；"自顺以南，皆平陆广饶，桑穀沃茂"⑥。出使契丹的苏颂，在《初过白沟北望燕山》诗中有"青山如壁地如盘，千里耕桑一望宽"之句⑦，也反映了辽南京地区富饶的农耕条件以及农田水利的某些进展。

---

① 《辽史》卷85《高勋传》，中华书局1997年缩印本，第1317页。
② 《辽史》卷22《道宗本纪二》，中华书局1997年缩印本，第263页。
③ 沈括：《梦溪笔谈》卷13《权智》，《元刊梦溪笔谈》本，文物出版社1975年版，第13页。
④ 《辽史》卷22《道宗本纪二》，中华书局1997年缩印本，第267页。
⑤ 沈括：《熙宁使虏图抄》，载《永乐大典》卷10877，中华书局1986年影印本，第5册，第4480页。
⑥ 同上。
⑦ 苏颂：《苏魏公文集》卷13《前使辽诗》，中华书局1988年版，第161页。

虽然契丹早期的耶律休哥治理南京以保境安民著称，道宗时期的良乡令大公鼎也致力于"省徭役，务农桑"①，但南京地区汉族百姓的负担仍然很沉重。北宋大中祥符元年（契丹统和二十六年，1008）出使契丹的路振写道："虏政苛刻，幽蓟苦之。围桑税亩，数倍于中国。水旱虫蝗之灾，无蠲减焉。以是服田之家十夫并耨，而老者之食不得精凿；力蚕之妇十手并织，而老者之衣不得缯絮。征敛调发，急于剽掠。"② 排除了文学色彩的比喻与夸张，大致可见辽代政治制度对农业经济与社会生活的强烈制约。开泰三年（1014）"夏四月戊午，诏南京管内毋淹刑狱，以妨农务"③。所谓"淹"即广泛、迟延之意，这道诏令是过重的刑罚导致耽误耕作的反映。大安年间（1085—1094）朝廷派遣括天荒使者巡查南京地区的农田，"以豪民所首，谓执契不明，遂围以官封，旷为牧地"④，农业经济不可避免地遭到破坏，普通百姓的境遇与农业经济恢复的程度同样难以完全同步。

二　金中都地区的土地开垦

金中都地区农业开发，主要表现在大规模的屯田方面。金代兼领女真兵士家口与民户的军事编制单位，初期以三百户为一"谋克"、十"谋克"为一"猛安"，后来减少到二十五人为一"谋克"、四"谋克"为一"猛安"。金人经过与宋朝的战争统治了淮河以北地区，北方的猛安谋克户随之南迁。熙宗皇统五年（1145）"创屯田军，凡女真、契丹之人，皆自本部徙居中州，与百姓杂处，计其户口授以官田，使其播种。春秋量给衣马，若遇出军，始给其钱米。凡屯田之所，自燕之南、淮陇之北皆有之，多至六万人，皆筑垒于村落间"⑤。此举是因为对占领区放心不下，"虑中州怀二三之意，始置屯田军，

---

① 《辽史》卷 105《能吏列传》"大公鼎"，中华书局 1997 年缩印本，第 1460 页。

② 路振：《乘轺录》，贾敬颜《五代宋金元人边疆行记十三种疏证稿》本，中华书局 2004 年版，第 52 页。

③ 《辽史》卷 15《圣宗本纪六》，中华书局 1997 年缩印本，第 175 页。

④ 南抃：《上方感化寺碑》，载陈述辑校《全辽文》，中华书局 1982 年版，第 290 页。

⑤ 宇文懋昭：《大金国志》卷 12《熙宗纪四》，《大金国志校证》本，中华书局 1986 年版，第 173 页。

非止女真，契丹、奚家亦有之"①，区域人口分布与农业劳动力的构成随之发生了变化。九年（1149）八月又采纳宰臣建议，"徙辽阳、勃海之民于燕南"②。到了海陵王迁都燕京（改称中都）时，"恐上京宗室起而图之，故不问疏近，并徙之南"③。

南迁人口到来造成了土地分配关系的紧张，海陵王正隆元年（1156）二月，"遣刑部尚书纥石烈娄室等十一人，分行大兴府（治今北京）、山东、真定府（治今河北正定），拘括系官或荒闲牧地，及官民占射逃绝户地，戍兵占佃宫籍监、外路官本业外增置土田，及大兴府、平州路（治今河北卢龙）僧尼、道士、女冠等地，盖以授所迁之猛安谋克户，且令民请射，而官得其租也"④。这里的"令民请射"，是允许汉族百姓申请租种之意。朝廷派出括田使者调查土地状况，以安置处在占领者地位的猛安谋克户，其间不免随意强占民田。大定十七年（1177），金世宗认为授予中都附近猛安谋克户的官地大多比较瘠薄，派遣同知中都路转运使张九思前去检括⑤。急于事功的张九思"凡地名疑似者，如皇后店、太子庄、燕乐城之类，不问民田契验，一切籍之"⑥，世宗得知后予以阻止。二十二年（1182）八月，"以赵王永中等四王府冒占官田，罪其各府长史、府掾，及安次、新城、宛平、昌平、永清、怀柔六县官，皆罚赎有差"⑦。朝廷不去整饬宗室诸王，却处罚其属下与他们占田之地的县官，应是女真贵族肆意占田颇为普遍的证明。章宗承安五年（1200）九月，鉴于中都、山东、河北的军屯土地被冒占，命枢密使宗浩等"诣诸道括籍，凡得地三十余万顷"⑧。但是，长于骑射游牧的猛安谋克户并不

---

① 宇文懋昭：《大金国志》卷 36《屯田》，《大金国志校证》本，中华书局 1986 年版，第 520 页。
② 《金史》卷 4《熙宗本纪》，中华书局 1997 年缩印本，第 86 页。
③ 《金史》卷 8《世宗本纪下》，中华书局 1997 年缩印本，第 185 页。
④ 《金史》卷 47《食货志二》，中华书局 1997 年缩印本，第 1044 页。
⑤ 同上书，第 1045 页。
⑥ 《金史》卷 90《张九思传》，中华书局 1997 年缩印本，第 2004 页。
⑦ 《金史》卷 47《食货志二》，中华书局 1997 年缩印本，第 1048 页。
⑧ 《金史》卷 93《宗浩传》，中华书局 1997 年缩印本，第 2074 页。

习惯耕种，他们大多将土地租给汉人，或者任其荒废，朝廷关于种植桑枣的要求也大打折扣。世宗大定五年（1165）十二月，"京畿两猛安民户不自耕垦及伐桑枣为薪鬻之"；二十一年，"闻猛安谋克人惟酒是务，往往以田租人而预借三二年租课者，或种而不耘听其荒芜者"；二十二年，则有"附都猛安户不自种，悉租于民，有一家百口垅无一苗者"①。这些消极现象与田制、税制中存在的弊端，都阻滞了农业经济的发展。

女真人与契丹人一样崇尚佛教，金中都周边的寺院占有大量土地。明朝万历年间担任宛平知县的沈榜，曾在西山栖隐寺（在今门头沟区樱桃沟村北的仰山上）得到一块断碑，上面刻着金朝大定十八年十月初一日（1178 年 11 月 12 日）的一则文告。此前有宛平县李仁莹等诬告仰山寺僧人法诠侵占山林，寺院一方以金熙宗天会十五年（1137）、皇统二年（1142）及海陵王贞元二年（1154）关于山林属寺院所有的判决书和碑文为证得以胜诉，官府判决"东至芊头口，南至逗平口，西至铁岭道，北至搭地鞍"依旧归寺院所有。法诠请求官府给寺院一份执照作为产权凭据，并出榜公布审案结果，要求"不得于本寺山林四至内乱行非理采斫，如有违犯，许令本寺收拿赴官，以凭申覆上衙断罪施行，不得违犯，各令省会知委"②。结案后僧人立碑刻石，记录了诉讼过程以及往还的公文批复。这个事件是金中都周边寺院占有土地、山林的典型例证，虽然沈榜《宛署杂记》误把它置于"元朝公移"之下，却也由此保留了一则珍贵的金代文献③。金代对寺院的保护和赏赐远不止于此，世宗大定二十六年三月癸巳（1186 年 4 月 6 日），"香山寺成，幸其寺，赐名大永安，给田二千亩，栗七千株，钱二万贯"④。卫绍王崇庆元年四月二十二日（1212 年 6 月 4 日）的《奉先县禁山榜示碑》，也记载了奉先县六聘

---

① 《金史》卷 47《食货志二》，中华书局 1997 年缩印本，第 1047 页。

② 沈榜：《宛署杂记》卷 20《志遗七》，北京古籍出版社 1983 年版，第 295—297页。

③ 孙冬虎：《北京史年代辨误二则》，载《北京风俗史研究》，北京燕山出版社 2007年版，第 114—120 页。

④ 《金史》卷 8《世宗本纪下》，中华书局 1997 年缩印本，第 192 页。

山天开寺十方禅院（今北京房山区上方山诸寺）的一场山林诉讼。经官府裁决，"山林四至，东至望海□（按：字迹不清），南至神仙峪，西至紫云岭神仙洞，北至龙虎峪"禁民樵采[①]，这是中都地区寺院占据大量山林田产的又一典型。

　　金中都地区的水利工程以疏凿运河、保障漕运为主，同时兼顾农田灌溉。世宗大定十一年（1171）开金口河引卢沟水充实中都漕河，"自金口疏导至京城北入濠，而东至通州之北，入潞水"[②]。金口遗址在今石景山与四平山之间的石景山发电总厂内，由此引卢沟水，经中都城北，向东在通州以北入潞水。但是，"及渠成，以地势高峻，水性浑浊。峻则奔流漩洄，啮岸善崩；浊则泥淖淤塞，积滓成浅，不能胜舟"[③]，没有达到接济漕运的目标。但在二十七年三月宰臣建议堵塞金口时，又有"若固塞之，则所灌稻田俱为陆地，种植禾麦亦非旷土"之言[④]。由此看来，金代引卢沟水确有灌溉农田甚至种植水稻之效。元朝的郭守敬建议忽必烈重开金口河时，亦称当年"灌田若干顷，其利不可胜计"[⑤]。金章宗承安二年（1197），"敕放白莲潭东闸水与百姓溉田。三年，又命勿毁高梁河闸，从民灌溉"[⑥]。白莲潭即今积水潭一带水域，它与高梁河分别灌溉北京城区东南与西北部的田地。泰和四年（1204）开凿自通州至中都的通济河，"为牐以节高良（梁）河、白莲潭诸水以通山东、河北之粟"[⑦]，灌溉的效益自然被削弱。这个时期的大兴知府承晖，曾经拒绝对"豪民与人争种稻水利"加以袒护[⑧]，可见能够经营稻田的不是寻常百姓。此外，章宗明昌四年（1193）在中都城南试验"区田法"，依靠土地分区精耕细作增加产量，承安元年（1196）至泰和四年（1204）间加以

---

①　《奉先县禁山榜示碑》，国家图书馆中文拓片资源库收录。

②　《金史》卷27《河渠志》"卢沟河"，中华书局1997年缩印本，第686页。

③　同上。

④　同上书，第687页。

⑤　《元史》卷164《郭守敬传》，中华书局1997年缩印本，第3846页。

⑥　《金史》卷50《食货志五》，中华书局1997年缩印本，第1122页。

⑦　《金史》卷27《河渠志》"漕渠"，中华书局1997年缩印本，第682页。

⑧　《金史》卷101《承晖传》，中华书局1997年缩印本，第2224页。

推广①。分区开畦有利于"穿土作井，随宜灌溉"②，在抗旱方面尤其有效。1975 年发掘丰台区大堡台西汉墓时，发现了北京地区唯一保存完好的金代砖井，"井口直径 1.4 米，井深 8 米，井壁用 17 厘米×5 厘米素面青砖，以三辅一立方式砌成，井内同期出土大量金代文物"③。这些砖井证明了北京地区自先秦以来凿井历史的悠久与连续性，由此形成的传统一直延续到当代，凿井开采地下水的比重越来越高。

第五节　元大都地区的屯田与寺产

蒙古军队占领金中都之后，将周边土地赏赐功臣。札巴儿火者带路由黑树林小道奇袭南口，为攻破居庸关之役建立大功。成吉思汗许诺说："汝引弓射之，随箭所落，悉畀汝为己地。"④但是，得到封地的蒙古勋臣贵族大多习惯于传统的牧业生产，不免使中都地区的农业被迟滞或荒废。到忽必烈时期，原本用于守边或战争年代围城之计的军队屯田，成了推进大都地区农业开发的主要方式。

元代屯田的地域相当广泛，"内而各卫，外而行省，皆立屯田，以资军饷。或因古之制，或以地之宜，其为虑盖甚详密矣。……由是而天下无不可屯之兵，无不可耕之地矣"⑤。在大都周边，枢密院所辖的左卫屯田驻扎在东安州（治今河北廊坊旧州村）南、永清县（治今河北永清）东，右卫屯田在永清、益津（治今河北霸州）等处，中卫屯田在武清（治今天津武清旧县村）、香河（治今河北香河）等县，前卫屯田在霸州（治今河北霸州）、保定（治今河北文安县新镇）、涿州（治今河北涿州）等地，武卫屯田在涿州、霸州、保定、定兴（治今河北定兴）等处，左翼屯田万户府在大都路霸州、

---

① 《金史》卷 50《食货志五》，中华书局 1997 年缩印本，第 1123—1124 页。
② 《金史》卷 100《孟铸传》，中华书局 1997 年缩印本，第 2202 页。
③ 北京市文物局编：《北京辽金史迹图志》（上），北京燕山出版社 2003 年版，第102 页。
④ 《元史》卷 120《札巴儿火者传》，中华书局 1997 年缩印本，第 2961 页。
⑤ 《元史》卷 100《兵志三》"屯田"，中华书局 1997 年缩印本，第 2558 页。

河间（治今河北河间）等处，右翼屯田万户府在武清县崔黄口（今
天津武清崔黄口镇），左卫率府屯田在大都路漷州武清县及保定路新
城县（治今河北高碑店市新城镇），它们大多设于世祖中统或至元年
间，屯军两三千人，营田一千数百顷；大司农司所辖的永平屯田总管
府在滦州（治今河北滦县），营田提举司在大都漷州之武清县，广济
署屯田在武清县崔黄口立屯，营田均在万顷以上；宣徽院所辖的丰闰
署在大都路蓟州之丰闰县（治今河北丰润），宝坻屯在大都之宝坻县
（治今天津宝坻），营田各有三四百顷。这些屯田之所围绕在大都周
围，是区域农业恢复和发展的反映。

涉及今北京市所属区县的元代屯田，昌平境内有枢密院所辖的两
处。至元十五年（1278）九月设置的后卫屯田，"后以永清等处田亩低
下，迁昌平县之太平庄。泰定三年（1326）五月，以太平庄乃世祖经
行之地，营盘所在，春秋往来，牧放卫士头匹，不宜与汉军立屯，遂
罢之，止于旧立屯所，耕作如故。屯军与左卫同，为田一千四百二十
八顷一十四亩"[1]。后卫屯田的军士与左卫屯田同为两千名，位于卢沟
（永定河）下游的永清县地势低洼，因此迁到海拔较高的昌平县东南太
平庄。泰定帝以此处为元世祖生前经行之地，由此削减了这里的屯田
规模。忠翊侍卫屯田设于至元二十九年（1292）十一月，地点在燕只
哥赤斤（今内蒙古呼和浩特东北"东干支胡同"）、红城（今内蒙古和
林格尔县南"大红城"）一带。仁宗延祐二年（1315），"迁红城屯军
于古北口、太平庄屯种。……七年十二月，罢左都威卫及太平庄、白
草营等处屯田，复于红城周回立屯"[2]。这两次外来屯军的开垦，有效
地扩大了昌平境内的耕地面积。此外，文宗至顺元年（1330）十月，
"立宣忠扈卫亲军都万户营于大都北，市民田百三十余顷赐之"[3]；"十
二月，命收聚讫一万斡罗斯，给地一百顷，立宣忠扈卫亲军万户府屯
田。"[4] 宣忠扈卫屯田的营地既在"大都北"，或许与此前昌平境内的

---

① 《元史》卷100《兵志三》"屯田"，中华书局1997年缩印本，第2599—2560页。
② 同上书，第2561页。
③ 《元史》卷34《文宗本纪三》，中华书局1997年缩印本，第767页。
④ 《元史》卷100《兵志三》"屯田"，中华书局1997年缩印本，第2562页。

屯田区域相近，而屯军之内甚至包括一万名斡罗斯（俄罗斯）人。直到元末至正十三年（1353），"脱脱用左丞乌古孙良桢、右丞悟良哈台议，屯田京畿，以二人兼大司农卿，而脱脱领大司农事。西至西山，东至迁民镇，南至保定、河间，北至檀、顺州，皆引水利，立法佃种，岁乃大稔"①。这个范围相当于今北京西山至秦皇岛山海关、冀中平原至北京密云顺义，"凡系官地及元管各处屯田，悉从分司农司立法佃种，给钞五百万锭，以供工价、牛具、农器、谷种之用"②。十五年春，"以各卫军人屯田京畿，人给钞五锭，以是日入役，日支钞二两五钱，仍给牛、种、农器，命司农司令本管万户督其勤惰"③。军屯与民屯贯穿了元代的始终，但在大都地区的收效并不理想。拟定《大都乡试策问》的考官提出："农，衣食之原也。上有司农之政，下有劝农之臣，垦令虽严而污莱间于圻甸，占籍可考而游惰萃于都城，况其远者乎？其何法以治之？"④ 作为治国之策的一部分，如何垦田兴农成了诸位举子必须回答的问题。

　　元代贵族官僚占田与用于牧马的土地，在大都周围数额不菲。世祖至元十六年（1279），来自尼泊尔的建筑师阿尼哥"建圣寿万安寺，浮图初成，有奇光烛天。上临观大喜，赐京畿良田亩万五千、耕夫指千、牛百、什器备"⑤。二十一年，赏给土土哈"水碾壹区，近郊田二千亩"⑥。二十九年，赐予高兴"大都良田千亩"⑦。郭守敬引白浮泉等西山泉水以通漕运，但在元文宗天历三年（1330）三月之前，已经出现了"各枝及诸寺观权势私决堤堰，浇灌稻田、水碾、园圃，致河浅妨漕事"，皇帝颁旨大司农司、都水监，对于"白浮、

　　① 《元史》卷 138《脱脱传》，中华书局 1997 年缩印本，第 3346 页。
　　② 毕沅：《续资治通鉴》卷 211，元顺帝至正十三年正月，中华书局 1957 年版，第 5754 页。
　　③ 《元史》卷 44《顺帝本纪七》，中华书局 1997 年缩印本，第 922 页。
　　④ 孛术鲁翀：《大都乡试策问》，苏天爵编《元文类》卷 47，吉林人民出版社 1998 年版，第 794 页。
　　⑤ 程钜夫：《雪楼集》卷 7《凉国敏慧公神道碑》，《文渊阁四库全书》第 1202 册，台湾商务印书馆 1986 年影印本，第 84 页下栏—85 页上栏。
　　⑥ 《元史》卷 128《土土哈传》，中华书局 1997 年缩印本，第 3133 页。
　　⑦ 《元史》卷 162《高兴传》，中华书局 1997 年缩印本，第 3805 页。

瓮山直抵大都运粮河堤堰泉水"，严禁诸人"挟势偷决"①。此外，马、牛、羊在蒙古等游牧民族习惯的生活方式中不可或缺，军队的战马更需要大量土地牧放。元代实行秋季翻地制度，借助暴晒杀死蝗蝻以保障来年丰收。但仁宗皇庆二年（1313）"复申秋耕之令，惟大都等五路许耕其半"②，或许就是为了留下放牧必需的区域。姚仲实弃官经商，"至元初，于城东艾村得沃壤千五百余亩，构堂树亭，缭以榆柳，环以流泉。药阑蔬畦，绮错棋布；嘉果珍木，区分井列。日引朋侪觞咏啸歌其间，聘名师课子孙，泊然无所干于世，优游四十余年"③。大都城东的艾村今地缺考，这是耕作与放牧之外的另一种土地利用方式。

元代对宗教兼收并蓄，大都地区相当一部分土地被寺院、道观占有。成吉思汗看重和尚海云，"继命居燕之庆寿寺，赐以固安、新城、武清之地，房山栗园、煤坑之利，并京师之房舍，恒资给之。……（寺内）有栗园，依华［严］经字数，每一字种栗一株，岁收此以供大众。每岁设提点监寺于寺之东，收贮各庄佃所纳粟，如纳粮制，为数动以数千石为率"④。世祖中统二年（1261）八月，"赐庆寿寺、海云寺陆地五百顷"⑤。这里的"陆地"即旱田。至元七年（1270）秋，昭睿顺圣皇后"于都城西高良河之滨大建佛寺而祝釐焉"。在修建大都护国仁王寺期间，"效地献利者随方而至"。过了四十年之后，武宗至大四年（1311）核查，"凡径隶本院若大都等处者，得水地二万八千六百六十三顷五十一亩有奇，陆地三万四千四一十四顷二十三亩有奇，山林、河泊、湖渡、陂塘、柴苇鱼竹厂二十九，玉石、银铁、铜盐、硝碱、白土、煤炭之地十有五，栗为株万九

　　①　《元史》卷64《河渠志一》，中华书局1997年缩印本，第1590页。

　　②　《元史》卷93《食货志一》，中华书局1997年缩印本，第2356页。

　　③　程钜夫：《雪楼集》卷7《姚长者碑》，《文渊阁四库全书》第1202册，台湾商务印书馆1986年影印本，第82页下栏—83页上栏。

　　④　《顺天府志》卷7《顺天府》"寺"，缪荃孙《永乐大典》抄本，北京大学出版社1983年影印，第5页。

　　⑤　《元史》卷4《世祖本纪一》，中华书局1997年缩印本，第73页。

千六十一"①。尽管这些地产并不全在大都周围，但也足见寺产之
多。大德六年（1302），道士郑进元"益昌平之阡为地七十亩，树
而周垣之"，作为其十世祖的墓地，还"买园亩百余于故都之东，
种柳于宫阴古河之堧，岁用以裕"②。他拓宽了坟地的范围，又在
金中都故城以东购置田园、在宫殿以北的河边空地栽树，使自己的
用度越来越充足。成宗大德五年（1301）二月，"赐昭应宫、兴教
寺地各百顷，兴教仍赐钞万五千锭；……万安寺地六百顷，钞万
锭；南寺地百二十顷，钞如万安之数"③。修建寺院、赏赐、占田
的巨大耗费，严重削弱了国家的财政来源，不少朝臣在奏议中表达
了他们的忧虑。

第六节 明北京地区的移民屯垦与皇庄寺产

明朝以洪武、永乐年间为主，由山西和江浙一带向北京地区移
民的背景、过程和规模，我们已在第四章进行了讨论。移民的意义
在于改变先是北方重镇后又成为首都的北京周边人口稀少的局面，
通过军屯或民屯发展农业生产。洪武三年（1370）郑州知州苏琦
提出：北平等地"与夷虏相接，一有警急，调兵转粟，事难卒办，
请议屯田积粟，以示久长之规"④，被朝廷参酌实行。洪武四年，
徐达先后徙"沿边之民"与"沙漠遗民"到北平府管辖范围内屯
田，"凡置屯二百五十四，开田一千三百四十三顷"。在今北京市
范围内，有大兴县四十九屯、五千七百四十五户；宛平县四十一
屯、六千一百六十六户；良乡县二十三屯、二千八百八十一户；通
州八屯、九百一十六户；涿州九屯、一千一百五十五户；昌平县二

---

① 程钜夫：《雪楼集》卷9《大护国仁王寺恒产之碑》，《文渊阁四库全书》第1202
册，台湾商务书馆1986年影印本，第106页。
② 程钜夫：《雪楼集》卷17《郑真人碑》，《文渊阁四库全书》第1202册，台湾商
务印书馆1986年影印本，第244页下栏。
③ 《元史》卷20《成宗本纪三》，中华书局1997年缩印本，第434页。
④ 《明太祖实录》卷50，洪武三年三月丁酉。

十六屯、三千八百一十一户；顺义县一十屯、一千三百七十户①。合计 166 屯、22044 户。五年，戊辰，"革妫川、宜兴、兴、云四州，徙其民于北平附近州县屯田"②。二十二年，"上以山西地狭民稠，下令许其民分丁于北平、山东、河南旷土耕种"③，山西百姓有若干应征者得到朝廷的奖励。

洪武、永乐年间通过蠲免租税、大量移民等鼓励垦荒，促进了耕地面积的扩大。永乐元年（1403）十月，"命靖安侯王忠往北京安插屯田军民，整理屯种"④。万历年间郝敬上疏追述道：靖难之役过后，"剩精兵四十八万，内将一十二万选入十二团营，余三十六万给赐屯田牧地，种纳子粒马价，分置七十八卫于顺天府所属各州县地方安插"⑤。伴随着永乐年间多次大规模移民充实北京人口，周边的军屯密集起来。十一年九月，"命扈从军士于北京城外旁近，人种麦二十亩，依屯田考较，毋倚闲暇而旷沃土"⑥。京城守军在闲暇之时开垦近郊的沃土，并按照屯田的律令加以考核。在今北京市境内，《永乐大典》记载的军屯接近二百处⑦：（1）宛平县有军屯 11 处：彭城卫 4 屯分布在孝义、永安乡；永清左卫 5 屯，在玉河、京西乡；大兴左卫 2 屯。（2）顺义县军屯 26 处：密云卫 8 屯，在城子、北采、牛栏山、甸子 4 社；永清右卫 7 屯，在塔河、荣家庄、甸子、沙峪、管头 5 社；通州卫 2 屯，在荣家庄、定顺堡 2 社；大兴左卫 2 屯，在甸子、汪路 2 社；济州卫 1 屯，在定顺堡社；燕山右卫 6 屯，在坊市、北采、胡家庄、塔河、甸子 5 社。（3）大兴县军屯 28 处：燕山左卫 9 屯，在施仁关以及添保恭、坟庄、赤村、卢家堡、枣林庄 5 社；大

① 《明太祖实录》卷 66，洪武四年六月戊申。
② 《明太祖实录》卷 75，洪武五年七月戊辰。
③ 《明太祖实录》卷 197，洪武二十二年九月甲戌。
④ 《明太宗实录》卷 24，永乐元年十月壬申。
⑤ 孙承泽：《春明梦余录》卷 36《户部二》"畿辅屯丁"，北京古籍出版社 1992 年版，第 605—606 页。
⑥ 何乔远辑：《名山藏》卷 7《典谟记》"成祖二"，《续修四库全书》第 425 册，上海古籍出版社 2002 年影印本，第 55 页上栏。
⑦ 《永乐大典》卷 3587 "屯田" 条，中华书局 1986 年影印本，第 3 册，第 2162—2163 页。

兴右卫9屯，在魏村、太师庄、七里铺、华家庄4社；燕山右卫4屯，在齐化关、崇仁关、大黄庄社；济阳卫4屯，在清润社；彭城卫2屯，在李贤社。(4) 良乡县军屯17处：永清左卫10屯，在鲁村、高舍、北赵、长舍4社；济州卫2屯，在坊市、公村2社；燕山护卫3屯，在公村、高舍2社；燕山左卫2屯，在丁修社。(5) 昌平县军屯19处：大兴左卫12屯，在白浮、蔺沟、清河、清龙、丰善、孟村、堂乐7社；济阳卫3屯，在坊市、白浮2社；永清右卫4屯，在蔺沟、丰善2社。(6) 密云县，属于密云卫的军屯分布在远西庄、年丰、曹家寨、省庄、太师庄、燕乐、安家庄、庙城、孝德。(7) 房山县，有济州卫军屯1处，在王佐南社。(8) 通州军屯38处：通州卫29屯，在东刘、北尹、裴村、兆善、招理、王村、阜民、南尹、西城、延庆、葛渠、富豪、台湖、扶仁14社；燕山右卫4屯，在裴村、安德2社；永清右卫5屯，在西阳社。(9) 漷州军屯7处：大兴右卫4屯，在尖堡、清善2社；燕山右卫2屯，在清善社；济阳卫1屯，在义高社。上述一百多处军屯的出现，大大改变了北京周边在"靖难之役"过后农业凋敝的面貌。其中不少村社的名称在数百年间或一直未变或有所变通，显示了清晰的历史地理脉络，在北京郊区村落发展史上具有重要地位。

除了山西、江南等地的移民之外，到北京附近种田的还有大量囚徒。永乐帝即位后的洪武三十五年（1402），诏令部分死罪与流罪犯人"挈家赴北平种田"。按照"武官军士赎罪例"，"军士及其户丁杂犯死罪。发往北平卫所屯田"①。永乐元年（1403）八月，制定了"罪囚北京为民种田例"："凡徒流罪除乐工、灶匠拘役、老幼残疾收赎，其余有犯俱免杖，编成里甲，并妻子发北京、永平等府州县为民种田，定立年限，纳粮当差。……先于顺天府所属州县内，人拨荒闲秋夏田地共五十亩，有力自愿多耕者听。"② 此前在五月份户部报告："顺天八府所属见在人户十八万九千三百有奇，未复业八万五千有

---

① 《明太宗实录》卷12下，洪武三十五年九月甲午。
② 《明太宗实录》卷22，永乐元年八月己巳。

奇；已开种田地六万三千三百四十三顷有奇，未开种十八万一千四百五十四顷有奇。"① 农业生产的恢复还需要大量的劳动力，永乐、宣德年间持续执行了这些条例。军屯、民屯分别由卫所与政府管理，所种土地都属于官地。屯田区域的土著农民与新来的移民，分别以"社"和"屯"编为里甲，后世以"屯"为名的聚落大多与屯田有关。政府组织下的移民以及蠲免租税、鼓励垦田的政策，促进了区域农业经济的恢复和发展。洪武二年（1369），战乱刚刚过后的北平府在额征粮民地只有 780 顷 32 亩。到洪武八年，官民田地总计 29014 顷 13 亩，其中官地只占 155 顷 68 亩②。根据前引户部在永乐元年五月的报告，顺天府内已开种与未开种的田地合计达到 244797 顷，土地开垦面积的增长相当可观。

万历年间，徐贞明倡议在京畿开发农田水利以缓解漕运压力。他在调查包括密云、平谷以及今河北唐山地区在内的京东土壤泉源的基础上，形成了比较完整的设想，但在宦官、勋戚的反对之下半途而废。万历年间申时行记载："彼中开垦已成，收获甚富，一闻诏下，尽撤毁堤岸，斥为闲田，垂成之功，废于一旦，良可惜也。"③ 嗣后，屯田御史左光斗提出："北人不知水利，一年而地荒，二年而民徙，三年而地与民尽矣。今欲使旱不为灾，涝不为害，惟有兴水利一法。"在他的积极推进下，"水利大兴，北人始知艺稻。邹元标尝曰：三十年前，都人不知稻草何物，今所在皆稻，种水田利也"④。天启年间，董应举"分处辽人万三千余户于顺天、永平、河间、保定，……遂用公帑六千买民田十二万余亩，合闲田凡十八万亩，广募耕者，畀工廪、田器、牛种，浚渠筑防，教之艺稻，农舍、仓廪、场圃、舟车毕具，费二万六千，而所收黍、麦、谷五万五千余石"⑤。

---

　　① 《明太宗实录》卷 20 下，永乐元年五月癸卯。

　　② 《顺天府志》卷 8 《田粮》，缪荃孙《永乐大典》抄本，北京大学出版社 1983 年影印，第 377 页。

　　③ 于敏中等：《日下旧闻考》卷 5 《形胜》引申时行《赐闲堂杂记》，北京古籍出版社 1985 年版，第 84 页。

　　④ 《明史》卷 244 《左光斗传》，中华书局 1997 年缩印本，第 6329 页。

　　⑤ 《明史》卷 242 《董应举传》，中华书局 1997 年缩印本，第 6289—6290 页。

除此之外，北京近郊与顺天府辖县的水稻种植也各有特色。房山县西南黄龙山下大石窝一带泉水丰富，明人记载："房山县有石窝稻，色白粒粗，味极香美。以为饭，虽盛暑经数宿不馊。"[①] 所谓"馊"，即馊、臭之意。在东汉张堪引水种稻的顺义县，明朝嘉靖年间训导刘志"开新渠以溉稻田"[②]，后人颂扬"张公之呼奴，刘公之新渠"，"虽两公之所设使未必尽同，迄今父老子弟过呼奴之下者兴麦岐之歌，酌新渠之源者比苏公之堤"[③]，把他们兴修水利的功业与苏轼治理杭州西湖相提并论。在水源丰富的北京西北地区，万寿寺附近"有亭在平畴，亭外俱稻田"[④]，海淀一带"沉洒种稻，厥田上上"[⑤]。万历年间蒋一葵写道：西湖（今昆明湖）周围"近为南人兴水田之利，尽决诸洼，筑堤列塍，为畜为畲，菱茨莲菰，靡不毕备。竹篱傍水，家鹜睡波，宛然江南风气，而长波茫白似少减矣"[⑥]，开辟水田导致水面减少。在什刹海西北的海子桥、水关附近，"桥南北之稻田，倍于关东南之水面"[⑦]；"德胜门东，水田数百亩。沟洫浍川上，堤柳行植，与畦中秧稻，分露同烟"[⑧]，在内官监掌管之下，"南人于此艺水田，粳秔分塍，夏日桔槔声不减江南"[⑨]；附近的龙华寺"寺门稻田千亩，南客秋思其乡者，数来过，闻稻香"[⑩]。京城以南右安门外十

---

① 徐昌祚：《燕山丛录》卷18《草木类》，《四库全书存目丛书》子部248册，齐鲁书社1995年影印本，第458页上栏。

② （康熙）《顺义县志》卷3《秩官志·名宦》，第8页。

③ 王侯服：《大士阁记》，载（康熙）《顺义县志》卷4《艺文志·碑记》，第52页。

④ 于敏中等：《日下旧闻考》卷98《郊坰》引《燕都游览志》，北京古籍出版社1985年版，第1635页。

⑤ 王嘉谟：《蓟丘集》卷39《丹棱沜记》，国家图书馆藏明刻本。

⑥ 蒋一葵：《长安客话》卷3《郊坰杂记》"西湖"条，北京古籍出版社1994年版，第50—51页。

⑦ 刘侗、于奕正：《帝京景物略》卷1《城北内外》"水关"条，北京古籍出版社1983年版，第19页。

⑧ 刘侗、于奕正：《帝京景物略》卷1《城北内外》"三圣庵"条，北京古籍出版社1983年版，第32页。

⑨ 于敏中等：《日下旧闻考》卷54《城市》引《燕都游览志》，北京古籍出版社1985年版，第882页。

⑩ 刘侗、于奕正：《帝京景物略》卷1《城北内外》"龙华寺"条，北京古籍出版社1983年版，第38页。

里草桥"众水所归，种水田者资以为利，十里居民皆莳花为业"①，其地即今丰台花乡一带。

皇室的皇庄、宫庄以及官僚、勋戚、太监的庄田，是明朝北京地区严重阻碍农业发展的突出问题。洪武年间，燕王朱棣把山后小兴村降民张福等人"徙入内地，散处宛平黄垡、东庄营等地，听用力开垦为业"。朱元璋把这些土地赐给朱棣作为王庄，在黄垡建立粮仓。永乐改元后称为皇庄，迁都北京后即归于宛平县，"东至南家庄，南至朱家务，西至太子务，北至梁家庄"，原额共地约 32 顷 87 亩，再加上东庄营、太子务、庄寨务、朱家务、南家庄、梁家庄、河南村的 34 顷 93 亩多，合计 67 顷 80 亩有余②。上述聚落位于今大兴区西南一隅，古今地名基本未变，只是南家庄、梁家庄、庄寨务、河南村谐音写作南各庄、梁各庄、张家务、贺南。《明史》记载："自正统后，屯政稍弛，而屯粮犹存三之二。其后屯田多为内监、军官占夺，法尽坏。……宪宗即位，以没入曹吉祥地为宫中庄田，皇庄之名由此始。其后庄田遍郡县。……弘治二年，户部尚书李敏等以灾异上言：'畿内皇庄有五，共地万二千八百余顷；勋戚、中官庄田三百三十有二，共地三万三千余顷。管庄官校招集群小，称庄头、伴当，占地土，敛财物，污妇女。稍与分辩，辄被诬奏。官校执缚，举家惊惶。民心伤痛入骨，灾异所由生。乞革去管庄之人，付小民耕种，亩徵银三分，充各宫用度。'帝命戒饬庄户。……武宗即位，逾月即建皇庄七，其后增至三百余处。诸王、外戚求请及夺民田者无算。"③ 根据林俊上疏所奏④，曹吉祥的庄田位于顺义县安乐里板桥村，原额 10 顷 13 亩，但通过强占民田增至 75 顷；武宗在大兴县增建七处皇庄，分别在十里铺、高密店、大王庄、深沟儿、石婆营、六里屯、土城，其地即今大兴区十里铺、高米店，朝阳区大黄庄、深沟村、石佛营、六里屯、北土城；正德元年（1506）

---

① 于敏中等：《日下旧闻考》卷 90《郊垧》引《燕都游览志》，北京古籍出版社 1985 年版，第 1531 页。

② 沈榜：《宛署杂记》卷 7《黄垡仓》，北京古籍出版社 1983 年版，第 55—57 页。

③ 《明史》卷 77《食货志一》，中华书局 1997 年缩印本，第 1885 页。

④ 林俊：《传奉敕谕查勘畿内田地疏》，载陈子龙等编《明经世文编》卷 88《林贞肃公集三》，中华书局 1962 年影印本，第 791—792 页。

至八年，在今北京市辖境，先后设立昌平州苏家口、通州神树、大兴县三里河、六里屯、昌平州楼子村皇庄，其地分别为今怀柔苏峪口、通州北神树、东城三里河、朝阳六里屯、昌平楼子庄。另据夏言《勘报皇庄疏》①，包括今河北、天津部分州县在内的京畿地区有皇庄 30 余处，共计占地 37595 顷 46 亩。嘉靖以后，皇庄改称官地，但性质相似的大内仁寿（慈宁）、清宁（慈庆）、未央（乾清）三宫的庄田仍然存在。在宛平县，仁寿（慈宁）宫庄田近 140 顷分布在德胜门外、教场、冰窖、清河、双线铺、梨树房、豆腐闸、玉河乡、高店、稻田村等处；未央（乾清）宫庄近 100 顷在旧土城关、撅山村、瓮山等地②。上述地域大致在今海淀、昌平区境内。

上林苑管辖的御马苑，"在京城外郑村坝等处，牧养御马。大小二十所，相距各三四里，皆缭以周垣。垣中有厩，垣外地甚平旷。自春至秋，百草繁茂，群马畜牧其间，生育蕃息"③。郑村坝即今朝阳区东坝河、西坝河一带，明代这个区域里的驹子马房、北马房、金盏马房、北高马房，就在今天的驹子房、北马房、金盏、北皋村。在大兴境内，永乐十二年扩大了元代下马飞放泊的范围，南海子"周围凡一万八千六百六十丈，乃域养禽兽、种植蔬果之所"④，清代继续拓展整修，又称南苑，成为著名的皇家园林；采育镇一带是明代蕃育署所在地，"首良牧、林衡、嘉蔬，所谓外光禄，统于上林苑。署即皇庄，不隶京府，乃胜国（引者按：指元朝）时沙漠地。永乐二年（1404）移山东西民填之，有恒产，无恒赋，但以三畜为赋。计营五十八，旧有鹅鸭城"⑤。上林苑监管辖养鸡鸭鹅的蓄养户、牧放牛马的牧养户、种植蔬菜的菜户、育植果木的园户、在南海子当差的海

---

①　夏言：《勘报皇庄疏》，载陈子龙等编《明经世文编》卷 202《夏文愍公文集一》，中华书局 1962 年影印本，第 2107—2109 页。

②　沈榜：《宛署杂记》卷 8《宫庄籽粒》，北京古籍出版社 1983 年版，第 63—70 页。

③　李贤等：《大明一统志》卷 1《京师》"苑囿"，三秦出版社 1990 年影印明刻本，第 64 页。

④　同上。

⑤　于敏中等：《日下旧闻考》卷 90《郊坰》引王同轨《耳谭》，北京古籍出版社 1985 年版，第 1528 页。

户，今北京丰台区的鹅凤营（原名"鸡鹅房"）、菜户营、海户屯等，就是在明代苑户基础上形成的聚落。

王府、勋戚、大臣的庄田，贵族、太监的香火地、护坟地，也占据了京畿大量土地。洪熙元年（1425）十月，"赐越王瞻墉昌平县庄田四十四顷九十亩"①。天顺三年（1459）四月，"赐东宫及诸王庄田。以昌平县汤山庄、三河县白塔庄、朝阳门外肆号厂官庄赐东宫；西直门外新庄村并果园、固安县张华里庄赐德王；德胜门外伯颜庄、鹰坊庄、安定门外北庄赐秀王"②。成化五年（1469）四月，"诏给还代王要家庄地三十一顷有奇"，另有"趄坡庄地二十顷五十亩……王已占种"③。其地位于"城东"，应在今朝阳区境内。万历十一年（1583），"命抄没犯人冯保通州等处房地，通给与潞府管业"④。在宛平县境内，万历年间有寿定王、泾简王等香火地、护坟地总数约65顷⑤。嘉靖十七年（1538）四月，户部奉旨查处张鹤龄、张延龄，"顺天等府庄田，原系节年钦赏者二十四处，共三千八百八十余顷。……原系奏讨者九处，计一千四百余顷，查数追没入官。其自买顺义县庄田一处，计四十七顷，许令变买"⑥。正德四年（1509）二月，"以朝阳关外猫竹厂地给付大德玄明宫"，此前太监刘瑾"奏请于朝阳门外作宫"，"复请猫竹厂空地供赡香火"⑦，因此占有数百顷田地，数千家民居被拆、坟冢被掘。此类奏请赐地之事，在明代屡见不鲜。

明朝皇室、太监为祈福而创建的寺院以及某些名刹古观，得到朝廷赏赐的土地相当可观，不少还享受免征税粮的特权。仅据《宛署杂记》所载：宣德十年（1435）五月，"通州麦庄田地八十七顷八亩四分五厘，赏赐朝天宫，永远焚修、墙垣等项"。成化二十年（1484）十月，宛平县香山乡民户"地五顷二十五亩，与寿安寺如来

① 《明宣宗实录》卷10，洪熙元年十月己卯。
② 《明英宗实录》卷302，天顺三年四月辛酉。
③ 《明宪宗实录》卷66，成化五年四月壬戌。
④ 《明神宗实录》卷137，万历十一年五月甲午。
⑤ 沈榜：《宛署杂记》卷18《恩泽》，北京古籍出版社1983年版，第206—209页。
⑥ 《明世宗实录》卷211，嘉靖十七年四月丁卯。
⑦ 《明武宗实录》卷47，正德四年二月丁亥。

宝塔供奉香火"；二十二年（1486）八月重修灵济宫，谕旨重申"其
都城西，宣德间所赐，宛平县夹河庄地九顷七十四亩，付本宫管
业"。弘治十二年（1499）六月，免除"宛平县香山乡黄村女僧吕氏
先年置买田地六顷七十六亩"的赋税，作为顺天保明寺的寺产。正
德八年（1513）十月，批准香山乡钓鱼台"延恩寺免差地七顷六十
三亩"；十三年（1518）九月，确定"嘉祥观免差地四顷五十二亩"，
其地在"县西四里园村等处"。万历七年（1579）四月，谕旨优免
"万寿寺庄房果园，地九顷七十亩"赋税，其地在西直关外广源闸地
方；十四年（1586）在宛平西八里庄修建"慈寿寺园一所，庄田二
十顷"①。这只是宛平一县的情形，由此可见明代京畿地区的寺产之
多。土地高度兼并与广设庄田既不利于农业经济的发展，也加剧了人
民生活的困苦和社会矛盾。

第七节　清代北京地区的圈地与水稻种植

满洲进京半年之后，清顺治元年十二月丁丑（1645 年 1 月 20
日）颁给户部的谕旨称："我朝建都燕京，期于久远。凡近京各州县
民人无主荒田，及明国皇亲、驸马、公、侯、伯、太监等死于寇乱
者，无主田地甚多，尔部可概行清查。若本主尚存或本主已死而子弟
存者，量口给与。其余田地，尽行分给东来诸王、勋臣、兵丁人等。
此非利其地土，良以东来诸王、勋臣、兵丁人等无处安置，故不得不
如此区画。然此等地土若满汉错处，必争夺不止。可令各府州县乡
村，满汉分居，各理疆界，以杜异日争端。……至熟地钱粮，仍照额
速征。凡绅民有抗粮不纳者，著该抚按察处。有司官徇情者，著抚按
纠参。若抚按徇情事发，尔部即行察奏。"② 北京周边地区由此开始
的圈占民地狂潮，一直持续到康熙八年（1669），是清初满洲社会的
农奴制残余在占领中原之后的反映。

---

① 沈榜:《宛署杂记》卷 18《恩泽》，北京古籍出版社 1983 年版，第 207—208 页。
② 《清世祖实录》卷 12，顺治元年十二月丁丑。

　　根据光绪《畿辅通志》统计，八旗共圈占土地 153467 顷 16 亩，其中宗室王公贵族占地 13338 顷 45 亩，八旗官兵占地 140128 顷 71 亩①。这些土地分布在以北京为中心的方圆五百里州县内，顺天府境内圈占最多。"顺天府原额地八万一千五百七十五顷八亩九分零，内除圈充冲压外，实剩地六千五百二十八顷三十九亩九分零"；在宣化府延庆州，"原额地四千六百七十三顷九十四亩六分零，内除圈充冲压外，实剩地一千二百六十五顷六十六亩九分。"② 在今北京市所辖范围内，各州县圈充土地情况见表 6—1：

表 6—1 今北京市辖境内清初圈地统计表

	州县	原额（顷）	圈充土地（顷）	实剩土地（顷）	圈充比例（%）
清顺天府州县	大兴	1909.63	1810.30	99.33	94.80
	宛平	3272.56	3016.29	256.27	92.17
	良乡	2918.24	2918.24	0	100.00
	通州	7439.77	7365.65	74.12	99.00
	昌平	2888.70	2885.93	2.77	99.90
	顺义	2486.88	2486.88	0	100
	密云	2733.43	2707.91	25.52	99.07
	怀柔	1392.22	1276.11	116.11	91.66
	房山	1767.37	1392.05	375.32	78.76
	平谷	1124.30	1069.36	54.94	95.11
	合计	27933.10	26928.72	1004.38	96.40
宣化府	延庆州	4673.94	3408.27	1265.67	72.92
今北京市辖境合计		32607.04	30336.99	2170.05	93.03

　　资料来源：（光绪）《畿辅通志》卷 94《经政略一·田赋》。

　　由上表可知，距离北京较近的州县被圈占的土地比例甚至高达100%，稍远些的房山、延庆比例稍低些。正如康熙《大兴县志》所言："今大兴为畿辅首地，旗屯星列，田在官而不在民，故土著者寡

---

① （光绪）《畿辅通志》卷 95《经政略二·旗租》，第 20—38 页。
② （光绪）《畿辅通志》卷 94《经政略一·田赋》，第 8、55 页。

而户口稀，无足怪也。"① 圈占的土地或作为八旗兵丁的旗地，或成为皇室、贵族的庄田。顺治十七年（1660）六月，"内大臣伯索尼遵谕上言十一事"，其中之一是："私决泉水宜杜也。京北玉泉山之水止备上用，其禁甚严。今诸王、贝勒以及各官，辄皆私引灌田，遂致泉流尽竭，殊干法纪。今后宜严谕禁止，庶泉流不竭矣。"② 此事经工部议覆："嗣后王、贝勒、大臣家人、官民人等，不许决引泉水灌田。如有违禁者，指名参奏议罪。"③ 失地的农民或投充在八旗贵族门下，或被迫远走他乡谋生，由此引发的社会矛盾日益加剧。康熙八年（1669）六月谕户部："比年以来，复将民间房地圈给旗下，以致民生失业，衣食无资，流离困苦，深为可悯。自后，圈占民间房地永行停止，其今年所已圈者，悉令给还民间。尔部速行晓谕，昭朕嘉惠生民至意。至于旗人，无地亦难资生。应否以古北等口边外空地拨给耕种，其令议政王、贝勒、大臣确议以闻。"④ 圈地浪潮的结束，为北京地区农业经济的恢复和发展扫清了一个制度上的障碍。但是，皇庄、旗庄一直存在。乾隆时期，畿辅地区有皇庄三百二十二处，此外还有半庄、豆粮庄、稻田庄合计八十处⑤，而此前已经改农奴庄田制为封建租佃制。雍正二年（1724）奏准："功德寺水田七顷四十四亩，瓮山水田八顷十一亩，所得稻已敷一年之用。留此二处官种外，其六郎庄等处应租与附近居民。计六郎庄水田五顷四十八亩，旱地三顷七十五亩；北坞水田九顷三十七亩，旱地一顷八十八亩；蛮子营水田十顷，旱地一顷二十五亩；黑龙潭水田五顷三十一亩，旱地五十四亩；石景山水田四顷八十二亩；功德寺头圈水田一顷三十五亩，旱地一顷八十七亩；瓮山旱地一顷一亩……并分别征租有差。"⑥ 到清末

① （康熙）《大兴县志》卷3《食货·户口考》，第2页。
② 《清世祖实录》卷137，顺治十七年六月壬子。
③ 《清世祖实录》卷140，顺治十七年九月丙寅。
④ 《清圣祖实录》卷30，康熙八年六月戊寅。
⑤ （乾隆）《大清会典》卷87《内务府》，《文渊阁四库全书》第619册，台湾商务印书馆1986年影印本，第838页上栏。
⑥ 《钦定八旗通志》卷68《土田志七》，《文渊阁四库全书》第665册，台湾商务印书馆1986年影印本，第373页下栏—374页上栏。

光绪年间，皇庄大量萎缩，旗地制度也日趋松懈。

康熙年间停止圈地之后，北京周边的民田大量增加。清初圈地后，顺天府实剩民田仅有 6528 顷 39 亩①，康熙十九年（1680）额外新增、退出、开垦并清查出土地共计 28475 顷 66 亩余②，嘉庆二十五年（1820）耕地达到 62121 顷 47 亩③，光绪七年（1881）左右增加到 66209 顷 8 亩④，总体上呈现不断增加的趋势。此外，清末顺天府还有旗地 14429 顷 77 亩，内务府稻田 108 顷 9 亩，与上述民地相加，总计 80746 顷 94 亩。如果再加上大量皇庄等庄田，清代土地耕垦的数量显然要超过明代的水平⑤。康熙帝非常重视农业生产，《清圣祖实录》等文献记载了他多次出城观稼、劝督农耕、进行农业生产试验的情形。他还在丰泽园苑田内选育优良早熟的品种"御稻米"，《几暇格物编》记载："丰泽园中有水田数区，布玉田谷种，岁至九月始刈获登场。一日，循行阡陌，时方六月下旬，谷穗方颖，忽见一科高出众稻之上，实已坚好。因收藏其种，待来年验其成熟之早否。明岁六月时，此种果先熟。从此生生不已，岁取千百。四十余年以来，内膳所进皆此米也。其米色微红而粒长，气香而味腴。以其生自苑田，故名御稻米。一岁两种亦能成两熟。……朕每饭时，尝愿与天下群黎共此嘉谷也。"⑥ 这就是著名的"胭脂稻"或称"京西稻"。康熙帝的提倡，对在京畿地区发展水稻生产具有重要的引导作用。

雍正三年（1725），怡亲王允祥、大学士朱轼奉命勘察直隶水利开发事宜。五年成立京东、京西、京南、天津营田局，以营田的优劣

---

① （光绪）《畿辅通志》卷 94《经政略一·田赋》，第 8 页。

② 陈梦雷等：《古今图书集成》第 8 册《方舆汇编·职方典》卷 17《顺天府部·汇考·顺天田赋考》，中华书局、巴蜀书社 1985 年影印本，第 7874 页中栏。

③ 梁方仲：《中国历代户口田地田赋统计》，上海人民出版社 1980 年版，第 401 页乙表 77。

④ 周家楣等：《光绪顺天府志》卷 51《食货志三·田赋上》，北京古籍出版社 1987 年版，第 1835—1926 页。

⑤ 于德源：《北京农业经济史》，京华出版社 1998 年版，第 295 页。

⑥ 康熙帝：《几暇格物编》卷下之下"御稻米"条，浙江古籍出版社 2013 年版，第 228—229 页。

作为官员升赏惩罚的依据，由允祥执掌推举黜陟之权，开渠种稻蔚然成风。根据《畿辅通志》记载："自五年分局至于七年，营成水田六千顷有奇。"其中，京东局平谷县："龙家务、水峪寺等处营田，引洵河及山泉之水，仍泄水于本河。……委员相度，置闸疏渠，果成膏壤。而相近之东高村、稻地庄亦有山泉，次第营治，以收其利。……雍正五年，县治正东龙家务、东北水峪寺等处，营治稻田共五顷三十五亩，农民自营稻田共七十六亩五分。雍正九年，改旱田三顷五十亩。"京西局宛平县："芦沟桥西北修家庄、三家店等处营田，引永定河之水，泄水于村南沙沟内。……今保安、怀来诸州县稻田最盛，皆于上流疏引，随高下以作沟洫，淤泥停壅，不粪而肥，苗发颖粟，所收倍于他水。今委员劝谕地户踊跃从事，营治将及二千亩，尽获倍收，是亦桑乾可田之明证也。雍正六年，县治西南永定河上流修家庄、三家店等处农民自营稻田共一十六顷。"京西局房山县："广运庄、高家庄、南良庄、长沟村等处营田，引拒马河、挟河之水，仍泄于本河。土人于邑西南玉塘泉引水艺稻，但泉力无多。而拒马河自铁锁崖以东水势顺流，兼挟河东南贯注，源流盛大，引用不穷。开渠设闸，随取而足，十余里畦塍相望，较玉塘泉之利更广矣。雍正五年，县治西南广润庄、高家庄等处，营治稻田共二十顷四十二亩六分。农民自营稻田共二顷七十二亩八分。雍正六年，县治西南良家庄、长沟村营治稻田共二顷八十九亩。农民自营稻田共四十亩。"[①]

雍正年间的畿辅水利营田高潮过后，开辟水田种稻的活动并未停止，昆明湖一带"京西稻"的种植面积又有所扩大。乾隆三十九年(1774)《御制凉水河作》注释说：在疏浚河道之后，"河两岸旧有稻田数十顷，又新辟稻田九顷余，均资灌溉之利。或云其地似江乡风景者，不知予之意期于农旅俱受其益，并非藉此为点缀也"[②]。清代地方志记载，房山县"坝儿河会诸山洞溪，于周口店作沟洫，浸灌园畦"；顺义县"灵迹泉涌出西流，溉稻田五十余亩"；怀柔县城外有

---

① （雍正）《畿辅通志》卷46《水利营田》，第2—25页。
② 于敏中等：《日下旧闻考》卷90《郊坰》，北京古籍出版社1985年版，第1523页。

宝带渠，"县人钟其濚凿渠引水，碱土遂成水田"；昌平县"黑泉在治东南西小口，乡人开渠引流，莳粳稻菱藕之属。百泉庄、马池口、凉水河村、大小汤山、芹城、暴榆泉、黑泉、太舟务、渤海所、俱有稻田"；平谷县"灵泉出县治东北二十里，灌溉田园，多赖其利"①。此外，光绪七年（1881），左宗棠属下的将领王德榜"入京，教练火器、健锐诸营，兼兴畿辅水利"②。次年在今门头沟区主持修建了北起龙泉镇城子村、南至卧龙岗、长二十一里的灌渠，"（城子）村而南九村，受惠殊非浅鲜，秋收倍增，农利大展"③。扩大耕地面积与兴修水利，随着人口的迅速增长变得越来越重要。清末甚至不得不允许将原来的皇家园林南苑放垦，到民国年间迅速成为数十个聚落密集分布的农业区域④，北部山区半山区的垦田活动也逐步向深山区延伸。

第八节　传统手工业的分布与变迁

与近现代工业社会的机器生产相对应，我们把历史上以人力与手工技艺为基础，以个人、家庭或官营作坊为主要生产方式的工业，笼统地称为传统手工业。历史人文地理在认识传统手工业发展过程的前提下，重点考察其时代特征、空间分布及其与所处地理环境的关系。

一　先秦至隋唐五代的手工业发展

在传统社会的农业生产之外，举凡矿物的开采和冶炼、生产工具的制造改进、生活用品的设计加工，都可纳入传统手工业的范畴。从比较宽泛的意义着眼，传统手工业的萌芽可以追溯到人类活

---

① 周家楣等：《光绪顺天府志》卷48《河渠志十三·水利》，北京古籍出版社1987年版，第1760—1769页。

② 《清史稿》卷459《王德榜传》，中华书局1998年缩印本，第12698页。

③ 据北京燕山出版社2001年版《门头沟文物志》239页碑文拓片辨认。

④ 孙冬虎：《制度与政策影响下的北京南苑环境变迁》，《首都师范大学学报》（社会科学版）2006年第5期。

动的早期，周口店地区出土的旧石器时代"北京人"、"山顶洞人"
稍做加工的各类石器、骨针，就可视为最早的手工业产品。北京地
区旧石器时代的考古发现，主要分布在北部和西北部山区的平谷、
密云、怀柔、延庆、门头沟境内。此后则有新石器时代门头沟"东
胡林人"的项链和手镯，昌平"雪山文化"遗址中出土的大量陶
器等。这一时期的重要考古遗址还有怀柔转年村，昌平曹碾、燕
丹，房山镇江营、丁家洼，平谷上宅、北埝头，密云燕落寨、坑子
地，海淀清河镇等处。平谷刘家河商代墓葬中的大量青铜器与房山
琉璃河商周文化遗址的各类骨器、石器、陶器、青铜器的发现表
明，青铜冶炼与制陶业已经成为独立的手工业部门。西周时期的燕
国，石镰、蚌镰等生产工具，饰以绳纹的灰色或红色鬲、簋、罐等
陶制生活器具，制作技术都有所提高。燕侯和贵族墓出土的青铜礼
器、兵器、车马器、铜质工具，也表现了对商代技术的继承。琉璃
河商周遗址出土的青釉瓷罐，是燕国制瓷业的发端。到了社会发生
大变动的战国时期，政府设置"工尹"管理官营的手工业作坊。冶
铁与金属工具制造技术迅速发展，锄、镰、镢、斧、凿等铁制工具
广泛应用于农业和手工业生产。青铜器、陶器变得形制更加灵巧，
花纹精致、种类繁多。

　　秦汉时期，冶铁与制盐业是最重要的官营手工业部门。在北京周
边，西汉涿郡（今河北涿州）、渔阳（今北京密云），"有铁官"主
管开矿冶炼事宜[1]。东汉的渔阳、泉州（今天津武清）"有铁"[2]。在
海淀区清河镇朱房汉代冶铁遗址，出土了剑、戟、锄、铲等铁制兵
器、农具以及车具、马饰等。怀柔水库龙山脚下有汉代铸造五铢钱的
作坊遗址，出土了陶范和五铢钱。丰台区大葆台西汉墓，也出土了铁
斧、铁扒钉等。其中一件铸有"渔"字的铁斧，其督造者可能就是
渔阳的铁官。房山窦店古城东南隅，也有汉代冶铁遗址。大葆台出土
的鎏金铜铺首、博山式铜熏炉，透雕玉璧等 70 余件玉器、160 余件

---

　　① 《汉书》卷 28 上《地理志第八上》、卷 28 下《地理志第八下》，中华书局 1997 年
缩印本，第 1577、1623 页。

　　② 《后汉书》志第 23《郡国五》，中华书局 1997 年缩印本，第 3528 页。

漆器、10 多件骨角牙器等，代表着冶铜以及玉器、漆器制作的高水准。在 1965—1972 年的考古发掘中，北京文物部门在古代蓟城所在的南城一带，发现了东周至西汉早期的 65 座瓦井，"瓦井出土的地区有陶然亭姚家井、广内大街北线阁、白云观、宣武门内南顺城街、和平门外海王村等处。较为密集的地方是内城西南转角经宣武门至和平门一线"①。这些"瓦井"以汉代居多，用陶土烧制的井圈迭砌成筒状的井壁，是制陶业应用于日常生活和农业生产的典型例证。西汉陶器大都施以黑漆衣，到东汉时普遍加施绿釉，以顺义临河村出土的大型绿釉陶楼等为代表。但是，依靠考古发掘而重见天日的工艺高超的某些随葬品是否产于今北京地区不得而知，因此，它们对于显示区域手工业发展程度方面的作用，显然不能与各类作坊遗址及其出土器物相提并论。

魏晋南北朝时期，战乱导致人民大规模流徙与败亡，削弱了手工业的生产。铜、铁的冶炼与铸造，由于军事和农业的需要维持在一定规模。密云县的铁矿得到继续开采，汉魏之际刘虞在幽州"劝督农植，开上谷胡市之利，通渔阳盐铁之饶，民悦年登"②。在顺义大营村、石景山区八宝山、房山小十三里村、怀柔韦里村、西城王府仓等处，西晋至北齐时代的墓葬中，出土了铁斧、铜镜、铜发钗、铜熏炉、铜弩机、金手镯、银簪等物，代表了铜铁金银冶铸的水平。麻、布的生产由于基本生活与缴纳赋税的需求得以维持，北魏时期在平谷西北的盐池设立解盐戍，在军队守卫下生产食盐。

隋唐时期的幽州是北方军事重镇，经过隋末战乱之后，人口规模与农业生产得到恢复。盐、铁生产具有重要地位，朝廷仿照军队屯田的方式设立盐屯，并按照相应的屯田标准考校盐屯的生产效益。开元二十五年（737）颁布的《屯田格》规定："幽州盐屯，每屯配丁五十人，一年收率满二千八百石以上，准营田第二等；二千四百石以上，准第三等；二千石以上，准第四等。"③ 《新唐书》亦载："幽

---

①　北京市文物管理处写作小组：《北京地区的古瓦井》，《文物》1972 年第 2 期。

②　《后汉书》卷 73《刘虞传》，中华书局 1997 年缩印本，第 2354 页。

③　杜佑：《通典》卷 10《食货十》"盐铁"，中华书局 1988 年版，第 231 页。

州、大同、横野军（今河北蔚县）有盐屯，每屯有丁有兵，岁得盐二千八百斛，下者千五百斛。"① 朝廷铸钱需要靠近原料产地，武德四年（621）七月行开元通宝钱，"仍置钱监于洛、并、幽、益等州"②。开元年间，幽州都督张说"命圤（按：古"矿"字）人采铜于黄山，使兴鼓铸之利；命柞人斩木于燕岳，使通林麓之财；命圉人市骏于两蕃，使颁质马之政；命廪人搜粟于塞下，使循平籴之法。"③。上文"黄山"所指地点待考，但从"斩木于燕岳"、"搜粟于塞下"推断，当为燕山的某个部分。蓟城附近有冶炼铜、铁的作坊，城里有制作销售的生铁行。以土产贡品绫绢为主的丝织业迅速发展，幽州城内有众多出售丝织品的绢行。房山云居寺石经题记显示，唐代幽州还有织布、印染以及制作幞头、靴子等生活用品的手工业部门。五代时期，割据幽州的刘仁恭在大安山（今房山西北八十里）修筑宫殿，"又以瑾泥作钱，令部内行使，尽敛铜钱于大安山巅，凿穴以藏之，藏毕即杀匠石以灭其口"④。后唐长兴三年（932）七月，"幽州衙将潘杲上言，知故使刘仁恭于大安山藏钱之所。枢密院差人监往发之，竟无所得"⑤。史家称为"后人皆莫知其处"的这批铜钱⑥，在契丹占据幽州后终究被挖掘出来。《辽史》记载："圣宗凿大安山，取刘守光（引者按：当为刘仁恭）所藏钱，散诸五计司，兼铸太平钱，新旧互用。"⑦ 这也可以算作乱世铸造业的一个特殊事例。

二　辽南京金中都地区的手工业

早在契丹神册二年（917）与六年（921），晋王李克用属下的新

① 《新唐书》卷54《食货志四》，中华书局1997年缩印本，第1377页。

② 《旧唐书》卷48《食货志上》，中华书局1997年缩印本，第2094页。

③ 孙逖：《唐故幽州都督河北节度使燕国文贞张公遗爱颂并序》，载董浩等编《全唐文》卷312，中华书局1983年影印本，第3173页。

④ 《旧五代史》卷135《僭伪列传二》"刘仁恭"，中华书局1997年缩印本，第1802页。

⑤ 《旧五代史》卷43《唐明宗纪九》，中华书局1997年缩印本，第593页。

⑥ 《新五代史》卷39《刘守光传》，中华书局1997年缩印本，第424页。

⑦ 《辽史》卷60《食货志下》，中华书局1997年缩印本，第931页。

州裨将卢文进与防御使王郁相继带领所部军民投降契丹。《唐明宗实录》称："庄宗（按：后唐李存勖）未即位，卢文进、王郁相继入辽，皆驱率数州士女，为虏南藩，教其织纴工作。中国所为，虏中悉备。……（卢文进）率奚劲骑，倏来忽往，幽蓟荆榛满目，寂无人烟。"① 这两名叛将随后的屡次侵扰使幽蓟一带社会萧条，中原纺织技术的北传却带动了契丹境内的丝织业。在北宋使者路振笔下，虽然"力蚕之妇，十手并织，而老者之衣不得缯絮。征敛调发，急于剽掠"②，但幽州地区的丝织业仍然是一个重要的手工业部门。北宋景德二年（1005），契丹回馈了包括"线缕机绫共三百匹"在内的重礼，宋真宗"以礼物宣示近臣，又出祖宗朝所献礼物示宰相，其制颇朴拙，今多工巧，盖幽州有织工耳"③。由"朴拙"到"工巧"，正是丝织技术进步的反映。1955 年在拆除北京西长安街马路当中的庆寿寺与双塔时，出土了一批图案生动、染色精美的辽金丝棉织品与刺绣④。契丹清宁十年（1064）十一月，"定吏民衣服之制"，"诏南京不得私造御用彩缎，私货铁，及非时饮酒"⑤。这条诏令从侧面证实，辽南京的彩缎织造水平已经相当高超，酿酒业以及顺州（今顺义）银冶山等地的冶炼都有一定规模。盐、铁、铸铜业一律官营，清宁年间"诏禁诸路不得货铜铁，以防私铸，又禁铜铁卖入回鹘"⑥。重熙元年（1032）之前，"南京三司销钱作器皿三斤，持钱出南京十贯，及盗遗火家物五贯者处死。至是，铜逾三斤，持钱及所盗物二十贯以上处死"⑦，禁止私人货卖经营的法律颇为严苛。

①　厉鹗：《辽史拾遗》卷 1 引《唐明宗实录》，《丛书集成初编》本，商务印书馆 1936 年版，第 11 页。

②　路振：《乘轺录》，贾敬颜《五代宋金元人边疆行记十三种疏证稿》本，中华书局 2004 年版，第 52 页。

③　徐松辑：《宋会要辑稿》第 196 册"蕃夷一"之三六，中华书局 1957 年影印本，第 8 册，第 7690 页。

④　北京市文化局文物调查研究组：《北京市双塔庆寿寺出土的丝绵制品及绣花》，《文物参考资料》1958 年第 9 期。

⑤　《辽史》卷 22《道宗本纪二》，中华书局 1997 年缩印本，第 264 页。

⑥　《辽史》卷 60《食货志下》，中华书局 1997 年缩印本，第 931 页。

⑦　《辽史》卷 62《刑法志下》，中华书局 1997 年缩印本，第 943 页。

北宋太平兴国四年（979）六月，宋太宗亲率大军进攻幽州，这就是著名的高梁河之战。时有"山后八军伪瓷窑官三人，以所授处牌印来献"①。他们管辖的瓷窑或其中之一在今北京门头沟区龙泉务。1975年的考古发掘显示，龙泉务官窑遗址南北长约300米，东西宽约200米，在采集到的标本中，"瓷器以碗、盘为主，另外间有碟、净水瓶、罐、盂、盒、壶、瓶等；釉色以白瓷为主，还有少量褐、黑、青瓷。窑具有匣钵、支钉、印模"。根据赵德钧墓等墓葬年代及出土瓷器推断，龙泉务窑在辽应历八年（958）以前就已经设置，到天庆三年（1113）还在烧造瓷器。北京地区墓葬、塔基出土的辽代白瓷、黑瓷，"大部分应属于龙泉务瓷窑所烧制"②。1981年，在密云县小水峪村发现了辽金窑址③，出土了以白瓷为主的碗、罐等，但器物的胎质、釉色、火候均不及龙泉务窑。

辽南京有比较发达的印刷业，官方的管理机构是印经院。在山西应县木塔发现的辽代刻经中，咸雍七年（1071）刻《释摩诃衍论通赞疏卷第十》和《释摩诃衍通赞疏科卷下》题记，有"燕京弘法寺奉宣校勘雕印流通，……印经院判官……韩资睦提点"。民间刊刻的佛经也很多，《上生经疏科文》是统和八年（990）"燕京仰山寺前杨家印造"；太平五年（1025）刻《妙法莲华经卷第四》，题记有"摄大定府文学庞可升书，同雕造孙寿益、权同展、赵从业、弟从善雕，燕京檀州街显忠坊门南颊住冯家印造"。另外，《佛说八师经》是"大昊天寺福慧楼下成造"，其地在今北京西便门大街西；《新雕诸杂赞》雕印于"燕台大悯忠寺"，即今北京法源寺；《称赞大乘功德经》刻于"燕台圣寿寺"。另一种刻本的《妙法莲华经卷第四》，卷首题字有"燕京雕日历赵守俊并长男、次弟同雕记"，这是一个父子叔侄都从事刻版业务的家庭。《法华经玄赞会古通今新抄》卷第二、卷第六题记，分别有"孙守节等四十七人同雕"与"赵俊等四十五人同

①　徐松辑：《宋会要辑稿》第196册《蕃夷一》之五，中华书局1957年影印本，第8册，第7675页。

②　鲁琪：《北京门头沟区龙泉务发现辽代瓷窑》，《文物》1978年第5期。

③　赵光林：《密云小水峪村发现辽金窑址》，《北京日报》1981年7月8日。

雕"，这是多人合作长篇巨制的证明①。由此可见燕京雕刻印刷的盛况，"表明辽燕京印经院和坊间拥有一批从事书写、绘画、雕刻、印刷、装裱等专业的技术工匠，同时造纸、制墨、锻造、织作业也相应发达。凡此皆说明，公元十世纪时，燕京是我国雕版印刷的一个重要中心"②。除了佛经之外，燕京有经营刻印销售的民间书铺。虽然清宁十年（1064）十月"禁民私刊印文字"③，但也表明此前民间刻书并没有限制，此后民间刻书也不可遏止。元祐四年（1089）苏辙出使契丹时，《神水馆寄子瞻兄四绝》之三有"谁将家集过幽都，逢见胡人问大苏"之句④，所反映的应是宋朝书籍北传的情形。到了绍圣元年（1094）张舜民（字芸叟）再度出使时，不仅在幽州驿馆见到有苏轼《老人行》诗题壁，而且"闻范阳书肆亦刻子瞻诗数十篇，谓《大苏小集》"⑤，辽国已在刊印苏轼的诗集了。

金灭北宋之后，"东京取医官、教坊、内侍、内人、作匠、司天官吏，国主、元帅、大酋共分，驱使燕山。得国主指挥，更不发遣，厚与养济，于诸寺院内安泊。内侍、内人，皆为大酋所有。医官开铺，乐人作场，司天行术，作匠执艺，各自营生，衣食方足。畿辅所破郡县，尽皆驱虏北行，何啻千万"⑥。在这样的社会大破坏、大动荡的背景下，汴京的大批工匠被掠到中都，为官营与私营手工业的恢复和发展创造了条件。中都作为金代的政治中心毕竟不同于辽代的陪都南京，国家对手工业的需求以及相应的管理更加严格。在朝廷设置的机构中，工部"掌修造营建法式、诸作工匠、屯田、山林川泽之

① 傅振伦：《辽代雕印的佛经佛像》，载陈述主编《辽金史论集》（一），上海古籍出版社 1987 年版，第 210—223 页。

② 张畅耕等：《应县木塔辽代秘藏考》，《文化交流》1994 年第 3 期。

③ 《辽史》卷二十二《道宗本纪二》，中华书局 1997 年缩印本，第 264 页。

④ 苏辙：《栾城集》卷 16《奉使契丹二十八首》之《神水馆寄子瞻兄四绝》之三，上海古籍出版社 1987 年版，第 398 页。

⑤ 王辟之：《渑水燕谈录》卷 8《歌咏》，《文渊阁四库全书》第 1036 册，台湾商务印书馆 1986 年影印本，第 514 页下栏。

⑥ 徐梦莘编：《三朝北盟会编》靖康中帙 73 引赵子砥《燕云录》，台北大化书局 1979 年影印本，第乙 396 页。

禁、江河堤岸、道路桥梁之事"①。太府监下辖的酒坊"掌醖造御酒及支用诸色酒醴"。少府监"掌邦国百工营造之事",下辖的尚方署"掌造金银器物、亭帐、车舆、床榻、帘席、鞍辔、伞扇及装钉之事";图画署"掌图画缕金匠";裁造署"掌造龙凤车具、亭帐、铺陈诸物,宫中随位床榻、屏风、帘额、绦结等,及陵庙诸物并省台部内所用物",明昌三年(1192)"裁造匠六人,针工妇人三十七人";文绣署"掌绣造御用并妃嫔等服饰、及烛笼照道花卉",有"绣工一人,都绣头一人,副绣头四人,女四百九十六人";织染署"掌织纴、色染诸供御及宫中锦绮币帛纱縠";军器监"掌修治邦国戎器之事",下辖的利器署"掌修弓弩刀槊之属"②。这些机构所管辖的事务显然不止中都一地,从中却也可以看出中都官营手工业的主要方面甚至某些行业的大致规模。

在金中都的私营手工业中,北宋工匠的到来使丝织业的生产技术与花色品种大为改观,1955年北京西长安街双塔出土的精美丝织物就是证明。但是,大定十三年(1173)太常寺拟定的服饰制度中,"花纱绫罗丝绸"只准士人、八品以上官员及部分僧尼道士穿用,"庶人止许服绸绸、绢布、毛褐、花纱、无纹素罗、丝绵,其头巾、系腰、领帕许用芝麻罗、绦用绒织成者。……兵卒许服无纹压罗、绸绸、绢布、毛褐。奴婢止许服绸绸、绢布、毛褐"③。绸绸是一种粗绸子,这项规定大致可以看出金代包括中都地区在内的纺织业产品类型。关于中都的酿酒业,正隆二年进士、大兴人王启诗中有"燕京名酒四海传"之句④。大定三年(1163)颁诏惩治宗室私酿酒者,接着"省奏中都酒户多逃,以故课额愈亏。上曰:此官不严禁私酿所致也。命设军百人,隶兵马司,同酒使副合千人巡察,虽权要家亦许搜索。奴婢犯禁,杖其主百。且令大兴少尹招复酒户"⑤。私人酿酒

---

① 《金史》卷55《百官志一》,中华书局1997年缩印本,第1237页。

② 《金史》卷56《百官志二》,中华书局1997年缩印本,第1272—1276页。

③ 《金史》卷43《舆服志下》"衣服通制",中华书局1997年缩印本,第986页。

④ 王启:《王右辖许送名酒,久而不到,以诗戏之》,载元好问编《中州集》卷8,中华书局1959年版,第399页。

⑤ 《金史》卷49《食货志四》,中华书局1997年缩印本,第1105页。

业的兴盛引起大批官营酿酒作坊的酒户外逃，从而影响了朝廷的税收。大定九年，"大兴县官以广阳镇务亏课，而惧夺其俸，乃以酒散部民，使输其税"①，官营的酒坊被迫向民营开放。金代大兴府"产金银铜铁"②，中都地区以铜镜为主的私人铸铜业，在朝廷的限制下悄然成长。为了铸钱的需要，自海陵王正隆年间，"民间铜禁甚至，铜不给用，渐兴窑冶……民用铜器不可阙者，皆造于官而鬻之。既而官不胜烦，民不胜病，乃听民冶铜造器，而官为立价以售"③。大定八年（1168）、十一年、二十六年，金世宗都有"禁私铸铜镜，旧有铜器悉送官"之类的诏令④。但是，民间把铜钱销熔后铸造铜镜之事不可遏止，朝廷有时也不得不放松矿禁，今北京地区就出土了式样繁多的金代铜镜。

三　元代大都地区手工业的繁荣

元大都既是统一国家的首都，也是高度繁荣的手工业中心。在战争中掳掠与从各地征发而来的四十余万名工匠汇聚大都，朝廷建立了由政府与诸王贵族控制、比金代更为完整和庞大的官营手工业生产和管理系统。工部"掌天下营造百工之政令。凡城池之修浚，土木之缮葺，材物之给受，工匠之程式，铨注局院司匠之官，悉以任之"。在工部之下，诸色人匠总管府"掌百工之技艺"，下辖出蜡局、铸泻等铜局、银局、镔铁局、玛瑙玉局、石局、木局、油漆局等局；诸司局人匠总管府属下的大都甔局"管人匠一百二十有五户"，大都染局"管人匠六千有三户"；大都人匠总管府属下的绣局"掌绣造诸王百官段匹"，纹锦总院"掌织诸王百官段匹"，涿州罗局"掌织造纱罗段匹"，尚方库"掌出纳丝金颜料等物"；随路诸色民匠都总管府属下的大都等处织染提举司"管阿难答王位下人匠一千三百九十八户"，提举都城所"掌修缮都城内外仓库等事"。大都周边设有平则

① 《金史》卷49《食货志四》，中华书局1997年缩印本，第1105页。
② 《金史》卷24《地理志上》，中华书局1997年缩印本，第573页。
③ 《金史》卷46《食货志一》，中华书局1997年缩印本，第1029页。
④ 《金史》卷48《食货志三》，中华书局1997年缩印本，第1070—1072页。

门窑场、光熙门窑场、大都皮货所、通州皮货所等生产管理机构①。
此外，将作院、大都留守司、武备寺以及宫廷贵族控制下的宣徽院、
储政院、中政院等，也有管理冶铸、营缮、织染、金银器制作等类手
工业生产的职能。

　　大都有著名的丝织、酿酒、玉器制造业。马可波罗称：四方百物
输入大都川流不息，"仅丝一项，每日入城者计有千车。用此丝制作
不少金锦绸绢，及其他数种物品"②。通过这里具有文学色彩的形容，
足见城里丝织业规模的庞大。大德九年八月初二（1305 年 8 月 22
日），宣政院奏报"街下织段子的匠人每，织着佛像并西天字段子货
卖有"③，皇帝随即下旨禁止织造售卖这类高级丝织品。大都城内湛
露坊"多是雕刻、押字与造象牙匙箸者，及成造宫马大红鞦辔、悬
带、金银牌面、红绦与贵赤四绪绦、士夫青匾绦并诸般线香"④。精
美的绸绢、缎子与丝绦，是丝织业发达的象征。关于酿酒业，至元十
四年（1277）姚枢在忽必烈征询惠民之策时说："糜谷之多，无若醪
醴麹糵。京师列肆百数，日酿有多至三百石者，月已耗谷万石。百肆
计之，不可胜算与！祈神赛社，费亦不赀，宜悉禁绝。"⑤ 这些建议
都被皇帝接受，但禁酒期并未持续很长，而在此前后的酿酒数量可见
一斑。对于元代创制的烧酒"阿剌吉酒"，马可波罗形容它"不仅味
佳，而且色清爽目。其味极浓，较他酒为易醉"⑥，这是酿酒史上的
一次技术革命。大都工匠的玉器、雕刻、塑像技艺超群，除了集中于
湛露坊的雕刻、象牙制作之外，大都内外有上万人从事玉器行业。
《析津志》记载："南城彰仪门外，去二里许，望南有人家百余户，

　　①　《元史》卷85《百官志一》"工部"，中华书局1997年缩印本，第2143—2149页。
　　②　冯承钧译：《马可波罗行纪》，上海书店出版社2001年版，第238页。
　　③　《通制条格》卷28《杂令》"佛像西天字段子"，浙江古籍出版社1986年版，第293页。
　　④　熊梦祥：《析津志》，《析津志辑佚》本，北京古籍出版社1983年版，第208页。
　　⑤　姚燧：《牧庵集》卷15《中书左丞姚文献公神道碑》，《四部丛刊》本，商务印书馆1936年版，第13—14页。
　　⑥　冯承钧译：《马可波罗行纪》，上海书店出版社2001年版，第254页。

俱碾玉工，是名磨玉局。"① 这个有大量碾玉工人聚集的村落，即今北京丰台区的东局、西局，地名的语源就来自此地是元代磨玉局的生产基地这段史实。今北京西安门大街北侧的刘兰塑胡同形成于清代，命名的依据却是胡同北端出自刘元之手的元代天庆宫佛像，只是地名用字略有谐音转换。元末陶宗仪记载：刘元，字秉元，蓟州宝坻县人，官至昭文馆大学士、正奉大夫、秘书监卿，是元代著名的雕塑家。至元七年（1270）应招为大护国仁王寺雕塑佛像，他把中国技法与向尼泊尔建筑师阿尼哥学来的技法融合起来，所塑佛像"神思妙合，遂为绝艺。凡两都名刹，有塑土范金，抟换为佛，一出元之手，天下无与比"②。此外，大都还有粮食加工、饮食、医疗服务以及家具、编织、窑厂、漆器制作等多种行业。

大都周边有比较重要的采矿冶炼业，军器制造也与此相关。至元初年，"燕北、燕南通设立铁冶提举司大小一十七处，约用煽炼人户三万有余，周岁可煽课铁约一千六百余万。自至元十三年（1276）复立运司以来，至今（按：至元二十年前后）官为支用本货，每岁约支三五百万斤"③。在今北京市范围内，"银在大都者，至元十一年（1274）听王庭璧于檀州奉先等洞采之"④，其地可能即今密云银冶岭。"至元十三年，雾灵山伐木官刘氏言，檀州大峪（今密云东北13公里达峪村一带）、锥山（今密云东北25公里锥峰山）出铁矿，有司复视之，寻立四冶"⑤，这四处冶炼厂即大峪、锥山、五峪（今密云古北口南14公里松树峪西五峰山附近）、利贞（今密云石匣西北2.5公里栗榛寨附近）。《永乐大典》抄本《顺天府志》征引《洪武图经志书》称：宛平县"银冶在城西北一百八十里颜老山，铁冶在城西北一百五十里清水村"，境内最著名的采煤业在西山一带："煤炭出城西七十里大峪山，有黑煤洞三十余所。……西南五十里桃花沟

① 熊梦祥：《析津志》，《析津志辑佚》本，北京古籍出版社1983年版，第115页。
② 陶宗仪：《南村辍耕录》卷24"精塑佛像"条，中华书局1959年版，第294页。
③ 王恽：《秋涧集》卷90《便民三十五事》"省罢铁冶户"，《四库全书荟要》集部第54册，世界书局影印本，第401页。
④ 《元史》卷94《食货志二》，中华书局1997年缩印本，第2379页。
⑤ 《元史》卷50《五行志一》，中华书局1997年缩印本，第1069页。

有白煤十余里（洞）"①。从方志所用史料的年代看，至少反映了元末明初的情形。大都的军器制造以冷兵器与抛石攻城的回回炮为主，至元十六年（1279）三月，襄加带"括两淮造回回砲新附军匠六百，及蒙古、回回、汉人、新附人能造砲者，俱至京师"②。元代后期，又铸造金属火炮即火铳。大都的手工业种类多样、规模宏大，远非辽金时期可比，但正如王恽等指出的那样，垄断性的官营手工业也存在浪费严重、耗费过多等种种弊端。

四　明代北京地区的手工业形态

明代北京建立了以工部及内廷各监局为主的官营手工业生产和管理系统。工部之下有营缮、虞衡、都水、屯田四清吏司，所辖与手工业相关的机构有营缮所、皮作局、鞍辔局、宝源局、颜料局、军器局、织染所、杂造局等。营缮清吏司主管城市建设事宜，"凡物料储偫，曰神木厂，曰大木厂，以蓄材木；曰黑窑厂，曰琉璃厂，以陶瓦器；曰台基厂，以贮薪苇，皆籍其数以供修作之用"，其中有手工业者烧造陶器、瓦器、琉璃。虞衡清吏司"典山泽采捕、陶冶之事"，也涉及军装、兵械的制造③。势力极大的宦官，管理着十二监、四司、八局，即所谓二十四衙门。其中，内官监"掌木、石、瓦、土、塔材、东行、西行、油漆、婚礼、火药十作，及米盐库、营造库、皇坛库，凡国家营造宫室、陵墓，并铜锡妆奁、器用暨冰窖诸事"；御用监"凡御前所用围屏、床榻诸木器，及紫檀、象牙、乌木、螺甸诸玩器，皆造办之"。惜薪司"掌所用薪炭之事"；宝钞司"掌造粗细草纸"。兵仗局"掌制造军器，火药司属之"，银作局"掌打造金银器饰"，巾帽局"掌宫内使帽靴"等，针工局"掌造宫中衣服"，内织染局"掌染造御用及宫内应用缎匹，城西蓝靛厂为此局外署"，酒醋面局"掌宫内食用酒醋、糖酱、面豆诸物，与御酒房不相统

①　《顺天府志》卷11《宛平县》，缪荃孙《永乐大典》抄本，北京大学出版社1983年影印，第5页。

②　《元史》卷10《世祖本纪七》，中华书局1997年缩印本，第210页。

③　《明史》卷72《职官志一》，中华书局1997年缩印本，第1760页。

辖"。此外还有条作"掌造各色兜罗绒及诸绦绶",盔甲厂"掌造军器",安民厂即王恭厂"掌造铳砲、火药之类"①。此类机构还有很多,它们的设置也体现了明代北京官营手工业的主要类型,不少司、局、厂、作后来成为北京胡同的命名依据。明代的特色手工业,以雕漆、宣德炉、景泰蓝等最著名,传入民间后被广泛仿造。永乐年间大兴土木,北京的民匠有二万七千余户,以后陆续减少至数千人,沉重的劳役迫使大量工匠逃亡。

北京的私营手工业在明朝中后期获得了较大空间,"前店后厂"式的作坊不胜枚举。嘉靖年间张爵著录的北京胡同,有许多就以作坊及其主人命名,如保大坊取镫胡同、仁寿坊汪纸马胡同、大时雍坊麻绳胡同、正东坊吴毡儿胡同、正西坊王皮胡同、正南坊粉房刘家街、崇北坊唐刀儿胡同、宣北坊魏染胡同、宣南坊包头张家胡同等等②。清乾隆时人阮葵生记载:"明末,京城市肆著名者,如勾栏胡同何关门家布,前门桥陈内官家首饰,双塔寺李家官帽,东江米巷党家鞋,大栅栏宋家靴,双塔寺赵家薏苡酒,顺承门大街刘家冷淘面,本司院刘崔家香,帝王庙前刁家丸药,而董文敏(引者按:董其昌)亦书刘必通硬尖水笔。凡此皆名著一时,起家巨万。"③ 坊间酿酒有"薏苡酒"等多种,宫廷用酒品种更为丰富。天启年间,魏士望酿酒进献皇帝,"曰秋露白,曰荷花蕊,曰佛手汤,曰桂花醴,曰菊花浆,曰芙蓉液,曰君子汤,曰兰花饮,曰金盘露,名色可六七十种"④,这些都是北京酿酒业发达的体现。此外,京城内外的丝织、麻织业以及花灯、烟火、风筝、风车、玻璃制品等,都显示出了高超的技艺。郊区的采矿业继承了金元两代的传统,宛平县颜老山的银冶、清水村的铁冶、温泉村的画眉石以及昌平县西南苏家坨的硝厂得以延续,位于宛平、房山境内的西山煤矿有数百煤窑开采,成为支撑北京能源供

①　《明史》卷74《职官志三》,中华书局1997年缩印本,第1824—1825页。
②　张爵:《京师五城坊巷胡同集》,北京古籍出版社1982年版,第5—19页。
③　阮葵生:《茶余客话》卷18"著名市肆"条,中华书局1959年版,第548页。
④　刘若愚:《酌中志》卷14《客魏始末纪略》,北京古籍出版社1994年版,第71页。

应的主要基地。

五　清代北京地区手工业的变革

清代北京地区的手工业，在管理机构的设置以及主要行业的分布方面，延续了明代以来形成的传统，但官营手工业的规模远逊于元明两朝，晚清时期煤炭等行业逐渐由手工业步入近代工业阶段。

与明朝一样，清朝工部之下亦设营缮、虞衡、都水、屯田四清吏司，职责也基本一致。制造库掌管银工、镀工、皮工、绣工、甲工，宝源局、琉璃窑、军需局、官车处、惜薪厂、冰窖、采细库、砲子库等分别负责铸钱、军器生产等事宜①。宫廷所需由内务府管理，广储司之下的匠作分为银、铜、染、衣、绣、花、皮七类②，营造司下设木、铁、房、瓷、薪、炭六库，铁、漆、爆三作③。养心殿造办处掌管的制造器用作坊原有四十余处，乾隆后期至光绪年间有十四处：如意馆、金玉作、铸炉处、造钟处、砲枪处、鞍甲作、弓作、珐琅作、玻璃厂、铜錢作、匣裱作、油木作、灯裁作、盔头作，各作匠人的专业分工非常明确。武英殿修书处掌监刊书籍，设书作、刷印作，有托裱、补书等多种工匠④。负责铸钱的有工部宝源局与户部宝泉局，后者分设东厂（东四牌楼四条胡同）、南厂（钱粮胡同）、西厂（千佛寺胡同）、北厂（北新桥三条胡同）⑤。清初八旗炮场，属于镶黄、正白、镶白、正蓝四旗者在镶黄旗教场空地，正黄、正红二旗者在德胜门外，镶红、镶蓝二旗者在阜成门外。康熙之后，集中在养心殿造办处、景山、铁匠营，所造火炮质高量多，此后则逐渐衰落。

---

① 《清史稿》卷114《职官志一》，中华书局1998年缩印本，第3292—3293页。
② （光绪）《大清会典》卷90《广储司》，新文丰出版公司影印清光绪二十五年刻本，第920页。
③ （光绪）《大清会典》卷94，《营造司》，新文丰出版公司影印清光绪二十五年刻本，第953页。
④ （光绪）《大清会典》卷98，《养心殿造办处》，新文丰出版公司影印清光绪二十五年刻本，第994页。
⑤ （光绪）《大清会典》卷24，《内仓监督》，新文丰出版公司影印清光绪二十五年刻本，第246页。

大量的城市消费人群，滋养了清代北京及其周边种类繁多的私营手工业。为满足北京的能源供应，朝廷鼓励私人开采西山煤炭。在郊区的宛平、良乡、怀柔等县，棉花种植与棉布纺织成为许多家庭的重要经济来源。酿酒业的状况可从京师三类酒店所售品种反映出来：南酒店售女贞、花雕、绍兴、竹叶青；京酒店往往是山东人开设，售雪酒、冬酒、涞酒等，"又有良乡酒，出良乡县，都中亦能造，止冬月有之"；药酒店所售"则为烧酒以花蒸成，其名极繁"，很多属于果酒之类[1]。民间铸造铜器的兴盛，曾导致铜钱原料紧张，朝廷不得不采取限制措施。乾隆九年（1744）大学士鄂尔泰等奏："京城内外镕铜打造铜器铺户，宜官为稽查。查京城内外、八旗三营地方，现有镕铜大局六处，铜铺四百三十二座。内货卖已成铜器不设炉铺户六十八座外，设炉铺户三百六十四座，逐日镕化打造。京城废铜器无几，崇文门过税之铜每年仅三百万斤，断不敷打造之用，势必出于销钱"。因此，朝廷采纳了他们的建议，将炉座铺户集中搬到三十六处、共计七百九十一间官房内，由步军统领衙门等监督其开工打造[2]。

当代人津津乐道的北京食品尤其是糕点、小吃之类，在很多方面有赖于它们在清代的发展。近人崇彝《道咸以来朝野杂记》提到的著名店铺，就有出售夏季凉饮酸梅汤的琉璃厂信远斋、前门大街九龙斋、始于咸丰初年的西单秋家梅汤；西单酱肘铺天福斋与天福春记；东四马市大街糕点铺芙蓉斋，还有瑞芳斋、正明斋、聚庆斋；正阳门内户部街路东的月盛斋，所制五香酱羊肉为北京第一；致美斋的烧饼、春卷、肉角、月饼远近行销[3]。显然，这只是北京饮食坊铺的几个代表。在日用品生产方面，"京师前门有针刀剪铺，门竖高坊，上大书'三代王麻子'。而外省多有冒之者，所悬市招，犹大出矢言，言'近有假冒者，男盗女娼'云云，而不知其实自道也"[4]。明代发

---

① 震钧：《天咫偶闻》卷 4《北城》，北京古籍出版社 1982 年版，第 84 页。
② 《清高宗实录》卷 226，乾隆九年十月壬子。
③ 崇彝：《道咸以来朝野杂记》，北京古籍出版社 1982 年版，第 29—30 页。
④ 徐珂：《清稗类钞》农商类"京师针刀剪铺市招"条，中华书局 1984 年版，第 5 册，第 2298 页。

展起来的景泰蓝、宣德炉，在清代更多地被民间仿造，琉璃、玉器、雕刻、漆器等行业也有所进步。琉璃厂成为以刻书印刷与古玩业为主的文化中心，举凡书籍、纸墨、文玩、古董、碑帖、图画等类无所不有，也促进了刻字、裱褙等相关行业的发展。手工业作坊往往与出售产品的店铺合为一体，有些作坊的分布我们将在下节一并叙述。

晚清至民国时期，随着西方近现代工业技术及其产品的涌入，煤炭开采、金属冶炼、棉丝纺织以及不少日常生活用品的生产，其动力全部或部分地由人工变为电力，传统的手工工具被电力驱动的机械代替，但许多传统手工业仍然在一定范围内保持着它们的活力。

第九节　城市商业的兴衰和布局

不论是作为北方军事重镇的幽州还是从陪都发展到全国首都的辽南京、金中都、元大都与明清北京城，军事、政治中心的特殊地位与社会生活的需求促进了城市商业的进步，水陆交通条件则为货物的流通提供了有力保障。

一　战国至五代时期的城市商业状况

司马迁指出："夫燕，亦勃、碣之间一都会也。南通齐、赵，东北边胡。上谷至辽东，地踔远，人民希，数被寇，大与赵、代俗相类，而民雕捍少虑，有鱼盐枣栗之饶。北邻乌桓、夫馀，东绾秽貉、朝鲜、真番之利。"[①]这里描绘的区域经济地理与交通形势，是对战国至西汉时期的总体概括。燕都蓟城濒临我国传统的农牧交错带，地理位置促使它成为中原农耕文化与北方游牧文化的交汇点，也是多民族相互融合的中心，商品流通则是其中的内容之一。中原与东北地区的商人在此交换农牧产品、铁器陶器、布帛狐裘，燕国所铸带有"明"字的刀币不仅是通行的货币，而且被成堆成捆地窖藏起来作为积存财富的手段。1957年在北京朝阳门外土穴中出土了3876枚战国

---

① 《史记》卷129《货殖列传》，中华书局1997年缩印本，第3265页。

货币，其中布币 992 枚，刀币 2884 枚（包括明刀币 2767 枚）。1988年在房山区龙门台村出土明刀币 400 多枚。在河北省境内，易县燕下都遗址出土明刀币 33315 枚，沧县肖家楼、兴隆县沥水沟、滦平县营房村也有上万枚刀币出土。在长城以北，辽宁省绥中县，辽阳市下麦窝、大辛庄村，抚顺市巴沟村，大连新金县北岚村，瓦房店市凤鸣岛，内蒙古赤峰市新窝铺、蘑菇山、郭家梁等地，也有数百枚至4000 余枚燕国刀币和布币出土。此外，在吉林、河南、陕西、山东等省与朝鲜、日本等国，也有燕国明刀出土①。货币流通范围的广阔，也是以蓟城为中心的燕国商业繁荣的标志之一。由此奠定的商业贸易格局具有历史的惯性，稍晚于司马迁的桑弘羊称：“燕之涿、蓟，赵之邯郸，魏之温、轵，韩之荥阳，齐之临淄，楚之宛丘，郑之阳翟，三川之二周，富冠海内，皆为天下名都。”② 在这些商业发达的通都大邑中，蓟城、邯郸等是列国的都城，到汉代仍然享受着先秦时期的遗泽。即使在社会大变动的魏晋北朝时期，蓟城的“胡市”也是长城内外各民族经济贸易的舞台。

在隋唐时期社会高度繁荣的背景下，幽州的商业活动颇为兴盛。北京房山云居寺石经题记显示，唐代幽州城内的千余家店铺，以经营商品种类划分为三十多种行业，包括米行、百米行、大米行、粳米行、屠行、肉行、油行、五熟行、果子行、椒笋行、炭行、生铁行、磨行、布行、绢行、大绢行、小绢行、彩帛行、绵行、幞头行、新货行、杂货行、靴行等，经营丝、麻、毛织品与金属工具、生活器皿等等。江南的茶叶与仙、滑、青、定、荆、沣、越、梓等州的产品，通过大运河或海上通道抵达幽州，反映了与各地的商业联系。“大顺二年（891）六月乙酉，幽州市楼灾，延及数百步”③，表明到唐朝末期幽州的市场仍在延续。汉魏以降，缘边州郡皆通过互市与塞外交易物产。隋代置交市监，唐代称通市监或互市监，“诸互市监各掌诸番交易之事，丞为之贰。凡互市所得马、驼、驴、牛等，各别其色，具齿

---

① 王彩梅：《燕国简史》，紫禁城出版社 2001 年版，第 247—250 页。
② 桓宽：《盐铁论·通有》，《诸子集成》第 7 册，中华书局 1954 年影印本，第 4 页。
③ 《新唐书》卷 34《五行志一》，中华书局 1997 年缩印本，第 887 页。

岁、肤第，以言于所隶州、府，州、府为申闻"①。汉族商人与非汉族的"商胡"往来于幽州内外，朝廷有时也对互市商品加以限制。开元二年（714）颁布敕令："诸锦、绫、罗、縠、绣织成绸绢丝，牦牛尾、真珠、金、铁，并不得与诸蕃互市。"② 天宝年间，范阳等三镇节度使安禄山为叛乱做准备，"分遣商胡诣诸道贩鬻，岁输珍货数百万"③，这也是幽州商贸的一个侧面。到唐末五代时期，占据幽州的刘仁恭尽敛铜钱贮藏于大安山，强迫境内使用胶泥制成的钱币，"又禁江表茶商，自撷山中草叶为茶，以邀厚利"④。在频繁战乱与多重掠夺之下，商业凋敝势所必然。

二 辽南京与金中都的商业

辽南京以其独特的交通地理优势，成为连接北宋与契丹之间政治经济文化交流的中转站。经由此地的对外贸易与城市本身的商业发展，是辽南京商业状况的基本内容。北宋在雄州（今河北雄县）、保州（今河北保定）设立榷场，契丹也在振武军（内蒙古和林格尔西北土城子）设立榷场，由此开辟了辽南京与中原及西北地区的贸易通道。圣宗统和初年，燕京留守司提议，"民艰食，请弛居庸关税，以通山西籴易"，此后又"开奇峰路（今河北易县西北三十五里奇峰庄一带）以通易州（今河北易县）贸易"⑤，进一步加强了辽南京与西北、西南的经济联系，主要是以畜牧产品交换中原的丝绢、茶叶等。开泰年间，为了保证国家铸钱的需求，"诏禁诸路不得货铜铁，以防私铸，又禁铜铁卖入回鹘，法益严矣"⑥。在幽州城内，"太宗得燕，置南京，城北有市，百物山侔，命有司

---

① 李林甫等：《唐六典》卷 22《诸互市监》。中华书局 1992 年点校本，第 580 页。
② 王溥：《唐会要》卷 86 "市"，中华书局 1955 年版，第 1581 页。
③ 《资治通鉴》卷 216，唐玄宗天宝十载二月，中华书局 1956 年标点本，第 6905 页。
④ 《旧五代史》卷 135《僭伪列传二》"刘仁恭"，中华书局 1997 年缩印本，第 1802 页。
⑤ 《辽史》卷 60《食货志下》，中华书局 1997 年缩印本，第 929 页。
⑥ 同上书，第 931 页。

治其征"①，即通过征缴市场贸易的税收以充实国库。"偫"意为储备。宋金联合灭辽后不久，许亢宗率团出使金国途中路经燕山府即刚刚归还宋朝的辽南京，多种南宋文献以不同名目引用了记载其沿途见闻的行程录。《三朝北盟会编》引《宣和乙巳奉使行程录》称，这里"户口安堵，人物繁庶。大康广陌，皆有条理。州宅用契丹旧内，壮丽复绝。城北有三市，陆海百货，萃于其中。僧居佛宇，冠于北方。锦绣组绮，精绝天下。膏腴麻蔬、果实稻粱之类，靡不毕出，而桑柘麦麻、羊豕雉兔，不问可知"②。其他几种文献对城北市场的表述略有差异，《大金国志》称"城北有市"③，《契丹国志》亦称"城北有市"，并有"自晋割弃，建为南京，又为燕京析津府，户口三十万"等语④，表明南宋人也认为许亢宗所见大体可以代表这座城市在辽代的面貌。

金中都拓展了辽南京旧城，此前位于城北的三处市场应继续存在。除了传统的粮食和手工业制品外，饮茶之风的兴起也带动了南宋茶叶的北流。金朝境内的茶叶一部分是宋人岁供，一部分在宋朝榷场以金帛、丝绢、食盐等交换，造卖私茶也比较普遍，金世宗、章宗多次以"费国用而资敌"为由加以限制。泰和六年（1206）十一月尚书省奏："茶，饮食之余，非必用之物。比岁下上竞啜，农民尤甚，市井茶肆相属。商旅多以丝绢易茶，岁费不下百万，是以有用之物而易无用之物也。若不禁，恐耗财弥甚。"虽有七品以上官员之家方许食茶的规定，但是，即使在宋金交战之时，"犯者不少衰，而边民又窥利，越境私易"⑤，饮茶的客观需求不可遏止。朝廷规定"亲王、公主及见任五品以上官，素蓄者存之，禁不得卖

---

① 《辽史》卷60《食货志下》，中华书局1997年缩印本，第929页。

② 徐梦莘编：《三朝北盟会编》政宣上帙20引《宣和乙巳奉使行程录》，台北大化书局1979年影印本，第甲186—187页。

③ 宇文懋昭：《大金国志》卷40《许奉使行程录》，《大金国志校证》本，中华书局1986年版，第560页。

④ 叶隆礼：《契丹国志》卷22"南京"条，上海古籍出版社1985年版，第217页。

⑤ 《金史》卷49《食货志四》，中华书局1997年缩印本，第1108—1109页。

馈，余人并禁之。犯者徒五年，告者赏宝泉一万贯"①。中都是贵族、高官最集中的地方，这项规定间接证明了茶叶在中都商品交易中的地位。

金朝对中都的其他商业活动采取鼓励政策，大定二十年（1180）正月，"定商税法，金银百分取一，诸物百分取三"②。除了较低的税率之外，金世宗还尽量避免干扰市肆营业。次年二月，他到兴德宫祭奠元妃李氏，"过市肆不闻乐声，谓宰臣曰：岂以妃故禁之耶？细民日作而食，若禁之，是废其生计也，其勿禁。朕前将诣兴德宫，有司请由蓟门，朕恐妨市民生业，特从他道。顾见街衢门肆或有毁撤，障以帘箔，何必尔也，自今勿复毁撤"③。明昌四年（1193）章宗听说通州米粟甚贱，户部官员奏称："中都路去岁不熟，今其价稍减者，以商旅运贩继至故也。"④ 商人贩运粮食到中都，稳定乃至降低了粮价。大定年间，中都税使司每年税收 16 万余贯，承安元年（1196）达到 21 万余贯⑤。

三　元大都商业的高度发展

大都是元代具有世界影响的贸易中心，马可波罗描写道："郭中所居者，有各地来往之外国人，或来入贡方物。或来售货宫中。……外国巨价异物及百物之输入此城者，世界诸城无能与比。……此汗八里大城之周围，约有城市二百，位置远近不等。每城皆有商人来此买卖货物，盖此城为商业繁盛之城也。"⑥ 黄仲文亦称：大都"华区锦市，聚万国之珍异；歌棚舞树，选九州之秋芬。……繁庶之极，莫得而名也。若乃城阓之外，则文明为舳舻之津，丽正为衣冠之海，顺承为南商之薮，平则为西贾之派。天生地产，鬼宝神爱，人造物化，山奇海怪，不求而自至，不集而自萃。是以吾都之人，家无虚丁，巷无

---

① 《金史》卷49《食货志四》，中华书局 1997 年缩印本，第 1109 页。
② 同上书，第 1110 页。
③ 《金史》卷8《世宗本纪下》，中华书局 1997 年缩印本，第 180 页。
④ 《金史》卷50《食货志五》，中华书局 1997 年缩印本，第 1118 页。
⑤ 《金史》卷49《食货志四》，中华书局 1997 年缩印本，第 1110 页。
⑥ 冯承钧译：《马可波罗行纪》，上海书店出版社 2001 年版，第 237—238 页。

浪辈。计赢于毫毛，运意于莅倍。一日之间，一哄之内，重毂数百，交凑阗阓，初不计乎人之肩与驴之背"①。这里不仅呈现了一派商贾云集、熙熙攘攘的景象，而且指出了大都前三门与西南城门在商业和交通方面的特色，它们分别对应着货物与人员流通的主要水陆通道：大运河上浩浩荡荡的运粮船队沿着通惠河逆流而上，驶过南墙最东端的文明门外之后转向北折，最终到达大都城内的积水潭，此即"文明为舳舻之津"；经由中间的丽正门进入大都的各色人等，包括国内外的官员、士绅、商人、旅行者，是谓"丽正为衣冠之海"；来自南方的商人，通常就近选择南墙最西端的顺承门进城，因此"顺承为南商之薮"；从西南方向而来的商贾，则要穿行西墙最南端的平则门，故称"平则为西贾之派"。

　　商路畅通是保障城市基本生活资料的主要途径，尚书省、御史台屡次奏报："大都居民所用粮斛，全藉客旅兴贩供给。""大都里每年百姓食用的粮食，多一半是客人从迤南御河里搬将这里来卖有。来的多呵贱，来的少呵贵有。"② 因此，朝廷一直致力于维护运河与海上航道的畅通。为了平抑粮价、周济贫民，至元二十二年（1285）"于京城南城设铺各三所，分遣官吏，发海运之粮，减其市直以赈粜焉"，随后成为常规性的制度，发粮由数万石至四五十万石不等。成宗元贞元年（1295）设肆三十所，后减为十余所。大都食盐的供销，在商人贩卖与官府专卖之间多次反复。大德七年（1303）罢大都盐运司，"每岁存留盐数，散之米铺，从其发卖。后因富商专利，遂于南北二城设局，凡十有五处，官为卖之"。泰定二年（1325）撤销官卖局，元统二年（1334）又予以恢复，至正三年（1343）再度"听从客贩"③。煤炭来自西山，"城中内外经纪之人，每至九月间买牛装车，往西山窑头载取煤炭，往来于此"，在车牛可以直抵煤窑之前的

①　黄仲文：《大都赋》，载沈榜《宛署杂记》卷17《民风一·土俗》，北京古籍出版社1983年版，第189页。

②　《通制条格》卷27《杂令》"拘滞车船"条，浙江古籍出版社1986年版，第288页。

③　《元史》卷97《食货志五》，中华书局1997年缩印本，第2487页。

冬季，"日发煤数百，往来如织"①。大都冬季用煤相当可观，居民日常生活用品以及面向皇室与官僚富豪的奢侈品，也是数量巨大、品种丰富。

元末熊梦祥记录了大都城内主要的市肆分布："米市、面市，钟楼前十字街西南角；羊市、马市、牛市、骆驼市、驴骡市，已上七处市俱在羊角市一带，其杂货并在十市口。北有柴草市，此地若集市，近年俱于此街西为贸易所。段子市，在钟楼街西南；皮帽市，同上。菜市，丽正门三桥、哈达门丁字街。菜市，和义门外。帽子市，钟楼。穷汉市，一在钟楼后，为最；一在文明门外市桥；一在顺承门城南街边；一在丽正门西；一在顺承门里草塔儿。鹁鸽市，在喜云楼下。鹅鸭市，在钟楼西。珠子市，钟楼前街西第一巷。省东市，在检校司门前墙下。文籍市，在省前东街。纸劄市，省前。靴市，在翰林院东，就卖底皮、西甸皮、诸靴材，都出在一处。车市，齐化门十字街东。拱木市，城西。猪市，文明门外一里。鱼市，文明门外桥南一里。草市，门门有之。沙剌市，一巷皆卖金银、珍珠、宝贝，在钟楼前。柴炭市集市，一顺承门外，一钟楼，一千斯仓，一枢密院。人市，在羊角市，至今楼子尚存……煤市，修文坊前。南城市、穷汉市，在大悲阁东南巷内。蒸饼市，大悲阁后。胭粉市，披云楼南。果市，和义门外、顺承门外、安贞门外。铁器市，钟楼后。"② 据此，城内众多行业的所在地点与商品类型一目了然，进而可以绘出一幅以钟鼓楼与积水潭北岸、羊角市（今西四附近）、枢密院角市（今灯市口一带）为重心的元大都市肆分布图。城外的寺庙往往有定期集日性质的庙会，每年二月八日在平则门外三里的西镇国寺，"寺之两廊买卖富甚太平，皆南北川广精粗之货，最为饶盛。于内商贾开张如锦，咸于是日。……多是江南富商，海内珍奇无不凑集"③，还有一

①　熊梦祥：《析津志》，《析津志辑佚》本，北京古籍出版社 1983 年版，第 209 页。

②　于敏中等：《日下旧闻考》卷 38《京城总纪》引《析津志》，北京古籍出版社 1985 年版，第 603—604 页。

③　熊梦祥：《析津志》，《析津志辑佚》本，北京古籍出版社 1983 年版，第 214—215 页。

些寺院也举办类似活动。

四 明代北京的商业发展

永乐初年，靖难之役过后的北京人口稀疏、经济萧条。朝廷在皇城四门、钟鼓楼等处盖房出租给商人和居民，总称为"廊房"。每处根据地理位置的冲僻程度分为三等，由众人推举出或抓阄确定的"廊头"负责收取数额不等的租税上缴。在宛平县境内，"共盖廊房八百一间半，召民居住；店房十六间半，招商居货"。前者分布在北安门东、北安门西、海子桥东、海子桥西、鼓楼东、鼓楼西、钟楼东、钟楼西、安定门、德胜门内、德胜门外、西直门里、西直门外、阜成门里、阜成门外、宣武门里，店房都在西四牌楼[1]。这个规模并不很大的举动，是复兴北京商业的前奏。明成祖迁都北京以后，政治中心的特殊地位促使"四方之货不产于燕而毕聚于燕"[2]，"四方财货骈集于五都之市。彼其车载肩负、列肆贸易者，匪仅田亩之获、布帛之需，其器具充栋与珍玩盈箱，贵极昆玉琼珠、滇金越翠。凡山海宝藏，非中国所有，而远方异域之人，不避间关险阻，而鳞次辐辏，以故畜聚为天下饶"[3]。以东南与华北地区为主的商人、百工，共同造就了商业繁荣的北京。刘若愚追述了天启之前宦官管理的宝和等六家皇店征收商税的情形："每年贩来貂皮约一万余张，狐皮约六万余张，平机布约八十万匹，粗布约四十万匹，棉花约六千包，定油、河油约四万五千篓，芝麻约三万石，草油约二千篓，烧酒约四万篓，而都城内之烧者不与也。荆油约三万五千篓，南丝约五百驮，榆皮约二十驮，各省香馆分用也。北丝约三万斤，串布约十万筒，江米约三万五千石，夏布约二十万匹，瓜子约一万石，腌肉约二百车，绍兴茶约一万箱，松罗茶约二千驮，杂皮约三万余张，大麴约五十万块，中麴约三十万块，面麴约六十万块，京城自造细麴约八十万块，而内臣、勋戚自制之麴不

---

① 沈榜：《宛署杂记》卷7《廊头》，北京古籍出版社 1983 年版，第 58—60 页。
② 张瀚：《松窗梦语》卷 4 "百工纪"，中华书局 1985 年版，第 77 页。
③ 张瀚：《松窗梦语》卷 4 "商贾纪"，中华书局 1985 年版，第 81 页。

与也。四直河油约五十篓，四直大麯约一十万块，玉约五千斤，猪约五十万口，羊约三十万只，俱各有税，而牛、马、驴、骡不与也。如滇粤之宝石、金珠、铅铜、砂汞、犀象、药材，吴楚、闽越、山陕之币帛、绒货，又不与也。"① 即使仅从这些被征税的货物来看，北京的商品流通也已是洋洋大观了。

明朝延续了钟鼓楼等处在元代已经形成的商业中心地位，又形成了一些新的市场，它们各有不同的经营特点：朝前市，在大明门左右与棋盘街，"府部对列街之左右，天下士民工贾各以牒至，云集于斯，肩摩毂击，竟日喧嚣"②，每天都开市。灯市，在东华门外，每年正月初八至十七灯节期间持续十日，白天开市，夜晚放灯，连绵二里之远。"市之日，省直之商旅，夷蛮闽貉之珍异，三代八朝之骨董，五等四民之服用物，皆集。衢三行，市四列，所称九开市场，活随队分，人不得顾，车不能旋，阛城溢郭，流芳百廛也。"③ 内市，《万历野获编》称："内市在禁城之左，过光禄寺入内门，自御马监以至西海子一带皆是。每月初四、十四、廿四三日，俱设场贸易。"④ 崇祯年间的《帝京景物略》记载："内市者，东华门内，月三日市。今移灯市张矣，犹称内市也。"⑤ 二者所指地点都在东华门内。记载明朝故实的清初《天府广记》又云："宫阙之制，前朝后市。在玄武门外，每月逢四则开市，听商贸易，谓之内市。……若奇珍异宝进入尚方者，咸于内市萃之。"⑥ 这个"内市"当是位于今故宫北门外的另一处以奢侈品为主的市场。城

① 刘若愚：《酌中志》卷16《内府衙门职掌》，北京古籍出版社1994年版，第131页。

② 蒋一葵：《长安客话》卷1《皇都杂记》"棋盘街"条，北京古籍出版社1994年版，第11页。

③ 刘侗、于奕正：《帝京景物略》卷2《城东内外》"灯市"条，北京古籍出版社1983年版，第57—58页。

④ 沈德符：《万历野获编》卷24《畿辅》"内市日期"条，中华书局1959年版，第612—613页。

⑤ 刘侗、于奕正：《帝京景物略》卷4《西城内》"城隍庙市"条，北京古籍出版社1983年版，第161页。

⑥ 孙承泽：《天府广记》卷5"后市"条，北京古籍出版社1984年版，第56页。

隍庙市，每月初一、十五、二十五开市，每月逢三是土地庙市，二者"谓之外市，系士大夫、庶民之所用"①。城隍庙市"东弼教坊，西逮庙墀庑，列肆三里"②，与灯市并称"东灯市、西庙市"，举凡古今图籍、商周彝鼎、秦汉匜镜、唐宋书画，乃至滇越、闽楚、吴越等地的珠宝、象牙、玉器、绫锦等物，无不汇集于此。穷汉市，在正阳桥，傍晚开市，是面向底层居民与商贩的市场。在外城，人口密集的前门大街迅速崛起为市肆林立的商业中心。明人记载："北京正阳门前搭盖棚房，居之为肆，其来久矣。崇祯七年，成国公朱纯臣家灯夕被火，于是司城毁民居之侵占官街、搭造棚房、拥塞衢路者。金侍御光辰虑其扰民，上言：'京师穷民僦舍无资，藉片席以栖身，假贸易以糊口，其业甚薄，其情可哀。皇城原因火变，恐延烧以伤民，今所司奉行之过，概行拆卸，是未罹焚烈之惨而先受离析之苦也。且棚房半设中涂，非尽接栋连楹，若以火延棚房即毁棚房，则火延内室亦将并毁内室乎？'疏入，有旨停止。"③随着人口与商铺的日益密集，前门大街道路两侧被商户的棚房渐进式蚕食，这种情况到清代变得更为严重。

明代北京开始出现具有同乡互助性质的会馆，由在京的显宦或商人出资修建，旨在供本省或府、州、县的官员、士绅、举子在京城居停，也是同乡或同一行业的商人聚会之所，"然往往为同乡贵游所据，薄宦及士人辈不得一庇宇下"④。当代有遗迹可查的明代会馆，在前门大街以西（原宣武区）为20处左右⑤，数量远逊于清代会馆，而且也不易确定它们在商业活动中的作用究竟如何。另外，嘉靖年间

<hr/>

① 孙承泽：《天府广记》卷5"后市"条，北京古籍出版社1984年版，第56页。
② 刘侗、于奕正：《帝京景物略》卷4《西城内》"城隍庙市"条，北京古籍出版社1983年版，第161页。
③ 于敏中等：《日下旧闻考》卷55《城市》引高承埏《鸿一亭笔记》，北京古籍出版社1985年版，第886—887页。
④ 沈德符：《万历野获编》卷24《畿辅》"会馆"条，中华书局1959年版，第608页。
⑤ 侯仁之、岳升阳主编：《北京宣南历史地图集》"附表·会馆"，学苑出版社2008年版，第117—124页。

张爵《京师五城坊巷衚衕集》记录的北京内外城街巷胡同，有许多是以其间曾经有过的市肆命名，这是探寻明代北京商业分布状况的宝贵线索，我们已经在《北京地名发展史》一书中进行了初步讨论①。

五　清代北京的商业格局

满洲人关后实行旗民分城居住的政策，被划为八旗营地的北京内城商业迅速衰落。集市、庙会、摊贩成为贸易活动的主要途径，留在内城的店铺也只是一些贩卖烟酒、生姜、水果、鸡鸭、猪鹅、席子、砂锅、瓦盆、车子、柳罐、筐箩等普通生活用品的小店，有的甚至只是旅店或大车店，但其中一部分仍然难免被整肃清理到城外。乾隆二十一年（1756）十一月，步军统领衙门"查得城内开设猪酒等项店座七十二处，又指称售卖杂货、夜间容留闲杂人等居住店座四十四处，又专租人居住店座十五处"（表6—2）。他们的看法与处理结果是："城内开设店座，宵小匪徒易于藏匿。除将猪酒等项店座应准其开设外，其指称卖物容人居住店座四十四处、专租人居住店座十五处，均饬令移于城外，嗣后城内地面永不准开设。……自此次禁止之后，如再有开设店座、容人住宿，一经查出，即将开店之人治罪，并将失察之步军校等官从严参办。"② 在所查131处店铺中，卖货并容人居住与专门出租住人的59处以不利于治安的借口被赶出城外。奏疏的最后将应去留各店开列清单请皇帝御览，据此可知内城在严格实行"旗民分置"制度的清代中前期比较寥落的商业景象，即使此次所查未必是内城全部的店铺。被移到城外的店铺，以镶黄旗、正黄旗最多。这两个旗护卫着安定门与德胜门以内的北城，处于什刹海沿岸与鼓楼大街所在的传统商业中心左右，自元代以来形成的历史影响虽然在清代中前期被严重削弱，却仍能与相邻的正白旗所辖东直门内地区一起，显示出比内城其他区域更多的商业底蕴。

---

①　孙冬虎：《北京地名发展史》，北京燕山出版社 2010 年版，第 147—150 页、170—173 页。

②　载铨等：《金吾事例》"章程"卷三"京城内禁止开设店座"条，故宫博物院编《故宫珍本丛刊》330 册影印清咸丰元年官刻本，海南出版社 2000 年版。

表6—2　　乾隆二十一年步军统领衙门清查北京内城店铺统计

旗别	街巷、店名、数量		合计
	准留内城（72）	移于城外（59）	
镶黄旗	方家胡同酒店1；铃铛胡同烟梗店1；草场胡同小猪店1	安定门内姑姑寺胡同永兴车店1、仁义席店1；方家胡同瑞升酒店1、长盛酒店1；鼓楼北湾兴隆砂锅店1；鼓楼大街大顺店1；鼓楼东大街兴盛车店1、万通砂锅店1、三合车店1、关东店1、信义车店1、三义关东店1、帽儿胡同仁和店1；方砖厂胡同广信号砂锅店1；鼓楼后顺义席店1；交道口东大街三合店1；鼓楼西湾仁和店1、砂锅店1；交道口东大街天顺蒜店1；车辇店胡同酒店2、草店1、永恒线店1；新桥鸡鱼店1、义和店1；东直门内小街口四合店1、瓦盆店1	30
正黄旗	德胜门内果子市鲜果店1	果子市野鸡店1、草铺野鸡店1、酒车店1；干石桥酒车店4；西缘儿胡同车店1、酒车店2；德胜门内南大街酒车店1、草铺车店1；三不老胡同酒车店1；糖房胡同野鸡店1；四眼井酒车店1；地安门外姜店1、脚驴店1；白米斜街磁器店1；地安桥蜜桃店1；鼓楼桥筐箩店1、关东店1	22
正白旗	东四牌楼鸡鹅店2；猪市大街猪店27、酒店1	东四牌楼鸡鹅市万和鸡鹅店1；四条胡同席店1	32
正红旗	西四牌楼猪店21		21
镶白旗	灯市口酒店1	灯市口东大街席店2；王府大街鹁鸽市关东店1；东单牌楼三条胡同席店1	5
镶红旗		正阳门内箭市赶脚驴店1	1
正蓝旗	栖凤楼胡同小猪店2；东江米巷烟店1、酒店1	长安街车脚柳罐店1；东单牌楼席店1；船板胡同柳罐店1	7
镶蓝旗	干石桥猪店3	兵马司胡同席柳器店1、鸡鸭店1	5

　　清代旗民分城居住政策使北京内城的商业迅速衰落，却给自明代已经奠定良好基础的外城带来了商业兴盛的历史机遇。前门大街及其两侧的大栅栏、琉璃厂、花市等地成为新的商业中心。大约到了道光、咸丰之后，旗民分城的制度逐渐松弛，内城日益兴盛起来的钟鼓楼、王府井、东西四牌楼、东西单牌楼与若干庙市，与外城的上述街市共同构成了北京商业格局的骨干。前门大街东边的肉市、布市、瓜

子店、鲜鱼口、打磨厂，集中了众多商贾、匠作、货栈；西边的珠宝市、粮食店、猪市口、大栅栏等地，以市廛、旅店、商贩、优伶聚集著称，大栅栏的同仁堂药店、瑞蚨祥绸布店、马聚源帽店、内联升鞋店等著名商号，是北京商业的精华。前门一带还有广和楼等戏园，以京剧为代表的戏曲艺术在这里成长壮大。晚清震钧《天咫偶闻》称："京师百货所聚，惟正阳门街、地安门街、东西安门外、东西四牌楼、东西单牌楼暨外城之菜市、花市。自正月灯市始，夏月瓜果，中秋节物，儿嬉之泥兔爷，中元之荷灯，十二月之印板画、烟火、花爆。紫鹿、黄羊、野猪、山鸡、冰鱼，俗名关东货。亦有果实、蔬菜，旁及日用百物，微及秋虫蟋蟀。苟及其时，则张棚列肆，堆若山积。卖之数日，而尽无余者，足见京师用物之宏。"[1] 在传统的钟鼓楼商业区，"地安门外大街最为骈阗，北至鼓楼凡二里余，每日中为市，攘往熙来，无物不有"[2]。在正月的灯市期间，各店肆高悬五色灯球，"由灯市以东至西四牌楼以北，相衔不断。每初月乍升，街尘不起，士女云集，童稚欢呼。店肆铙鼓之声，如雷如霆"[3]。东四牌楼西北的隆福寺每月逢九、十开市，震钧回忆说："庙市之物，昔为诸市之最，今皆寻常日用，无复珍奇。余少时游之，尚多旧书古拓，字画亦夥，价直不昂，今不复见，惟寺左右唐花局中，日新月异。……西城之护国寺，外城之土地庙，与此略等。"[4] 这是清末隆福寺庙市已在萎缩的反映。隆福寺与每月逢三开市的南城土地庙、逢四开市的花市火神庙、逢五逢六开市的阜成门内白塔寺、逢七逢八开市的西四牌楼护国寺，是清代著名的五大庙会。此外，朝阳门外东岳庙，东直门外太阳宫，东直门内小药王庙，安定门内雍和宫，旧鼓楼大街"北药王庙"，德胜门外黑寺、黄寺、北顶碧霞元君庙，西直门外皂君庙、大钟寺、万寿寺、蓝靛厂西顶广仁宫，西直门内曹公观，西便门外白云观，广安门外财神庙，宣武门外江南城隍庙、善果寺，

① 震钧：《天咫偶闻》卷10《琐记》，北京古籍出版社1982年版，第216页。
② 震钧：《天咫偶闻》卷4《北城》，北京古籍出版社1982年版，第83页。
③ 震钧：《天咫偶闻》卷3《东城》，北京古籍出版社1982年版，第57—58页。
④ 同上书，第63页。

崇文门外卧佛寺，东便门内蟠桃宫，西北远郊妙峰山等，也是散布在京城内外的重要庙市。

作为全国文化中心的北京，琉璃厂自乾隆年间纂修《四库全书》以后，逐渐成为全国的图书、古董业中心，这是北京文化史与历史文化地理发展过程中的重大事件，其流风遗韵一直延续到当代。科考之年的北京云集了众多举子，在贡院周围，"西则观音寺、水磨胡同、福建寺营、顶银胡同，南则裱背胡同、东则牌坊胡同，北则总捕胡同，家家出赁考寓，谓之状元吉寓。每房三五金或十金，辄遣妻子归宁以避之。东单牌楼左近，百货麇集，其直则昂于平日十之三。负戴往来者，至夜不息。当此时，人数骤增至数万。市侩行商，欣欣喜色。或有终年冷落，藉此数日补苴者"①。这种数年一遇、周而复始的商业活动，也是京城独有的现象。集中在前三门外的会馆在乾嘉时期得到迅速发展，其中绝大多数是供科考举子暂时居住的试馆。今人研究显示，清代北京有会馆445所，包括仕商合建共用在内的工商业会馆也只有31所②。由于统计口径不同，会馆存废状况因时而异，文献记载详略有别，迄今所见关于会馆数量与性质的论述难免互有出入。前门外在清代商业繁荣，不少行业会馆也随之聚集在这里，比较重要的有珠市口西半壁街靛行会馆（染坊会馆）、小沙土园玉行会馆（长春会馆）、东兴隆街药行会馆、晓市大街成衣行会馆、西柳树井当行会馆、陶然亭黑窑厂棚匠会馆等。商人会馆或行业会馆远少于试馆，这也是北京作为全国文化中心的一种表现。

乾隆时人潘荣陛《帝京岁时纪胜》，生动描绘了北京百货云集、市肆林立、作坊广布的景象。其中的"皇都品汇"一则，将北京著名店铺、作坊的所在地点（其中位于外城的居多）及其生产销售的商品，逐一展现在读者面前，是我们认识北京清代商业经济活动空间的宝贵资料。兹摘录如下，作为本节的结束：

---

① 震钧：《天咫偶闻》卷3《东城》，北京古籍出版社1982年版，第53页。
② 吕作燮：《明清时期的会馆并非工商业行会》，《中国史研究》1982年第2期。

丰年为瑞，薄海承平。汇万国之车书，聚千方之玉帛。帝京品物，擅天下以无双；盛世衣冠，迈古今而莫并。金银宝饰，开敦华元吉之楼；彩缎绫罗，置广信恒丰之号。貂裘狐腋，江米街头；珊瑚珍珠，廊房巷口。靛青梭布，陈庆长细密宽机；羽缎猩毡，伍少西大洋青水。冬冠夏纬，北于桥李齐名；满袜朝靴，三进天奇并盛。织染局前鞓带，经从内府分来；隆福寺里荷包，样自大官描出。马公道，广锡铸重皮钮扣；王麻子，西铁锉三代钢针。妆奁古玩，店开琉璃厂东门；鞍辔行装，铺设牌楼西大市。至若饮食佳品，五味神尽在都门；什物珍奇，三不老带来西域。京肴北炒，仙禄居百味争夸；苏脍南羹，玉山馆三鲜占美。清平居中冷淘面，座列冠裳；太和楼上一窝丝，门填车马。聚兰斋之糖点，糕蒸桂蕊，分自松江；土地庙之香酥，饼泛鹅油，传来涮水。佳醅美酝，中山居雪煮冬涞；极品芽茶，正源号雨前春岕。猪羊分两翼，群归就日街头；米谷积千仓，市在瞻云坊外。孙公园畔，薰豆腐作茶干；陶朱馆中，蒸汤羊为肉面。孙胡子，扁食包细馅；马思远，糯米滚元宵。玉叶馄饨，名重仁和之肆；银丝豆面，品出抄手之街。满洲桌面，高明远馆舍前门；内制楂糕，贾集珍床张西直。蜜饯糖栖桃杏脯，京江和裕行家；香橼佛手橘橙柑，吴下经阳字号。欲识真诚药饵，京师地道为先。毓成栈、天汇号，聚川广云贵之精英；邹诚一、乐同仁，制丸散膏丹之秘密。史敬斋鹅翎眼药，不让空青；益元堂官拣人参，还欺瑞草。刘铉丹山楂丸子，能补能消；段颐寿白鲫鱼膏，易浓易溃。更有辽阳口货，市归振武坊头；闽海杂庄，店在打磨厂里。关外鲟鳇长似鲸，塞边狍鹿大于牛。熊掌驼蜂，麋尾酪酥槌乳饼；野猫山雉，地狸虾醢杂风羊。置年货之何先，香镫云马；祀神堂之必用，元宝千张。门神来无锡，爆竹贩徽州。花汉冲，制兰佳之珍香；陈集成，浇柏油之大蜡。挂钱辉五色，朱砂云母百花笺，石竹斋杨梅巷北；宝马绘诸天，白楮黄钱千页纸，宏源号鱼市街东。迨一元之来复，庆万物以更新。洒扫庭除，肃清家庙。门张联副，宜春百福字销金；窗嵌玻璃，旭日万卉明锦绣。神堂供献，饊登架，果上罩，蜜饧衬供油煎；祠灶尊崇，糖作瓜，麻为饼，醴酒黄羊饭煮。晦祭碗中余粒，卜来岁之丰登；腊八釜底粥浓，验新春之祥瑞。麻秸插户，标题四序康宁；柏叶焚炉，香霭一堂和气。[①]

第十节　城市能源供应的渐变过程

能源与水源、粮食等因素一样，是维系人类生存的物质保证。能源的生产、运输与消耗，也是区域经济活动的重要组成部分。对于近千年来成为国都的北京而言，能源对城市发展更具特殊意义。

一　古代城市能源的基本构成

人类用火的历史可以追溯到远古时期，北京西南的周口店龙骨山上，"在中国猿人居住过的山洞里发现了火烧过的灰烬、石块和兽骨。……不仅说明他们已能初步掌握火、使用火，也说明他们能够保持火种了"[②]。最早的火种应当来自雷击产生的天火，维持火种长期不灭需要持续不断地焚烧树木、柴草，这类能源数十万年来一直在使用。

在漫长的古代农业社会，能源类型的变化极其缓慢。木炭是用树木烧制的能源产品，《周礼》地官司徒之下，就有"掌炭，下士二人，史二人，徒二十人"，负责"掌灰物、炭务之征令，以时入之，以权量受之，以共邦之用凡炭灰之事"[③]。无论这个理想化的职官体系是否实行过，都足以证实我国利用木炭的历史已相当悠久。《礼记》也记载，季秋之月"草木黄落，乃伐薪为炭"[④]。煤炭在先秦时

①　潘荣陛：《帝京岁时纪胜》"皇都品汇"条，北京古籍出版社 1981 年版，第 41—42 页。

②　郭沫若主编：《中国史稿》第 1 册，人民出版社 1962 年版，第 7 页。

③　《周礼·地官司徒》，《黄侃手批白文十三经》本，上海古籍出版社 1983 年影印，第 25、47 页。

④　《礼记·月令》，《黄侃手批白文十三经》本，上海古籍出版社 1983 年影印，第 61 页。

期已被我国人民认识，《山海经》记载"女儿之山，其上多石涅"①，其中的"石涅"即指煤炭。北魏郦道元《水经注·漳水》称：三国魏都邺县冰井台"上有冰室，室有数井，井深十五丈，藏冰及石墨焉。石墨可书，又燃之难尽，亦谓之石炭"②。到了北宋时期，煤炭开采和利用已相当广泛。时人记载："昔汴都数百万家，尽仰石炭，无一家然薪者。"③　"石炭自本朝河北、山东、陕西方出，遂及京师。"④　苏轼赋诗吟咏徐州煤炭开采后的益处："南山栗林渐可息，北山顽矿何劳锻。"⑤　当燃料问题解决以后，森林砍伐随之减少，矿石的冶炼与金属的锻造也更加容易。在与开封遥相对应的辽南京地区，今门头沟龙泉务、房山磁家务等地的瓷窑遗址显示，从附近矿山开采的煤炭是烧造瓷器的基本能源。至于以消耗煤炭为前提的火力发电，在北京地区只是清末以来的事情。

　　总体而言，古代能源的主导类型大体上按照柴、炭、煤、电的顺序，由远及近地发生着前后相继的演变，但彼此之间并非完全取代的关系。晚出的电力除了部分水电外，大多要依靠燃烧煤炭来获得。与此同时，木柴和木炭也在一定时期或一定区域尤其是城市周边的农村继续使用。在辽南京、金中都过后，元大都至明清北京大体上连续保持着统一国家首都的政治地位，能源供应尤其不可或缺。一般说来，树木、柴草是城郊广大农村与窑厂的基本燃料；原料取之于森林的木炭，是宫廷、署衙与城乡部分家庭取暖的主要能源，金属冶炼以及若干窑厂也需要以此为燃料；煤炭进入北京城乡取暖与生产领域的时间虽然晚得多，却很快充当了城市的能源支柱；以煤炭为燃料的电力，清末以来逐渐成为推动社会发展的主要能源。对于普通百姓烧柴烧炭、取暖做饭之类的日常事务，历史文献中一般很少提到，民间的能

---

①　《山海经·中山经·中次九经》，汪绂《山海经存》，光绪十六年立雪斋刊本。

②　郦道元：《水经注》卷10《漳水》，上海古籍出版社1990年陈桥驿点校本，第213页。

③　庄绰：《鸡肋编》卷中"石炭"条。中华书局1983年版，第77页。

④　朱翌：《猗觉寮杂记》卷上，《笔记小说大观》第6册，江苏广陵古籍刻印社1983年版，第40页。

⑤　苏轼：《苏轼诗集》卷17《石炭》，中华书局1982年版，第903页。

源消费状况因此变得语焉不详，但明清时期宫廷衙署的能源供应却留下了较多的官方记载，这就为分析历史上北京的能源供应问题提供了线索。明清时期北京取暖、冶铁、铸造钱币所需要的木炭，基本来自外围的遵化、易州、蔚州、密云（今河北省遵化、易县、蔚县，北京市密云县）等地的山厂，由此对当地的生态环境也产生了显著的影响。

二　帝都时代的柴炭燃煤供应

在晚清出现电力之前，元大都与明清北京的能源都是木柴、木炭、煤炭三者并用，但煤炭在能源结构中的地位在持续上升。元代大都城内有柴场桥，"内府御厨运柴苇俱于此入"①。元人诗歌里的"春意一炉红榾柮"②，方言"榾柮"即指木头块、劈柴；"炉冷频烧叶"③，更是对冬季焚烧树叶取暖的直接描写。元代詹事院下设柴炭局，管理为宫廷服务的采薪、烧炭及柴炭分配等事务。从西山甚至更远的蔚州一带砍伐的树木，顺着浑河（永定河）运到大都西南的卢沟桥，其中一部分就是作为燃料的木柴。

元代我国北方对于煤炭的利用，已经具有很高的水准。意大利旅行家马可波罗记载：中国采自山中的黑石"燃烧与薪无异，其火候且较薪为优。盖若夜间燃火，次晨不息。其质优良，致使全境不燃他物"④。元顺帝至正六年到九年（1346—1349）到过大都的摩洛哥旅行家伊本·拔图塔也看到："中国及契丹居民所燃之炭，仅用一种特产之土。此土坚硬，与吾人国内所产之粘土同。置之火中，燃烧与炭无异，且热度较炭为高。"⑤ 考古发掘出土的元代铁炉子、铁炉箅子等表明，用煤炭取暖做饭已是寻常之事。在元人诗词中，"地穴玲珑

---

① 熊梦祥：《析津志》，《析津志辑佚》本，北京古籍出版社 1983 年版，第 100 页。

② 艾性夫：《剩语》卷下，载法式善辑《宋元人诗集八十二种》，清法氏存素堂抄本。

③ 张观光：《屏岩小稿》，载法式善辑《宋元人诗集八十二种》，清法氏存素堂抄本。

④ 冯承钧译：《马可波罗行纪》，上海书店出版社 2001 年版，第 407 页。

⑤ 同上书，第 407—408 页。宁夏人民出版社 1985 年版、马金鹏译《伊本·白图泰游记》与此略有不同。

石炭红，土床芦簟觉春融"①，"暖炕煤炉香豆熟"②，"夜深回步玉阑东，香烬龙煤火尚红"③，是民间与宫廷烧煤取暖的写照。修文坊前的"煤市"④，表明大都城里已有专门的煤炭市场。煤炭利用的普遍性，还反映在朝鲜李朝初期学习中国话的权威会话手册《朴通事》里：主人请泥瓦匠带两个帮手来做"煤火炕"，炕前要有砖砌的"煤炉"；小伙计半夜"煤场里推煤去"；做饭时要把"煤炉"收拾好，晾干的"煤简儿"用完了，可以烧"煤块子"，还要把"湿煤"、"乏煤"混合在一起备用。书中注释说："石炭槌碎，并黄土以水和，作块晒干，临用粗碎，纳于炉中，总谓之'水和炭'。未干者谓之湿煤，已干者谓之煤简儿，亦曰煤块子。其烧过土块曰乏煤拣，其土块更和石炭用之。"⑤ 这些专用名词以及煤炭的使用方法，在今天的华北农村基本上仍未发生变化。

元大都的煤炭采自西山，至元二十四年（1287）徽政院设立西山煤窑厂，"领马安山、大峪寺石灰、煤窑办课，奉皇太后位下"⑥，地点即今门头沟潭柘寺附近的马鞍山以及区政府西南的黑山、大峪村一带。同年设置的上林署亦有"备煤炭以给营缮"之责，此前在中统三年（1262）设立的养种园，也需"掌西山淘煤，羊山烧造黑白木炭，以供修建之用"⑦。《元一统志》记载："石炭煤，出宛平县西四十五里大谷山，有黑煤三十余洞。又西南五十里桃花沟，有白煤十余洞。水火炭，出宛平县西北二百里斋堂村，有炭窑一所。"⑧ 大谷（按：同"峪"）山、斋堂村、桃花沟，即今门头沟大峪、斋堂镇与

---

① 尹廷高：《玉井樵唱》卷上《燕山寒二首》，载法式善辑《宋元人诗集八十二种》，清法氏存素堂抄本。

② 欧阳玄：《圭斋文集》卷4《渔家傲·南词》，国家图书馆藏清抄本。

③ 柯九思：《宫词十首》，顾瑛辑《草堂雅集》卷1。国家图书馆藏清初抄本。

④ 熊梦祥：《析津志》，《析津志辑佚》本，北京古籍出版社1983年版，第6页。

⑤ 《朴通事谚解》，影印《奎章阁丛书》本，台北联经出版事业公司1978年版，第348页。

⑥ 《元史》卷89《百官志五》，中华书局1997年缩印本，第2252页。

⑦ 《元史》卷90《百官志六》，中华书局1997年缩印本，第2282页。

⑧ 孛兰肹等：《元一统志》卷1《大都路》，赵万里校辑本，中华书局1966年版，第18页。

房山大安山一带。黑煤、白煤是褐煤、无烟煤的别称；"水火炭"是《朴通事》所谓"水和炭"的谐音。经过采掘、运输、买卖等环节，西山煤炭源源不断地进入大都城："城中内外经纪之人，每至九月间买牛装车，往西山窑头载取煤炭，往来于此。新安及城下货卖，咸以驴马负荆筐入市，盖趁其时。冬月，则冰坚水涸，车牛直抵窑前；及春则冰解，浑河水泛则难行矣。往年官设抽税，日发煤数百，往来如织。二三月后，以牛载草货卖。北山又有煤，不佳。都中人不取，故价廉。"① 至正二年（1342）开挖从浑河东岸的金口（今石景山区麻峪村南、石景山发电厂内）至大都城南的河道，目的就是为了运输西山的煤炭："京师人烟百万，薪刍担负不便，今西山有煤炭，若都城开池河上，受金口灌注，通舟楫往来，西山之煤可坐致于城中矣。"② 由于河流落差过大，水势汹涌，拓展西山能源运输途径的设想以失败告终。

明代北京人口的增长势必加大对能源的消耗，易州山场与西山煤窑，是保障城市能源供应的两大支柱。供应宫廷的木柴，有片柴、顺柴、杨木长柴、马口柴之分。"凡隆德等殿修建斋醮焚化之际，用杨木长柴；宫中膳房，用马口柴；内官关领，则片柴也。外有北厂、南厂、西厂、东厂、新西厂、新南厂等处，各有掌厂、金书、监工，贮收柴炭，以听关支。"③ 御膳房专用昂贵的马口柴，"其长约三四尺，净白无点黑，两端刻两口，故谓马口柴"④。石景山"近浑河有板桥，其旁曰庞村（今庞村），曰杨木厂（今养马场），沿浑河堆马口柴处"。"火钻村（今门头沟区火村），有清河，即放马口柴处"⑤。宫廷常用的木炭是白炭或坚实白炭，专供御用的是造价昂贵的红箩炭。

① 熊梦祥：《析津志》，《析津志辑佚》本，北京古籍出版社1983年版，第209页。
② 权衡：《庚申外史》卷上，《庚申外史笺证》本，中州古籍出版社1991年版，第35页。
③ 刘若愚：《酌中志》卷16《内府衙门职掌》，北京古籍出版社1994年版，第107页。
④ 《皇朝文献通考》卷39《国用考一》，《文渊阁四库全书》第633册，台湾商务印书馆1986年影印本，第16页下栏。
⑤ 沈榜：《宛署杂记》卷5《街道》，北京古籍出版社1983年版，第40、41页。

"凡宫中所用红箩炭者，皆易州一带山中硬木烧成，运至红箩厂，按尺寸锯截，编小圆荆筐，用红土刷筐而盛之，故名曰红箩炭也。每根长尺许，圆径二三寸不等，气暖而耐久，灰白而不爆。"[①] 今北京北海西侧的"大红罗厂街"，就是历史上存放红箩炭的场所。正阳门外"柴胡同"、"炭胡同"，即今大栅栏地区的"茶儿胡同"、"炭儿胡同"，也是交易或存放柴炭之地。

北京所需柴炭的采集烧制地点，永乐年间主要在北部山区的昌平白羊口、黄花镇与怀柔红螺山等处，此后转移到西南方向的太行山区。《大明会典》记载：宣德四年（1429）"始设易州山厂，专官管理。景泰间移于平山，又移于满城，天顺初仍移于易州"。朝廷给山厂规定的指标持续增长，天顺八年（1464）为430余万斤，成化元年至三年（1465—1467）相继增至650、1180、1740余万斤。嘉靖二年（1523）奏准，皇帝及各宫合用柴炭各20万斤，惜薪司每年供应各宫及内官内史人员木柴2456万余斤，其中包括本色柴（杨木长柴、顺柴）1812万斤、折色柴（改征其他实物或银两）644万余斤；木炭608万斤，其中包括长装炭（即红箩大炭）55万斤、白炭543万斤、坚实白炭10万斤；荆条2万斤。这些柴炭按"军三民七"的比例负担，民柴由工部指派山东、山西及直隶顺天、保定、真定三府采运，军柴由后军都督府派所属各卫完成。在宫廷之外，光禄寺、礼仪房、银作局、御用监、御马监、织染局、翰林院、太常寺、神乐观、太医院、会同馆、西舍饭店、坝上大马房等，总计需要木柴约1964万斤、木炭约246万斤。其中光禄寺一处达到柴1392万斤、炭123万斤，实际上缴的数量还要更多。冶炼铸造的消耗同样巨大，从嘉靖二年（1523）到二十四年（1545），供应银作局的木炭就从三十万斤增加到四十五万斤[②]。为保障京城的柴炭供应，百姓负担日益加重。成化二十三年（1487）丘濬指出："夫自立柴厂于易州以

---

① 刘若愚：《酌中志》卷16《内府衙门职掌》，北京古籍出版社1994年版，第106页。

② 申时行等：《大明会典》卷205《工部二十五·柴炭》，国家图书馆藏明万历十五年内府刻本，第4页。

来，恒聚山东西、北直隶数州民夫数千于此，取柴炭以供国用，又役顺天之民以为挑柴夫，府县添设佐贰官以专管之，又特敕侍郎或尚书一员以总督之。此事非特今朝无有定制，而前代亦所未闻也。"[1] 在柴炭生产地易州，山厂周边的林木迅速减少，生态环境遭到极大破坏。弘治年间戴铣写道："民之执兹役者，岁亿万计。车马辏集，财货山积，亦云盛矣。然昔以此州林木蓊郁，便于烧采，今则数百里内山皆濯然。举八府五州数十县之财力屯聚于兹，而岁供犹或不足。民之膏脂日已告竭，在易尤甚。"[2] 万历十三年十二月丁卯（1586 年 1 月 20 日）颁诏，暂时削减了供炭指标，"时山厂设于易州，而数百里外林麓都尽"[3]。从郁郁葱葱变为童山濯濯，只经历了短短的四五十年而已。

　　来源于森林的柴炭日益紧张，开采西山煤炭就成了供应明代北京能源的重要途径。成化二十一年（1485）奏报："近年军民人等往往投托内外势要，或开窑取煤，或凿山取石。"[4] 二十三年（1487），礼部右侍郎丘濬鉴于"今京城军民，百万之家，皆以石煤代薪"，提出普遍用煤代替柴炭的主张[5]。正德元年（1506）五月，仁和大长公主"请浑河大峪山煤窑四座榷利养赡"[6]。嘉靖六年（1527）七月，兵部和工部批准了御使穆相的建议："居庸关官军杂处，无樵苏之所，而白羊口镇旧有煤窑可爨，近已封闭，宜令得开取之。"[7] 万历年间宛平县柳林水"又十五里至矿山，与房山界相连"[8]，这处"矿山"应在今房山史家营乡东南隅，至今仍是煤炭产地。宛平县负担"东厂

---

① 丘濬:《大学衍义补》卷 150《御夷狄·守边固圉之略上》，京华出版社 1999 年版，第 1303 页。

② 戴铣:《易州志》卷 3《山厂》，《天一阁藏明代方志选刊》本，上海古籍出版社 1981 年版，第 7—8 页。

③ 《明神宗实录》卷 169，万历十三年十二月丁卯。

④ 《明宪宗实录》卷 263，成化二十一年三月乙未。

⑤ 丘濬:《大学衍义补》卷 150《御夷狄·守边固圉之略上》，京华出版社 1999 年版，第 1303 页。

⑥ 《明武宗实录》卷 13，正德元年五月癸未。

⑦ 《明世宗实录》卷 78，嘉靖六年七月丁丑。

⑧ 沈榜:《宛署杂记》卷 5《街道》，北京古籍出版社 1983 年版，第 41 页。

柴煤户二百四十丁"的劳役①,有些"马户"把为官府饲养的马匹出租,"甚者持往西山驮煤草入城鬻售,而马病矣"②。门头沟地区煤炭交易繁忙,"由门头村登山数里至潘阑庙,三里上天桥,从石门进,二里至孟家胡同,民皆市石炭为生"③。明代正阳门外有"煤市口",到清代演变为前门大街西侧的"煤市街",西山煤炭通过市场进入了北京居民的家庭。

清末出现以煤炭为燃料的火力发电,是元明以来北京城市发展的巨大变革,但在此前的绝大多数时间仍然延续着传统的能源供应方式,并且进一步加大了对西山煤炭的依赖。乾隆年间的潘荣陛指出:"西山煤为京师之至宝,取之不竭,最为利便。时当冬月,炕火初燃,直令寒谷生春,犹胜红炉暖阁。人力极易,所费无多。江南柴灶,闽楚竹炉,所需不啻什百也。"④稍后的赵翼充分肯定了西山煤炭的作用,并对煤炭价格上涨表示担心:"惟是都会之地,日益繁盛,则烟爨亦日益增多。虽畿甸尚有禾梗足资火食,而京师常有数十万马骡藉以刍秣,不能作炊爨之用,是以煤价日贵。"⑤《大清会典事例》记载:顺治六年(1649)清理了宛平、房山两县的煤窑,分四等规定了纳税数额。康熙三十二年(1693)颁诏:"京城炊爨,均赖西山之煤。将于公寺(今香山碧云寺)前山岭修平,于众甚属有益。著户、工二部差官,将所需钱粮,缺算具题。"交通状况的改善,有利于煤炭的运输。乾隆五年(1740)题准:"各省产煤之处,无关城池龙脉、古昔陵墓、堤岸通衢者,悉弛其禁。该督抚酌量情形开采。"二十六年(1761)发布谕旨:"近京西山一带,产煤之处甚多。现在已开窑口,率以年久深注,兼有积水,以致刨挖维艰,煤价渐为昂贵。著工部、步军统领、顺天府等各衙门,会同悉心察勘煤旺可采之处,妥议条规,准令附近村民开采,以利民用。"次年查勘开挖排

---

① 沈榜:《宛署杂记》卷6《人丁》,北京古籍出版社1983年版,第47页。

② 沈榜:《宛署杂记》卷9《马政》,北京古籍出版社1983年版,第77页。

③ 于敏中等:《日下旧闻考》卷106《郊坰》引宋启明《长安可游记》,北京古籍出版社1985年版,第1750页。

④ 潘荣陛:《帝京岁时纪胜》"爞炕"条,北京古籍出版社1981年版,第35页。

⑤ 赵翼:《簷曝杂记·簷曝杂记续》"西山煤"条,中华书局1982年版,第131页。

水沟，解决了煤窑积水问题。四十五年（1780），准许怀柔县北部的阴背山煤窑试开采；四十六年强调"京师开采煤窑，为日用所必需"，令官员查勘新煤炭产地招商开采；四十七年奏准借给帑银一万五千两，排除过街塔（今香山挂甲塔村附近的天宝山）等处煤窑积水。嘉庆六年（1801）重申乾隆二十六年、四十六年的谕旨，敦促步军统领衙门、顺天府、直隶总督扩大煤炭生产，以平抑物价、满足需求，又借帑银五万两维护门头沟煤矿的泄水沟，以保障煤炭生产[①]。

西山煤炭分布在宛平、房山二县。乾隆二十八年（1763）直隶总督方观承奏报，房山县有煤窑196座，"臣亲赴房山查勘各窑，现在采煤者一百二十三座。其地势稍洼之七十三座，因夏秋窑内水湿，不能引照灯火。今交冬湿退，小雪前后均可照旧开采。一窑煤旺者日可出四五千斤，少亦一二千斤。每块煤百斤，窑价卖制钱九十文，煤末百斤卖制钱五十文，已较上年大减。其由厂运京，每千斤上年需脚费制钱二千余文，目下已减十分之四，盖因草料、饭食平贱之故"[②]。嘉庆六年（1801）直隶总督姜晟奏报，近京及房山、宛平境内旧有煤窑778座，废闭176座，停止未开417座，在采煤窑185座[③]。光绪年间记载的煤窑，宛平有99座，房山为16座[④]。骆驼队源源不断地把西山煤炭经过阜成门和广宁门（光绪年间又名广安门，俗称彰义门）运进北京，到近代已显得效率太低。光绪二十四年（1898）顺天府尹奏请将卢沟桥铁路延伸至门头沟运煤，但未能实施。三十二年（1906），商部请求继续修筑京张铁路枝路，强调了它对京西煤炭运输的意义："京城之西山产煤素富，从前周口店、石梯、门头沟三处煤厂林立，专运西山南北所产灰煤。该处商民，大都恃此以为生

---

①　（光绪）《钦定大清会典事例》卷951《工部·薪炭》"开采煤窑"，新文丰出版公司影印清光绪二十五年刻本，第21册第16631—16633页。

②　方传穆校：《方恪敏公（观承）奏议》卷8，载沈云龙主编《近代中国史料丛刊》第11辑，文海出版社1967年版，第1094—1095页。

③　中国人民大学清史所等编：《清代的矿业》，中华书局1983年版，第411—412页。

④　周家楣等：《光绪顺天府志》卷57《经政志四·矿厂》，北京古籍出版社1987年版，第2062—2066页。

计。近年以来，迭据门头沟商人先后禀称：自周口店接修京汉枝路，通至琉璃河，于是山南之煤，南达保定、正定，北达京城、天津，运路因以日广。而门头沟向运山北之煤，以枝路未修，但恃驼运，脚价既昂，销路又滞，厂商相继失业，良善不免流离，莠民或从而滋事。惟有由商人等招集股本，接修门头沟枝路，并设立运煤公司，专运山北灰煤，俾苏民困各等情。"① 这份奏折不久被批准，至光绪三十四年（1908）筑成了京绥铁路的京门支路，从西直门经三家店到门头沟外小龙村，全长 23.5 公里，专供运输煤炭之用。

煤炭的广泛开采促使宫廷与民间的柴炭用量显著减少。康熙二十九年（1690）查阅明清两代宫廷用度，明代"每年木柴二千六百万斤，今止七八百万斤；红螺炭（按：红箩炭）一千二百余万斤，今百余万斤"②。内廷采办的红箩炭，顺治初年定额为每年烧造八十万斤，动用保定府柴夫银支付。康熙五十六年（1717）"令煤炭监督于易州地方采办供应，每岁与煤炭一并报销"。内廷所用的杨木长柴，清初规定由直隶省承担，永宁卫（治今北京延庆县东北 18 公里永宁城）八百斤、保安卫（治今河北涿鹿县城）二千斤、怀来卫（治今河北怀来县东南，官厅水库淹没区）八百斤、美峪所（治今涿鹿县南 27 公里下关村）四百斤、宣府前卫（治今河北宣化县城）六千斤、蔚州卫（治今河北蔚县）一万五千斤、宣府南路广昌城守备（治今河北涞源县城）五千斤。咸丰三年（1853）怀来县增至岁额一万一千斤，供给北京天坛等处的祭祀活动③。由此表明，明代长期依赖的易州山厂，到清代仍然是宫廷木炭的供应地，即使是远在直隶南部的冀州（治在今河北冀州），每年也要派出"易州山场斫柴夫一千一百五名"④。清代的北京不再面临来自长城以北的军事威胁，康熙元年（1662）提准："砍柴烧炭，许出古北口、石塘路、潮河川、墙

① 《商务官报》光绪三十二年六月第 11 期 14 页，载宓汝成编《中国近代铁路史资料》，中华书局 1963 年版，第 917 页。
② 王庆云：《石渠徐纪》卷 1《纪节俭》，北京古籍出版社 1985 年版，第 1 页。
③ （光绪）《钦定大清会典事例》卷 951《工部·薪炭》"红箩炭"，新文丰出版公司影印清光绪二十五年刻本，第 21 册第 16630 页。
④ 王树楠：（民国）《冀县志》卷 15 "起运表"，1929 年铅印本，第 850 页。

子路、南冶口、二道关。"乾隆六年（1741）奏准："鲇鱼关、大安口、黄崖关、将军关、镇罗关、墙子路、大黄崖口、小黄崖口、黑峪关等九处，商民出口砍柴烧炭。"① 除了政治军事形势的变迁之外，这些长城关口的开放也是人口增长促使资源紧张而北京近处的林木已远远不足的反映。

早在明成化十五年六月二十二日（1479 年 7 月 11 日），鉴于马鞍山戒台寺"近被无籍军民人等牧放牛马、砍伐树株、作践山场，又有恃强势要、私开煤窑，挖通坛下，将说戒莲花石座并拆，殿积渐坼动"，明宪宗颁布谕旨并立碑强调："今后官员、军民、诸色人等，不许侮慢欺凌；一应山田、园果、林木，不许诸人骚扰作践；煤窑不许似以前挖掘。敢有不遵朕命，故意扰害、沮坏其教者，悉如法罪之不宥。"② 清康熙二十四年（1685）竖立《御制万寿寺戒台碑记》，借以限制采煤区向寺院蚕食："顾近寺诸山，为产煤所，居民规利，日事疏劚。念精舍之侧，凿山采石，良非所宜，爰命厘定四止而禁之。"③ 近千年来西山煤炭开采所造成的环境问题，积累到清代已经比较突出。多年采煤使近代的门头沟矿区"山上全无树木"④。清代多次颁布禁止某些地方采煤的禁令，旨在保护北京城或王公贵族墓地的风水，防止堪舆家所谓"龙脉"被挖断，"果系无关地脉之山，方许开采"⑤。原本带有迷信色彩的说法，反而成了保护区域环境的理论根据。道光十五年（1835）板桥村《军粮厅布告碑》，记录了对被告"私开封禁煤窑，致裂庙宇、房舍、墙垣等情"的惩罚；十八年的《宛平县布告碑》，宣告了"开采煤窑如有碍村庄者，例应封禁"；同治三年（1864）禅房村《争窑泉地碑》，是村民们在"窑多槽众，

① （光绪）《钦定大清会典事例》卷 951《工部·薪炭》"红箩炭"，新文丰出版公司影印清光绪二十五年刻本，第 21 册第 16631 页。

② 明宪宗《敕谕》碑，竖立在戒台寺千佛阁遗址前。

③ 于敏中等：《日下旧闻考》卷 105《郊坰》，北京古籍出版社 1985 年版，第 1740—1741 页。

④ 罗桂环等：《中国环境保护史稿》，中国环境科学出版社 1995 年版，第 310 页。

⑤ （光绪）《大清会典事例》卷 1039《都察院·五城》"煤窑"，新文丰出版公司影印清光绪二十五年刻本，第 22 册第 17469—17470 页。

挖取年深"的情况下争取与保护水源的见证①。此类禁令或处罚恰恰
衬托出采煤对地表形态、植被覆盖、河流水源等造成破坏的程度，这
是人们通过各种方式获取能源以推动社会进步的伴生现象。

---

① 碑文根据北京燕山出版社 2001 年版《门头沟文物志》第 279—280 页标点重订。

第七章　军事活动的地理依托

　　战争是政治的暴力体现，正所谓"人世难逢开口笑，上疆场彼此弯弓月。流遍了，郊原血"①。春秋时期的大军事家孙武指出："兵者，国之大事。死生之地，存亡之道，不可不察也。"② 他把道、天、地、将、法视为决定战争成败的五项基本要素，其中有两项属于地理条件："天者，阴阳、寒暑、时制也；地者，高下、远近、险易、广狭、死生也。"③《孙子兵法》的行军、地形、九地等篇，详细论述了各类地形与作战的密切关系，强调"夫地形者，兵之助也。料敌制胜，计险厄远近，上将之道也。知此而用战者必胜，不知此而用战者必败"④。银雀山汉墓出土的竹简《孙膑兵法》，其《地葆篇》也论述了各种地形在军事意义上的优劣⑤。历史上发生在北京地区的各类军事活动，从正反两方面检验着这个已被中外战争史反复证明了的真理，而地理条件的作用在冷兵器时代显得尤为关键。历史军事地理的研究，重在阐释历史上一个国家或地区的山川险要、交通道路、关隘城堡、军事重镇的分布状况及其对兵力部署、阵地构成、攻防态势、战争进程与结局的影响，考察论证历代军事区划、疆界沿革、古战场

---

　　① 毛泽东：《贺新郎·读史》，载《毛泽东诗词选》，人民文学出版社 1986 年版，第 127 页。

　　② 《孙子兵法》卷 1《计篇》，《诸子集成》第 6 册《孙子十家注》本，中华书局 1954 年影印，第 1 页。

　　③ 同上书，第 4、7 页。

　　④ 《孙子兵法》卷 10《地形篇》，《诸子集成》第 6 册《孙子十家注》本，中华书局 1954 年影印，第 176—177 页。

　　⑤ 银雀山汉墓竹简整理小组编：《孙膑兵法》，文物出版社 1975 年版，第 61—63 页。

所在以及历史军事地图等方面的问题。

第一节　军事地理空间的基本格局

北京地区军事地理空间的基本格局，受城市性质转换、政治地位升降、统治者更替等因素的影响，在不同历史时期表现出不同的特征，而千古不易的山川形胜始终是人类军事活动的依托和制约。大自然造就的山川形胜，限定了交通道路的选线和布局。山川阻隔往往成为天然的军事屏障，而交通道路可以穿越的险要山谷、水路渡口，则容易成为军事意义显著的关隘要塞。这些关隘要塞中的一部分，在某个时期可以上升为更具战略意义的军事重镇。依托山川形胜发展起来的这些交通要道、关隘要塞、军事重镇，逐渐积淀为一种文化传统，与政治军事形势的客观需求一起，影响着特定时期的军事部署决策。

一　山川形胜的分布大势

元末陶宗仪这样概括大都的地理形势："右拥太行，左注沧海，抚中原，正南面，枕居庸，莫朔方。"[①] 北京地区跨越了我国地势的第二级与第三级阶梯，具有西北高、东南低的特点。这个区域的中心城市北京，处在华北平原西北隅。背靠高山，面向平原，南北向延展的太行山脉构成了西面的屏障，山峰海拔多在 1000—1500 米。东西向连绵不断的军都山、燕山山地横亘在北面与东北面，山峰海拔多在800—1000 米，历史上是北方游牧文化与中原农耕文化的分界线，被古人视为"夷汉"之间的天然阻隔。以今北京市辖境而论，包括高山、低山丘陵、河谷、盆地在内的山区，约占总面积的 62%，北、东北、西三面被燕山山脉及太行山北段山地环抱，由此向东与东南两面俯视华北平原，地形高差显著，呈高屋建瓴之势，整体形状类似海湾，俗称"北京湾"。北京湾环抱的小平原与华北平原紧密相接，海拔多在 50 米以下。北京地区的地形骨架基本形成于中生代燕山运动

---

①　陶宗仪：《南村辍耕录》卷21"宫阙制度"条，中华书局1959年版，第250页。

时期，漫长的地质发育过程塑造了岩石、地层、地貌，决定着河流走向与交通要道的位置。

　　永定河、潮白河、北运河、大清河、蓟运河五大水系，自西北而东南流注，冲积成北京小平原。河流穿越山岭形成谷地隘口，成为兵家必争之地。这五大水系，特别是永定河与潮白河及其支流，历史上的河道变迁比较突出，留下了错综复杂的故道。在今通州、顺义、昌平、海淀、朝阳、大兴、丰台区境内，不同时期有过若干天然淀泊，其中最重要的是古蓟城西郊的大湖（莲花池的前身）、金中都东北郊的白莲潭（后称积水潭、三海）、辽金元时期通州区南部方圆数百里的延芳淀、海淀之西的瓮山泊（西湖）和南北海淀、朝阳区中部的郊亭淀和东北部的金盏儿淀、大兴与丰台境内的南苑诸海子等。大河具有军事屏障意义，各类水体营造的地理环境对交通路线的选择影响极大。

二　交通道路格局与险关要隘分布

　　山川形胜的军事价值，无非体现在攻守两端。进攻方需选择最为便捷可行的交通路线挺进步骑兵员、运输粮草辎重，以期收到兵贵神速、出其不意的作战效果。防守方则要充分利用自然地理条件卡住敌方的进兵路径，尤其是确保那些一夫当关、万夫莫开的险关要隘万无一失，通过阻滞和杀伤敌人赢得战争的主动。交通路线与险关要隘是相伴而生、不可分离的地理要素，对它们的争夺关系到长矛与盾牌在相互较量中的成败。

　　北京面向平原的东面与东南，除了拒马河、海河一线在宋辽之间做过军事分界之外，其他地方无险可守。作为北京经济生命线的南北大运河，除了供应漕粮物资之外，自身没有特殊的军事作用。在近代西方列强从天津和海上入侵之前，中原政权面临的军事威胁主要来自北方民族的骑兵，防守的重点一向是西、北两面，即太行山、军都山、燕山山脉及其交界地带。连绵的山岭与高耸的长城，是自然条件与人工建筑共同构成的一道通常难以逾越的防线，而穿越这些山地的河流沟谷或陆路经行的山谷，就是进攻的最佳通道与防守的重点所在。历史地理与古地理的研究表明，三四千年前的华北平原河道稠密、湖沼广布，行人不易通过。惟有西部边缘沿着太行山东麓南北一线的山前高地，是便于南北往来的通道。这条"太行山东麓大道"延续下来，就是现在的京广铁路一线。东西向穿越太行山的八处著名山口，号称"太行八陉"，与这条南北大道次第相通，井陉（今河北井陉）、军都陉（今居庸关关沟）等处，历来是兵家必争之地。军都山、燕山山地是阻断山前山后交往的天然屏障，而山间的峡谷和山口又成为南北交往的必经之路，其中最著名的是通过居庸关向西北到达河北坝上与内蒙古草原的"居庸关大道"，经过古北口通往燕山以北的"古北口大道"。沿着燕山南麓东去，是经过山海关到达辽东的"山海关大道"。这些交通干线穿越的山口，也就成了历代最著名的险关要隘。作为北部屏障的长城，是明代北京先后抵御蒙古和满洲入侵的最后一道防线，关隘修筑与军队防守显著增强，达到了古代北京地区构筑军事防御体系的最高水准。

第二节　燕国的南北长城与内外战争

不论是先秦时期的燕都蓟城、汉唐时期的军事重镇幽州，还是从辽南京到明清的帝都北京，都离不开对山河险要的利用或依赖，只是各个时期面临的政治军事形势有所差别，防卫的重点各有不同而已。我国北方传统的农牧交错带，大致位于燕山及其以北一线。东西向的山脉横亘在北京以北，形成了南北往来的天然阻隔，又与年降水量400毫米的等降水量线基本相符，同时也是中原汉族安土重迁的农耕文化与北方少数民族逐水草而居的游牧文化的分界线。自然条件、生产方式、经济生活、民族特性等因素的综合影响，产生了杜甫《前出塞》所谓"列国自有疆"的观念，而绵延于群山之上的秦汉长城与北齐至明代的长城，就是古人为这条多重分界线造就的一道人工标志与军事屏障。唐代以前的各朝，大都以守住这条分界线为战略目标，与王昌龄吟咏的"但使龙城飞将在，不教胡马度阴山"相似。即使是十六国、南北朝时期南下中原争霸的北方民族政权，同样不会忽视这条防线，也需要以长城作为地理依托部署军事力量。在东北、西北的民族问题随着清朝定都北京而自然解决之前，长城一直被视为冷兵器时代最重要的军事屏障。

一 燕国的北长城与南长城

战国时期的燕国"东有朝鲜、辽东，北有林胡、楼烦，西有云中、九原，南有呼沱、易水。……南有碣石、雁门之饶，北有枣栗之利"①。燕国将领秦开曾在东胡充当人质，归国后率军"袭破走东胡，东胡却千余里"。此后为防御东胡和匈奴，"燕亦筑长城，自造阳至襄平，置上谷、渔阳、右北平、辽西、辽东郡以拒胡。当是之时，冠带战国七，而三国边于匈奴"②。这道长城就是燕国的北长城，西起上谷郡造阳，在今河北赤城县独石口附近，终点襄平在今辽宁省辽阳。考古工作者在河北围场县发现了战国时期的燕国长城，由此向西经过丰宁、赤城，在内蒙古兴和县与赵长城相接；向东经过内蒙古赤峰、奈曼旗、库伦旗，至辽宁阜新、彰武、新民、法库、开原一带，蜿蜒一千多里。秦始皇统一全国后，大将蒙恬将各国的长城连缀起来，"因地形用制险塞，起临洮，至辽东，延袤万余里"③，这些军事防线远在今北京地区之北。

燕国的南长城在今河北境内（图7—1）。《水经注》记载："易水又东届关门城西南，即燕之长城门也。与樊石山水合，水源西出广昌县（治今涞源县北）之樊石山，东流迳覆釜山（今徐水西北五十里釜山）下，东流注于易水。易水又东历燕之长城，……又东迳武阳城（今易县东南武阳台村）南。"④郦道元所记的北易水，今称中易水。从河流所经的其他地点判断，燕国的南长城起于今易县西南，

---

① 《战国策》卷29《燕一》"苏秦将为从"条，岳麓书社1988年版，第282页。
② 《史记》卷110《匈奴列传》，中华书局1997年缩印本，第2886页。
③ 《史记》卷88《蒙恬列传》，中华书局1997年缩印本，第2565—2566页。
④ 郦道元：《水经注》卷11《易水》，上海古籍出版社1990年陈桥驿点校本，第229—230页。

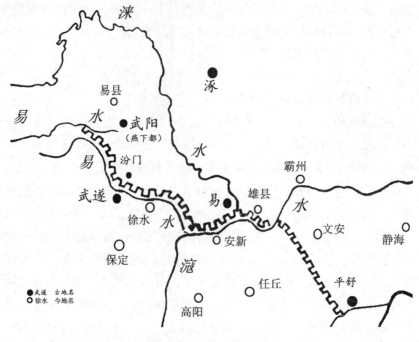

图 7—1　燕南长城示意图

熊会贞称"长城在今易州西南十里"[1]。从这一带向东到武阳台之间，集中分布的方城、城角、舍龙城、西斗城、东斗城、西贯城等村落，可能是燕长城经过此地的反映。清代《嘉庆重修一统志》记载："长城在安肃县（治今徐水）西北二十五里，战国时燕赵分界处。《水经注》'易水东流，曲经长城西'即此，今其地名长城口。东接新安西北之三台城（今安新县西北 20 里三台），绵延断续，势如冈阜。"[2] 1958 年，考古工作者在徐水西北 22 公里的解村发现，"在瀑河上游东岸，残存夯筑土城垣一条，南起石龙山、北至黄山，沿河岸绵延约 10 公里。……内含大都为东周时期的夹砂绳纹陶片和泥质灰陶圈足豆等，同时也曾采集到极少的早期文化遗物，如穿孔残石器、打制石

① 杨守敬、熊会贞：《水经注疏》卷 11《易水》，江苏古籍出版社 1989 年陈桥驿、段熙仲点校本，第 1022 页。

② 《嘉庆重修一统志》卷 14《保定府三·古迹》，商务印书馆 1934 年版，第 8 页。

簇等。根据夯土内含遗物，这段古城垣可能筑于战国末年，若从地理位置上看，很可能是燕国南长城的遗存"①。对照《水经注》与清代方志对燕长城遗迹的记载，这个判断无疑可以成立。此外，"又有长城在文安县东南，接大城县界，延袤几百里，相传燕赵分界处"②。安新境内与雄县、任丘交界处的赵北口，历来被认定是处在燕南赵北的两国分界之地。将上述各点联系起来可以看出，燕国的南长城应当西起今易县西南的方城、城角村一带，从太行山麓向东南进入海河平原，过徐水西北的长城口，再向东南到安新县三台村，向东过赵北口，又向东南到文安县东南进入大城县境内。在河流湖泊密布的安新、雄县、任丘交界地带，长城可能无法连续起来，但水网本身也是天然的御敌屏障。

二　燕国重要的内外战争

燕国除了东靠渤海之外，在西面要守住穿越太行山向东的陉道，南长城用以防御齐、赵、中山等国，北长城防御东胡与匈奴。这两条军事防线陆续构筑之前，燕都地区不乏大小战争，建成后也没能阻挡秦军占领蓟城。

春秋时期，燕庄公二十七年（前664），北部的强大部族山戎入侵，"燕告急于齐。齐桓公救燕，遂伐山戎，至于孤竹而还。燕庄公遂送桓公入齐境。桓公曰：'非天子，诸侯相送不出境，吾不可以无礼于燕。'于是分沟割燕君所至与燕"③。嗣后此地设置燕留城，在今河北沧州东北十七里，"即齐桓公分沟割燕君所至地与燕，因筑此城，故名燕留"④，当为燕、齐分界之处。《水经注》记载："清夷水又西南得桓公泉，盖齐桓公霸世，北伐山戎，过孤竹西征，束马悬

①　敖承隆：《河北徐水解村发现古遗址和古城垣》，《考古》1965年第10期。
②　《嘉庆重修一统志》卷8《顺天府三·古迹》，商务印书馆1934年版，第10页。
③　《史记》卷32《齐太公世家》，中华书局1997年缩印本，第1488页。
④　《史记》卷34《燕召公世家》正义引《括地志》，中华书局1997年缩印本，第1552页。

车，上卑耳之西极，故水受斯名也。"①清夷水即今北京延庆的妫河，桓公泉在今河北怀来旧城（淹没在官厅水库区）东南。这样看来，齐国军队东北打到孤竹（今河北卢龙县一带），向西打到了居庸关外。

但是，各国之间的战与和变幻不定，即孟子所谓"春秋无义战"②。此后发生在燕国境内的战争，首先就来自南边邻近的齐国。燕惠公九年（前 536）十二月"齐侯遂伐北燕"③，以燕国在南部边境求和告终。进入战国时期，燕文公七年（前 355）"齐师及燕师战于泃水，齐师遁"④，战场即今北京平谷境内泃河流域。燕易王初立（前 332），齐宣王趁机夺取燕国十城，后经苏秦游说复归于燕⑤。燕王哙七年（前 314），燕国发生内乱，齐湣王"令章子将五都之兵，以因北地之众以伐燕。士卒不战，城门不闭，燕君哙死，齐大胜"⑥。与此同时，南邻的中山也起兵伐燕。1974—1978 年在河北平山县发掘战国时期中山王墓葬，出土了带有长篇铭文的青铜鼎和青铜壶。鼎上的铭文记载，中山国的相邦"亲率三军之众，以征不义之邦。奋桴振铎，辟启封疆，方数百里，列城数十，克敌大邦"⑦，取得了巨大胜利。青铜壶的铭文显示，铸造鼎与壶的青铜，也是奉中山王之命从燕国获得的战利品。齐与中山占领燕国达三年之久。燕昭王二十八年（前 284），在励精图治中壮大起来的燕国，由名将乐毅率军伐齐，占领临淄等七十余城。直到六年以后，在军事史上与乐毅并称的田单恢复了齐国旧土。

---

① 郦道元：《水经注》卷 13《漯水》，上海古籍出版社 1990 年陈桥驿点校本，第 272 页。

② 《孟子·尽心下》，《黄侃手批白文十三经》本，上海古籍出版社 1983 年影印，第 82 页。

③ 《左传·昭公六年》，《黄侃手批白文十三经》本，上海古籍出版社 1983 年影印，第 337 页。

④ 《水经注》卷 14《鲍丘水》引《竹书纪年》，上海古籍出版社 1990 年陈桥驿点校本，第 283 页。

⑤ 《史记》卷 34《燕召公世家》，中华书局 1997 年缩印本，第 1554 页。

⑥ 同上书，第 1557 页。

⑦ 王彩梅：《燕国简史》，紫禁城出版社 2001 年版，第 69 页引张政烺释文。

到燕国后期，燕王喜执意讨伐遭遇长平之祸的赵国，反被赵国击败。燕王喜五年（前250），"廉颇逐之五百余里，围其国"①，国都被围的燕国出重礼才得以请和。十二年（前243），"赵使李牧攻燕，拔武遂（今河北徐水西北二十一里遂城）、方城（今河北固安西南十七里方城村）"②。武遂正在燕国南长城一线的西端，可见这道防线并未发挥多少御敌作用。十九年（前236），"赵攻燕，取貍阳城"③。《史记正义》认为"貍阳"当为"渔阳"之误，指燕国渔阳郡城。其地在今密云统军庄南、怀柔梨园庄东南。此后，燕国的威胁来自逐步统一天下的秦国。秦始皇二十年（前227），燕太子丹派荆轲刺杀秦王失败，秦王使王翦、辛胜攻燕，破燕军于易水之西。次年再破燕太子军，占领燕都蓟城④。战争不断的列国时代，最终通过战争走向了全国的大统一。

第三节　秦汉至隋唐的长城与兵事

幽州在先秦时期的地域相对模糊，西汉时期由监察机构转变为政区名称。此后，以蓟城或蓟县为治所的幽州，一直是中国北方的军事重镇。直至五代后晋把幽州等地割让契丹，辽会同元年（938）升幽州为南京。为行文方便，把短促的秦朝一并包括在内。

一　秦长城与两汉时期的战争

北京在历史上的幽州时代，处于保卫国家政治经济中心的北方军事防线的前沿。秦朝统一后，蒙恬率军三十万北击匈奴，随后将秦、赵、燕长城连接起来，连成了西起临洮（今甘肃岷县）经内蒙古高原直至辽东及朝鲜半岛的万里长城，以防御北面的匈奴与东北的东胡。虽然今北京市所辖地域大体相当于秦代的广阳、渔阳、上谷三郡

---

① 《史记》卷34《燕召公世家》，中华书局1997年缩印本，第1559页。
② 同上书，第1560页。
③ 《史记》卷43《赵世家》，中华书局1997年缩印本，第1831页。
④ 《史记》卷6《秦始皇本纪》，中华书局1997年缩印本，第233页。

以及右北平郡的西南一隅，长城就是上谷、渔阳、右北平三郡的北界，但这道长城远在北齐与明长城之外，秦朝在长城沿线的战事又主要发生在我国西部地区，与今北京地区无关。

西汉设置幽州刺史部，管辖北起外长城、南至海河平原，西自太行山东麓、东至朝鲜半岛北部的广阔地域。西汉改秦代的广阳郡为广阳国并缩小了地域范围，今北京西南的房山一带归入涿郡，其余诸郡基本延续了秦代的行政建置。从秦代到两汉、三国，上谷、渔阳、右北平及其西面的代郡、东面的辽西郡一线，成为依靠长城抵御匈奴与东胡的军事前沿。两汉至魏晋时期活跃在长城以北的乌桓、鲜卑，是东胡部落联盟的重要组成部分。

西汉时期发生在幽州地区的战争，首先始于朝廷平复反叛的两任燕王。楚汉相争之际，项羽立臧荼为燕王，以蓟城为都。西汉高帝五年（前202），刘邦带兵俘获了反汉的臧荼，封卢绾为燕王。十二年（前195）卢绾又反，周勃带兵攻下蓟城。卢绾率所部近万人投降匈奴，多次侵扰上谷以东。此后，抵御匈奴成为汉朝在幽州一线的要务。景帝中元二年（前148）二月，匈奴攻入燕地。武帝元光六年（前129）春，"匈奴入上谷，杀略吏民。遣车骑将军卫青出上谷，骑将军公孙敖出代，轻车将军公孙贺出云中，骁骑将军李广出雁门"[1]。西汉此后抗击匈奴，也大多是从长城沿线的上谷、代郡、云中、雁门出兵。六年秋，韩安国屯兵渔阳以防匈奴，但元朔元年（前128）秋，匈奴"入渔阳、雁门，败都尉，杀掠三千余人"，二年正月，"匈奴入上谷、渔阳，杀略吏民千余人"[2]。王莽始建国二年（10），遣多路大军击匈奴，其中"讨濊将军严尤出渔阳"[3]。

在两汉交替之际，幽州地区成为重要战场。东汉建武元年（25）三月，被汉军击败的地方武装自安次（今河北廊坊）退入渔阳，刘秀"乃遣吴汉率耿弇、陈俊、马武等十二将军追战于潞东，及平谷，

①　《汉书》卷6《武帝纪》，中华书局1997年缩印本，第165页。
②　同上书，第169页。
③　《汉书》卷99中《王莽传中》，中华书局1997年缩印本，第4121页。

大破灭之",于是引军还于蓟城①。二年二月,渔阳太守彭宠起兵反抗刘秀,率二万余人进攻驻在蓟城的幽州牧朱浮,并分兵广阳、上谷、右北平诸郡。同年秋季,奉命解救蓟城的游击将军邓隆在潞水以南布阵,朱浮的军队在雍奴(治今天津杨村西北土门楼村),两座军营相距百里之远。"宠果盛兵临河以拒隆,又别发轻骑三千袭其后,大破隆军,浮远,遂不能救,引而去。"② 三年二月,彭宠与反汉的涿郡太守张丰连兵,攻拔蓟城,自立为燕王。四年,汉将朱祐、耿弇、祭遵、刘喜在涿郡击杀张丰。彭宠引兵数万,其弟彭纯率匈奴二千余骑,分两路进攻屯兵良乡、阳乡(治今河北涿州东五十里长安城)的祭遵、刘喜。匈奴军队经过军都县(治今北京昌平西南十七里土城村)时,被上谷太守耿况之子耿舒击破。耿氏父子继续进攻退军的彭宠,占领军都县③。五年,彭宠之乱被平息。

东汉北部边境稳定后,幽州边境针对的劲敌先是匈奴,其后为鲜卑与乌桓(亦称乌丸)。建武十五年(39),"匈奴寇钞日盛,州县不能禁。二月,遣吴汉率马成、马武等北击匈奴,徙雁门、代郡、上谷吏民六万余口置居庸、常山关(今河北唐县一百一十里倒马关)以东,以避胡寇。匈奴左部遂复转居塞内,朝廷患之,增缘边兵,部数千人"④。汉朝在出兵反击的同时,把山西边郡人口迁到居庸关以东。空出的地方随即被匈奴占据,朝廷被迫为每部增加数千兵员,对匈奴基本采取守势。

东汉中期的永元十三年(101)、延平元年(106)、永建三年(128)及四年,鲜卑多次入寇渔阳。元初元年(118)五月与建光元年(121)八月,进攻居庸关。⑤ 通过居庸关或右北平到渔阳境内,是主要的进兵路线。到后期的灵帝朝,鲜卑几乎无岁不犯塞。建宁元年(168)十二月,"鲜卑及濊貊寇幽、并二州",《后汉书》的此类

---

① 《后汉书》卷1上《光武帝纪上》,中华书局1997年缩印本,第19页。
② 《后汉书》卷12《彭宠传》,中华书局1997年缩印本,第504页。
③ 《后汉书》卷19《耿弇传》,中华书局1997年缩印本,第708页。
④ 《资治通鉴》卷43,汉光武帝建武十五年二月,中华书局1956年标点本,第1385页。
⑤ 参见《后汉书》卷5《安帝纪》等本纪。

记载，亦见于熹平二年（173）十二月、四年五月、五年、六年四月，光和二年（179）十二月、三年闰八月、四年十月，中平三年（186）十二月等年月①。

　　早在永初三年（109）六月，"乌桓寇代郡、上谷、涿郡"②。中平五年（188），乌桓反叛，"与贼张纯等攻击蓟中，……复与畔胡丘力居等寇渔阳、河间、勃海，入平原，多所杀略"③。地方势力的彼此攻伐与乌桓（亦作乌丸）、鲜卑的卷入，交织在东汉末年的幽州地区。初平四年（193），公孙瓒在蓟城东南击败幽州牧刘虞，刘虞向居庸关溃逃，遭擒后被杀。兴平二年（195），刘虞的部将鲜于辅等率州兵报仇，推举阎柔为乌桓司马，招诱胡汉人马数万，与公孙瓒属下的渔阳太守邹丹战于潞水之北，斩首四千余级。乌桓峭王感念刘虞生前的恩信，率所部及鲜卑七千余骑，会同鲜于辅迎接刘虞之子刘和，与袁绍部将麴义合兵十万，在渔阳境内的鲍丘河畔击败公孙瓒，斩首二万余级，收复广阳、上谷、右北平等郡④。建安十年（205）四月，三郡乌丸进攻驻扎在犷平（今密云东北石匣一带）的鲜于辅，曹操八月率军渡潞水救援，乌丸奔走出塞。十二年，曹操引军出卢龙塞（今河北迁西县喜峰口）北征乌丸，以战争的胜利稳定了北方的局势⑤。

二　分裂年代的长城与战事

　　魏晋时期幽州地区的行政建置虽有调整和更名，但北部边界依然是秦代以来的长城，这个区域的战争也寥寥无几。十六国时期，前秦领有幽州及长城以北的大片土地。在这个充满动乱的年代，政权随着战争的成败频繁易手，对重要关口和军事据点的争夺空前加剧。北朝时期，北魏的北界与秦汉长城相近，幽州作为军事重镇，需要以此为

---

① 《后汉书》卷8《灵帝纪》，中华书局1997年缩印本，第329—353页。
② 《后汉书》卷5《安帝纪》，中华书局1997年缩印本，第213页。
③ 《后汉书》卷73《公孙瓒传》，中华书局1997年缩印本，第2358页。
④ 同上书，第2363页。
⑤ 《资治通鉴》卷65，汉献帝建安十二年八月，中华书局1956年标点本，第2072页。

依托防御柔然和契丹。这时新修了两道长城，北长城东起今河北赤城，西至五原（今内蒙古乌拉特前旗境）、阴山；南长城又称"畿上塞围"，为保卫国都平城（今山西大同）而筑，东起上谷（今北京延庆境），西至山西河曲。

在今北京地区的长城修筑史上，北齐具有标志性的意义。天保六年（555），"发夫一百八十万人筑长城，自幽州北夏口（今北京昌平南口）至恒州（今山西大同）九百余里"；次年十一月之前，完成了"自西河总秦戍（在大同西北）筑长城，东至于海，前后所筑东西凡三千余里。率十里一戍，其要害置州镇，凡二十五所"①。这两处记载，是同一件事情的开始与结束。这道自大同西北至渤海岸的长城，大致自今山海关向东经过喜峰口、古北口、独石口，再与山西北部的北魏旧城相接，是历史上在今北京地区大规模修筑长城的开端，而且为明长城奠定了基础。由于北边的突厥屡屡入寇，天统元年（565），幽州刺史斛律羡为防不测，"自库堆戍东距于海，随山屈曲二千余里。其间二百里中凡有险要，或斩山筑城，或断谷起障，并置立戍逻五十余所"②。从北齐几次修筑长城的路线来看，此次应以对天保年间长城的加固修缮为主。在此之后，北周又整修过北齐长城。当代考古学者在北京昌平、门头沟、延庆、怀柔、密云、平谷的高山峻岭，发现了许多倾圮严重、墙体低矮的北朝石垒城垣与城堡。昌平区的流村、高崖口、老峪沟至门头沟区的大村一带，有长约 30 公里的北齐长城遗址，至今保存着高 1.5 米、宽 2 米的墙基，还有敌台、烽火台的石瓦砾。根据北宋出使契丹的王曾、沈括以及清初顾炎武、顾祖禹等人的记载，在温榆河南岸、通州城西与城南一直延伸到天津武清西南，有北齐在平原地区修筑的土质长城。

越是处在战乱频发、社会动荡的年代，越能凸显交通要道与雄关险隘作为兵家必争之地的巨大作用。除了两个朝代交替之际的战争以外，某些通常在政治、经济等方面或许被人们忽视的时期如五胡十六

---

① 《北齐书》卷 4《文宣帝纪》，中华书局 1997 年缩印本，第 61—63 页。
② 《北齐书》卷 17《斛律羡传》，中华书局 1997 年缩印本，第 227 页。

国、五代十国等，恰恰是军事家大展雄才的年代。战争锻炼和检验了将领的智慧，证实了险关要路的军事价值，区域军事史也由此变得生动丰富起来。东晋十六国至北朝时期，幽州地区不同民族政权之间战事迭起。西晋建兴二年（314）三月，后赵石勒利用幽州守将王浚的麻痹轻信，自襄国（今河北邢台）轻骑北袭。清晨抵达蓟城叫开城门，"疑有伏兵，先驱牛羊数千头，声言上礼，实欲填诸街巷，使兵不得发"①，继而俘获王浚，送回襄国斩首，并焚毁其宫殿。东晋咸和四年（329）后赵石虎发兵七万，袭击占据蓟城的辽西鲜卑段辽。咸康三年（338）三月，幽州等地尽归石虎，战争延续到今北京东北，"辽惧，弃令支（治今河北迁安县西），奔于密云山（今河北丰宁县南二十四里云雾山）。……季龙遣将军郭太、麻秋等轻骑二万追辽，及之，战于密云，获其母妻，斩级三千"；十二月，段辽遣使请降于后赵，麻秋奉命率三万迎接。段辽继而又降于前燕慕容皝，慕容皝遣子慕容恪"伏精骑七千于密云山，大败麻秋于三藏口，死者什六七"②。三藏口在今河北承德市正北的高寺台附近，武烈河三条上源合称三藏水，东源（东藏水，今玉带河）、北源（中藏水，今茅沟河）、西源（西藏水，今鹦鹉河）在此汇合。

东晋咸康六年（340），慕容皝准备进攻石虎占据的蓟城等地，"从容谓诸将曰：石季龙自以安乐（在今河北乐亭县东北二十里）诸城守防严重，城之南北必不设备。今若诡路出其不意，冀之北土尽可破也。于是率骑二万出蠮螉塞，长驱至于蓟城，进渡武遂津（今河北徐水），入于高阳（今河北高阳），所过焚烧积聚，掠徙幽、冀三万余户"③。清初《读史方舆纪要》称"蠮螉，或曰即居庸音转耳"④，乾隆《热河志》、《日下旧闻考》进一步断定就是居庸关。但是，此外可备一说的是光绪年间麻兆庆考证"蠮螉塞为今喜峰口非

---

① 《晋书》卷104《石勒载记上》，中华书局1997年缩印本，第2723页。
② 《晋书》卷106《石季龙载记上》，中华书局1997年缩印本，第2767—2769页。
③ 《晋书》卷109《慕容皝载记》，中华书局1997年缩印本，第2821页。
④ 顾祖禹：《读史方舆纪要》卷10《直隶一》"居庸关"条，中华书局1955年版，第462页。

居庸关"①。据南朝顾野王《玉篇》，"蠮螉"是指细腰蜂，"喜峰"则是"细蜂"的近音异写。考察战场的地理环境与军事形势，麻兆庆的观点显得更为合理。慕容皝自东北的龙城（今辽宁朝阳）向西南的蓟城进兵，靠近渤海西岸的安乐城等平原地区防守严密，而蓟城南北没有设防，只要抄近路悄悄进至蓟城北面即可成功。这样，沿着大凌河、瀑河谷地直插喜峰口，既可避开东边安乐城一带的防守，又能在出山后比较接近蓟城的平原区发挥骑兵快速进击的优势。如果绕道蓟城西北的居庸关，要走的山路更加遥远且难于跋涉，这样的进兵路线显然与要求兵贵神速、出其不意的"诡路"背道而驰。居庸关早在先秦时期就是天下九塞之一，其险要程度与历代防备都要胜过喜峰口。因此，慕容皝奇袭蓟城的"诡路"蠮螉塞，更为合理的是今河北迁西县北界的喜峰口。《资治通鉴》胡三省注"自龙城取西道入蠮螉塞"②，也有强调慕容皝选择了西边更为隐蔽的山间谷地进兵蓟城、舍弃了众所周知的辽东湾及渤海湾西岸平原通道的意味。

另一次涉及"蠮螉塞"的战争，发生在东晋永和六年（350）二月。《晋书》记载，前燕慕容儁"率三军南伐，出自卢龙，次于无终（治今天津蓟县）"③。《资治通鉴》描述得更加具体："燕王儁使慕容霸将兵二万自东道出徒河（今辽宁锦州），慕舆于自西道出蠮螉塞，儁自中道出卢龙塞以伐赵。"④一般认为卢龙塞就是指"喜峰口一带"，相当于麻兆庆认定的"蠮螉塞"之所在，但慕容儁出兵时的西道与中道显然不能是同一条；如果把"蠮螉塞"定在居庸关，既不合于军事地理的常识，也与《晋书》记载的三军"出自卢龙"相矛盾。《水经注》云："濡水（今滦河）又东南径卢龙塞。塞道自无终

---

① 麻兆庆：《昌平外志》卷2《地理纰缪考》"蠮螉塞为今喜峰口非居庸关"条，清光绪二十一年刻本，第16页。

② 《资治通鉴》卷96，晋成帝咸康六年十月胡三省注，中华书局1956年标点本，第3039页。

③ 《晋书》卷110《慕容儁载记》，中华书局1997年缩印本，第2832页。

④ 《资治通鉴》卷98，晋穆帝永和六年二月，中华书局1956年标点本，第3102—3103页。

县东出，度濡水，向林兰陉（喜峰口），东至青陉（喜峰口东约三十里青山口）。"① 《中国历史地图集》北魏幽州、平州幅，将"卢龙塞"标注为东西向的条带状，视为今潘家口、喜峰口、铁门关、董家口、青山口一线众多关口的统称，更接近历史与地理的实际（图7—2）。正如《晋书》所谓"出自卢龙"表明的那样，慕容儁的军队应是经过卢龙塞中的两条通道（蠮螉塞是其中之一）向南，以求集中兵力迅速出击，绝无分出一路舍近求远绕道居庸关之理。东晋太元十年（385），后燕慕容垂"遣慕容农出蠮螉塞，历凡城（今河北平泉县南），趣龙城（今辽宁朝阳），会兵讨余严"②，正与当年慕容皝、慕容儁南下的路线相同但方向相反，凡城、龙城的所在方位也再次证明，蠮螉塞应指喜峰口而不是居庸关。

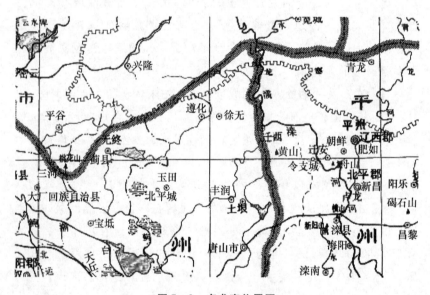

图7—2　卢龙塞位置图

①　郦道元：《水经注》卷14《濡水》，上海古籍出版社1990年陈桥驿点校本，第288页。

②　《资治通鉴》卷106，晋孝武帝太元十年八月，中华书局1956年标点本，第3349页。

北魏皇始元年（396）八月，拓跋珪率步骑四十余万讨伐后燕，自平城（今山西大同）向南夺取并州，"左将军雁门（治今山西代县）李栗将五万骑为前驱，别遣将军封真等从东道出军都，袭燕幽州"①。封真进兵的"东道出军都"，即沿着平城东南的桑干河谷，从军都关（居庸关）进入幽州西北，进而包围蓟城。次年三月，后燕慕容宝从中山（今河北定州）退至蓟城，尽徙府库向北逃回龙城。魏兵在夏谦泽（今河北大厂县西北十五里夏店附近）追上后燕人马，被清河王慕容会杀败②。由此可见，后燕君臣北撤的路线，仍然是从蓟城向东，经潞县（今通州东）、无终（今蓟县）、徐无（今遵化东），再向东北穿越卢龙塞的古道。北魏孝昌元年（525）八月，柔玄镇（今内蒙古兴和县西北）杜洛周聚众反于上谷。幽州刺史常景、幽州都督元谭"自卢龙塞至军都关（即居庸关），皆置兵守险。谭屯居庸关"③。自卢龙塞至居庸关这条防线守护着幽州城的西、北两侧，依托燕山、军都山一线的险要地形和隘口建立起来。次年四月，"杜洛周南出，钞掠蓟城"④，在蓟城南北与常景所部激战；七月，杜洛周大败于蓟城以南的栗园（在今河北固安县境内）⑤；十一月占领范阳（今河北涿州）⑥。

北齐天保四年（553）九月，契丹犯塞。文宣帝高洋北巡冀、定、幽、安诸州，决定北讨契丹。"十月丁酉，帝至平州（治肥如城，今河北卢龙县北五十里沈庄附近），遂从西道趣长堑（即卢龙塞）。诏司徒潘相乐率精骑五千自东道趣青山（今辽宁义县东）。辛丑，至白狼城（今辽宁喀喇沁左翼蒙古族自治县西南黄道营子）。壬寅，经昌黎城（今辽宁朝阳）。复诏安德王韩轨率精骑四千东趣，断

① 《资治通鉴》卷108，晋孝武帝太元二十一年八月，中华书局1956年标点本，第3430页。
② 《资治通鉴》卷109，晋安帝隆安元年三月，中华书局1956年标点本，第3446页。
③ 《资治通鉴》卷150，梁武帝普通六年八月，中华书局1956年标点本，第4706页。
④ 《资治通鉴》卷151，梁武帝普通七年四月，中华书局1956年标点本，第4712页。
⑤ 《资治通鉴》卷151，梁武帝普通七年七月，中华书局1956年标点本，第4714页。
⑥ 《资治通鉴》卷151，梁武帝普通七年十一月，中华书局1956年标点本，第4718页。

契丹走路。癸卯，至阳师水（今朝阳东北大凌河），倍道兼行，掩袭契丹。甲辰，帝亲逾山岭，为士卒先，指麾奋击，大破之，虏获十万余口、杂畜数十万头。乐又于青山大破契丹别部，所虏生口皆分置诸州。是行也，帝露头袒膊，昼夜不息，行千余里，唯食肉饮水，壮气弥厉。丁未，至营州（今辽宁朝阳）。丁巳，登碣石山（今河北昌黎北），临沧海。十一月己未，帝自平州，遂如晋阳（今山西太原西南）。"① 天保六年（555）修筑了幽州北面的长城以后，突厥仍然不时入寇。河清三年（564）九月"突厥寇幽州，入长城，虏掠而还"，闰九月乙巳"突厥寇幽州"②。有鉴于此，次年即天统元年（565），幽州刺史斛律羡再度整修长城。到北周时期，宣政元年（578）四月，"突厥寇幽州，杀掠吏民"③。闰六月，幽州人卢昌期起兵据范阳（今河北涿州），北齐范阳王高绍义引突厥兵相助，欲袭蓟城。宇文神举率北周军队"克范阳，擒昌期。绍义闻之，素衣举哀，还入突厥"。北齐营州（治龙城，亦称和龙，今辽宁朝阳）刺史高宝宁"率夷、夏数万骑救范阳，至潞水，闻昌期死，还，据和龙"④。此后的隋唐幽州，一直处在对突厥、契丹或羁縻或征战的前沿。

三　隋唐时期幽州的征战攻伐

隋代涿郡治今北京，长城以北是东突厥，东北濡水（今滦河）流域的奚族与涿郡、渔阳（治今天津蓟县）、安乐（治今密云燕乐）三郡相邻，奚人东北是更为强悍的契丹。开皇初年，突厥屡次寇边，燕、蓟等地被患。隋文帝任命周摇为幽州总管，统辖六州五十镇诸军事。"摇修鄣塞，谨斥候，边民以安。"⑤ 国力强盛的唐朝总体上无须仰仗长城作为军事屏障，但也有少量的建设或沿用。大业八年（612）与九年的正月，隋朝大军两次在涿郡集结，准备东征高丽，

①　《北齐书》卷4《文宣帝纪》，中华书局1997年缩印本，第57页。
②　《北齐书》卷7《武成帝纪》，中华书局1997年缩印本，第93页。
③　《周书》卷6《武帝纪下》，中华书局1997年缩印本，第106页。
④　《资治通鉴》卷173，陈宣帝太建十年闰六月，中华书局1956年标点本，第5389页。
⑤　《隋书》卷55《周摇传》，中华书局1997年缩印本，第1376页。

显示了幽州作为军事重镇的地位。

　　唐武德年间，幽州地区的战争集中在唐与窦建德、高开道及突厥之间。武德元年（618）十二月，窦建德率众十万进攻幽州不利，"乃分兵掠霍堡（今天津武清西北）及雍奴（治今天津武清西北旧县村）等县"①。三年五月，窦建德所部再攻幽州不克，"退军笼火城（今北京大兴区西北隅芦城村）"，两次都被幽州总管罗艺及其所属薛万均、薛万彻击败②。六年五月和九月，高开道两次引突厥入寇幽州，骑兵达两万之众。八年九月，右领军将军王君廓"破突厥于幽州，俘斩二千余人"③。此后的幽州战事稀少，贞观十八年（644）成为唐太宗屯聚东征高丽大军之地，次年十一月又回到幽州。

　　在唐与北方的突厥、契丹、奚族的战争中，幽州处在军事前线，战事主要发生在其周边地区。武后神功元年（697）三月，清边道总管王孝杰等率兵十七万，与契丹大贺氏部落联盟首领孙万荣战于东硖石谷（今河北迁安东北）。唐兵大败，王孝杰坠崖死。屯扎在渔阳（今天津蓟县）的唐军武攸宜不敢进兵，"契丹乘胜寇幽州，攻陷城邑，剽掠吏民"。圣历元年（698）八月，突厥默啜可汗寇妫州、檀州等地④。景云元年（710）十二月，"奚、霫犯塞，掠渔阳、雍奴，出卢龙塞而去"⑤。先天元年（712）十一月，"奚、契丹二万骑寇渔阳。幽州都督宋璟闭城不出，虏大掠而去"⑥。天宝十四载（755）安禄山起兵反唐，幽州就成为叛军的大后方了。唐代后期，割据一方的藩镇围绕幽州展开争夺，更兼奚、契丹的进犯，使这里战乱不已。乾宁元年（894）十二月，李克用自太原起兵，在居庸关外击溃幽州节

　　① 《资治通鉴》卷186，唐高祖武德元年十二月，中华书局1956年标点本，第5828页。
　　② 《资治通鉴》卷188，唐高祖武德三年五月，中华书局1956年标点本，第5883页。
　　③ 《资治通鉴》卷191，唐高祖武德八年九月，中华书局1956年标点本，第5998页。
　　④ 《资治通鉴》卷206，唐则天后圣历元年八月，中华书局1956年标点本，第6531页。
　　⑤ 《资治通鉴》卷210，唐睿宗景云元年十二月，中华书局1956年标点本，第6659页。
　　⑥ 《资治通鉴》卷210，唐玄宗先天元年十一月，中华书局1956年标点本，第6678页。

度使李匡筹,占领幽州。唐朝过后,幽州进入了五代混战与契丹掳掠相互交织的阶段。

第四节 五代至辽宋金元的军事冲突

中国古代史通常从政治角度把五代作为隋唐的余绪,但以军事形势以及彼此的攻伐而论,五代却应与辽、北宋相提并论。统一的隋唐结束之后,幽州成为五代、北宋与契丹剧烈争夺的军事重镇。契丹据有幽州并将这个南进的桥头堡升为南京,对中原政权形成了居高临下的态势。失去了燕山长城一线防御屏障的中原政权,在战略形势上处于被动地位,迫使建都汴京(开封)的后周、北宋相继北伐以收复幽燕之地。辽朝后期,辽、宋、金之间的关系,形成了不断变幻的复杂局面。当金朝迁都燕京之后,又面临着北方来自蒙古军队的军事威胁,直至元朝完成全国统一,幽燕之地才结束了战端频发的局面。

一 五代与契丹在幽州的战争

后梁开平元年(907)四月,亳州刺史李思安率军三万直抵幽州城下。幽州节度使刘仁恭之子刘守光击败李思安,随后进兵大安山(今北京房山西北八十里大安山),俘虏了在那里学道享乐的刘仁恭。三年五月,刘守文重金招来契丹、吐谷浑军队,在蓟州鸡苏(今天津蓟县西南十五里西苏庄)击败其弟刘守光,随后却被刘守光的部将突袭生擒。

太原晋王李存勖与幽州刘守光的战争,发生在后梁开平二年(908)。正月初一,周德威等率军从飞狐(今河北蔚县东南二十五里北口村穿过恒山的峡谷)东下,与来自镇州(今河北正定)、定州(今河北定州)的军队会合后,攻克祁沟关(在今河北涿州西南三十五里岐沟村),再下涿州(今河北涿州)。五月,在羊头冈(今北京房山良乡以西二十二里羊头岗)大破燕军,擒获骁将单廷珪,进军幽州城下,闰五月在西门击败燕军。乾化三年(913)正月,周德威攻下顺州(今北京顺义),二月攻下安远军(治今天津蓟县西北),

晋将李存晖收复檀州（今北京密云）。三月，相继收复芦台军（治今天津宁河县芦台镇）与古北口，居庸关守将降晋。四月，周德威进攻幽州南门，七月进攻各个城门。九月，刘守光率众夜出攻陷顺州，十月入檀州，被周德威大败后逃回幽州城。十一月，晋王李存勖亲征幽州，登上燕丹冢（城东南的燕王陵，金代海陵王拓展燕京城时圈入城内）观看军士架起云梯攻城，顷刻间擒获被关在城内的刘仁恭。十二月，刘守光在檀州燕乐县（治今北京密云东北燕乐庄）被擒，李存勖遂押解刘氏父子班师。

　　幽州的又一次重大战争，发生在晋军与契丹之间。后梁贞明三年（契丹神册二年，917）三月，叛将卢文进引契丹兵急攻幽州。契丹在居庸关以西、新州（治今河北涿鹿）以东大败周德威，乘胜进围幽州。卢文进教给契丹以挖地道、堆土山之法攻城，周德威派人向太原告急。四月，李嗣源率师赴援。七月，李存审与李嗣源步骑七万会于易州（今河北易县）。在讨论进军路线时，他们充分考虑了敌我双方的兵力差距、步骑优劣、作战特点，特别是地理环境对于军队作战的制约。李存审分析："虏众吾寡，虏多骑，吾多步。若平原相遇，虏以万骑蹂吾陈，吾无遗类矣。"李嗣源主张："虏无辎重，吾行必载粮食自随。若平原相遇，虏抄吾粮，吾不战自溃矣。不若自山中潜行趣幽州，与城中合势。若中道遇虏，则据险拒之。"于是，这支援军自易州北行越过大房岭（今北京房山西北），沿着山涧东行。李嗣源率三千骑兵为前锋，在距幽州六十里处与契丹相遇，数度激战才出山谷。"李存审命步兵伐木为鹿角，人持一枝，止则成寨。"① 随后契丹大败，席卷其众自北山去，即从古北口退回塞外，幽州之围得解。据此推测，晋军沿着山间谷地自西南向东北的进兵路线，大致与古代太行山东麓南北大道（即今京广铁路一线）平行，以今天的地理而言，可能经过易县、张坊、周口店、燕山、河北、潭柘寺，出山后至石景山衙门口一带与契丹大战，地在幽州西南。后梁龙德元年（契

---

① 《资治通鉴》卷270，后梁均王贞明三年七月，中华书局1956年标点本，第8817—8818页。

丹神册六年，921）十月，耶律阿保机率大军入居庸关，十一月攻下
古北口，"分兵略檀、顺、安远、三河、良乡、望都、潞、满城、遂
城等十余城，俘其民徙内地"①。此后又相继进攻幽州、涿州、蓟州
等地。后唐同光元年（923）至天成元年（926），契丹连续进犯幽州
及其以南地区，李嗣源、赵德钧等分别斩获数千人。

后晋天福元年（936），石敬瑭把幽州、蓟州等（俗称"燕云十
六州"）割让给契丹，契丹会同元年（938）升幽州为南京。"燕云十
六州"之失，从根本上改变了我国北方的军事地理格局。中原政权
失去了燕山一线高山与长城的屏障，幽州成为契丹挥兵南下的桥头
堡，在地理形势上也处于居高临下的压迫态势。后周显德六年
（959）世宗北伐，在克复幽州外围州县之后病重撤军，留下了"出
师未捷身先死"的历史遗憾。

二　北宋与契丹之间的攻防态势

以稳定内部为主要策略的北宋，在与契丹的军事对峙中基本处于
被动，但开国前期也曾有过收复失地的志向和行动。太平兴国四年
（979）六月，宋太宗率军北伐契丹，沿途经过金台顿（今保定旧城
东关外）、东易州（今涿州西南岐沟关）、涿州、盐沟顿（今房山区
良乡东北），驻跸幽州城南宝光寺。在城北击败契丹军，顺州、蓟州
守军来降。七月，"帝督诸军及契丹大战于高梁河，败绩"②。这就是
著名的高梁河之战。雍熙三年（986）正月，宋军大规模北伐。曹彬
等出雄州（今河北雄县），田重进出飞狐（今河北涞水），潘美、杨
业出雁门（今山西代县）。三月，曹彬相继收复固安（今河北固安）、
涿州，田重进收复飞狐，潘美自西陉关（在山西代县西北）进兵，
收复寰州（治今山西朔州东北三十三里马邑村）、朔州（今山西朔
州）、应州（今山西应县）。四月，潘美克云州（今山西大同），田重
进战飞狐北，收复蔚州（今河北蔚县），曹彬、米信在新城（今河北

---

① 《辽史》卷2《太祖本纪下》，中华书局1997年缩印本，第17页。
② 《宋史》卷4《太宗本纪一》，中华书局1997年缩印本，第63页。

高碑店）东北击败契丹军队。五月，战局突变，曹彬之师大败于岐沟关，收众夜渡拒马河，退屯易州；田重进屯定州（今河北定州），潘美还代州（今山西代县）。北宋退军之时，将云、应、寰、朔吏民及吐浑部族迁移到河东、京西一带安置。护送迁民的杨业与契丹十万大军遭遇，苦战力尽被擒，守节而死。[①]此后，宋辽之间只有小规模的局部战争。当两国稳定地以白沟（拒马河）一线为界之后，北宋把海河上游的河湖塘泊连成一线，种植水稻、广栽柳树限制契丹骑兵的奔突，构筑了一道从保州（治今河北保定）至沧州泥沽海口（今天津海河口）的"水长城"。

雍熙三年（986）宋太宗准备收复幽蓟之前，令朝臣提出建议。罢相不久的刑部尚书、幽州蓟县人宋琪的奏疏，今人称之为《平燕疏》或《平燕策》。南宋李焘《续资治通鉴长编》、清徐松辑《宋会要辑稿》、元脱脱等《宋史·宋琪传》对这份奏疏的记载，文字略有不同且各有所误。宋琪强调充分利用幽州一带的地理条件，提出了一个比较完整的进兵计划。这份奏疏尽管最终未被付诸实施，但体现了宋人对于幽州军事地理的认识。宋琪指出："伏以国朝大举精兵，讨除边寇。灵旗所指，燕城必降。而敌所趋径术，或落其便，必欲取雄、霸路直进，未免更有阳城之围。盖界河之北，陂淀坦平，北路行师，投戈散地。况军行不离于辎重，敌来莫测其浅深，必冀回辕，西适山路。望令大军会于易州，循狐山（应为孤山）之北、漆水（应为涞水，今南拒马河）以西，挟山而行，援粮以进，涉涿水（今拒马河涿州段），并大房（今北京房山区西北大房山），抵桑干河（今永定河），出安祖寨（今北京石景山区衙门口），则东瞰燕城，裁及一舍。此是周德威收燕之路。"[②]为避免类似后晋开运二年（945）与契丹在阳城（在今河北清苑县西南四十里阳城镇）的激战，宋琪提出不走河北平原而要沿着太行山东麓阶地北上，占领幽州以西的低山丘陵地区，然后居高临下向东攻击幽州城的战略设想（图7—3）：首

---

① 《宋史》卷5《太宗本纪二》，中华书局1997年缩印本，第77—78页。

② 李焘：《续资治通鉴长编》卷27，宋太宗雍熙三年正月戊寅，中华书局1995年版，第603页。

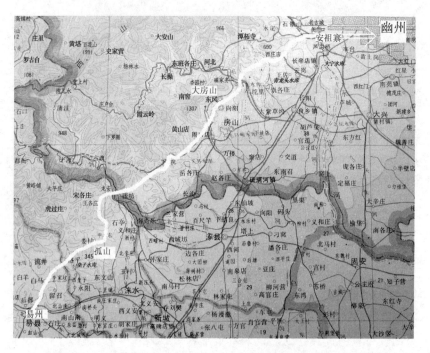

图7—3　宋琪设想的平燕路线（李嗣源解幽州之围的进兵路线）

先，从今天的易县出发，向东北过白马、洛平、娄村一线，在涞水县
龙安村附近渡过拒马河，到达房山区张坊一带。这一段属于"循孤
山之北，涞水以西，挟山而行"，则"孤山"应是位于该线以南、涞
水与易县两县城以北、在平原与丘陵交接地段有平地凸起之感的一个
山包。山区的地形古今变化一般不大，宋琪所谓"孤山"，很可能就
是今易县龙王庙村附近海拔231米、涞水县三义村附近海拔345米、
290米的某处小山包[①]。其次，渡过拒马河之后，进入今北京市辖境，
继续沿着山前丘陵中的谷地向东北前进，依次经过今房山区的张坊、
蔡家口、三岔、孤山口、周口店，进抵大房山下；由此再向东北，大
致取道今良乡、长辛店一线或稍微偏西一些，在今丰台区西北角的东
河沿村附近向东渡过永定河，屯兵衙门口。燕城即幽州城，在今北京

①　参看《河北省地图集》易县、涞水等幅，河北省测绘局1981年编印。

广安门一带。从衙门口向东俯瞰，仅有"一舍"即三十里之遥。从上述路线看，宋琪建议的"周德威收燕之路"，实际上是后梁贞明三年（917）李嗣源进兵幽州为周德威解围的路径。宋琪有意效仿七十年前的精彩战例，也证明西山一带的古道或山涧早已成为兵家非常重视的地利。交通道路一经开辟出来，就具有很强的历史继承性。当代自易县经周口店到石景山的公路，就是延续了这条可以通行骑兵的进军路线。

军事行动必须根据区域自然条件提供的可能性决定用兵方略，某些自然因素又能够加以改造、为我所用，甚至成为博弈者手中自由驱遣的棋子。宋琪的奏疏突出表现了对幽州一带地理的熟悉，对区域山水的军事地理价值有比较深刻的认识。山岭、河湖、森林、村落等既是作战依凭的险要，又是粮草饮水取给的来源。从易州到幽州的二百余里，"并是缘山，村墅连延，溪涧相接，采薪汲水，我占上游"[1]，因此有条件就地取材补充军中粮草，保障士兵的水源供应，这对于维护军队的战斗力意义重大。《孙子兵法·作战篇》云："善用兵者，役不再籍，粮不三载。取用于国，因粮于敌，故军实可足矣。""国之贫于师者远输，远输则百姓贫。"[2] 这就是说，善于用兵者不能反复征集兵员、运输粮草，要做到武器装备从国内取用，粮秣在敌国就地解决，军队的用度就可以充分保障了。国家和百姓因用兵导致贫困的，是由于远道运输的大量耗费。北宋沈括也曾指出："凡师行，因粮于敌，最为急务。运粮不但多费，而势难行远。"[3] 他还对军队的运粮耗费做出了细致的计算。宋琪的奏疏同样具有"因粮于敌"的思想，他之所以不主张从雄霸二州（今河北雄县、霸州）一线的平原地带进兵，就是因为白沟河之北地势平坦，进入契丹占领区后，湖泊沼泽广布的环境不利于辎重运输，平坦的地形不利于防备敌人骑兵

---

① 李焘：《续资治通鉴长编》卷27，宋太宗雍熙三年正月戊寅，中华书局1995年版，第603页。

② 《孙子兵法》卷2《作战篇》，《诸子集成》第6册《孙子十家注》本，中华书局1954年影印，第26—27页。

③ 沈括：《梦溪笔谈》卷11《官政一》，《元刊梦溪笔谈》本，文物出版社1975年版，第16页。

的冲击，因此要通过地势稍高但不大难行的太行山东麓丘陵台地北上。对于西山以东、幽州城西的地带，宋琪认为："东则林麓平冈，非戎马奔冲之地，内排枪弩步队，实王师备御之方。然于山上列白帜以望之，戎马之来，二十余里外可悉数也。"① 这就意味着，林木可以限制契丹的骑兵往来，里面又可以埋伏宋军；在山上设立了望哨，只要敌骑出动，二十余里之外就能被宋军发现。对于山岭的地利，他的认识不可谓不周。

宋琪最为新奇大胆的设想，在于试图利用河水阻断幽州城与契丹的联系。他的奏疏写道："从安祖寨西北有卢师神祠，是桑干出山之口，东及幽州四十余里。赵德钧作镇之时，欲遏西冲，曾堑此水。况河次半有崖岸，不可径渡，河壖平处，筑城护之，守以偏师，此断戎之右臂也。仍虑步奚为寇，可分雄勇兵士三五千人，至青白军以来山中把截，此是新州、妫山之间南出易州大路。其桑水属燕城北隅，绕西壁而转。大军如至城下，于燕丹陵北横堰此水，灌入高梁河，高梁岸狭，桑水必溢。可于驻跸寺东引入祁亭淀，三五日弥漫百余里，即幽州隔在水南。王师可于州北系浮梁以通北路，戎骑来援，已隔水矣。视此孤垒，浃旬必克。幽州管内洎山后八军，闻蓟门不守，必尽归降，盖势使然也。"② 宋琪提出，第一个步骤是做好幽州城西的军事布置：把幽州城西四十多里的桑干河作为天然壕堑，在河畔地势平衍之处则筑城防守，从而斩断幽州守军的右臂；如果担心北面的奚人来犯，可派三五千军队到青白军（今北京门头沟区青白口）一带驻扎。青白军扼守着从新州（治今河北涿鹿县城）、妫山（《宋会要辑稿》、《宋史》等作"妫川"，应是，即指妫州附近。州治在今河北怀来县东南旧怀来城，已没于官厅水库）一带向南通往易州的道路。这条道路大致应经由下列地点：从今涿鹿、旧怀来向东南，过横岭、镇边城，穿越军都山，抵达青白口，继续向东南则通往石景山一带；若由青白口转而向西南，走门头沟区清水河谷的斋堂、清水、齐家庄

① 李焘：《续资治通鉴长编》卷27，宋太宗雍熙三年正月戊寅，中华书局1995年版，第603页。

② 同上书，第603—604页。

一线，再经河北涞水县罗古台、紫石口、龙门以及易县紫荆关、上陈驿，在孟津岭村附近转而向东，则可沿着北易水的上游河谷到达易县县城。由此可见，青白口的军事地位之重要。第二个步骤是实施以水阻敌之计：把桑干河水灌入高梁河，再把溢出的河水引到祁亭淀（"祁"为"郊"之误。《宋会要辑稿》、《宋史》等作"郊亭淀"，即今北京朝阳区大郊亭、小郊亭一带），形成连绵百余里的水泊沼泽，把幽州城隔离在河水泛滥地带以南，以此阻止北来救援的契丹骑兵。孤立的幽州城不难攻克，其后整个幽州境内乃至燕山以北的契丹驻军也会望风而降。在充分了解山水形势的前提下，宋琪提出了一个理想化的进兵方略。地利是决定军事成败的重要因素但不是唯一因素，宋琪的设想并没有被宋太宗以及大将曹彬等付诸实施，因此也无从判定这个未经检验的方略究竟确有奇效还是纸上谈兵。但是，这份奏疏对于认识北宋初期幽州地区的自然地理与军事地理环境，却是一份重要的史料。

此后在很长时间内，燕山一线的丢失，一直使北宋陷于战略上的被动。庆历五年（1045）河北宣抚使富弼奏称："臣伏以河北一路，盖天下之根本也。古者未失燕蓟之地，有松亭关、古北口、居庸关为中原险要。以隔关，匈奴不敢南下，而历代帝王尚皆极意防守，未尝轻视。自晋初失全燕之地，北方关隘尽属契丹。契丹之来，荡然无阻。况又河朔士卒精悍，与它道不类，得其心可以为用，失其心则大可以为患，安得不留意于此，而反轻视哉？"[1]北宋与契丹长期并存，曾经担任宰相的富弼希望朝廷重视强悍的北方士卒与险要的长城关口的关键作用。北宋李邦直《议戎策》亦称："金燕古为濒山多马之国，其土莽平，宜畜牧耕稼，其民翘健，使弓矢，习骑射，乐斗轻死，中国得之足以蔽障外裔，外裔得之足以摇动中国。"当石敬瑭以幽蓟十六州割让给契丹，宋辽两国以白沟一线平旷之地分界后，"戎军寇马驰突，来去如股掌之上耳，此天下之所以不胜劳敝而懔懔常为

---

① 富弼：《论河北七事疏》，载黄淮、杨士奇编《历代名臣奏议》卷327《御边》，台湾学生书局1985年影印本，第4256页。

忧也"①。燕山山脉的长城关口易守难攻，是稳定中原的必要保障。当北宋失去幽州这个战略制高点之后，由此南进的契丹骑兵，很容易突破河北平原上沿着白沟划分的国界，以高屋建瓴之势迅速踏上宋朝的北部领土。

北宋虽然与契丹维持了长期的和平，但国家利益终究促使北宋末年与东北的金国女真人联合起来，南北夹攻共同灭辽。金人在宣和五年（1123）把已被掳掠一空的燕京及涿、蓟等六州归还北宋，不久就出兵南伐。虚弱的北宋失去了在北方曾经起过缓冲作用的契丹之后，直接面对更加强悍的女真铁骑，迅速到来的"靖康之祸"导致宋室仓皇南迁，北宋宣告灭亡。

三　金中都与元大都地区的战争

历史上的北京在金代的中都（燕京）与元代的大都时期，从军事斗争的前线变为受到重重保护的北半个中国与统一国家的政治中心。这样，发生在这一带的军事行动主要表现为两种形式，或者是改朝换代之际的对外战争，或者是同一朝代内部争夺皇权的武力较量。

金朝后期屡次遭到来自西北的蒙古军队进攻，居庸关、古北口、紫荆关成为战事频繁的要塞。卫绍王大安二年（1210），古北口屯戍千户、契丹人石抹丑奴，与南下的蒙古兵力战负伤后开关纳降。随后他为蒙古攻取平、滦、檀、顺、深、冀等州，及昌平红螺（当在今怀柔红螺山附近）、平顶（待考）诸寨，又两败金兵于邦君甸（今天津蓟县西三十里邦钧镇）②。大安三年（1211）二月，蒙古在野狐岭（今河北万全县北三十里）击败金军，取大水泺（在今内蒙古商都县境）、丰利（治今河北沽源县南二十里石头城子）等地。九月迫近居庸关，守将完颜福寿弃关逃遁。蒙古军兵临中都城下，全城戒严。随后，成吉思汗派三子分兵攻下今山西北部、内蒙古南部、河北西北部、北京北部以及渤海湾沿岸多个州县。崇庆元年（1212）九月，

---

① 李邦直：《议戎策上》，载《文渊阁四库全书》第 1346 册《宋文选》卷 20，台湾商务印书馆 1986 年影印本，第 303 页下栏—304 页上栏。

② 《元史》卷 179《萧拜住传》，中华书局 1997 年缩印本，第 4156 页。

蒙古攻占奉圣州（今河北怀来）。至宁元年（1213）七月，又先后攻占宣德（今河北宣化）、德兴（今河北涿鹿）、怀来、缙山等州县，乘胜逼近居庸关西北的八达岭北口，随之发生了历史上著名的一次奇袭。

《元史·札八儿火者传》记载，成吉思汗曾派札八儿出使金国，当蒙古军队东进时，"金人恃居庸之塞，冶铁锢关门，布铁蒺藜百余里，守以精锐。札八儿既还报，太祖遂进师，距关百里不能前，召札八儿问计。对曰：'从此而北，黑树林中有间道，骑行可一人，臣向尝过之。若勒兵衔枚以出，终夕可至。'太祖乃令札八儿轻骑前导。日暮，入谷。黎明，诸军已在平地，疾趋南口（今昌平南口），金鼓之声若自天下，金人犹睡未知也。比惊起，已莫能支吾，锋镝所及，流血被野。关既破，中都大震。已而金人迁汴"①。这次奇袭成功的关键，就是蒙古军悄悄穿过只能骑行一人的林间小路，绕到昌平南口，抄了居庸关守军的后路。从地理形势以及兵力展开的可能性推测，成吉思汗的军队自西北而来，适合屯兵在居庸关以西百余里、永定河谷地的河北怀来与涿鹿之间，这片广袤的"黑树林"应当位于"从此而北"实为东北的燕然山、大海坨山及其以南一带。蒙古兵应是先向东北穿过黑树林，再从北口以东的某处山口转而向南，黎明时出其不意袭击南口（图7—4）。

不过，《续资治通鉴》的记载与《元史·札八儿火者传》大不相同。当札八儿献计"自此而北，黑树丛中有间道"后，《续资治通鉴》写道："蒙古主留克特卜齐与金军相持，乃自简锐卒与哲伯潜发，令萨巴勒（按，'札巴儿'的同名异译）前导。日暮，入谷。黎明，诸军已在平地。疾驱入紫荆口（河北易县紫荆关），金人犹睡，未知也。比惊起，仓卒逆战于五回岭（在紫荆关西南），大败，流血被野。……进拔涿、易二州。辽人呼噜布勒等献北口，哲伯遂取居庸，与克特卜齐会。"② 这里的进兵方向与札巴儿建议的"从此而北"

---

① 《元史》卷120《札八儿火者传》，中华书局1997年缩印本，第2960页。
② 毕沅：《续资治通鉴》卷159，宋宁宗嘉定六年七月，中华书局1957年版，第4320—4321页。

相反，攻入的关隘不是昌平南口而是紫荆关（图7—4）。据此估计，《续资治通鉴》可能是把《元史·太祖本纪》的"帝出紫荆关"与《元史·札八儿火者传》记载的两次战事混在一起了。

图7—4　札八儿奇袭推测路线（1）与成吉思汗出紫荆口路线（2）

居庸关失守后，贞祐元年（1213）十月中都戒严，蒙古兵屯聚城北，金兵战败。十二月，蒙古兵分三路，横扫黄河以北地区。"三道兵还，复屯大口，以逼中都。"① 关于大口的位置，《永乐大典》抄本《顺天府志》引元末《析津志》称："大口店在京城西北四十里，旧有城，今为店，西有高丘鼎峙，曰三疙疸。车驾春秋往还，百官迎送于此。"② 同书昌平县有"大口故城，在县南五十里清河社"③。结合上述记载判断，大口当在今海淀区清河镇西北五里的四拨子村附近。这个地点符合大口与昌平、大都的方位关系，并且处在元代两都之间往还的交通线上，明初隶属于昌平"清河社"也证明距今海淀区清河镇不远。另一个重要的参照点是，此地以东七里处，今有聚落"东小口"、"西小口"，显然是从历史上的"小口"派生而来。东边的"小口"与西边的"大口"理应彼此相邻且基本平行对称，合理的地点只能是今天的四拨子。这里以明代有德胜门外第四拨烽火台得名，证明了它在交通与军事上的重要性。由此看来，蒙古三路大军屯聚于大口即今四拨子一带，也是取其进出便利、平坦开阔的地理优势。成吉思汗所率军队此次"凡破金九十余郡，两河、山东数千里，人民杀戮几尽，金帛、子女、羊畜牛马席卷而去，屋庐焚毁，城郭丘墟。惟中都、通、顺、真定、清、沃、大名、东平、德、邳、海州十一城不下"④。直至贞祐二年三月，在得到金朝的公主、童男女、金帛、马匹之后，蒙古才经由居庸关退军。但是，五月时金宣宗决意迁都南京（今河南开封），行至良乡军队发生内乱。蒙古军队应叛军札达之请救援，"入古北口，徇景、蓟、檀、顺诸州"，合兵逼近中都⑤。至贞祐三年三月，附近州县被蒙古占领，中都从此孤立，内外不通，五月城破，金中都时代宣告完结。

　　① 毕沅：《续资治通鉴》卷160，宋宁宗嘉定六年十二月，中华书局1957年版，第4330页。

　　② 《顺天府志》卷12《大兴县》，缪荃孙《永乐大典》抄本，北京大学出版社1983年影印，第308页。

　　③ 《顺天府志》卷14《昌平县》，缪荃孙《永乐大典》抄本，北京大学出版社1983年影印，第414页。

　　④ 毕沅：《续资治通鉴》卷160，宋宁宗嘉定六年十二月，中华书局1957年版，第4330页。

　　⑤ 毕沅：《续资治通鉴》卷160，宋宁宗嘉定七年五月，中华书局1957年版，第4336页。

　　元代的大都城是强大的统一国家的首都，除了王朝末世的战乱之外，周边地区的动荡只能来自内部的较量。天历年间的"两都之战"，起因于元仁宗破坏了"兄弟叔侄世世相承"的传统，后来导致大都的元文宗与上都的天顺帝之间发生战争。致和元年（1328）七月，泰定帝在上都病逝。九月，随行的中书省左丞相倒刺沙等除掉武宗旧部，拥立泰定帝之子阿速吉八，是为天顺帝。与此同时，留守大都的签枢密院事燕铁木儿也除掉了仁宗旧部，迎立元武宗次子图帖睦尔在大都即位，是为元文宗，年号天历。这样，公元1328年对应着相继出现的三个年号，是致和、天顺、天历三朝共同的元年，两都之间的战争势不可免。

　　根据《元史·文宗本纪》的记载，为了防备上都的进攻，燕铁木儿做了严密部署。从八月初五开始，先后调兵守居庸关及芦儿岭（今河北迁西县西北二十五里三屯营）、白马甸（今密云县北八十里白马关）、泰和岭（今山西朔州东南太和岭）、迁民镇（今河北秦皇岛山海关）、碑楼口（今山西朔州应县北楼口村），派遣从上都归来的弟弟撒敦守居庸关、儿子唐其势屯古北口，后又以率军从上都归来的阿速卫指挥使脱脱木儿守古北口。二十五日，脱脱木儿在宜兴（治今河北滦平县东北十五里小城子）打败上都军队。二十七日，率军从上都归来的贵赤卫指挥使脱迭，也加入守卫古北口的行列。二十九日，上都梁王王禅等驻扎在榆林（今河北怀来县东榆林堡）。九月初一，燕铁木儿督师居庸关，撒敦、斡都蛮分别在榆林、陀罗台（今延庆县城，时置陀罗台驿）击败上都军。初七，遣撒敦拒辽东兵于蓟州东流沙河（今河北丰润县西沙流河），也速台儿坚守在碑楼口。十二日，脱脱木儿与辽东军战于蓟州（治今天津蓟县）两家店。十六日，王禅袭破居庸关，次日游兵至大口（今北京海淀区四拨子）。十九日至二十五日，燕铁木儿先后在榆河（昌平南二十五里，今海淀区玉河村）、红桥（在今北京昌平西南，北沙河以北）、白浮（今昌平南八里白浮村）击败王禅，追至昌平北，王禅单骑逃走。二十六日，上都兵入古北口，以兵掠石槽（今北京顺义西北三十里石槽）。燕铁木儿先遣撒敦攻其不备，随后大兵掩杀，转战四十余里，至牛头山（在今北京密云县北）擒驸马孛罗帖木儿等，大获全胜。二十八日，辽东军抵京城，燕铁木儿率领军民守城。十月初一，燕铁木儿在通州潞水边击败辽东军。初四，上都游兵进逼大都南城，城中居民每户出壮丁一人，持兵仗与军士一起登城守卫。燕铁木儿、唐其势等先在檀子山之枣林（今北京通州张家湾南枣林庄）获胜，又率军循北山向西直插良乡，驰援卢沟桥战场。初九，在紫荆关俘获阿剌帖木儿等。初十，上都军复入古北口，被燕铁木儿在檀州以南击败。十三日，上都被围，倒剌沙等奉玉玺出降，历时两个多月的两都之战宣告结束。[①] 在这场战争中，居庸关、古北口、紫荆关等要塞是双方的必争之地，大都军队具有强大的后方支持，作为统帅的燕铁木儿身先士卒、调度得当，这些都是元文宗一方最终获胜的关键因素。

顺帝至正十八年（1358），刘福通红巾军的将领毛贵，率军由山东进攻大都，先后攻克蓟州与潞州的枣林、柳林（今通州潞县镇柳林），迫使大都戒严。二十四年（1364），帝党与后党之争激化为兵戎相见，居庸关、古北口依旧是两军攻守的焦点，昌平龙虎台、皇后店（黄堠店，今海淀皇后店）、清河、通州等地是主要战场。二十八年（1368）闰七月二十五，徐达、常遇春率领的明军相继攻克河西务、通州，元顺帝二十八日夜出健德门北逃。八月初二（1368 年 9 月 14 日），明军兵临齐化门（今朝阳门），填壕登城，攻克大都。从此，明朝的北平府即永乐以后的北京，变成了防御北方蒙古与满洲进攻的军事前沿。

第五节　明代北京防御体系与内外战争

徐达率领明朝军队占领元大都之后，这座失去首都地位的城市迅即改称北平府，并将北城墙向南缩进五里。或以为徐达此举意在把比较荒凉的元大都北部甩到城外，从而减轻军队防守的负担。但是，这

---

① 《元史》卷32《文宗本纪一》，中华书局 1997 年缩印本，第 704—718 页。

支势如破竹的胜利之师正在一步步把元顺帝向漠北驱赶，北平府已由
前线变为后方，根本无须通过南移城墙以节省屈指可数的军队。《左
传》云："先王之制，大都不过叁国之一。"① 按照礼制的要求，北平
城显然不能逾越国都南京的规模，北墙向南收缩则是最简便易行的方
法。永乐年间迁都北京后，明朝逐渐放弃内蒙古至辽东的外围战略要
地，燕山长城一线此后成为北京抵挡北元与满洲的最后一道军事
屏障。

一　九边之设与长城防御体系的构建

洪武元年（1368）明军占领元大都，徐达奉命修筑长城、部署
防线。三年（1370），淮安侯华云龙建议："北平边塞，东自永平、
蓟州，西至灰岭下，隘口一百二十一，相去可二千二百里。其王平口
至官坐岭，隘口九，相去五百余里。俱冲要，宜设兵。紫荆关及芦花
山岭尤要害，宜设千户守御所。"② 长城的防务由此得到加强，灰岭、
王平口在今北京昌平、门头沟境内。十五年（1382）九月，根据北
平都司的提议，以各卫校卒加强戍守所辖自山海关至居庸关、紫荆关
沿线的二百处关隘，计有：一片石、黄土岭、董家口、义院口、箭竿
岭、孤窑儿、刘家口、河流口、徐流口、冷口、界岭口、青山口、干
涧儿、桃林口、重峪口、石门子、白道子、白羊峪、石湖洞、五重
庵、新开岭、佛面山、栲栳山、擦崖子、城子岭、大峪、水峪、中
寨、榆木岭、青山、游乡口、铁门口、大喜峰口、小喜峰口、团亭
寨、潘家口、常峪寨、三台山、隘口寨、龙井寨、朝儿岭、松陀儿、
松棚峪、青山大岭、木潭岭、臭麻峪、刀山寨、分水岭、马蹄峪、洪
山寨、蔡家峪、秋科峪、于家峪、道沟峪、罗文峪、猫儿峪、山寨
峪、小挝角山、大挝角山、会仙台、沙坡峪、山口西寨、片石峪、冷
嘴头口、楮皮寨、尖山寨、龙池寨、大安口、井儿峪寨、鲇鱼石口、
琵琶峪寨、马兰峪、平山寨、宽田峪、南山顶寨、饿老婆顶寨、滴水

① 《左传·隐公元年》，《黄侃手批白文十三经》本，上海古籍出版社1983年影印，
第1页。
② 《明史》卷130《华云龙传》，中华书局1997年缩印本，第3825页。

峪小寨、北山顶、滴水峪北山等寨、录山顶、峰台岭寨、古强峪、耻瞎峪、钻天岭、黄崖口、小平安岭、大平安岭、三山寨、蚕椽峪、青山岭、彰作里、将军石口、碣山寨（碣，音 kè，今平谷靠山集）、黄松峪、文家庄、鱼子山、萧家岭、熊儿岭、沙岭儿、灰峪口、灰岭儿、猪圈头、山嘴头、木场峪、灰塘峪、墙子岭、磨刀峪、许家峪、苍木会、小黄崖、大黄崖、石堂峪、姜毛峪、苏家峪、大虫峪、遥桥峪、南峪、烧香峪、墨峪口、蜂台峪、高垛子、小水峪、汉儿岭、城子山、倒班岭、杷头岭崖、师姑峪、梧桐安、齐头崖、柏岭安、将军台、卢家安、司马台、丫髻山、沙岭儿、砖垛子、龙王峪、师婆峪、古北口、潮河寨、柞峪、车道峪、蚕房峪、陈家峪、东驼骨、西驼骨、白马甸、划车岭、冯家峪、营城岭、黄崖口、石塘岭、东石城、西石城、东水峪、白道峪、牛盆峪、小水峪、水口峪、河坊口、神堂峪、亓连口、加儿岭、驴鞍岭、南冶岭口、黄花镇、西水峪、枣园峪、灰岭口、贤庄口、锥石口、德胜口、虎峪口、居庸、阳峪口、苏林口、白羊口、柏峪口、高崖口、方良口、常峪口、长城岭、沿河口、石港口、小龙门口、天井关、东龙关、天桥关、天门关、洪水口、西龙门、叚口、石峨口、兰芳口、鹿角口、南龙门、马水口、道水口、石塘口、金水口。① 在《明实录》里，个别关口的名称因字形相近书写有误，有的至今已发生同音异写，但古今地名大多可以对应起来，因此这里无须逐一注其今地。

　　洪武二十年（1387），随着李文忠、冯胜等分别占领今内蒙古境内的元上都开平（今正蓝旗东）、大宁（今宁城县大明镇）、东胜（今托克托县西）等塞外战略要地，大宁都指挥司及其左、中、右诸卫所辖地域与宣府、辽东连成一片，其位置接近秦汉、北朝旧长城，幽燕地区因此具备了内外两条防线，蓟镇变为有"外边"保护的"内边"。朱元璋把朱棣等几个儿子封为镇守边塞的藩王，驻守在全长一万二千多里的长城沿线。从这时到嘉靖年间，逐渐形成了九个军事重镇，称为"九镇"或"九边"。但是，明成祖即位后，逐渐放弃

---

① 《明太祖实录》卷148，洪武十五年九月丁卯。

了开平、大宁等战略要地，把这里赐给内附的兀良哈，辽东与宣府、大同之间的联络由此隔断，燕山长城就成了北京防御体系的重要依托。东起山海关、西至灰岭口（今昌平以北 15 公里上口村北；一说至镇边城，即今河北省怀来县东南）的蓟镇，是北京最直接的北部防线；居庸关外的宣府、大同两镇是北京的西北屏障，具有分段设防、层层阻击的作用。宣府镇东起居庸关以北的四海冶（今延庆县四海），西至大同东北的平远堡。北方游牧民族用兵一般选择攻大同、入宣府、破居庸、进北京的路线，攻入大同之敌往往南下直趋雁门、穿越太行，从侧翼进兵北京；突破宣府之敌则势必向南夺取紫荆关、向东过保定再向北直扑北京。蓟镇的军事地位极为关键，边墙也比其他地方高大雄伟。为了加强对京师和昌平皇帝陵的防务，嘉靖年间又从蓟镇划出昌平镇（东起慕田峪，西至紫荆关）、真保镇（北起紫荆关，南至固关）。

加强九边防御与修筑长城，在明朝二百多年间始终是军事重心所在，北京以长城为依托构筑了一个多层次的防御体系。时人形容："宣府、大同，藩篱也；居庸、紫荆，门户也；顺天、真定、保定等府州县，堂室也。藩篱密，斯门户固；门户固，斯堂室安。"[1] 清初顾祖禹指出：大同府"居边隅之要害，为京师之藩屏。……女真之亡辽，蒙古之亡金，皆先下大同，燕京不能复固矣。故明都燕，以郡为肩背之地，镇守攸重"[2]；宣化"南屏京师，后控沙漠，左挹居庸之险，右拥云中之固，弹压上游，居然都会。……居庸者，京师之门户，宣府又居庸之藩卫也。其地山川纠纷，号为险塞，且分屯置军，倍于他镇，气势完固，庶几易守"[3]。永乐帝非常重视加强边备，在给总兵官郑亨的敕书中，要求"各处烟墩，务增筑高厚，上贮五月

① 于敏中等：《日下旧闻考》卷 5《形胜》引《渔石集》，北京古籍出版社 1985 年版，第 83 页。然《四库全书存目丛书》等所载明代唐龙《渔石集》，并无这段文字。

② 顾祖禹：《读史方舆纪要》卷 44《山西六·大同府》，中华书局 1955 年版，第 1833—1834 页。

③ 顾祖禹：《读史方舆纪要》卷 18《直隶九·万全都指挥使司》，中华书局 1955 年版，第 778 页。

粮及柴薪药弩，墩傍开井，井外围墙与墩平，外望如一"①。成化十二年（1476）总兵官李铭整修边备，"无间祁寒盛暑，短衣轻骑，涉险相度，分督参谋，岁益加修。蜿蜒山镇，逾数千里，屹然一巨防也"②。弘治十一年（1498），顺天巡抚洪钟"整饬蓟州边备，建议增筑塞垣。自山海关西北至密云古北口、黄花镇直抵居庸，延亘千余里，缮复城堡二百七十所，悉城缘边诸县，因奏减防秋兵六千人，岁省挽输犒赉费数万计"③。北京地区的明长城，大部分是在北齐长城的基础上增筑，也有一些新修的地段，建筑规模前所未有。

隆庆、万历年间蓟镇长城的修筑与长城沿线的安宁，有赖于抗倭名将、蓟镇总兵戚继光（1528—1587）的卓越建树。隆庆二年（1568），戚继光专职训练士兵，次年巡视边塞、全面规划，提出创建空心敌台，"请跨墙为台，睥睨四达。台高五丈，虚中为三层，台宿百人，铠仗糗粮具备。令成卒画地受工，先建千二百座"。戚继光由浙江募集的三千士兵列阵郊外，自晨至午站立雨中巍然不动，迅速扭转了守边军队慵懒散漫的状态。五年（1571）秋"台功成，精坚雄壮，二千里声势联接"④。万历二年（1574）七月重新整修城墙和敌台，改变了敌台被城墙遮掩不利攻打的局面："台台相应，且就陴下（按，女墙）墙基，循墙加筑三合土。墙高三尺，上修下削，附墙相依。久之，土石为一，风雨斧凿不能伤坏。且附墙而削其上，无能置足其间。彼虽有乘埔毁垣之谋，一无所逞。乃复杜塞口外蹊径，又发修边垛式，勘验过丈杆，令将所修丈量明白，俱出一式。于是，各路所修比前更加壮丽，而经制之善足称磐石之安矣。"⑤ 万历六年（1578）七月，蓟辽总督梁梦龙《酌议修守机宜疏》追述说：长城此前有城墙而无敌台，不能抵御墙外敌兵在山上居高临下的射杀。"至隆庆初年，始有建台之议。台皆据高骑墙，与墙外高阜相望并峙，火

　　① 《明史》卷91《兵志三》，中华书局1997年缩印本，第2236页。
　　② 郭造卿：《卢龙塞略》卷12《传部·镇守名将》，明万历三十八年刻本，第4页。
　　③ 《明史》卷187《洪钟传》，中华书局1997年缩印本，第4957页。
　　④ 《明史》卷212《戚继光传》，中华书局1997年缩印本，第5615页。
　　⑤ 戚祚国等：《戚少保年谱耆编》卷11，《续修四库全书》第533册，上海古籍出版社2002年影印本，第324页。

器易以及贼，贼不能攻，此总督谭纶、巡抚刘应节、总理戚某之策也。当时墙犹夫旧也，至我皇上御极四年（按，万历四年），始有拆旧修新之议。新墙高广，皆以三合土筑心，表里砖包，垛口纯用灰浆，与边腹砖城比坚并久。其应增台者即增之，应制铲削偏坡者即铲削之，此总督杨兆、巡抚王一鹗、总管理戚某、总兵杨四畏之策也。台墙皆在冲要山口及山梁之处，与各镇台墙在大漠荒碛、易于倾圮沙埋者大不相同。如能通完，二千里间屹然长城，真得设险守国之义。"① 戚继光把蓟镇全线划分为三协守、十二路，统一编派各种兵力，形成了节制分明、各负其责、分段防守的整体。创立车营，以配备火器的车辆结成方阵，骑兵与手持拒马器的步兵处在其中。敌人来袭时先以火器射击，再近些则以步兵阻止，敌人溃退则放出骑兵追击。辎重营紧随其后，勇敢的南方士兵充当先锋，"节制精明，器械犀利，蓟门军容遂为诸边冠"。戚继光在蓟镇屡挫敌寇，鞑靼慑于戚家军的威名，始终不敢轻易进犯。戚继光"在镇十六年，边备修饬，蓟门宴然。继之者，踵其成法，数十年得无事"②。这位"一年三百六十日，多是横戈马上行"③ 的杰出将领，历来深受后人敬仰。

二 明代长城北京段的布防

北京段的明代长城分属蓟镇与后来增设的昌镇，明末清初孙承泽追述了长城沿线的布防情形："京东至山海关，西至黄花镇，为关寨者二百一十二，为营堡者四十四，为卫二十二，为守御所三。设分守参将五于燕河营、太平寨、马兰峪、密云县、黄花镇以管摄营堡，谓之关。设守备都指挥五于山海、永平、遵化、蓟州、三河以管摄卫所，谓之营。设总兵官一员于三屯营，以总镇焉。关设于外，所以防守；营立于内，所以应援，其制可谓密矣。此所以控御其形势者

---

① 戚祚国等：《戚少保年谱耆编》卷11，《续修四库全书》第533册，上海古籍出版社2002年影印本，第336页下栏—337页上栏。

② 《明史》卷212《戚继光传》，中华书局1997年缩印本，第5615—5616页。

③ 戚继光：《马上作》，钱谦益辑《列朝诗选·丁集》卷11，《续修四库全书》第1624册，上海古籍出版社2002年影印本，第41页上栏。

也。"① 根据《明史·兵志》的记载②，可见其间比较重要的变化过程。

洪武六年（1373），朱元璋命大将军徐达等筹措山西、北平一带的军事防御。根据淮安侯华云龙的建议，永平、蓟州、密云迤西二千余里的 129 处关隘都驻军戍守。九年（1376），敕令燕山前卫等十一卫，分兵驻守古北口、居庸关、喜峰口、松亭关的 196 处烽堠，杂用南北方军士。十五年（1382），布置各卫的兵卒戍守北平都司所辖 200 处关隘，诏令封地接近边塞的诸王每年秋季率兵巡视。十七年（1384），命徐达报告北平将校士卒的数量，此后经常委派公侯核对沿边的士卒与军马。二十年（1387），在喜峰口外的辽中京故地大宁，置北平行都司，封皇子朱权为宁王驻守于此，同时设立营州五屯卫。二十五年（1392）筑东胜城，设十六卫。这些措施与此前在元上都故地设置的开平卫等相结合，在长城以北构成了一道东西呼应的军事防线。

建文元年（1399），镇守北平的燕王朱棣发动靖难之役，起兵攻克大宁。他在夺得皇位后，把北平行都司改为大宁都司，其驻地由大宁迁移到保定；将营州五屯卫分散到顺义、蓟州、平谷、香河、三河，把战略要地大宁送给了内附的兀良哈。辽东与宣府、大同之间的彼此呼应由此被阻绝，孤远难守的东胜左卫移到永平，右卫迁到遵化。在此之前，兴和千户所已被废弃，开平卫迁徙到独石口。这样一来，宣府、北平变为前线，但永乐帝对边防事务非常用心，采取了峻垣深濠、烽堠相接的方针，长城沿线的防御比较稳固。

正统年间以英宗被瓦剌俘虏为标志的"土木之变"，暴露了明朝边防的虚弱。此后边患频仍，几乎岁无宁日。成化元年（1465），延绥总兵官张杰报告："延庆等境广袤千里，所辖二十五营堡，每处仅一二百人，难以应敌"，请求在山西、陕西沿边要害处增兵。十二年（1476），兵部侍郎滕昭、英国公张懋提出："居庸关、黄花镇、喜峰

① 孙承泽：《春明梦余录》卷 2《形胜》，北京古籍出版社 1992 年版，第 16 页。
② 《明史》卷 91《兵志三》，中华书局 1997 年缩印本，第 2235—2241 页。

口、古北口、燕河营有团营马步军万五千人戍守，请益军五千，分驻永平、密云以策应辽东。"这个建议被皇帝采纳。二十一年（1485），敕令守边军士每年九月至次年三月坚持操练。武宗正德年间，曾实行京城六千驻军与宣府六千守军春秋轮换的制度。

嘉靖二十七年（1548）设立蓟镇，从各个卫所调集守军而没有本镇常属的军队。兵部提出，在明陵以东的苏家口筑墙建台、设兵守卫。由于兵力孱弱，军情紧急时从各地征召的军队只是凭险固守，没有敢于提出与敌交战之人。此后，守卫蓟镇的各卫士兵都要听从宣大督抚的调遣，他们的防御就越发漫不经心，蒙古朵颜部每年都乘虚而入。二十九年（1550），俺答的军队进攻古北口，分兵从西南七十余里的黄榆沟潜入，穿过长城上的黄峪口（今密云县北五十里、古北口西南五十五里），直逼东直门下，明朝诸将不敢应战。此前，总督宣大军务的翁万达建议修筑宣大边墙千余里、烽堠三百六十三所，却因为与蒙古开马市而疏于防备。经过此次失败，才修补了被破坏的城墙，北边的战事也东移到蓟镇所辖地段。三十七年（1558），各镇建议分别训练本镇的戍卒以节省军费，一旦遇到战争却还要像从前那样四处征发戍卒。直到隆庆年间，经过总兵官戚继光的训练，蓟镇的军队才形成了强大的战斗力。

明朝初年朱元璋在沿边设卫时，驻守者只有土著士兵以及因犯罪而发配守边的人。听到战事警报，即调其他卫的军队前往戍守，这样的军队称为"客兵"。永乐年间，内地军队轮番戍边，称为"边班"。由于逃亡士兵越来越多，转为从民间召募或别处改拨。各镇官军越来越少，其中一半是临时招募的兵员以及当地的土兵。明初的守边军队纪律严明、职责明确，总兵官率领的总镇军为正兵，副总兵分领三千为奇兵，游击分领三千往来防御为游兵，参将分守各路、东西策应为援兵。营堡墩台分为极冲、次冲两种类型，根据其险要程度确定守军的多少。平时演练阵法、侦察敌情、警戒瞭望、焚烧沿线荒草等，稍有违犯就按军法处置。但是，这些制度和纪律到后来都被废弃或破坏，再加上国家财力匮乏、政治腐败，长城沿线关隘失守以及明朝的灭亡就成为必然。

三　长城沿线的著名关隘

北京市境内的长城关隘多达七十余座，它们曾在冷兵器时代发挥了巨大的防御功能。

平谷境内比较著名的长城关隘将军关、黄松峪关、彰作里关始建于永乐二年（1404），隆庆三年（1569）在戚继光主持下重修。将军关位于将军关村西北，靠近长城处的一块六米高巨石，被称为"将军石"，关口即以此为名。明代设都司驻守，城楼、墩堡、营寨早已拆毁，将军石尚存。黄松峪关、彰作里关的建筑也已不存。

在密云众多的长城关隘中，司马台、金山岭、古北口、墙子路、鹿皮关、白马关等最著名。司马台长城以险峻闻名，全长19公里，位于司马台关（汤河口关）东西两侧，现存34座敌楼保留了戚继光督建的原貌。城墙有单面、双面、梯形之分，敌楼有单层、双层、三层、扁形、圆形、拐角形、两眼、三眼、四眼、六眼、二十四眼等外形，内部结构有砖、砖木、砖石之别。金山岭长城以大小金山敌台得名，长约10公里的沿线分布着67座敌楼、2座烽火台、5处关隘。城墙以条石为基，墙体青砖包砌，内填夯实的黄土和石灰，顶部方砖铺面，部分地段还修筑了高约2.5米的障墙。敌楼的砖脊上，有"古北口路造"、"墙子路造"、"万历六年山东左营造"等印模文字，显示了修筑长城的时间与军队来源。考古工作者在此掘出两块隆庆四年（1570）的石碑，上有名将戚继光、谭纶、刘应节以及戚继光之弟戚继美的名字，显示金山岭应是蓟镇防线的"总台"即指挥机关所在地。古北口处于卧虎山、盘龙山之间，潮河水穿过山谷南流，两岸悬崖耸立，堪称北京的东北大门。当明朝放弃大宁卫之后，古北口的交通和军事地位越发重要。时人蒋一葵称："本朝都燕，地切穹庐，山海、居庸东西两关屹若门户，而古北口控两关中，崖壁崎峭，道路扼隘，距都城不二百里，尤为锁钥重地。"[1] 洪武十一年（1378）

---

① 蒋一葵：《长安客话》卷7《关镇杂记》"古北口"条，北京古籍出版社1994年版，第153页。

徐达修建古北口关城，在山顶之上随势起伏，周长 2000 多米，设东、北、南三门。戚继光担任蓟镇总兵时，古北口的险要地位进一步加强。关城以北五里是正关——铁门关，铁门关以西的潮河之上有水门关，潮河川口有潮河关，铁门关以南有潮河营城，它们既与东西两侧的长城呼应，自身又构成了一个坚固的防御体系。戏剧家汤显祖诗云："鸦鹘盘云秋气清，香河饮马暮嘶声。新穿绣甲花楼子，知是潮河第一营。"紧接着，他又表达了用人得当胜于广修边墙的观点："盘山秋影挂卢龙，别道烽烟入喜峰。但得辕门能拜将，边墙何用两三重。"[①]墙子岭关亦称墙子路关，在今墙子路村东三里关上村，建于洪武年间，扼守着密云与今河北兴隆县交界处的清水河谷，塞外势力曾由此进攻通州、顺义、三河等地。城郭大体为长方形，周长二里余，置东、西、南三门，砖石结构的城墙高约二丈五尺、宽约三丈，北墙随山势呈半圆形，万历三年（1575）重修城池。今存部分北墙，门额汉白玉石匾上有万历四十五年（1617）刻写的"墙子雄关"四字。密云北部的鹿皮关、白马关亦建于万历年间，两地都有北宋名将杨六郎抗辽的传说。

怀柔境内的长城关隘以慕田峪、黄花城、撞道口最著名。撞道口建于永乐二年（1404），是明代黄花路所辖的冲要之地。关门砖砌券拱门洞尚存，南北两侧有万历五年（1577）题写的石匾"撞道口"与"镇虏关"。黄花城位于古北口、居庸关、四海冶之间，是号称"京师北门"的极为紧要之区。头道关的砖券拱门洞、二道关的门洞和城堡尚存，关之西有撞道口、鹞子峪、西水峪等六座城堡，附近山石上有明代镌刻的"金汤"二字。慕田峪长城东连古北口、西接八达岭，永乐二年（1404）设关，城墙以花岗岩条石砌成，有牛角边、慕田峪正关台、正北楼、擦边过、箭扣、天梯、鹰飞倒仰、十八蹬、鹞子峪城堡等险关要塞，至今尚存垛墙、警门、古兵站、铁炮、石雷、古石臼、古石碾等。在长城内侧出入关口的道路两边，有守关将领、巡查官员留下的"天设金汤"、"天限华夷"、"秦皇旧址"、"名关"等摩崖石刻。慕田峪长城敌楼密集，从慕字一台（大角楼）至慕字四台（正关台），不到 500 米之内就有 4 座敌楼；从慕字一台至慕字二十台，3000 米之内的敌楼、敌台、墙台、铺房多达 25 座。正关台建在两峰之间的低凹处，由三座通连并立的空心敌楼构成，每座敌楼之上有一座望亭，关门设在关台东侧而不是正中，建筑方式颇为罕见。内外两面都筑垛口墙，便于守城将士对敌作战。正关台西北侧的"牛角边"或称"牛犄角边"，由山腰通达山顶的一处敌楼，随之又向下折回山腰，形态酷似牛角，有效地控制了山岭的制高点。"牛角边"西侧的"鹰飞倒仰"，是在悬崖峭壁上修建的城墙，坡度多在 50 度上下甚至接近 90 度，以险峻著称。

　　昌平境内的居庸关与延庆境内的八达岭，是古代北京西北的重要屏障，二者共同构成了一个完整的军事防御体系。居庸关位于昌平城西北 15 公里处，战国时燕国在此设居庸塞，成为天下"九塞"之一。从昌平南口至延庆八达岭，在 20 公里长的关沟峡谷中，自东南向西北依次有四座关城，最下端的关城叫做下口（南口），永乐二年（1404）建。北行约 7 公里是居庸关城，明初重修。云台以北 4 公里的上关城，是旧居庸关城所在地，永乐二年重修。由此北行 8 公里，即进入延庆境内、建于弘治十八年（1505）的八达岭关城。与昌平的南口相对应，八达岭关城亦称北口关城，其南北二门的门额分别为"居庸外镇"与"北门锁钥"。海拔 1015 米的八达岭，是居庸关的前哨与最高点，周围的关城都在它的脚下，明代就有"居庸之险不在关城而在八达岭"之说。[①] 八达岭的城墙平均高约 8 米，墙基宽 6.5 米，以每块重达半吨以上的花岗岩条石筑成，顶部宽 5.8 米，可容十路士兵、五匹战马并行，敌台、垛口、券洞、烽火台等设施一应俱全。此外，昌平的长峪城、白羊城以及延庆的四海冶，也是著名的长城关隘。

　　门头沟境内的明代重要关隘，有沿河城、方良口等。沿河城建于

---

　　① 王士翘：《西关志》之《居庸关论》，北京古籍出版社 1990 年版，第 6 页。

万历六年（1578），以扼守着浑河（永定河）谷地得名，是北京西北的一道军事屏障。关城周长约 1182 米，东、西、北三面呈直线，南墙为弧形，用条石和巨型河卵石砌筑，东西墙上分别开辟万安门和永胜门。隆庆五年至万历三年（1571—1575），建成沿河城守备所辖 40 公里内的要隘敌台和石墙，以"沿字×号台"编号的敌台有 15 座，另有两座建造较晚的未予编号。敌台建造精良，扼守要冲，附近有 8 座烽火台，至今保存良好。方良口在门头沟房良村，山崖上有"方良口"刻石。地处两条北去的宽阔峡谷交点上，峡谷中的古道可通车骑。东北可通长峪城，西北可达镇边城，东去为白羊城，是明代长城沿线的重要隘口。

四　北京内外重要战事的相关地点

明代北京地区的战争，首先是元明交替之际的徐达、常遇春占领大都与驱逐北元。这里根据《明史纪事本末》等文献的记载，择要叙述其进兵过程、经行路线与相关地点。

朱元璋称王的吴元年（元至正二十七年，1367）十月，以徐达、常遇春为征虏大将军与副将军，率甲士二十五万，由淮入河，长驱北伐。朱元璋制订的计划是："先取山东，撤其屏蔽；旋师河南，断其羽翼；拔潼关而守之，据其户槛。天下形势，入我掌握。然后进兵元都，则彼势孤援绝，不战可克。既克其都，鼓行而西，云中、九原以及关陇，可席卷而下。"后来的战局完全实现了这个预想，在相继攻取山东、河南、河北后，洪武元年闰七月癸亥（1368 年 9 月 7 日），徐达师至河西务，进至通州运河畔扎营。丙寅（9 月 10 日），徐达入通州。元顺帝闻报大惧，决定避兵北行。"是夜三鼓，元主及后妃、太子开建德门，由居庸北走，如上都。"八月庚午（9 月 14 日），徐达等进攻大都，至齐化门（今朝阳门），将士填壕登城而入。次日遣将赴京献捷，派兵在古北口等关隘巡逻。甲戌（9 月 18 日），"徐达遣指挥华云龙经理故元都，新筑城垣"，北城墙向南缩进五里以符合礼制要求。洪武二年（1369）二月，元丞相也速进攻通州被疑兵惊遁。六月再次进攻通州，遭到明军反击。常遇春、李文忠"自北平往开平，道三河（今河北三河县），经鹿儿岭（今河北遵化市北），过会州（今河北平泉县南二十里察罕城），败元将江文清于锦川（今辽宁锦州市南小凌河）"。北上再克全宁（今内蒙古翁牛特旗），南下占领大兴州（治今河北滦平县东北十八里兴洲）。于是取道新开岭（当在今滦平西北至围场县御道口之间），西进元上都开平，长城以北由此底定。①

"靖难之役"是燕王朱棣自北平起兵夺取皇位的一场内战。建文元年（1399）七月，朱棣设计斩杀朝廷派来监视其动静的谢贵等将领，夺取九门。都指挥使余瑱退守居庸关，马宣东走蓟州，宋忠自开平率兵三万至居庸关而不敢进，退保怀来。燕兵在攻克蓟州、遵化、密云之后，进攻怀来。燕王说："居庸险隘，北平之咽喉。我得此，可无北顾忧，瑱若据此，是拊我背也。宜急取之，缓则增兵缮守，后难图矣。"余瑱因为援军不至，弃关退至怀来与宋忠合兵。燕王趁其立足未稳，帅马步精锐八千卷甲倍道而进。既克怀来，山后诸州皆不守，北部州县守将先后降附。随后，永平守军亦降，燕兵进克滦河（今迁西县北五十里滦阳）。大宁都指挥卜万等引兵十万，出松亭关（今迁西县潘家口），驻沙河（遵化县滦河支流），进攻遵化，燕王救援遵化，卜万等退保松亭关。朝廷派耿炳文率师北伐，数道并进。八月，耿炳文等率兵三十万至真定（今河北正定），徐凯率兵十万驻河间，潘忠驻莫州（今河北任丘市鄚州），杨松帅先锋九千人据雄县。燕王率师至涿州，屯于娄桑（今涿州南二十里楼桑村），趁中秋之夜渡白沟河，连克雄县、莫州，随即径趋真定，大败耿炳文后回到北平。九月，朝廷镇守辽东的江阴侯吴高等围永平，代替耿炳文统兵的李景隆自德州进至河间。燕军救援永平后，置围攻北平之敌于不顾，十月，进兵夺取宁王驻守的大宁（今内蒙古宁城大明镇），占领富峪（今河北平泉县北）、会州（今平泉西南二十里察罕城）、宽河（今河北宽城县）等卫所。在燕王进攻大宁的同时，李景隆率师进渡卢沟

---

①　谷应泰：《明史纪事本末》卷 8《北伐中原》，中华书局 1977 年版，第 100—112 页。

桥，攻北平丽正门（今前门北），城中连妇女都登城投掷瓦砾坚守。李景隆又遣将攻通州，在郑村坝（今北京朝阳区东坝）扎下九营，亲自督军以待燕王，攻烧顺城门（今宣武门北）。十一月，李景隆移营白河西岸，先锋都督陈晖渡河而东。燕王率兵至孤山（今河北三河西四十四里孤山），列阵于白河西，夜间河冰骤然封冻，燕兵遂破诸营，李景隆逃还德州。十二月，燕王师出紫荆关，广昌（今河北涞源县）守将投降。二年（1400）正月，燕王进兵蔚州（今河北蔚县），守军投降后进攻大同。李景隆率师出紫荆关救大同，燕王遂由居庸关回至北平。四月，李景隆等合兵六十万，与燕军战于白沟河，惨败后单骑逃回德州。经过此次大战，燕军开始掌握主动，直至打到南京。① 战争造成了大量人口流离死亡，仅在建文二年二月朱棣就曾"命来降指挥耿孝等，分诣郑村坝等处，收骸骨十余万"②。靖难之役过后"淮以北鞠为茂草"③，促使永乐年间从山西等地向北京周边大量移民。

　　以明英宗被俘为突出特征的"土木之变"，是明朝在军事上走向衰落的显著标志，由此引发了于谦领导的北京保卫战。互市不畅、请婚受挫，使蒙古瓦剌部首领也先与明朝失和。正统十四年（1449）七月八日，也先大举入寇大同，塞外城堡陷没。边报日至，擅权的太监王振劝英宗亲征。事出仓卒，举朝震骇。十七日，英宗带领王振及官军五十余万人，至龙虎台驻营。次日出居庸关，过怀来（治今河北怀来县东南旧怀来城，已没于官厅水库），至宣府。未至大同，军已乏粮，僵尸满路。也先佯作回避，诱敌深入。八月初一至大同，战败的消息接踵而至，众臣极力请求英宗回京。大同总兵郭登建议走紫荆关可保无虞，王振却试图请皇帝驾临他的家乡蔚州，南行四十里之后又担心大军沿途损害自己庄园的禾稼，复转东行，至狼山（今怀来东南二十七里狼山）被蒙古骑兵追上。十三日，朱勇等所率三万

<hr>

　　① 谷应泰：《明史纪事本末》卷16《燕王起兵》，中华书局1977年版，第235—248页。

　　② 《明太宗实录》卷6，建文二年二月乙丑。

　　③ 《明史》卷77《食货志一》，中华书局1997年缩印本，第1881页。

骑兵在鹞儿岭（当即今怀来南二十五里窑儿湾）被杀掠殆尽。由于王振的迁延阻止，英宗住在土木堡（今怀来东南十五里土木）。十五日，连日缺水的数十万明军大败，英宗被俘①。嗣后经大同、宣府出塞。景泰帝按照兵部尚书于谦的建议，布置京师九门以及外围关口的备战和防御，十月，也先以送回英宗为名进攻紫荆关，京师戒严。也先绕过大同，先后占领广昌、紫荆关，长驱至京城西北关外。于谦遏止了朝臣迁都南逃之议，身披甲胄在德胜门外扎营，三军人人感奋，勇气倍增。石亨在安定门、高礼与毛福寿在彰义门、孙镗在西直门外与敌激战。于谦侦知英宗已远离战场，命石亨等夜间炮击敌营，死者万人。也先遁出居庸关，伯颜帖木儿带明英宗出紫荆关。诸将分兵追击，石亨与其侄石彪破敌于清风店（在今河北易县西至紫荆关之间），孙镗、杨洪、范广追至固安，夺回人口万余。十一月，京城解严。当有人提出将镇守居庸关和宣府善战将领召回京师时，于谦指出："宣府，京师之藩篱；居庸，京师之门户。边备既虚，万一也先乘虚据宣府为巢窟，京师能安枕乎！"兵科给事中叶盛认为："今日之事，边关为急。往者马营（今河北赤城县西北六十里马营乡）、独石（今河北赤城县北独石口）不弃，则六师何以陷土木；紫荆、白羊（今昌平西四十里白羊城）不破，则寇骑何以薄都城！即此而观，边关不固，则京城虽守，不过仅保九门，其如寝陵何？其如郊社坛壝何？其如四郊生灵荼毒何？宜急令固守为便。"②战争显示了雄关险隘的作用，力挽狂澜的于谦在战争中表现出来的高度智慧和军事谋略，使他成为中国历史上杰出的军事将领和民族英雄。英宗复辟后于谦被杀，更增添了人民对于谦的痛惜和怀念。

　　明朝北边多次遭受蒙古各部侵扰，"庚戌之变"是其中又一典型。嘉靖二十九年（庚戌，1550）六月，鞑靼部可汗俺答率部扒开边墙入寇大同府境。此后接受新任大同总兵仇鸾的贿赂，转而在八月

　　① 谷应泰：《明史纪事本末》卷32《土木之变》，中华书局1977年版，第472—474页。

　　② 谷应泰：《明史纪事本末》卷33《景帝登极守御》，中华书局1977年版，第480—485页。

进攻蓟州。乙亥（9月24日）沿潮河川至古北口，丁丑（26日）以数千骑进攻，另外派出一支精锐奇兵，"由石匣营（今密云东北五十五里石匣）达密云县，转掠怀柔，至顺义城下，围之"①。对于同一事件，《明史纪事本末》称：俺答"别遣精骑从间道黄榆沟溃墙出师后。京兵大惊溃，争弃甲及马，窜山林林莽中。寇遂大杀掠怀柔、顺义吏士无算，长驱入内地"②，亦即穿过今密云北五十里长城上的黄崿口，抄了古北口守军的后路。戊寅（27日）俺答"至通州，以白河不能渡，乃驻营河之东岸孤山一带，分掠密云、怀柔、三河、昌平各州县。京师戒严"③。孤山在今河北三河市西四十四里，潮白河东岸八里处。己卯（28日），大同、保定、河间、宣府、山西、辽阳诸镇五万余人进京勤王，人心稍安。俺答"分遣游骑散掠枯柳树（今顺义西南十四里枯柳树村）各乡村落，去京仅二十里"，焚烧庐舍，火光日夜不绝。仇鸾所率勤王军队不敢进击，却时时派人与敌暗中妥协，许诺贡市以求自安。庚辰（29日），"虏驻通州河东，分掠马林店（今顺义西南二十里马连店）等处，杀卤居民无数，焚湖渠（今东直门北十五里南、北、东湖渠）等马房"。辛巳（30日），"虏自通州渡河西向，前锋七百余骑至安定门迤北教场"。壬午（10月1日），"虏大众薄都城，分掠西山、黄村（今大兴黄村镇）、沙河（今昌平沙河镇）、大小榆河（在今海淀区西北隅。大榆河，即今南玉河、北玉河村；小榆河，今为东玉河、西玉河村）等处，畿甸大震"④。从西山脚下到京城南北都被大肆掳掠，"是夕，火光烛天，德胜、安定门北，人居皆毁"。癸未（2日），"寇由巩华城犯诸陵，转掠西山、良乡以西，保定皆震"⑤。入塞八天之后，俺答才从容地整顿掳掠的金帛财物，计划取道白羊口退兵。乙酉（4日），"虏遁至清河以北，分掠天寿山、东山口、康陵果园等处"。受到白羊口的明

---

① 《明世宗实录》卷364，嘉靖二十九年八月乙亥、丁丑。
② 谷应泰：《明史纪事本末》卷59《庚戌之变》，中华书局1977年版，第900页。
③ 《明世宗实录》卷364，嘉靖二十九年八月戊寅。
④ 同上书，嘉靖二十九年八月己卯、庚辰、辛巳、壬午。
⑤ 谷应泰：《明史纪事本末》卷59《庚戌之变》，中华书局1977年版，第903页。

军阻击后转向东南行，在昌平以北杀伤偶然相遇的仇銮所部千余人。丁亥（6日），"虏长驱至天寿山，见总兵赵国忠列阵红门前，不敢入而去"①。于是，俺达所部沿着潮河川由古北口故道出关，京师持续半月之久的危机宣告解除。在这场战争中，嘉靖皇帝厌恶直言，严嵩专权乱政，明军畏敌如虎，仇銮贿敌避兵，都是明军惨败的主要原因。清人评论说："当时奄答实无志中国，纵掠而归。不然，幸则奉天、梁州，变且晋愍、宋钦矣。前车既覆，后轸方遒。"② 换言之，如果俺答志在占领中原而不是抢完就撤，嘉靖皇帝的命运就可能与唐德宗因泾源之变由国都长安逃往奉天（今陕西乾县）又到梁州（今陕西汉中）相似，再不幸则要像西晋愍帝、北宋钦宗一样成为亡国之君了。此后，来自蒙古的入侵依然不止。嘉靖四十二年（1563）十月，"虏拥众自墙子岭（今密云以东六十八里关上村墙子路口）、磨刀峪（关上村北约三里）溃墙入犯，……京师戒严。……虏大掠顺义、三河等处，分兵围下店（今河北大厂西北十六里夏垫）"③。"寇由墙子岭入，直趋通州。……从通掠香河。……寇趋顺义不得入，乃走古北口。"④ 诸如此类的事件，在明代史籍中屡见不鲜。

明朝后期的对手满洲，比此前的蒙古更为强悍，多次穿过长城关口进兵北京周边。仅以崇祯年间的主要战事而论，崇祯二年（1629）十月，清兵越过长城大安口（今河北遵化西北三十五里大安口），又分兵进入龙井口（今河北迁西西北六十里龙井关）、马兰谷（今遵化西四十五里马兰峪，其北八里有马兰关）两个关口，第二天包围蓟州（今天津蓟县）⑤。十一月，"清兵围遵化"，北京城外"清兵大至，侯世禄、满桂俱屯兵德胜门"⑥。由此到崇祯三年（1630）三月，清兵相继进攻北京南城及固安、良乡、香河、三河、宝坻、玉田、永

---

① 《明世宗实录》卷364，嘉靖二十九年八月乙酉、丁亥。

② 谷应泰：《明史纪事本末》卷59《庚戌之变》，中华书局1977年版，第909—910页。

③ 《明世宗实录》卷526，嘉靖四十二年十月丁卯。

④ 《明史》卷213《徐阶传》，中华书局1997年缩印本，第5635页。

⑤ 《明实录·崇祯实录》卷2，崇祯二年十月戊寅。

⑥ 同上书，崇祯二年十一月丙戌、庚子。

平、抚宁、昌黎、房山各县。九年（1636）六月，"清兵入喜逢口"，
"攻居庸关、昌平北路"①。七月，"清兵间道自天寿山后至昌平。降
丁二千人内应，城陷"；继而"清兵薄西山，攻巩华城"；"昌平叛兵
薄西直门。清兵屯清河，抄河南出"②。随后进攻北京以南的宝坻、
定兴、房山、涿州、文安、永清、漷县、雄县。八月，"清兵攻香
河，回涿州，陷顺义，知县上官荩自经"，"遇边兵芦沟桥，趋东北
至怀柔、大安（即遵化大安口），入西和（待考）"，接着又"自香
河趋河西务"③。

崇祯十一年（1638）九月，"清兵约西人大举，分入西协墙子
岭、中协青山口（今河北迁西县东北七十里），……清兵入墙子路，
待青山之众以越迁安、薄丰润"④。十二月，"清兵连入昌平、宝坻、
平谷、蓟、霸、景、赵、清河、良乡"⑤。十二年（1639）三月入丰
润，被明军在太平塞（今迁西县东北四十里太平寨）以北战败。继
而又至冷口（今河北迁安县东北四十五里），闻听明军有备，遂从青
山口出塞。此次清兵入侵，"计深入二千里，历五阅月，破七十余
城，杀亲王，躙省会。中国援兵环合，未尝少挫也"⑥，明朝军力衰
退与败亡之势已不可遏止。

崇祯十五年（1642）十一月，清兵大举入塞，分入墙之路（密
云县墙子路）、界岭（今河北抚宁县北六十里界岭口）、青山（迁西
县青山口），相继破迁安、三河。清兵一路经永平府台头（今抚宁县
北三十里台营村）进攻通州，一路自柳树涧（今界岭口西南二里柳
树沟）直趋天津。京师戒严，勋臣分守九门⑦。清代编成的《崇祯实
录》记载，十一月庚辰（1642年12月5日），"清兵入蓟州，分往真

① 《明实录·崇祯实录》卷9，崇祯九年六月己亥。
② 同上书，崇祯九年七月己酉、庚戌、壬子。
③ 同上书，崇祯九年八月乙酉、丙戌。
④ 《明实录·崇祯实录》卷11，崇祯十一年九月丁丑。
⑤ 同上书，崇祯十一年十二月丁未。
⑥ 《明实录·崇祯实录》卷12，崇祯十二年三月壬戌、丙寅、戊辰。
⑦ 《明实录·崇祯实录》卷15，崇祯十五年十一月戊辰、癸酉、甲戌、乙亥。

定、河间、香河"①。这里简单叙述了进兵的路线，却掩盖了清兵屠城的罪恶。康熙《蓟州志》所载崇祯进士、蓟州人李孔昭《义冢碑记》，为世人提供了历史的真相："明崇祯壬午年冬十月，渔阳失守，全城被屠，宫室俱烬。及兵退之后，尸骸遍地，面貌姓氏不可辨矣。城中绝嗣大半，幸有子孙、亲戚收葬者百一二耳。地方官府聚尸烧埋，已不可万计。其余墙屋所压、灰土所覆、遐僻所遗、郊野所暴骨骸，犹在在是也。"② 崇祯壬午年即崇祯十五年，渔阳即指蓟州（今天津蓟县），"冬十月"虽与《崇祯实录》的"十一月"有别，但二者所指显然是同一事件。清代编纂的地方志能够收录这样一篇碑文，已属相当难得。

崇祯十七年三月癸卯（1644 年 4 月 21 日），李自成的大顺军"自柳沟（今北京延庆东南二十里）抵居庸关"。柳沟本有百人可守的天堑，明军却并无防备，镇守居庸的总兵官唐通、太监杜之秩开关迎降。甲辰（22 日），大顺军攻克昌平，焚明十二陵享殿，传檄京师③。夜间"自沙河而进，直犯平则门，竟夜焚掠，火光烛天"④。乙巳（23 日），攻平则、彰仪等门，城外的明军三大营溃败投降。大顺军用缴获的大炮攻城，轰声震地。丙午（24 日），以木石填壕，架飞梯攻西直、平则、德胜三门。太监曹化淳傍晚开彰义门、王相尧领内兵千人半夜开宣武门迎降，外城与内城相继被大顺军占领⑤。四月己卯（5 月 27 日），被吴三桂击败的大顺军"奔窜还京师，毁京城外民居数万间，并夷牛马墙，稍迟者杀之，凡数万人"。丁亥（6 月 4日）退出北京，"先运薪木积宫内，纵火发炮击毁诸宫殿。又烧九门雉楼，火光烛天"⑥。战争造成的城市破坏，在明末文献中多有记载。

满洲入关后，北京又成为清朝的国都。此后这里长期远离战争，

① 《明实录·崇祯实录》卷 15，崇祯十五年十一月庚辰。
② 李孔昭：《义冢碑记》，载（康熙）《蓟州志》卷 8《艺文·碑记》，第 68 页。
③ 《明实录·崇祯实录》卷 17，崇祯十七年三月癸卯、甲辰。
④ 谷应泰：《明史纪事本末》卷 79《甲申之变》，中华书局 1977 年版，第 1378 页。
⑤ 《明实录·崇祯实录》卷 17，崇祯十七年三月乙巳、丙午。
⑥ 谷应泰：《明史纪事本末》卷 78《李自成之乱》，中华书局 1977 年版，第 1362—1363 页。

即使影响较大的嘉庆十八年（1813）天理教作乱，为时也很短暂。到了国势日渐衰落的晚清，北京开始遭受连绵不断的内忧外患。咸丰十年（1860）英法联军火烧圆明园，光绪二十六年（1900，农历庚子年）被八国联军攻占，1937—1945年沦陷于日本侵略者之手，是近现代北京史上的三次外敌入侵，导致城市发展元气大伤。近代工业的创造被东西方列强广泛应用于军事领域，长城作为防御屏障的作用显著削弱，决定军事地理格局的因素也不再局限于陆上的山川、关隘与驻军分布，世界军事史由此告别了漫长的冷兵器时代。

第八章　文化现象的历史特征
与空间分布

　　人类活动在北京地区创造了丰富多彩的文化，各种文化现象的形成、传播及其变迁，都不同程度地受到区域自然环境与人文环境的作用和制约，表现为某种地域特性和地理分布规律。北京文化的源头固然可以上溯到数十万年前人类的出现，但从根本上决定北京文化地域特征的关键因素，仍然要首推近千年来这座城市从陪都到全国首都所具有的政治地位。在融合国内多民族、多地域的文化形态，吸纳多国度外来文化的基础上，北京文化在历史发展过程中不断积累、提炼、升华，并且借助首都地位辐射和引领全国乃至产生世界影响。关于北京的历史文化地理问题，本章即以这个时段为重点择要叙述。

第一节　教育与书肆的空间特征

　　经过漫长的累积和发展，历史上的北京自元代之后逐渐成为全国的文化教育中心，清代以来表现得尤其充分。在官方与民间的共同参与下，云集北京的各类文化教育机构和大小书肆，成为体现城市文化特征的重要载体。

一　学校与其他教育机构的变迁和分布

　　关于北京地区教育发展的历程，历代教育制度、中央官学、地方官学、私学、科举考试的演变，晚清教育制度的巨大变革，民国时期现代教育的兴起等问题，已有《北京教育史》等专门著作予以论述。

在很长的时期内，"中央官学主要分为最高学府（如历代国子监及国子学、女真国子学、蒙古国子学、回回国子学等）、特殊教育（如天文历法、医学、算学及武学等）和贵族教育（如历代统治者在王府中设置的教官，及明朝的宗学，清代的旗学、宗学等）三大类"①；为科举考试服务的贡院所在位置也保持了自元代以来位于城市东南的传统，今建国门附近的贡院东街、贡院西街，就是这段历史的标志。朝代更替带来的政治变动势必通过教育政策影响到学校的设置，类似于明洪武初年改元大都为北平府，随之以元代太和观地为大兴县学的学舍，将国子监学改为北平府学。但到永乐初年朱棣计划迁都北京后，北平府改称顺天府，以元代国子监故地即明初的北平府学重置国子监，顺天府学于是被迁到原来的大兴县学，附郭的大兴、宛平县学革罢，生员均属府学。北京的国子监和顺天府学的设置，延续了元代国子学与大都路学的格局②。相对而言，国子学与府学的地理位置变动较小，不足以改变整个区域内各级学校的空间分布特征。

　　朝代更替、制度变迁虽然对教育内容、学校规模等产生显著影响，府下所辖各州县学的创设时间也有先后，但在地理分布方面更多地表现为对前代的延续和继承。元明各州县几乎都设置了官办学校，延续到清代继续有所发展。在今北京市范围内，昌平州学原在旧州治西，元代至正间达鲁花赤田斯重修，明代沿用，景泰三年（1452）始与州治俱徙州治东。清代顺治、康熙、乾隆、道光、同治年间陆续进行重修。其他州县学历史上尤其是明清时期也曾多次重修，但所在位置不变。良乡县学位于县治东南，辽代大公鼎始建，明洪武五年（1372）、正统十二年（1447），以及入清后数次重修。通州州学在州治西，元大德二年（1298）始建，明清多次重修，其中在康熙十八年（1679）地震时几乎全部倾倒，知州于成龙复建。顺义县学原在县治西门内小北巷，后来迁至大道旁。始于金代，明末毁于兵火，清康熙十九年（1680）重建。密云县学，唐贞观年间始建，至明代规

①　刘仲华主编：《北京教育史》，人民出版社 2008 年版，第 5 页。
②　周家楣等：《光绪顺天府志》卷 61《经政志八·学校上》，北京古籍出版社 1987 年版，第 2121—2127 页。

制齐备，清代多次重修。怀柔县学在县治东，始建于明洪武十五年（1382），明末战乱中几近废弃，清康熙五十五年（1716）重修，五十九年（1720）地震时又遭破坏，六十一年（1722）筹资复建。房山县学在县治东南，元代至元初年始建，明代建名宦祠、乡贤祠等。清康熙三年（1664）以后数次重修。平谷县学在县治南，金代始建，元代规模初备。清乾隆、道光、同治朝曾予重修①。

　　书院是官方教育机构的重要补充形式，蒙元时期在燕京创立太极书院，元代昌平有谏议书院，房山有文靖书院。明代天启二年（1622）都察院左都御史邹元标、左副都御史冯从吾在北京创立首善书院，位于大时雍坊十四铺。十月十四日，经营书院建造工程的周宗建上疏称："适其（按，冯从吾）公余会讲，苦无栖坐，欲于中西两城，择地之稍远市者，葺一讲堂……适臣接巡中城，并谕及臣，久之不得其处。偶于城隙存有官房数间，尚无售主。臣因举以相复，而从吾不嫌湫隘，出价相偿。遂命司务臣吕克孝鸠工改葺，臣亦继闻其议。今其房现在，仅十余间，所费出诸台臣所共醵，不能逾几百金之微。"② 天启四年，书院被迫停办。在北京城外，通惠书院位于通州城内州学西侧，始建于嘉靖二十八年（1549），四十二年（1563）扩建州学时拆毁③。双鹤书院位于通州张家湾，明代后期本地名士李三才所建。他弃官回乡，"归而置双鹤书院，讲学其中。家近畿南，不乏奥援。声誉翕集，轮蹄过从，填溢街陌"④，产生了较大的社会影响。白檀书院在密云县衙署东南面，"明万历二十二年（1594）知县康丕扬建。前有堂，后有亭。东春华馆，西秋实馆，并建社学、斋房于邹大夫祠后。四十一年（1613），知县尹同皋建尊经

　　① 周家楣等：《光绪顺天府志》卷61《经政志八·学校上》，北京古籍出版社1987年版，第2127—2182页。

　　② 周宗建：《周忠毅公奏议》卷3《请与邹冯两总宪并去疏》，《四库禁毁书丛刊》史部第38册，北京出版社1997年影印本，第383页。

　　③ 于敏中等：《日下旧闻考》卷108《京畿》引《通州志》，北京古籍出版社1985年版，第1800页。

　　④ 陈鼎：《东林列传》卷16《李三才传》，载周骏富辑《明代传记丛刊》学林类3，台北明文书局1991年影印本，第60页。

阁五楹以贮书"①，对地方教育颇为尽力。

　　到清代乾隆二十三年（1758），在昌平城内学宫西重建了明代景泰年间废弃的谏议书院，改名为燕平书院。道光十三年（1833），在密云县城邹大夫祠后重建白檀书院。此外，创设于清代的书院还有几处。金台书院位于南城金鱼池一带，康熙三十九年（1700），京兆尹钱晋锡在此设"首善义学"，招收大兴、宛平两县的贫困儿童，道光二十二年（1842）和光绪五年（1879）两次进行大规模修缮。通州潞河书院于康熙五十九年（1720）创建于西门内。乾隆二年（1737）重建于城东南文昌阁（225），三十一年（1766）在新旧二城合为一城的空城基南另建书院，仍名"潞河"，但不到三年即拆毁。四十三年（1778）文昌阁书院倒塌，乃以学宫西文昌祠为书院。四十六年（1781）在天恩胡同另建书院，仍用原名。房山云峰书院在县学旁，雍正四年（1726）建义学，乾隆十八年（1753）改义学为书院。良乡卓秀书院原在东门外，道光二十七年（1847）移于县东大街路南。顺义蒙泉书院在县学宫明伦堂后，同治七年（1868）建。平谷近光书院在县署东南，道光二十二年（1842）建于朝阳观旧址。怀柔温阳书院原名螺峰书院，在怀柔县署前，光绪七年（1881）重建②。

　　清代在国子监与府州县学之外，针对宗室子弟的教育设立觉罗学，这是有别于前代的新事物。镶黄旗觉罗学在安定门香儿胡同，正白旗觉罗学在南小街新鲜胡同，镶白旗觉罗学在东四牌楼北十条胡同，正蓝旗觉罗学在崇文门内大阮府胡同，正黄旗觉罗学在西直门内北卫儿胡同，正红旗觉罗学在阜成门内宫门口，镶红旗觉罗学在承恩寺街，镶蓝旗觉罗学在玉带胡同③。

　　清代自康熙年间开始，以国家的力量推动各州县建立实施初级教育的义学，到光绪年间已有显著成就。在北京城及顺天府所辖州县范

---

　　①　（民国）《密云县志》卷4之1《学校考》，第78页。

　　②　周家楣等：《光绪顺天府志》卷62《经政志九·学校下》，北京古籍出版社1987年版，第2189—2204页。

　　③　周家楣等：《光绪顺天府志》卷9《京师志九·官学》，北京古籍出版社1987年版，第284页。

围内，愿学堂义学，在正阳门内西江米巷。正蒙义学，在大牌坊胡同弥勒庵。诚正义学，在南锣鼓巷内秦老儿胡同。励学义学，在正阳门内东交民巷。集善义学，在东四牌楼西大佛寺庙内。崇正义学，原在观音寺胡同，后移崇文门内方巾巷。集贤堂义学，在西单牌楼头条胡同。养正义学七处，分别在正阳门内半壁街、锦什坊街武定侯胡同、宫门口内苦水井胡同、西直门内南草厂、西四牌楼北太安侯胡同、正阳门外琉璃厂南八角琉璃井、阜成门外四眼井。广仁堂义学，在外城烂面胡同，专供回民子弟上学。兴善堂义学，在梁家园寿佛寺旁。惜字馆义学，在梁家园。怀少局，在惜字馆内。勉善堂义学，在外城广宁门内北线阁口。西悦生堂义学，在外城皮库营西。笃正义学有四处，分别在石驸马大街与外城的红土店、清慈庵、七井胡同。大兴县义学三处：葛家村，西红门，长子营。宛平县义学三处：马店、蓝靛厂，薛家营。通州义学三十处：崇圣祠西堂舍，旧城华严寺，旧城药王庙，接待寺，燕郊东岳庙，新城旧义馆基，南门内，张家湾，燕郊镇，新城红牌楼西，小东各庄，南关王恕园，城内北街，永乐店，城东南礼拜寺，城西北胜教寺，平家，岳家庄吕祖祠，新城敦化堂，东门外法盖庄，新城正阳祠，右营衙署，东关慈云寺，后北街叶烈妇祠，堰上村，水火堡营，马驹桥，长营，于家务，普济闸。昌平州义学四处：城南街，城内，于家新庄，居庸关。顺义县义学，在县署东门内。密云县义学两处：旧城东街，城北真武庙东院。怀柔县义学，在城内文昌祠。房山县义学，在学宫旁。平谷县，雍正四年（1726）有城内北街、马神庙两处义学，光绪时已经废弃。良乡县，康熙间有城东、琉璃河、窦店、南关、固节驿、西新察等处义学，至光绪时已废弃[①]。

晚清西方传教士开办的教会学校，是教会在中国传教的重要手段，也促进了新式学校的兴起。同治三年（1864）美国基督教公理会在灯市口创办育英学校，这是西方传教士在北京兴办的第一所学

---

① 周家楣等：《光绪顺天府志》卷 62《经政志九·学校下》，北京古籍出版社 1987 年版，第 2205—2223 页。

校。同一年，传教士裨治文的妻子裨爱利莎在灯市口设立"贝满女学堂"。由此到同治十三年（1874）设立的教会学校有：1865 年，美国长老会传教士丁韪良在东城总布胡同创办崇实馆，1885 年添置安定门二条胡同新校舍，1891 年增设中学；1867 年，美国基督教公理会在通州城内北后街设立小学，光绪十九年（1893）扩充为潞河书院；1870 年，美国长老会在前门内化石桥设立崇慈女学堂；1871 年，美国基督教卫理公会（美以美会）在崇文门内船板胡同设立蒙学馆"培元斋"，光绪十一年（1885）转为中学"怀理书院"；1872 年，美国基督教卫理会在崇文门孝顺胡同办起慕贞女校；1874 年，英国中华圣公会捐资创办崇德学堂，1897 年停办，1903 年于虎坊桥中华圣公会院内复校。此后，光绪十七年（1891）法国人吉善创办法文学堂，分为大、中、小学部①。

"庚子之变"给北京造成了巨大破坏，也促使清政府被动地寻求城市的近代化。受西方近代教育制度的影响，1902 年、1903 年，清政府先后公布了《钦定学堂章程》和《奏定学堂章程》，1905 年 8 月最终废除了科举制度。北京得风气之先，在发展高等教育方面成为全国的表率。1907—1909 年，北京高等以上学校有京师大学堂、法政学堂、译学馆、八旗高等学堂、顺天高等学堂、满蒙文高等学堂、优级师范学堂 7 所，总计教员在 145—177 人之间（其中外国人 22—27 人），学生在 1478—2122 人之间②。《中华民国省区全志》记载，1923 年北京的大学与专门学校各 19 所，高等学校共计 38 所；同书另一处则统计出大学 21 所，高校共计 40 所。③ 学校的合并、改建，往往引起统计数字的微小出入。这 21 所大学的名称与地址是：国立北京大学（马神庙）、师范大学（厂甸）、女子师范大学（石驸马大街）、法政大学（西城李阁老胡同）、农业大学（平则门外罗道庄）、

---

① 刘仲华主编：《北京教育史》，人民出版社 2008 年版，第 158—159 页。

② 学部总务司编：《第一次教育统计图表》，光绪三十三年；《第二次教育统计图表》，光绪三十四年；《第三次教育统计图表》，宣统元年。

③ 白眉初：《中华民国省区全志》（第一册），北京求知学社 1924 年版，第 57—58 页。

工业大学（西四端王府夹道）、医科大学（宣外后孙公园）、交通大学（李阁老胡同）、陆军大学（西直门内）、清华学校（清华园），私立中国大学（前门内西城根）、朝阳大学（东四海运仓）、民国大学（宣内太平湖）、新华大学（西四羊肉胡同）、平民大学（西单石虎胡同）、华北大学（西四羊皮市礼王府旧址）、郁文大学（阜成门大街、德胜门大街），教会学校有燕京大学（崇内盔甲厂）、燕京女子大学（灯市口同福夹道）、北京协和医科大学（东单豫王府）。国都南迁后的 1931 年，北平仍有高校 26 所，约占全国的一半，其中大学 11 所，独立学院 7 所，专科学校 8 所，这个格局至沦陷前基本未变。

二　以琉璃厂为中心的书肆

以经营古旧书为主业的书肆，是京城书籍流通、知识传播的关键环节。自明代启其发端，到清代乾隆年间，隆福寺、琉璃厂逐渐成为书业的中心，尤以琉璃厂为最。"旧时图书馆之制未行，文人有所需，无不求之厂肆；外省举子，入都应试，亦皆趋之若鹜。盖所谓琉璃厂者，已隐然为文化之中心，其地不特著闻于首都，亦且驰誉于全国也。"[1] 至清末和民国，琉璃厂的地位依然如此。根据孙殿起《琉璃厂书肆三记》著录的内容统计，清末至 20 世纪 40 年代初，在琉璃厂大约 0.7 平方公里的区域内，先后开设过 186 家书铺，还有 29 家独自营业者，共计 215 家。此外，隆福寺等地还有 79 家书铺和 6 家独自营业者，共计 85 家[2]。上述两处合计达 300 家之多，即使除去不同年代停业、合并或更改字号者，书铺的数量之多、密度之高仍属罕见，由此构成了北京古旧书籍流通的庞大网络。为了具备充足的货源，尤其是搜集可获厚利的刊本，书铺主人外出贩书的足迹，遍及山西、山东乃至广东、湖北、江苏、浙江等省。他们在长期的经营中发现："山西各县，为小说戏曲书籍之出品地，盖清时各县贾人多业银

---

① 孙殿起：《琉璃厂小志》，北京古籍出版社 1982 年版，第 1 页。
② 同上书，第 107—139 页。

号，豪于财，购书亦多精品；及其家落，子弟不知重视，廉值出卖，故厂肆书贾多往求之。……山东黄县、诸城，亦往往发现善本，以白棉纸本及明黑口本为多，故书商出京，多喜就之。"① 这些商业行为的社会效应还在于，以琉璃厂为中心的古旧图书交流网络，不仅伸向了京城邻近的北方，而且到达了遥远的江南，客观上扩大了北京作为文化中心的影响。

书铺业主与文人学者互为依存、各得其所，前者追求商业利益，后者获得治学与收藏的满足。名人、研究机构、高等院校、大型图书馆的购书倾向，成为刺激古旧书籍市场的巨大动力。比较典型的有：民国初年，参众两院议员争相购买诗文集；1914—1915 年，袁克文广购宋刊精本；1924 年，徐世昌为编《晚晴簃诗汇》而广搜清人诗集；1926—1927 年前后，北京图书馆大力搜集清代禁书，清华大学、北京大学等专事搜集近代史料，关外人士热衷于明刻朱批本书及清代开化纸本书；1931 年前后，北京图书馆、燕京大学及私人收藏家张国淦、任凤苞出重资购明清地方志，胡适大力选购小说、戏曲类书籍。此外，日本人广搜经史考据之书与地方志，使我国多部珍本外流。② 有财力、地位者提倡在前，附庸风雅者随之争购，书商趁势囤积居奇、待价而沽。原来索价无几的地方志和近代史资料，也开始被书商重视，书价因之大增，显示了社会需求对书肆经营的巨大影响。

北京的书肆植根于悠久的历史文化积淀中，对读书人、藏书家具有强大的吸引力。旅居北京的学者和藏书家，无不往游琉璃厂，社会的变动也许会成为他们淘书的机会。伦明 1902 年首次进京，"值庚子乱后，王府贵家，储书大出，余日游海王村、隆福寺间，目不暇给，每暮必载书满车回寓"；清末以来"科举虽废，高级学校相继立，负籍来者尤众，以故京师书业甲全国"③。更为重要的是，富有、闲适的京朝士大夫、民国官员、学者以及虽不富有却渴求学问的普通知识分子，都有逛书肆的需要与可能；书肆伙计在学徒和向知识分子售书

---

① 孙殿起：《琉璃厂小志》，北京古籍出版社 1982 年版，第 48—49 页。
② 同上书，第 49—50 页。
③ 同上书，第 13 页。

的过程中，学到了比较丰富的版本知识，再加上传统文化和商业道德的熏陶，可以为顾客提供观书、购书的多种便利，"无形中便养成许多爱读书之人，无形中也养成北京之学术气氛，所谓民到于今受其赐者，琉璃厂之书肆是矣"①。鲁迅、郑振铎等文化名人在琉璃厂购书的史实，已多次被人们提及。邓云乡先生回忆 20 世纪 30 年代的厂甸时说："数不清的书摊，三大枚、五大枚买本破书，一千两千买本宋版书……其高低相差就这样大，好古的穷教书匠和开着大银行的收藏家，都能徘徊摊头，各有所获。万儿八千是生意，三五大枚也是生意，都受到温和的接待，这是厂甸人的高贵品德，仪容宽厚的书卷气。"② 在此基础上发展起来的北京文化，自然不乏浓郁的书香气息。

第二节 佛寺道观的增减与分布

宗教建筑是宗教信仰的载体与宗教活动的场所，在一定意义上也是古代社会的公共活动空间。在北京地区以佛寺的发展最为突出，此外还有中国土生土长的道教宫观以及外来的天主教堂、基督教堂、伊斯兰教清真寺等。总体来看，佛教寺院是构成宗教建筑分布格局的主体。关于历史上各类宗教在北京地区的变迁，已有《北京宗教史》等专著论述③，这里重在简要梳理佛寺与道观的分布状况。

北京地区的佛教在唐及五代以前尚处于初兴阶段，辽、金、元三代始有显著发展，至明、清趋于繁盛，清末民初日渐衰落。佛教自晋代开始传入燕地，文献记载年代较久的潭柘寺、奉福寺、尉使君寺、光林寺等，皆建于唐代以前。唐代佛教日益普及，淤泥寺（后称鹫峰寺）、北留寺、马鞍山慧聚寺（后称戒坛万寿寺）、白带山云居寺都是著名寺院。唐太宗晚年为缅怀远征高丽战死的将士，决定在幽州修建悯忠寺。数十年间工程几度停建，直到武则天时期才最后落成，即今位于宣南的法源寺。唐代后期，幽州城内新创胜果寺、宝集寺、

---

① 孙殿起：《琉璃厂小志》，北京古籍出版社 1982 年版，第 15 页。
② 邓云乡：《增补燕京乡土记》，中华书局 1998 年版，第 226 页。
③ 郑永华主编：《北京宗教史》，人民出版社 2010 年版。

金阁寺、清胜寺、佑圣寺，四郊州县中修建了平谷兴善寺、潞县林皋寺、昌平昭圣寺等。辽代在燕京城里修建了悟空寺（金代称大万寿寺）、仰山寺、传法院、开泰寺、昊天寺、竹林寺等名刹，前代寺院如延洪寺、圣恩寺、宝集寺、延寿寺等得到维修或扩建。金代总体上对佛教严格控制，但大定年间堪称兴盛，中都城内建有大延圣寺（大圣安寺）以及由士庶、僧人出资的福圣寺、资福寺、义泉寺、永庆寺、十方观音院等，悯忠寺、大开泰寺、宝集寺、驻跸寺、延庆寺、千佛寺等得到重修或扩建。东北近郊修建了大庆寿寺，西北郊有西山昊天寺、仰山栖隐寺、香山永安寺。在佛教蓬勃发展的元代，新建了许多著名寺院。大护国仁王寺在大都西北高梁河畔，大圣寿万安寺，因为尼泊尔著名工匠阿尼哥设计的白塔而著名，即今阜成门内的白塔寺。此后诸帝相沿成俗，成宗在新都鼓楼东侧建大天寿万宁寺，武宗在旧南城建大崇恩福元寺，仁宗在新都西城建大承华普庆寺，英宗在大都旧南城建大永福寺，又在京西山中建大昭孝寺。泰定帝于京西扩建古刹大天源延圣寺，文宗在西郊建大承天护圣寺，顺帝在新城之北建大寿元忠国寺，元大都由此成为全国的佛教中心。《析津志》佚文记录的大都内外 72 寺、33 院、55 观、6 庵（阁）、50 宫[1]，显示这里也是道教的中心，尽管这还不是大都寺观的全部。

明代京城寺庙普遍增多，除了帝王勅建的皇家香火院之外，还有一些极具特色的寺院。永乐十一年（1413）为印度高僧板的（或译"班迪"）在北京西北新建真觉寺，工程浩大的金身宝座至宪宗成化九年（1473）才续成其业。佛殿、佛塔悉仿印度样式，"诏寺准中印度式，建宝座，累石台五丈。……顶平为台，列塔五，各二丈，塔刻梵像、梵字、梵宝、梵华"[2]，民众通称五塔寺。明宪宗在西直门外为藏传佛教高僧修建兴教寺，敕赐匾额并免除寺院的田税。明神宗之母慈圣宣文皇太后笃好崇佛，"京师内外多置梵刹，动费巨万，帝亦

① 熊梦祥：《析津志》，《析津志辑佚》本，北京古籍出版社 1983 年版，第 67—94 页。

② 刘侗、于奕正：《帝京景物略》卷 5《西城外》"真觉寺"条，北京古籍出版社 1983 年版，第 200 页。

助施无算"①。由她出资建造的慈寿寺位于京西阜外八里庄,慈恩寺在西直门外青龙桥。京城内外由僧侣倡议、士庶出资建造的寺院,以西四的弘慈广济寺最著名。明代北京修建的寺院,数量和规模都远超前代,仅佛寺就达七百多座。英宗天顺年间留守左卫小旗陈福上疏:"以在京观之,寺观动至千百,僧道不可数计。"② 成化年间礼部尚书周洪谟称:"成化十七年以前,京城内外敕赐寺观至六百三十九所。后复增建,以至西山等处相望不绝。自古佛寺之多,未有过于此时者。"③ 西郊凭借优越的地理条件,成为修建寺庙数量最多、分布密度最高的地区。王廷相《西山行》所谓"西山三百七十寺,正德年中内臣作"④,是对西郊寺庙的形象化描述。万历年间宛平知县沈榜记载:"宛平一县,版图仅五十里,而二氏(按:僧道)之居,已五百七十余所。"这些宗教建筑以通名分类,包括:寺211处(城内72,城外139);庵140处(城内77,城外63);宫6处(城内3,城外3);观21处(城内7,城外14);庙206处(城内77,城外129);堂13处(城内4,城外9);祠7处(城内2,城外5),共计575处⑤。北京城东半部所属的大兴县以及北、东、南三面郊区尚未计算在内。

　　清代宫殿、苑囿、行宫之中的寺庙仅供皇家使用,西郊三山五园以及永定门外南苑之内亦有梵刹。供京城百姓礼拜烧香、从事佛教活动的寺庙,因为历年久远而颓败,或是遭遇兵燹被损毁。自顺治帝入关到康熙初年的二十余年之间,这些寺庙陆续得到了比较规范的维修或重建。清末记录下来的寺庙,可以视为清代以前几经变迁之后延续与新建的最终结果。民国以后的寺庙发展,更多地表现为建筑的破败与功能的转换,总体上已经走向衰落。《光绪顺天府志》将北京城区与四郊的寺观分类记载,据此统计,西苑2处,苑囿26处,皇城17

　　① 《明史》卷114《孝定李太后传》,中华书局1997年缩印本,第3536页。
　　② 《明英宗实录》卷276,天顺元年三月辛卯。
　　③ 《明宪宗实录》卷260,成化二十一年正月己丑。
　　④ 王廷相:《西山行》,载沈榜《宛署杂记》卷20《志遗三》,北京古籍出版社1983年版,第256页。
　　⑤ 沈榜:《宛署杂记》卷19《僧道》,北京古籍出版社1983年版,第223—235页。

处，内城 56 处，外城 39 处，郭外 69 处，合计 209 处寺观①。显然这只是京城内外最重要的一部分，而绝非清代宗教建筑的全部。

第三节 皇家坛庙的历代布局

皇家坛庙是与皇宫等建筑共同体现帝都时代北京政治地位的最突出的载体。它们自然是城市建设的重要内容，但坛庙象征着帝王对天地神明和祖宗先贤的信仰崇拜，是服从古代礼制要求、奉行敬天法祖思想的产物，更应视为一种在浓郁政治色彩制约下的文化现象。

一 金中都与元大都的皇家坛庙

辽南京只是契丹的陪都而不是最重要的政治中心，不曾修建帝王用以祭祀祖先或神明的坛庙。到金代海陵王迁都燕京并改名中都之后，古代北京才开始出现代表礼制要求的皇家宗庙与郊坛。

金中都的皇室宗庙，以皇城南部东侧的太庙和衍庆宫为主。海陵王迁都之前，在原来的辽南京御容殿与上京会宁府（今黑龙江省阿城）太祖庙，分别供奉着金太祖完颜阿骨打的五幅和七幅"御容"，即各种姿态或服饰的画像。营建中都时把燕京的太祖庙增辟为太庙，供奉由上京迁来的祖宗神主，而在太庙旁边兴建太祖原庙。天德四年（1152）有司提议："燕京兴建太庙，复立原庙。……今两都告享，宜止于燕京所建原庙行事。"② 太祖原庙、殿宇、殿门，分别定名衍庆宫、圣武殿、崇圣门，以此作为祭祀金太祖的唯一法定场所。正隆二年（1157），海陵王为断绝女真贵族复归旧土之念、表示定都燕京的绝决态度，派遣使者毁弃了上京的宗庙和宫殿，上京与燕京的十二幅太祖御容全部移到衍庆宫珍藏。金世宗即位后，陆续把后来追谥的睿宗、世祖、昭祖、景祖、肃宗、穆宗、康宗以及明肃皇帝的御容安放在衍庆宫，修建了世祖、太宗、睿宗御容殿。大定十四年

---

① 周家楣等：《光绪顺天府志》卷 16《京师志十六·寺观一》、卷 17《京师志十七·寺观二》，北京古籍出版社 1987 年版，第 463—574 页。
② 《金史》卷 33《礼志六》，中华书局 1997 年缩印本，第 787 页。

(1174)，仿照东汉云台二十八将图、唐代凌烟阁功臣图，把二十八位功臣的形象画在衍庆宫圣武殿的左右庑殿。此后续补太祖以前的功臣二十二名，大定十五年增画纥石烈志宁、纥石烈良弼。章宗时期，添加了徒单克宁、石琚、仆散忠义的画像。

太庙有两重围垣，朝南的一排长殿，供奉金朝的先帝神主。每逢祭祀，配享太庙的功臣神主，被分别安放在各自生前所事皇帝的神主旁。宣宗迁都南京（开封）之前，太庙一共有十二室，供奉着始祖以下至章宗的神位。太庙除了举行隆重的大祭之外，还有皇帝即位后的奏告仪、接受尊号后的奏告仪和恭谢仪，皇后、皇太子被册封后的恭谢仪，国家重大事务也要派使者前来祝告。世宗大定年间，曾于太庙东墙外另立祭祀金熙宗的武灵庙（后改称孝成庙），太庙内外数次修建昭德皇后庙、宣孝太子庙。随着三人"升祔太庙"即被迁到太庙里供奉，武灵庙与太子庙随之予以撤废。

金中都城内建起供奉孔子的宣圣庙，规定了隆重的祭祀礼仪制度，是统治者尊崇中原文化的象征。章宗泰和六年（1206），在丽泽门内的皇城西部，修建了祭祀姜子牙的武成王庙，以管仲、张良、韩信等历代名将谋臣以及金代的宗翰、宗雄、宗望、宗弼等配祀。

都城之外的郊坛，表现了帝王对自然力的敬畏以及古人对天体运行规律的认识。按照天圆地方的观念，祭天的南郊坛，位于中都南门丰宜门外，三重围垣，中有圆坛，皇帝每年冬至日来此祭祀；祭地的北郊方丘，在中都北门通玄门外，祭祀时间为夏至日。根据太阳运行东升西落的规律，祭祀太阳的朝日坛又称大明，位于中都东北门施仁门东南，皇帝春分日前来致祭；祭祀月亮的夕月坛又称夜明，在中都西北门彰义门的西南，秋分日祭祀。这些都属于国家大典。海陵王贞元元年（1153）闰十二月修建社稷坛，世宗大定七年（1167）七月加以增改。社坛有两重围垣，坛位处在中间稍微靠南，宽五丈，高五尺，以五色土覆盖东、南、西、北、中五个方位，中央被黄土覆盖，石主即社神的牌位用白石雕成。稷坛在社坛西侧，形制与社坛相似但没有石主。四隅各有角楼，根据方位饰以不同的颜色。除在春、秋两季的第二个月（即农历二月和八月）第一个戊日的例行祭祀外，遇到大旱不雨或其他国家大事，也会到社稷坛祭祀。掌管风雨等天气变化的神明，也在设坛祭祀之列。在金中都景风门（南侧东门）外东南，立春后的丑日设坛祭祀风师。立夏之后的申日，则在端礼门（南侧西门）外西南，设坛祭祀雨师和雷师。

　　元朝的宗庙尤其是太庙伴随着都城的迁移，经历了从上都到燕京（中都）再迁大都新城的变化。中统元年（1260）七月，忽必烈将祖宗神位设于燕京中书省，二年九月迁到圣安寺，四年三月颁诏修建太庙，至元元年（1264）告成后，奉神主自圣安寺入于太庙。至元十三年（1226）大都新城宫室初步具备，按照"左祖右社"的传统规划思想，次年八月颁诏在大都兴建太庙，位置选在皇城以东的齐化门（今北京朝阳门）大街北侧，而不是像金中都太庙那样安排在皇城之内的东侧。十七年（1280）十二月，遣使将神主奉迁到基本落成的大都新城太庙内，旧城的太庙随即拆毁。二十一年（1284）三月，太庙正殿建成，成为元室神主的最终安奉之地。太庙的格局是前庙后寝，四周有宫城围绕，南、东、西三面开辟五座神门，四隅各有角楼。前庙正殿东西七间、南北五间，分为七室；寝殿东西五间、南北三间。宫城之外有太庙外垣，南、东、西三面各辟棂星门三座，南棂星门外的驰道通达齐化门内大街。太庙外垣与宫城之间，有馔幕殿、省馔殿、雅乐库、法物库、仪鸾殿、神厨院、百官厨、齐班厅等建筑。

　　由大都纹绮局工匠织造的已故皇帝与皇后的画像（御容），被供奉在神御殿（又称影堂）中，但神御殿并不是专门设在太庙之内的一处殿堂，而是分散附设在城内或西山的著名寺院里。大圣寿万安寺（今白塔寺）有元世祖、裕宗（真金）帝后的影堂；顺宗、仁宗帝后的影堂在大普庆寺（在今西城区宝产胡同东口南）；大天寿万宁寺（今鼓楼东侧）有成宗帝后的影堂；明宗帝后的影堂建在大天源延圣寺（今八大处卢师山清凉寺遗址）[①]。皇帝动辄赐给这些寺院土地上千顷、钱钞数万锭。泰定三年（1326）十月，"赐大天源延圣寺钞二

---

　　① 《元史》卷75《祭祀志四》，中华书局1997年缩印本，第1875—1877页。

万锭，吉安、临江二路田千顷。中书省臣言：‘养给军民，必藉地利。世祖建大宣文弘教等寺，赐永业，当时已号虚费。而成宗复构天寿万宁寺，较之世祖，用增倍半。若武宗之崇恩福元、仁宗之承华普庆，租榷所入，益又甚焉。英宗凿山开寺，损兵伤农，而卒无益。夫土地祖宗所有，子孙当共惜之。臣恐兹后藉为口实，妄兴工役，徼福利以逞私欲，惟陛下察之。’”①元代的淫祀之风越来越盛，加剧了国家经济状况的恶化。

与大都城东齐化门内的太庙相对称，社稷坛建在和义门（今西直门）内稍南。至元二十九年七月壬申（1292 年 8 月 26 日），“建社稷和义门内，坛各方五丈，高五尺，白石为主，饰以五方色土。坛南植松一株，北墉瘗坎壝垣，悉仿古制，别为斋庐，门庑三十三楹”②。社稷坛占地四十亩，有内外砖垣围绕。东边的社坛以青、赤、白、黑、黄五色土填筑对应的东、南、西、北、中五个方位，四面正中各有一条宽一丈的陛道。西边的稷坛只使用黄土，形制与社坛相同。

古代帝王在春耕之前亲自耕种农田，以此作为奉祀宗庙神明、重视农业生产的象征，这种礼仪性的活动称为藉田。元大都祭祀农业之神的先农坛、先蚕坛，建在城东南用来举行藉田仪式的那块土地上，形制与社稷坛一样。通惠河之上的藉东闸，以位于藉田之东得名，后来改名庆丰闸③，地点在今东便门外厂坡村。据此看来，元代的先农坛、先蚕坛应在今东便门与厂坡村之间。祭祀天地的天坛和地坛合并于南郊坛一处，肇始于元世祖时代。至元十二年（1275）十二月，忽必烈接受皇帝尊号，派遣使者事先向天地之神祭告，于是命令太常寺查对唐、宋、金代的礼仪制度，在大都“丽正门东南七里建祭台，设昊天上帝、皇地祇位二，行一献礼。自后国有大典礼，皆即南郊告谢焉”④。至元三十一年（1294）成宗即位，四月在这处祭台所在地建南郊坛，派遣司徒兀都带率领百官为已故的忽必烈请求谥号。大德

①　《元史》卷 30《泰定帝纪二》，中华书局 1997 年缩印本，第 674 页。
②　《元史》卷 17《世祖纪十四》，中华书局 1997 年缩印本，第 365 页。
③　《元史》卷 64《河渠志一》，中华书局 1997 年缩印本，第 1589 页。
④　《元史》卷 72《祭祀志一》，中华书局 1997 年缩印本，第 1781 页。

六年三月庚戌（1302年4月14日），"合祭昊天上帝、皇地祇、五方帝于南郊，遣左丞相哈剌哈孙摄事，为摄祀天地之始"①。南郊坛有两层围垣，尽管合祭天与地，却完全依照天坛的形制建造。圜形祭坛分为三层，每层高八尺一寸，上、中、下层依次方五丈、十丈、十五丈，四面正中各有一条十二级的陛道。元朝初期，春季在大都东北郊祭风师，夏季在西南郊祭雨师和雷师，延祐五年（1318）才在上述两地修建风师坛以及雨师坛、雷师坛。

元大都的孔庙建于成宗大德六年（1302），又称宣圣庙或文宣王庙。孔庙西侧，是元朝的最高学府国子学，亦称国子监。两处建筑位于今天的国子监街，在明清时期多次维修扩建，自1950年代分别充作首都博物馆与首都图书馆，到2005年之前迁出。

二 明北京的坛庙布局及其在清代的延续

明永乐十八年（1420）十二月颁布正式迁都诏书时，北京的太庙、社稷坛、天地坛（祈谷坛）、山川坛、都城隍庙以及从元代继承下来的文庙（孔庙）等，已经成为城市建筑的重要组成部分。定都北京以后，又增修了朝日、夕月、先蚕、方泽等坛，形成了完备的坛庙系统。

皇城之内的太庙，位于宫城的东侧，即今北京市劳动人民文化宫。嘉靖二十四年（1545）重建遭受火灾的太庙，正殿九间，北面的寝殿奉安诸先帝神主，寝殿后的祧庙有皇帝祖宗的神主。宫城西侧与太庙对称的社稷坛，即今中山公园。在元大都、金中都时代，社稷坛内分筑社坛与稷坛，明代将二位神祇合并为一坛祭祀。

永定门内的城市中轴线东西两侧，对称分布着永乐十八年仿照南京建造的天地坛与山川坛，地点就是现在的天坛与先农坛。明朝原本在天地坛的大祀殿合祭天地，嘉靖九年（1530）确定分开祭祀天与地，这里才成为专门祭天的场所并改称天坛，还在大祀殿以南修建了围垣两重的圜丘。圜丘外垣的北门正对着泰神殿，殿中奉有明太祖神

---

① 《元史》卷72《祭祀志一》，中华书局1997年缩印本，第1781页。

主。嘉靖十七年（1538）改泰神殿为皇穹宇，同时拆掉大祀殿。二十四年（1545），又在大祀殿旧址修建大享殿，位置即今祈年殿。天地分祀后，选在安定门外另建方泽坛（地坛）以祭地，坛面用黄琉璃砖铺砌，四面有两重围垣，各有四门，最外有周垣环绕。与天坛对称的山川坛，正殿设七坛、两庑置六坛，分别祭祀太岁、风云雷雨、五岳、四镇、四渎、四海、钟山之神、天寿山之神、京畿山川、夏冬季月将、春秋季月将、都城隍等神明。嘉靖十年（1531）在山川坛内南部另建太岁坛，次年改山川坛为天神地祇坛。十七年（1538）增建天神坛、地祇坛，到隆庆元年（1567）撤废。太岁坛西南的先农坛建于永乐年间，里面有具服殿、观耕台，台南的藉田是皇帝每年春天举行耕田仪式的地方，也就是民间所谓皇上的"一亩三分地"。

　　嘉靖九年（1530）是北京坛庙建筑史上的重要年份。在天坛圜丘、地坛之外，这一年还兴修了先蚕坛、朝日坛、夕月坛、历代帝王庙等。先蚕坛在安定门外，坛台东、西、北三面遍植桑树，还有蚕官令署、采桑台、织堂等建筑。皇后每年春季在此举行亲蚕仪式，以鼓励百姓种桑养蚕。皇帝在先农坛耕种藉田，皇后在先蚕坛提倡养蚕，两个仪式共同显示出农桑为立国之本。朝阳门外的朝日坛，今称日坛。坛面以红琉璃砖铺砌，象征红色的太阳。皇帝每年春分在此祭祀大明之神，即太阳神。阜成门外的夕月坛，今称月坛。坛面用白琉璃砖铺砌，代表洁白的月亮。皇帝每年秋分在此祭祀夜明之神，也就是月亮神。洪武六年（1373），在南京钦天山之阳修建历代帝王庙，供奉三皇五帝、历代帝王与功臣名将。永乐年间迁都后，每年春秋祭祀时由南京太常寺官员代为行礼。嘉靖九年在北京始建历代帝王庙，地点即今阜成门内的历代帝王庙，十一年（1532）夏竣工。正殿五间，东西两庑，殿后为祭器库，前为景德门，门外有神库、神厨、宰牲亭、钟楼等。共祀十五位帝王，从祀的名臣有三十二人。

　　不论在礼仪制度还是坛庙建筑方面，清代都是明代的直接继承者。"清初定制，凡祭三等：圜丘、方泽、祈谷、太庙、社稷为大祀。天神、地祇、太岁、朝日、夕月、历代帝王、先师、先农为中祀。先医等庙，贤良、昭忠等祠为群祀。乾隆时，改常雩为大祀，先蚕为中祀。咸丰时，改关圣、文昌为中祀。光绪末，改先师孔子为大祀，殊典也。天子祭天地、宗庙、社稷。有故，遣官告祭。中祀，或亲祭，或遣官。群祀，则皆遣官。"① 乾隆十二年（1747）扩建天坛的圜丘，坛面更换为艾叶青石，皇穹宇的台面更换为青白石，大享殿外坛面墁金砖，坛内殿宇门垣都采用青琉璃。乾隆十六年（1751）改大享殿为祈年殿。不过，建筑的形制与明代相比并无多大改变。《清史稿》所谓圜丘、方泽坛、朝日坛、夕月坛建于顺治年间，实际上只是在明代的基础上有些整治维修而已，大、中、群祀的其他坛庙也是这样。康熙六十一年（1722）将历代帝王庙供奉的历代帝王增至143位、功臣增至81位，属于祭祀对象的局部调整，礼仪制度和建筑本身则大体如旧。

清朝皇帝到天坛祭拜的记载史不绝书。康熙帝晚年晓谕诸皇子、大臣："京师初夏，每少雨泽。朕临御五十七年，约有五十年祈雨。每至秋成，悉皆丰稔。昔年曾因暵旱，朕于宫中设坛祈祷。长跪三昼夜，日惟淡食，不御盐酱。至第四日，步诣天坛虔祷。油然忽作，大雨如注，步行回宫，水满两靴，衣尽沾湿。后各省人至，始知是日雨遍天下。"② 如此虔诚地到天坛祈雨，表现了敬畏自然、期盼丰年的态度。

清代基本继承了明代的坛庙，也把满洲的某些祭祀形式由关外带到北京。生活在乾隆至道光年间的昭梿记载，清初在关外就有设杆祭天的礼仪，并在一处静室内祭祀社稷等众多神祇，这处静室叫做"堂子"。顺治帝入关定都北京后，延续了满洲的习俗，在长安左门外玉河东岸新修堂子。正中为朝南的五间飨殿，汇祀诸位神祇，屋顶覆盖黄琉璃。前面是朝向北方的拜天圜殿，中间设立神杆石座，稍后在两翼分别设立六行、每行六排杆座。面北第一排是皇子致祭所用的立杆石座，以下依次按亲王、郡王、贝勒、贝子、公为序排列。东南为三间南向的上神殿。堂子祭祀活动的规格有所差别，月祭、杆祭、

---

① 《清史稿》卷82《礼志一》，中华书局1998年缩印本，第2485页。
② 《清圣祖实录》卷275，康熙五十六年十一月癸酉。

浴佛祭、马祭等，一律派遣官员代为行礼。最重要的祭祀有皇帝亲临：每年元旦，皇帝率宗亲、王公、满族一品文武官员，到堂子行拜天礼；其二是"出师展拜堂子之礼"。如果皇帝选定某日亲征，内府官预先在圜殿外以及内门外御营黄龙大纛前放好御拜褥，兵部、銮仪卫同时做好相应准备，皇帝依次到圜殿和大纛前行三跪九叩礼；六军凯旋，皇帝进京后首先要到堂子行礼。命将出师，皇帝率大将军及随行将士到堂子祭拜，凯旋日再行告成礼①。康熙帝平定吴三桂、察哈尔，以至历朝用兵平定战乱，都到堂子祭拜神祇②。光绪二十六年（1900）八国联军占领北京，次年强迫清政府签订了《辛丑条约》，后果之一是"使馆拓地广袤至数里，翰林院、詹事府、兵部、工部、銮仪卫、太医院、钦天监、理藩院、堂子皆失。筑垒为壁，守甚严"③。堂子所在地被意大利使馆侵占，被迫迁到皇城内东南隅另建，这些都是中国近代史与北京城市史上至为屈辱的一页。

　　紫禁城内的坤宁宫在明代是皇后的住所，清代变成了祭祀与举行萨满仪式的地方。《清史稿》记载，满洲入关之前的盛京既有祀天的堂子，又在清宁宫设置了其他祭祀神位。定都北京后，遵循旧制确定了坤宁宫祀神礼。坤宁宫有九间殿宇，庭院内树立神杆以祭天，宫内西侧供奉朝祭神位，祭祀菩萨和关羽；北侧供奉夕祭神位，"夕祭神为穆哩罕诸神，祝辞所称纳丹岱珲为七星之祀，喀屯诺延为蒙古神，并以先世有功而祀者。馀如年锡、安春阿雅喇诸号，纳尔珲、安哲、鄂啰罗诸字，虽训义未详，而流传有自"④。这些夕祭神属于萨满教的范畴，是清代北京宫廷多种宗教并存的反映。

第四节　元大都与明清北京的艺术空间

　　限于史料收集的不足，我们对元大都及明北京艺术活动的地理分

　　① 昭梿：《啸亭杂录》卷 8 "堂子"条，中华书局 1980 年版，第 231—232 页。
　　② 《清史稿》卷 85《礼志四》，中华书局 1998 年缩印本，第 2558 页。
　　③ 李希圣：《庚子国变记》，载中国新史学研究会主编《中国近代史资料丛刊·义和团》第 1 册，神州国光社 1951 年版，第 34 页。
　　④ 《清史稿》卷 85《礼志四》，中华书局 1998 年缩印本，第 2559 页。

布，只能略举与民俗活动相关的几例。在清代文献中，以京剧为代表的艺术活动有了更多记载，关于演出场所和演员居址的分布才变得清晰起来。

　　元代是戏曲文化极为发达的朝代，大都是全国的演艺中心，朝廷设立的管理机构以仪凤司和教坊司为主。仪凤司掌乐工、供奉、祭飨之事，下辖的云和署、安和署掌乐工调音律及部籍更番之事，常和署管领回回乐人，天乐署管领河西乐人，广乐库掌乐器等物。教坊司掌承应乐人及管领兴和署、祥和署五百户，所辖还有广乐库①。至元七年（1270）以后形成传统的每年二月十五日游皇城，动用的戏班演员包括："大都路掌供各色金门大社一百二十队，教坊司云和署掌大乐鼓、板杖鼓、筚篥、龙笛、琵琶、筝、绥七色，凡四百人。兴和署掌妓女杂扮队戏一百五十人，祥和署掌杂把戏男女一百五十人，仪凤司掌汉人、回回、河西三色细乐，每色各三队，凡三百二十四人。凡执役者，皆官给铠甲袍服器仗，俱以鲜丽整齐为尚，珠玉金绣，装束奇巧，首尾排列三十余里。"②另据《析津志》记载，每年二月初八，在平则门（今阜成门）外三里许的西镇国寺，"南北二城行院（戏剧演员，借指戏班）、社直（村社迎神赛会中轮值扮演杂戏的演员）杂戏毕集，恭迎帝坐金牌与寺之大佛游于城外，极甚华丽"，寺院两廊贩卖"南北川广精粗之货"的众多铺户也选在这一天开张，"多是江南富商，海内珍奇无不凑集，此亦年例故事"。此后奉诏游皇城时，"其例于庆寿寺（原址在北京西长安街电报大楼西，建于金大定二十六年，又称双塔寺）都会，先是得旨，后中书札下礼部，行移各属所司，默整教坊诸等乐人、社直、鼓板、大乐、北乐、清乐，仪凤司常川提点（即通常负责调度）"。"于十五日蚤自庆寿寺启行，入隆福宫绕旋，……迤逦转至兴圣宫，凡社直一应行院，无不各呈戏剧，赏赐等差。由西转东，经眺桥太液池。……仪凤、教坊诸乐工戏伎，竭其巧艺呈献，奉悦天颜。次第而举，队子唱拜，不一而足。从历大明

　　①　《元史》卷85《百官志一》，中华书局1997年缩印本，第2138—2139页。
　　②　《元史》卷77《祭祀志六》，中华书局1997年缩印本，第1926页。

殿下，仍回延春阁前萧墙内交集。自东华门内，经十一室皇后斡耳朵前，转首清宁殿后，出厚载门外。……其游止斯，或就东华门而散会。"① 游城所经之地，都变成了沿途演出的舞台。

元代开凿通惠河以后，大运河的终点延伸到大都城内，"舳舻蔽水"的积水潭周围及其相邻的齐政楼（鼓楼）一带，成为人口众多、经济繁荣的闹市区。《析津志》称："齐政楼，都城之丽谯也。东，中心阁。大街东去即都府治所。南，海子桥，澄清闸。西，斜街过凤池坊，北，钟楼。此楼正居都城之中。楼下三门。楼之东南转角街市，俱是针铺。西斜街临海子，率多歌台酒馆。有望湖亭，昔日皆贵官游赏之地。"② 此类歌台酒馆云集之地，自然形成了大都日常生活中的演艺聚集区域。

明代由教坊司掌管宫廷音乐事宜，以乐户承应宫廷庆典与祭祀的乐舞。教坊司位于黄华坊，清代以来称本司胡同。在它南面的勾阑胡同，是官妓和艺人聚集的地方，清宣统年间改称民政部街，民国以来称内务部街；北面的演乐胡同是教坊司所属乐队演奏的地方，这个名称沿用至今。在太监主政的二十四衙门中，钟鼓司"掌管出朝钟鼓，及内乐、传奇、过锦、打稻诸杂戏"③。刘若愚《酌中志》记载："钟鼓司，掌印太监一员，金书数十员，司房、学艺官二百余员。……西内秋收之时，有打稻之戏。圣驾幸旋磨台、无逸殿等处，钟鼓司扮农夫饷妇及田畯官吏，征租交纳词讼等事，内官监衙门伺候合用器具，亦祖宗使知稼穑艰难之美意也。又过锦之戏，约有百回，每回十余人不拘，浓淡相间，雅俗并陈，全在结局有趣，如说笑话之类。又如杂剧故事之类，各有引旗一对，锣鼓送上，所扮者备极世间骗局丑态，并闺壶拙妇騃男，及市井商匠刁赖词讼，杂耍把戏等项，皆可承应。"④ 宫中演剧旨在使长在深宫保姆之手的皇帝子孙增长见

---

① 熊梦祥：《析津志》，《析津志辑佚》本，北京古籍出版社 1983 年版，第 214—215 页。

② 同上书，第 108 页。

③ 《明史》卷 74《职官志三》，中华书局 1997 年缩印本，第 1820 页。

④ 刘若愚：《酌中志》卷 16《内府衙门职掌》，北京古籍出版社 1994 年版，第 107 页。

识、顺天恤民，对外间应当具有引领作用。

　　明代的民间艺术也是民俗节庆的重要组成部分。正月八日至十八日，在东华门外的灯市上，"击太平鼓无昏晓，跳百索无稚壮，戴面具耍大头和尚，聚观无男女"①。"乐则鼓吹、杂耍、弦索，鼓吹则橘律阳、撼东山、海青、十番，杂耍则队舞、细舞、筒子、筋斗、蹬坛、蹬梯，弦索则套数、小曲、数落、打碟子，其器则胡拨四、土儿密失、义儿机等。"② 三月廿八日东岳大帝诞辰，在朝阳门外二里东岳庙，"都人陈鼓乐、旌帜、楼阁、亭彩，导仁圣帝游"③。清明节在高梁桥一带，"骄妓勤优，和剧争巧。厥有扒竿、筋斗、唰喇、筒子、马弹解数、烟火水嬉。……是日，游人以万计，簇地三四里。浴佛、重午游也，亦如之"④。关于浴佛会，蒋一葵记载："高梁桥北，精蓝棋置。每岁四月八日为浴佛会，幡幢铙吹，蔽空震野，百戏毕集。四方来观，肩摩毂击，浃旬乃已，盖若狂云。"⑤ 四月十八是碧霞元君诞辰，到左安门东四十里弘仁桥（今通州马驹桥）碧霞元君庙参拜者络绎于途。"群从游闲，数唱吹弹以乐之。旗幢鼓金者，绣旗丹旐各百十，青黄皂绣盖各百十，骑鼓吹步、伐鼓鸣金者称是。"⑥ 艺人在日常演出之外，也应是这些活动的主要参与者。

　　到了与今天相对接近的清代，大量文献使北京艺术活动的空间特征变得比较清晰。与民俗紧密联系的艺术活动继承并发展了明代的传统，在潘荣陛《帝京岁时纪胜》、富察敦崇《燕京岁时记》、让廉《京都风俗志》等专门文献中都有详细记载，兹不赘述。清代北京文化艺术的重要成就之一，是京剧、昆曲、梆子、评剧等戏曲与大鼓、

────────────

① 刘侗、于奕正：《帝京景物略》卷2《城东内外》"春场"条，北京古籍出版社1983年版，第66页。

② 同上书"灯市"条，北京古籍出版社1983年版，第58页。

③ 同上书"东岳庙"条，北京古籍出版社1983年版，第64页。

④ 刘侗、于奕正：《帝京景物略》卷5《西城外》"高梁桥"条，北京古籍出版社1983年版，第191页。

⑤ 蒋一葵：《长安客话》卷3《郊坰杂记》"高梁桥"条，北京古籍出版社1994年版，第45页。

⑥ 刘侗、于奕正：《帝京景物略》卷3《城南内外》"弘仁桥"条，北京古籍出版社1983年版，第133页。

单弦、相声等曲艺的繁荣，其中以京剧的形成和发展最具标志性。帝王之都聚集了大批不事生产的皇族贵胄和官员，他们具有供养戏班、欣赏戏剧的经济实力，某些入迷的贵族子弟或官员甚至下海唱戏。北京的文化氛围浓郁，悠闲自在的城市居民有喜欢听戏的习俗，即使在普通劳动者中也有众多戏曲爱好者，这样的人文环境为戏曲艺术的成长提供了肥沃土壤。历代官员、富商、士人不乏狎优蓄童的陋习，旧时的戏曲、曲艺也时有格调低下之作。为防止旗人耽于享乐而丧失尚武雄风，清代采取限制戏园数量和地点、监督演出内容的政策。康熙十年（1671）议准，"京城内城永行禁止开设戏馆"①，直到咸丰年间仍有此类禁令。但是，"满人多游惰不好读书，往往沉溺于此，视同日常功课。至清末叶，内政不修，规律视同具文，上自皇帝太后，下至贩夫走卒，皆嗜戏剧，荒时废业"②。宫廷演剧的兴盛，尤其成为具有示范作用的推动力量。

　　关于宫廷演剧的相关史料，朱家溍先生等已有专门辑录和整理。根据他们的研究，"康熙二十五年题本中记有南府学艺处的开销，继而有了景山、南府学艺处的记载。南府位于南长街南口路西处，和景山观德殿后一带群房均为伶人住所，清代内廷常将地名作为管理相关事务衙署的名称，两处都有内学（指太监伶人）和外学（指民间招进伶人）。西郊畅春园附近还曾有过六郎庄学艺处。康熙年间内廷已开始由南方招入技艺高于京城的伶人"。乾隆朝是清代内廷演戏的鼎盛时期，到了内忧外患的道光朝，开始裁减管理演戏的衙署。"先是撤消了成立已有百余年的景山，随即在道光七年裁退了所有在内廷演戏的民籍伶人。……将南府改为昇平署，只留下太监伶人在内廷唱戏。"咸丰十年（1860），"内廷开始在京城的著名戏班挑选技艺出众的演员，进入昇平署承差，或传京城著名戏班进宫唱戏。由此，京城盛行的乱弹腔戏（或称二黄戏或皮黄戏）进入内廷"。光绪九年（1883）以后，宫中演剧进入最后的高峰时期，慈禧太后"指令昇平

----

① （光绪）《大清会典事例》卷1039《都察院·五城》"戏馆"，新文丰出版公司影印清光绪二十五年刻本，第22册，第17470页。

② 张次溪：《清代燕都梨园史料》，中国戏剧出版社1988年版，第886页。

署从京城民间戏班里挑选各行当的著名艺人，如谭鑫培、杨月楼、汪桂芬、孙菊仙等，几乎各班主要演员都被挑进承差。光绪十九年起，内廷开始经常传在京戏班进宫唱戏，演出后支付雇佣戏班的银两。三庆、四喜、同春等著名戏班新编排的剧目及最新崭露头角的艺人，都能很快出现在内廷的戏台上"。"可以说，戏曲艺术（包括剧本文学、表演、演唱、音乐乃至舞台美术）在清代得以高度发展，与统治者的倡导有不可分割的关系。"①

京剧是北京戏曲艺术中最具代表性的门类，从声腔或地域的特点着眼，历史上亦称皮黄、二黄、黄腔、京调、京戏、平剧等，在民国年间还被尊称为"国剧"。近年来报端往往把徽班进京看作京剧形成的标志，实际上这只能视为京剧的源头。从清初到乾隆中期，北京的戏曲先后以昆曲、京腔（弋阳腔）、秦腔最为盛行。乾隆五十五年（1790）为庆贺皇帝八十寿辰，闽浙总督伍纳拉命浙江盐商选送流行于江南的徽班进京演出。徽班以唱二黄、吹腔、高拨子为主，高朗亭为首的徽班从扬州进京后，"以安庆花部合京、秦两腔，名其班曰三庆"②。三庆班在北京立足后，四喜、启秀、霓翠、春台、和春、三和、嵩祝、金钰等徽班也接踵而来，名声最盛的三庆、四喜、和春、春台并称"四大徽班"。徽班进京后博采众长，广泛吸收兄弟剧种的剧目和舞台艺术，逐渐在各大戏园占据主导地位。与此同时，流行于湖北的汉戏也进入北京。徽戏的二黄调与汉戏的西皮调迅速合流，唱念更具北京地方语音特点。在徽戏、秦腔、汉调、京腔、昆曲等艺术相互融合的基础上，大约在道光二十年至咸丰十年（1840—1860）期间，最终诞生了以皮黄为主，兼擅昆腔、吹腔、拨子、南锣等地方戏曲腔调和板式，在声腔、曲调、字音、伴奏、表演、剧目等方面都具有规范要求的独立剧种。它所采用的艺术语言主要属于官话和京白，又诞生于国都北京，世人遂称之为"京剧"。道光四年（1824）曾为皇帝绘制《松凉夏健图》的御前画师、大兴人贺世魁，字焕文，

---

① 朱家溍、丁汝芹：《清代内廷演剧始末考》，中国书店 2007 年版，第 1—6 页。

② 李斗：《扬州画舫录》卷 5《新城北录下》"本地乱弹"条，中华书局 2007 年版，第 76 页。

在此后创作了戏曲人物画《京腔十三绝》。光绪年间的画家沈蓉圃仿照前辈的模式，创作了描绘同治、光绪年间享有盛名的程长庚、谭鑫培、杨月楼等十三位京剧演员所扮人物形象的名画《同光十三绝》，成为京剧已经逐渐成熟、舞台之上群星璀璨的写照。这门艺术经过清代的持续发展，到民国年间达到了鼎盛时期。

一般认为，"京剧"这个称谓始于清光绪二年二月初七（1876 年 3 月 2 日）的《申报》，但未见征引原文并予以解说者。经查对，这一天的《申报》是创刊以来的第 1179 号，第 2 页有短文《图绘伶伦》，未署作者姓名。仔细揣度原文"京剧最重老生"的语境，其中的"京剧"二字更像笼统地称呼来自北京的戏班演出的各种戏剧，而不是专指某个特定的剧种。作者用以举例的戏班和演员虽以京剧为主，但在《申报》此后刊登的数期演出广告中，却一直未见"京剧"字样。尽管如此，这篇短文毕竟是迄今所见"京剧"作为固定语词最早的出处，其意义无疑应当予以充分肯定。借助此文，还可看到距今一百四十多年前北京戏曲艺术与社会生活的一鳞半爪，因此转录如下：

京师前门外廊房头条胡同比户鳞栉，皆系灯铺、画铺，共约五六十家。所售纱绫、玻璃各灯，穷工极巧，尽三冬之力制造齐全。每届腊月朔日以至除夕，皆一一悬设，以供主顾购买。举凡稗官传奇以及一切戏出，无不绘于灯、扇并屏幅之中。布局命意，颇具匠心，未可以俗工之笔遽行訾议也。其中，惟方学圃画铺门前，旧悬一额以作招牌者，上绘昔年弋腔班中十三名脚，各有登场冠服，无不酷肖其人，为道光年间内廷供奉贺公世魁笔也。去腊，方铺于旧额之下新增一额，绘时下名脚五人。小生徐小香作周公瑾装束，老生张喜儿着武乡侯巾服，花旦范松林、正旦时小福、丑脚刘赶三皆各作登场模样，惟小香、松林尤为酷似，真可谓传神之笔。京剧最重老生，各部必有能唱之老生一二人始能成班，俗呼为台柱子，如上海金桂轩之春奎、景四（引者按，即周春奎、景四宝），丹桂园之孙春恒是也，徐皆系陪衬。是以数年来老生中时出脚色，如余三胜没后虽日仅有程长庚，然继之者尚有王九龄焉。若小生、花旦二脚色，竟无能步徐、范之后尘矣。小香所宗，为吴正田一派。相传吴在乾嘉间系弃儒为优者，将戏文鄙俚之句尽行删改，归入典雅，并自撰各剧，如《得意缘》全本，即其手笔。一传而至曹喜林，再传而至徐小香。小香尽得其传，而声音笑貌且能过之。其演周郎之剧尤为擅长，真令观之者想见顾曲神情不过如斯也。若松林所宗者，为魏三。闻魏三演剧周历各省，无不叹为绝技。缘其在某省演剧，其装束即似某省妇女，不爽丝毫。且其语音举止亦揣摩绝肖，故能令观者色舞眉飞。松林虽止能效京师闺阁，然亦尽善尽美。二人现皆歇业，不肯登场。兹绘于额，其音虽渺不可闻，其人若呼之欲出，且足能传诸久远。作此图者，人谓其有益于阅者之目，而余谓其有功于二优之名，并可以见京师灯市之盛矣①。

清代北京实行旗民分置政策，八旗居住的内城禁止汉人居住与开设戏园，这就使得戏曲、曲艺演员和戏园大多分布在南城的前门大街及其附近的大栅栏、珠市口、天桥一带。蕊珠旧史《梦华琐簿》记载：徽班进京后，"春台寓百顺胡同，三庆寓韩家潭，四喜寓陕西巷，和春寓李铁拐斜街，嵩祝寓石头胡同"；宣武门外菜市口、铁门一带多戏园，"外城小戏园，徽班所不到者，分日演西班、小班。又不足，则以杂耍补之。故外城亦多杂耍馆"②。形容北京内外五城社会特征的"巡城口号"云："东城布帛菽粟，西城牛马柴炭，南城禽鱼花鸟，北城衣冠盗贼，中城珠玉锦绣。"清代外城也分为南北延伸、东西排列的五城：中城即前门大街两侧，由此向东依次是东城与南城，中城向西是西城与北城，显然，这里的南城和北城并不符合实际的方位。前门外的戏园多在外城的中城，时人因此也借喻为"中城珠玉锦绣"，"中部尉所治地或且因缘为利"③，只是这里的"珠玉锦绣"已经从皇城的帝王将相变成戏剧舞台上的人物了。

① 《申报》清光绪丙子二月初七（1876年3月2日）第2页《图绘伶伦》。
② 张次溪：《清代燕都梨园史料》，中国戏剧出版社1988年版，第350—351页。
③ 同上书，第250页。

　　民国年间崇彝回忆:"戏园,当年内城禁止,惟正阳门外最盛。属于大栅栏内者五处:曰庆乐(今存),曰庆和(此园建造至好,后改瑞蚨祥鸿记绸店),曰广德(今存),曰三庆(今存),曰同乐轩(门框胡同内,今改影院)。粮食店之中和(今存)。街东之园凡三:肉市之广和楼,鲜鱼口之天乐(今改为华乐),抄手胡同内裕兴园(今废)。崇文门外木厂胡同之广兴园,朝阳门外之芳草园,鸡市口之隆和园(今皆废)。阜成门外之阜成园,德胜门外之德胜园(久废)。当日内城只东四牌楼南之泰华轩,隆福寺之景泰二处,时演杂耍、八角鼓、曲词之类而已。"① 有些剧场以茶园、茶馆的名义出现,成为曲艺演出的主要场所。清末外城有包括清茶馆、书茶馆、棋茶馆在内的茶馆 233 所②,书茶馆以陕西巷的杨家茶馆以及石头胡同的三合成茶馆、四海升平茶园等最著名。观众从政客、商人到一般平民,涉及社会各阶层。

　　与戏园的分布相适应,戏曲艺人大多就近居住在前门外,南城渐渐成为梨园界的中心,京剧名演员的住所就是典型例证。同治十二年(1873)邗江小游仙客《菊部群英》记载,立有堂号的著名演员或班主鲍秋文、孔元福、杨桂庆、钱金福、汤金兰、任小凤、张秀兰、宋福寿、孙彩珠、徐阿三、徐阿二、刘赶三、张芷芳、尉迟喜儿、韫山堂张、章丽秋、声振堂陈、国顺堂李、周长顺、朱双喜、陈芷衫、陈荔衫、朱莲桂、张桂兰、曹福寿、胡喜禄、陆鸿福、陆玉凤、孙心兰等住韩家潭,诒德堂蒋、沈芷秋、金树堂张、张天元、朱小元、李小珍、曹春山住百顺胡同,沈阿寿、王顺福、刘倩云住石头胡同,罗巧福、张梅五住羊毛胡同,陈四儿、郑秀兰、时小福、陈兰初、郭全福、李艳侬、李福寿、盛安堂汪住猪毛胡同,陈兰仙、陈芷香、春林堂住陕西巷,陆金凤住大外郎营,韩宝芬、丹林堂李、梅巧玲住李铁拐斜街,钱阿四、范春桂、朱莲芬、聚德堂薛、春茂堂陈住樱桃斜

---

　　① 崇彝:《道咸以来朝野杂记》,北京古籍出版社 1982 年版,第 8 页。
　　② 北京大学历史系·《北京史》编写组:《北京史》,北京出版社 1999 年版,第 387页。

街，徐小香、杜阿五、石双贵住小安南营①。光绪二年至七年
（1876—1881）期间，易顺鼎《哭庵赏菊诗》附录记载，京剧名演员
居住在樱桃斜街5家，李铁拐斜街6家，陕西巷5家，韩家潭22家，
百顺胡同5家，石头胡同5家，猪毛胡同8家，共计56家、师徒158
人②。光绪十二年（1886）印行的《鞠台集秀录》记载，时小福等5
家在猪毛胡同，张天元等5家在陕西巷，余紫云等5家在李铁拐斜
街，朱莲芬在樱桃斜街、杨月楼等2家在石头胡同，汪桂芬等5家在
百顺胡同，刘赶三等18家集中在韩家潭③。这些数字虽然不能囊括
南城梨园的全貌，却充分印证了北京从前流行的一句俗语："人不离
路，虎不离山，唱戏的不离韩家潭。"前门外至今还保留着许多不同
年代的著名演员故居。

　　南城作为戏曲艺术中心的文化传统，自清代一直延续到民国以迄
当代。民国时期是京剧艺术的黄金时代，这时期修建的第一舞台、开
明戏院、新明戏院、新罗天剧场等在珠市口、西河沿一带；万胜轩戏
园、小小戏园、天乐戏园、小桃园、丹桂戏园、小吉祥戏园等在天桥
地区。晚清至民国时期，北京艺术空间的新发展，是天桥成为戏曲、
曲艺、武术、杂技等类江湖艺人聚集的平民艺术中心。民初易顺鼎
《天桥曲十首》序称："天桥，数十弓地耳，而男戏园二，女戏园三，
乐子馆（引者按，落子馆）又三，女乐子馆又三。戏资三枚，茶资
仅二枚。园馆以席棚为之，游人如蚁，然窭人居多也。……自前清以
来，京师穷民生计日艰，游民亦日众。贫人鬻技营业之场，为富人所
不至。而贫人鬻技营业所得者，仍皆贫人之财。"④ 除了戏园、茶馆
之外，"平地抠饼"式的撂地卖艺者更多，几十年间总计不下数百
位，由此促进了天桥的繁荣。1913年创建的新世界游乐场，在今香
厂路小学一带，有戏剧、电影、魔术、杂技、曲艺等多种演出场地。

　　①　张次溪：《清代燕都梨园史料》，中国戏剧出版社1988年版，第473—502页。
　　②　同上书，第768页。
　　③　同上书，第629—646页。
　　④　易顺鼎：《天桥曲十首》，载张次溪《清代燕都梨园史料》，中国戏剧出版社1988
年版，第757页。

1919 年建造的城南游艺园，即今友谊医院所在地，包括剧场、电影
场、舞场、旱冰场、保龄球场、曲艺场、杂技场。这两处大型游艺场
一度游人如织，1928 年国都南迁后逐渐倒闭。为京剧艺术培养后备
人才的科班、戏校，也顺理成章地分布在前门外。成就最大的科班喜
连成（后改富连成）创始于光绪三十年（1904），社址原在宣武门外
前铁厂，后迁至西珠市口西口。斌庆社 1917 年创建于百顺胡同西口；
中华戏曲专科学校 1930 年在鲜鱼口木厂胡同成立；荣春社 1937 年筹
建于椿树下二条；鸣春社 1939 年创办于大吉巷。在 1949 年以后的北
京，中国戏曲学院、北京市戏曲学校、北京京剧院等多家艺术团体集
中在南城，源远流长的文脉连绵不断。

第五节　北京地名的历史人文地理学意义

地名学属于专名学的范畴，需要语言、地理、历史等众多学科的
共同参与。一个结构完整的地名（如"北京市"），包括专名（北
京）和通名（市）两部分。以地名为媒介或载体，通过分析地名语
义及其形成背景和演变过程，为解决历史地理问题找到可靠的线索和
证据，在理论和实践方面已经比较成熟。借助对地名的研究获得关于
北京历史人文地理的认识，同样是一条行之有效的研究途径。

一　地名与区域历史地理的关联

用以指称某个地域的地名，总体上以当地人群约定俗成者居多，
村落、街巷之类的名称大体如是；官方干预下有意为之的地名较少，
但与行政管理密切相关的各类政区名称往往被涵盖其中。从地名的属
性着眼，它在本质上是语言的产物，一般由命名者用本民族的口头语
言呼出，首先有了"语音"这一最基本的要素；在文字产生以后又
被记录者以自己使用的文字书写下来，因而有了另一要素"字形"；
命名时所采用的语词有其自身的书面意义，以此命名后又有了针对
某个特定范围的指地意义，二者共同构成了地名的第三要素"语
义"。命名者对地名语词的选择，必然会反映相关地域的地理环境、

社会生活的某一特征，命名后通常还会在不同的时代发生音、形、义的变迁。这样，我们可以说，地名是语言发展的产物、地理环境的标志、社会生活的写照、历史变迁的记录。追寻北京地名的语源和演变过程，有助于透视千姿百态的风土人情，体味地方文化的广博深邃。在这个意义上，地名研究的部分内容也可以归入历史人文地理的范畴。

自然特征或人文背景是人们选择地名语词的基本来源，地名的语词含义总是多少能够反映出所指地域的地理特征。自然环境是人文现象产生与变迁的舞台，二者关系的演变正是历史人文地理研究的内容之一。地理方位、地形、水文、气候、物产等，是地域命名的自然地理依据。人文地理方面的依据，则几乎包括经济、交通、文化等社会生活的所有方面。通过分析地名在某个时代的读音、语义以及地理位置并加以古今对照，可以说明区域地理环境的某些特征。地图既是地理学与地名学的工具和手段，又是地理和地名研究的资料来源。利用地图可以使地名所指地域的位置、类型、范围、分布特征一目了然，也便于进行不同区域的分析对比。尤其是对于"地名群"的研究，更需要借助地图进行分析和追索。地名群是在一定区域内地理分布比较集中、所属语种彼此相同、结构形式大体近似、选词用字共性明显、命名背景高度一致、形成年代非常接近的若干个地名的天然组合。具备了这些特征的一群地名，更能显示某种历史人文环境的背景。北京大兴采育镇凤河两岸，分布着长子营、霍州营、解州营、沁水营、河津营等近二十个以山西州县为专名的聚落，它们构成了一个具有共同语词特征、相同历史来源、集中分布地域的典型地名群，是明朝前期从山西向北京地区移民的记录。地名指示着各村居民的来源，与《明实录》等文献记载的移民活动相互对应。永定门外南苑地区，集中分布着大有庄、积庆庄、隆盛庄等四十多个以文雅语词为名的村落。它们或者像旧时店铺的堂号，或者表达对美好生活的期望，还有的显示某种传统思想观念。这个地名群形成于清末到民国时期，正是皇家园林南苑被迫开垦为农田之后村落大量增加的反映。诸如此类的地名，足以折射历史人文地理环境和区域历史的变迁。

　　通过地名认识历史人文地理现象、揭示其区域特征与时代变迁，需要进行地名考订并予以历史地理的分析，其间包括判别地名所属语种、追溯地名语音演变、考察地名用字更替、订正地名语义讹误、清理地名沿革过程、确定地名所指地域、核准地名相关史实等几个方面。判别地名语种的主要任务，是将已经用汉字书写并在汉语环境中经历若干变化的蒙古语、满语等少数民族语地名与大量的汉语地名区分开来。尤其需要注意的是，某些原本用来记录少数民族语地名语音的汉字组成的地名语词，在汉语环境中居然可以"望文生义"。昌平小汤山一带的"阿苏卫"，来自元代北方的少数民族语；东城区的"案板章胡同"，是从满语"昂邦章京（意为子爵）胡同"演变而来。诸如此类的地名如果不明其语种，必将做出关于地名语源、含义及其形成背景的错误判断。

　　主要依靠口语传播的地名语音，往往滞后于地名用字随着时间推移所发生的变化，因而能够保留方言或古音，甚至通过改换用字以使字面读音迁就稳定性更强的古音。前者如大兴区"庞各庄"读作Pánggezhāng，丰台区"张各庄"俗称"小张各掌儿"，读作Xiǎozhānggezhǎnger，就是保留方言甚至口语儿化韵的例证。后者最典型的莫过于上述村名中"各"字的变化。庞各庄、张各庄之类，实际上就是庞家庄、张家庄之意，只是汉语语音的演变促成了地名用字的更替。语言文字学者指出："现代汉语 j、q、x 这套声母，是由 z、c、s 和 g、k、h 这两套声母演变来的，变化的条件是这两组声母与 i 或 ü 相拼。这时，其发音部位受 i、ü 的影响而产生同化作用，变成了 j、q、x。g 变成 j 不会早于 14 世纪，至今仍可见到这个变化的痕迹。如'角落'（jiǎoluò）北京方言中说'旮旯'（gālá），'缰绳'（jiāngshéng）北京方言中说（gāngshéng）等。从中古（公元 4 世纪至 12 世纪以前）到现代，'家'字的读音经历了 ga–gia–jia 的演变，在'×家庄'这类村名中，'家'字保留了古音的读法，声母是 g 而不是 j。又由于'家'字在村名中读成轻声，它的读音与现代普通话的'家'字相去甚远，而与'各'字倒很接近，久而久之，书写形式也就跟着改变了，于是'家'便成了'各'。"① 在我国南方的方言中，仍然普遍保留着"家"字的古音。例如，锡剧流行于江苏南部和上海等地，在现代戏《拔兰花》中，剧中人王凤霞对蔡发根唱道："怨天怨地怨自家"，"中间有道天河隔"。其中的"家"与"隔"，都读作阴平的 gā 或轻声的 ga，在其他戏曲、曲艺作品以及日常生活中也数见不鲜。对于历史人文地理而言，这也是语言地理学的内容。

根据充分的文献证据和实地调查结果订正地名语义讹误，核准与地名相关的史实，目的在于借助切实的地名信息获得正确的研究结论。从词源学的角度看，每个地名都应有一个符合史实的真词源，此外还存在不少颇具民俗学或民间文学价值的俗词源。宋朝杨家将的故事通过评话、戏曲、小说等广泛流传于民间，他们从未到过北京地区，但在民族矛盾激烈的清代前期产生了六郎庄、挂甲屯、令公村等村落名称，反映了汉族人民的社会心理状态。在追寻其真词源的同时，这些附会于杨家将故事的俗词源同样应当重视。既不反映历史真实又不具有民俗或民间文学价值的伪词源，则需要予以正本清源。至少在明代嘉靖年间之前，北京已有魏染胡同、杨宜宾胡同，有些人却称它们是明末从魏阉胡同、羊尾巴胡同谐音而来，这就是必须清除的伪词源②。在通过地名追寻区域历史人文地理的发展时，若不进行这样的清理势必误入歧途。

以历代行政区划为主要内容的沿革地理，实际上就是在清理各类政区名称及所指地域在不同时代的变化，既要对文献予以核实和订正，也包括对地名发展演变脉络的追溯。"沿"指地名及其所指地域相对稳定地延续下来的历史过程；"革"是历史上曾经发生过的地名用字及其所指地域的变化更替。永定河的名称演变，尤其是从一度称为清泉河到卢沟、浑河、小黄河之名的出现，反映了河水从清澈到浑浊的显著变化。在自然因素的作用之外，人类活动对区域植被的影响

---

① 晁继周：《村名中的"各"字溯源》，《百科知识》1986 年第 2 期。
② 孙冬虎：《北京地名的伪俗词源举隅》，《中国历史地理论丛》2008 年第 3 辑。

也不可忽视。即使是稳定性较强的乡村聚落名称，也不免有古今地名用字的近音变换或同音替代，某些村落的分解或合并也是司空见惯的现象。以明朝万历年间沈榜《宛署杂记》所记村落与当代状况相对照，古今之间的延续与变更即可一目了然。兹截取一段，当代地名括注于后：

县之正西有二道……（自今石景山区麻峪村、五里坨）又五里曰三家店（三家店），西有浑河（永定河）。三家店过浑河板桥，正西约二里许曰琉璃局（琉璃渠），又五里曰务里村（龙泉务），又五里曰柔儿岭（丑儿岭，稠儿岭），又五里曰蝎虎涧（斜河涧），又五里曰牛脚岭（牛角岭，妙峰山镇与王平镇分界处），又三里曰桥儿涧（桥耳涧），又五里曰落坡村（落坡），又五里曰马哥庄（东、西马各庄），又五里曰桃园村（应在韭园附近），又五里曰石骨崖（西石古岩），又八里曰王平村（东、西王平村）。其旁横者曰石鼓台（东石古岩）、曰清水涧（清水涧）、曰桃园村（东桃园、西桃园）、曰大台村（大台）、曰彭家滩（彭家滩，已并入西桃园）……①

北京地名的分布深受自然环境与社会环境的影响，前述大兴采育一带源于山西州县名称的聚落地名群、南苑地区以文雅语词为特色的聚落地名群，都是从地名的地理分布揭示区域历史人文环境变迁的典型。地名的分布实际上是聚落、街巷、山峰等地物的名称、位置及其相互关联在地图上的表达，这些地物的空间位置依靠地名作为媒介显现出来。地名分布的形态、数量、密度等，要受到所在区域的地貌、河流、经济、历史等自然地理和人文地理因素的制约。分布形态不外乎点、线、面三类，点与面两类最为普遍，线状分布与河谷、山沟、道路等地形特点的关系至为密切。从北京市所辖地域着眼，地名分布存在着比较明显的圈层或环状结构。老城区即今二环路之内，集中分

---

① 沈榜：《宛署杂记》卷5《街道》，北京古籍出版社1983年版，第39—40页。

布着以"胡同"、"街"、"巷"、"路"等为通名、体现城市特色的地名；在它们的外圈，是以"门"为通名、表示旧时城门所在位置的西直门、永定门、朝阳门等地名；由此向外，分布着以"村"、"庄"等为通名的大量乡村聚落名称；再向外围，尤其是北、西、西南三面，则有以"山"、"峰"、"沟"、"谷"、"坡"、"峪"等为通名、显示山地特征的各类地名。总体看来，胡同（街、巷、路）—门—村（庄）—山（峰、沟、峪）4个圈层，体现得比较完整。在各个区县，行政中心所在的城区，地名以街、路、居住区为主，外围则以村、庄等聚落名称为主，其间的圈层结构仍然存在。地名密度的地域差异，也具有圈层或环状的结构特征。北京老城区、周边以平原为主的郊区、外围以山地为主的区县，构成了地名密度从中心向外围逐步减少的圈层，各个区县之内的地名密度也呈现出这样的规律。这是历史发展、地貌形态、经济特点、人口数量、地域开发等因素共同作用的结果，也是区域自然地理和人文地理特征的综合体现。

地名的属性及其与语言、地理、历史等学科的关联，决定了地名学更加注重各类研究方法的综合运用。地名的产生、演变都是一个历史的过程，仅就影响地名演变的因素而言，举凡自然演替、语言渐变、经济兴衰、政治事件、军事行动、审美心理等，几乎都能容纳在历史这个包罗万象的庞大概念中。地名研究既包括语词含义的解说与命名依据的追索，又有地理位置的考辨与相关背景的阐释，更少不了演变过程的清理与文献讹误的校正，而这些方面通常很难截然分开。不同地域、不同民族的地名又各有其语言属性、人文背景、历史发展等方面的独特性，必须依靠综合性的研究才能实现既定的目标。包括正史、会典、实录、类书、档案、文集、笔记、地理志、地方志、碑刻、地图、公文、家谱、账册等，都是应当收集的史料。至于具体的研究方法，我们在《地名学基础教程》、《地名史源学概论》中已做了简要解说[①]。

----

① 褚亚平、尹钧科、孙冬虎：《地名学基础教程》，测绘出版社2009年第2版；孙冬虎：《地名史源学概论》，中国社会出版社2008年版。

二　北京地名的地域文化特点

区域人文环境是影响地名自身文化特点的关键因素。尹钧科先生在《北京地名研究》中，将北京地名的特点归纳为大气、皇气、官气、民气、文气、武气、雅气、古气，集中体现了北京地域文化的悠久历史，尤其是成为国家首都以来所营造的文化韵味和博大气象。

北京地名的"大气"，洋溢在地名用字方面。北京在明清称为京师，《说文解字》称："京，人所为绝高丘也。"[1]《春秋公羊传注疏》："京师者何？天子之居也。京者何？大也。师者何？众也。天子之居，必以众大之辞言之。"[2] 明代皇城的前后门为承天门、北安门，清代改为天安门、地安门。皇宫有乾清宫、坤宁宫。天、地、乾、坤皆入地名，可见其"大气"。这些字眼又都与皇家有关，也是地名具有"皇气"的标志。西皇城根、东皇城根，则直接显示着地名的皇气，指示着皇城的范围。海淀北部的皇后店、房山南部的皇后台、平谷北部的太后村，大兴的太子务、通州的太子府、东城的王府井、宣武门内的石驸马街，房山、丰台、海淀、朝阳等地的十余个公主坟，京郊的数处行宫、皇庄，明代昌平十三陵派生的以陵、监为名的村落等，都反映了北京地名的皇气。

官府、官员聚集在首都北京，以此命名的街巷胡同和地片名称，自然具有"官气"。在张爵《京师五城坊巷衚衕集》、朱一新《京师坊巷志稿》中，此类地名数见不鲜。钟鼓司胡同、惜薪司胡同、京畿道、兵马司胡同、太仆寺街、兵部洼、遂安伯胡同、广宁伯胡同等数十个流传至今，惟其个别用字做了减省或谐音改动。在郊区县，怀柔的宰相庄，大兴的崔指挥营，延庆的刁千户营，密云的提辖庄、太师屯等，也是由官员派生为名的聚落。与官气相对的，是北京地名的"民气"。北京的街巷胡同名称主要是当地居民根据街形、地物、人物或其他因素约定俗成，随后流传开来被社会认可。在地名用字方

---

① 许慎：《说文解字》卷 5 下，中华书局 1978 年版，第 111 页上栏。

② 《春秋公羊传注疏》卷 5《桓公九年》，《十三经注疏》，中华书局 1980 年影印清阮元刻本，第 2219 页中栏。

面，举凡耳鼻眼嘴、锅碗瓢盆、米面鱼肉、蔬菜水果、油盐酱醋、鞋帽裤褂、针线刀剪、鸡鸭鸽雀、马驴牛羊、日用杂物、凡夫俗子，无不成为命名选词的依据。诸如砂锅刘胡同、羊肉胡同、绒线胡同、赵锥子胡同、徽子王胡同等，这些可谓俗到极致的名称最贴近百姓生活，体现出强烈的"民气"。

北京许多地名的形成植根于深厚的历史文化沃土，展示出浓郁的文化气韵，这就是它的"文气"。元大都建成后，由翰林院拟定四十九坊的名称。《元一统志》记载的命名依据，均取自《周易》、《尚书》、《左传》、《论语》、《孟子》、《毛诗》及其他典故，具有深厚的传统文化底蕴。我们在《北京地名发展史》以及本书的第三章第三节之《城门、坊巷及其文化渊源》一段，已经进行了初步讨论。地名语词的文化底蕴显示着"文气"，从美学色彩看来则表现为或朴素或华丽的"雅气"，二者之间密切相关。且不说元明清时代的宫殿名称，仅就园林而言，金中都的同乐园、大宁宫，元大都的太液池，元明私家园林中的万柳堂、瓠瓜亭、玩芳亭、漱芳亭、清华园、勺园，清代的畅春园、圆明园等皇家园林，蔚秀园、朗润园等私家园林，都具有或恬淡或浓郁的雅气。北京城里一些很俗气的胡同名称，清末至民国年间大多以谐音更改，如"驴市胡同"改为"礼士胡同"，"屎壳郎胡同"改为"时刻亮胡同"等，都是为了在保持语音相近的前提下实现字面的雅化。最近几十年北京迅速扩展，出现了大批以文雅语词为名的居民区，但也有不少与所在区域的历史、地理、文化特点相互脱节。与文气、雅气对应的，是大量与军事相关的地名体现出来的"武气"。元代的文明门、顺承门，到明代正统年间分别改为崇文门、宣武门，崇尚文治与宣扬武功相对应。长城上的一系列关口，扼守着南北往来的军事要塞。明代的兵部街、兵部洼、左府胡同、前府胡同、后府胡同、教场口胡同，都是武装力量的写照。即使负责城市治安与城市管理、实际并不统管军队的五城兵马司，留下的街巷名称也是带有武气的"兵马司胡同"。怀柔的渤海所、延庆的左所屯等，是在明代千户所屯驻之处形成的聚落。在清代的北京城内外，也产生了若干带有武气的地名。

　　北京地名的"古气"，表现为其诞生年代的古老。无论是山水、关口等自然类地名，还是政区、聚落等人文类地名，都不乏历史悠久的"长者"。在先秦文献中，燕山见于《山海经》，应指今房山区董家林西边的大房山一带山脉，西周晚期才随着燕国据有蓟城而转指今北京以北的燕山山脉；绳水，即今房山大石河及其支流。洵水见于《竹书纪年》，即今平谷区洵河。居庸塞见于《吕氏春秋》，远在秦统一六国之前就已是天下九塞之一。平谷县始于西汉，良乡也是西汉涿郡二十九县之一。北魏时期的《水经注》，已经记载了今房山区的独树、甘池（泉）、羊头岗（阜），平谷区的英城、独乐河等。即使是见于唐代石经或墓志的村落，至今也已有千年以上的历史。

三　北京地名的发展历程

　　在《北京地名发展史》中，我们已对北京地名发展的历史进程做了比较详细的讨论①，这里仅描述其基本脉络以作简单提示。

　　借助于古代典籍，我们可以找到北京地区若干早期地名的线索。除了《山海经》、《吕氏春秋》、《竹书纪年》中的上述地名之外，《尚书》有对今北京地区的泛指或虚拟的称谓"幽州"、"幽都"。西周以来的封国"燕"、"蓟"以及《史记》追述的先秦其他地名，就更加丰富多彩了。

　　战国至秦汉设立的郡县，如渔阳郡、上谷郡、涿郡及其所辖渔阳、狐奴、潞县、平谷、昌平、广阳、良乡等县（国），奠定了后世行政区划的历史基础。班固《汉书·地理志》为追寻秦汉时代北京地区的政区设置提供了依据，秦郡所领各县往往被西汉沿用。大约到西汉末年，作为监察机构的"州"开始具有行政职能，今北京地区各郡隶属于幽州之下。西汉末年王莽建立"新"朝后全面更改政区名称，前后只持续了十余年，东汉建立后迅速恢复旧观，对后世的地名发展几乎毫无影响。西汉时期在长城附近乃至塞外的几个县治，到东汉时相继向南迁移：古北口外的滑盐县迁到了平谷西北，古北口内

___
① 孙冬虎：《北京地名发展史》，北京燕山出版社 2010 年版。

潮河西岸的犀奚县迁到密云东南，密云东北石匣附近的犷平县迁到了蓟州（今天津蓟县）西。西汉白檀县在今河北滦平县东北兴州河南岸的小城子一带，东汉时迁到了今密云县西南二十里的台上村附近。《汉书》与《水经注》、《读史方舆纪要》等文献，提到了今北京地区秦汉时期甚至更早一些出现的山水名称，并且记录了部分地名的语源。

在东汉以后历时三百六十年的分裂动荡时期，三国魏，西晋，十六国的后赵、前燕、前秦、后燕，北朝的北魏、东魏、北齐、北周等政权，在北方地区频繁更迭，引起政区系统的剧烈变化，导致政区名称的多次更替以及所指地域的往复迁移。根据《水经注》与《读史方舆纪要》等文献，可考见其大略。北魏郦道元《水经注》，是认识此前区域地名发展状况的津梁，仅涉及北京地区的山、水、泉、湖就有一百余个，其中包括灅水、高梁水、洗马沟水、西湖、鲍丘水、㶟馀水、圣水、沟水、洳河、巨马河、蓟丘、梁山、军都山等对北京历史地理具有标志意义的地名，此外还有芹城、娄城等十余处城邑名称。

隋唐时期的文献，记录了大量行政区域、城市坊巷、乡村聚落、军事城堡，有些寺庙名称成为日后命名街巷的依据。在政区系统中，"县"始终是最稳定的政区单位，"州"与"郡"的存废则经历了五次反复，引发了政区名称尤其是通名的一连串变化，新产生的专名却寥寥无几。隋开皇三年（583）十一月罢天下诸郡，大业三年（607）四月又改州为郡。唐武德元年（618）五月罢郡置州，天宝元年（742）天下诸州改为郡，乾元元年（758）再度废郡改州。唐代在幽州以北的突厥、奚、契丹、靺鞨等部族聚居地设置羁縻州县，有不少内迁寄治于幽州境内，也受到了"州"与"郡"屡次更迭的影响。唐代蓟城设立若干"坊"，县以下的政区是"乡"。幽州所辖的蓟县二十二乡、幽都县十二乡、良乡县十二乡、潞县十乡、昌平县四乡，与今北京地区关系密切。房山云居寺石经题记与业已出土的唐代墓志，显示了部分乡、坊名称以及五十多个郊区聚落名称。

辽南京（燕京）和金中都的出现，标志着长期作为北方行政中心和军事重镇的蓟城或幽州城时代的结束，预示着中国的政治中心和文化中心将由关中与河洛地区转移到幽燕之地。随着城市的发展，关于城门、宫殿、坊巷等类名称的记载也相应地丰富起来，它们中的绝大多数构成了一个取自优美语词的地名系列，初步显示了国都独具的文雅气象。辽代南京道、金代中都路及其所辖州县，对后世的北京地区行政区划及政区名称产生了直接影响。金朝迁都燕京，海陵王"以燕乃列国之名，不当为京师号，遂改为中都"①，显示了宏大的气派。辽南京城的开阳、丹凤、通天、拱辰等八门，中都城的施仁、彰义、景风、端礼等十三门以及两代的宫殿名称，不仅语词华丽，而且地理位置、语词含义彼此对称。辽南京二十六坊与唐代幽州诸坊之间，具有明显的继承性。金中都在辽南京基础上四面拓展后，城内诸坊又比辽南京大大增多。《元一统志》记载元初的中都旧城有六十二坊，虽然这并不等于金代一定如此，但也许差相仿佛。房山石经题记等，提到了金中都的少量街道名称。《辽史》、《金史》、《契丹国志》、《大金国志》、宋朝使者的行记以及墓志、碑刻、石经题记，记载了大量的辽金山水、关口、园林、桥梁、乡村地名。

　　从元大都到明清北京城，历史上的北京大致连续地长期成为封建时代统一国家的首都。这个阶段与今天相对接近，文献资料无疑要比此前丰富得多，涉及城乡地名发展的记载自然也不例外。地名数量的增长与分布密度的加大，地名语词的京师韵味逐步形成，是这七百多年间地名发展的基本特征，对今天的北京城乡具有最直接、最深刻、最广泛的影响。元代大都地区的政区设置，从中书省、大都路到大兴府，都已显示了大国京师恢弘磅礴的帝都气派。明代从北平府到北京、京师、顺天府，清代的京师、顺天府，都延续了帝都的命名风格。元大都的城门、宫殿以城市中轴线为参照，在地理位置和语词含义上保持对称，连同城内诸坊的命名，都具有深厚的文化底蕴与典雅华丽的修辞之美。明北京在继承元代城坊名称的前提下有所发展，清代改动了明代的宫殿等类建筑名称，但沿用了此前的城门名称，街巷

---

① 《金史》卷24《地理志上》，中华书局1997年缩印本，第572页。

系统与命名也一仍其旧。元大都与明清北京的首都地位，带动了国家
对周边地区人类活动与地理环境的关注，相关的人和事也得以更多地
载入正史、方志及其他文献中。屯垦、移民、戍边，修建园林，发展
交通，都促进了新村落的形成。城市人口增长则使街巷更加密集，人
类活动的频繁也使山水、关口、桥闸等名称不断丰富。

民国时期的北京城乡变化不大，街巷与聚落的布局、数量、名称
基本上延续了旧有传统，惟有部分地名用字经历了有意的雅化过程。
1949 年以后，城镇建设推动了街巷数量的增长，地名密度因此提高，
新增村落的数量却比较有限。与此同时，城市里的小胡同被并入邻近
的大胡同，密云等地的部分村庄因修建水利工程迁离原址或合并，导
致若干地名消失或名实关系变动。有些地名用字被调整或予以雅化，
反映了社会环境和时代风尚的变迁。

主要参考文献

一　古代文献

（光绪）《大清会典》，新文丰出版公司影印清光绪二十五年刻本。

（光绪）《大清会典事例》，新文丰出版公司影印清光绪二十五年刻本。

（乾隆）《大清会典》，《文渊阁四库全书》第 619 册，台湾商务印书馆 1986 年影印本。

《多尔衮摄政日记》，北平故宫博物院 1933 年刊印。

《广客谈》，《丛书集成初编》本，商务印书馆 1936 年版。

《国语》，上海古籍出版社 1978 年版。

《皇朝文献通考》，《文渊阁四库全书》第 632 册，台湾商务印书馆 1986 年影印本。

《黄侃手批白文十三经》，上海古籍出版社 1983 年影印本。

《嘉庆重修一统志》，商务印书馆 1934 年版。

《明实录》，台北中研院史语所 1966 年影印本。

《朴通事谚解》，《奎章阁丛书》本，台北联经出版事业公司 1978 年影印。

《钦定八旗通志》，《文渊阁四库全书》第 665 册，台湾商务印书馆 1986 年影印本。

《清实录》，中华书局 1985 年影印本。

《山海经》，汪绂《山海经存》本，光绪十六年立雪斋刊印。

《顺天府志》，缪荃孙《永乐大典》抄本，北京大学出版社 1983 年影印。

《宋本大唐六典》，中华书局 1991 年影印南宋温州州学刻本。

《孙子兵法》，《诸子集成》第 6 册《孙子十家注》本，中华书局 1954 年影印。

《通制条格》，浙江古籍出版社 1986 年版。

《图绘伶伦》，《申报》清光绪丙子二月初七（1876 年 3 月 2 日）第 2 页。

《燕京杂记》，王锡祺编《小方壶斋舆地丛钞》第 6 帙，杭州古籍书店 1985 年影印本。

《逸周书》，《逸周书汇校集注》本，上海古籍出版社 1995 年版。

《战国策》，岳麓书社 1988 年版。

班固：《汉书》，中华书局 1997 年缩印本。

毕沅：《续资治通鉴》，中华书局 1957 年版。

孛兰肹等：《元一统志》，赵万里校辑本，中华书局 1966 年版。

陈鼎：《东林列传》，《明代传记丛刊》本，台北明文书局 1991 年影印。

陈梦雷等：《古今图书集成》第 8 册《方舆汇编·职方典》，中华书局、巴蜀书社 1985 年影印本。

陈寿：《三国志》，中华书局 1997 年缩印本。

陈子昂：《上军国机要事》，载董浩等编《全唐文》卷 211，中华书局 1983 年影印本。

陈子龙等：《明经世文编》，中华书局 1962 年影印本。

程钜夫：《雪楼集》，《文渊阁四库全书》第 1202 册，台湾商务印书馆 1986 年影印本。

崇彝：《道咸以来朝野杂记》，北京古籍出版社 1982 年版。

戴铣：（弘治）《易州志》，《天一阁藏明代方志选刊》本，上海古籍出版社 1981 年版。

杜牧：《唐故范阳卢秀才墓志》，载董浩等编《全唐文》卷 755，中华书局 1983 年影印本。

杜佑：《通典》，中华书局 1988 年版。

鄂尔泰等：《八旗通志》（初集），东北师范大学出版社 1985 年版。

法式善辑：《宋元人诗集八十二种》，清法氏存素堂抄本。

范成大：《揽辔录》，《范成大笔记六种》本，中华书局 2002 年版。

范晔：《后汉书》，中华书局 1997 年缩印本。

方传穆校：《方恪敏公（观承）奏议》，沈云龙主编《近代中国史料丛刊》本，文海出版社 1967 年版。

房祺：《河汾诸老诗集》，《丛书集成初编》本，商务印书馆 1936 年版。

房玄龄：《晋书》，中华书局 1997 年缩印本。

富弼：《论河北七事疏》，载黄淮、杨士奇编《历代名臣奏议》卷 327，台湾学生书局 1985 年影印本。

谷应泰：《明史纪事本末》，中华书局 1977 年版。

顾祖禹：《读史方舆纪要》，中华书局 1955 年版。

郭造卿：《卢龙塞略》，明万历三十八年刻本。

郭子章：《郡县释名》，明万历年间刻本。

何乔远辑：《名山藏》，《续修四库全书》第 425 册，上海古籍出版社 2002 年影印本。

洪皓：《松漠纪闻》，吉林文史出版社 1986 年版。

洪良品等校：《文文忠公事略》，沈云龙主编《近代中国史料丛刊》本，文海出版社 1966 年影印。

桓宽：《盐铁论》，《诸子集成》第 7 册，中华书局 1954 年影印本。

黄成章：（康熙）《顺义县志》，康熙五十九年刻本。

蒋一葵：《长安客话》，北京古籍出版社 1994 年版。

康熙帝：《几暇格物编》，浙江古籍出版社 2013 年版。

柯绍忞：《新元史》，开明书店 1935 年版。

乐史：《太平寰宇记》，清光绪八年金陵书局刻本。

李百药：《北齐书》，中华书局 1997 年缩印本。

李邦直：《议戎策上》，《文渊阁四库全书》第 1346 册，台湾商务印书馆 1986 年影印本。

李慈铭：《越缦堂日记补》，《历代日记丛钞》本，学苑出版社 2006

年版。

李焘:《续资治通鉴长编》,中华书局 1995 年版。

李东阳:《明会典》,《文渊阁四库全书》第 617 册,台湾商务印书馆 1986 年影印本。

李斗:《扬州画舫录》,中华书局 2007 年版。

李鸿章等:(光绪)《畿辅通志》,清光绪十年刻本。

李孔昭:《义冢碑记》,载(康熙)《蓟州志》卷 8《艺文·碑记》。

李林甫:《唐六典》,中华书局 1992 年点校本。

李贤:《大明一统志》,三秦出版社 1990 年影印明刻本。

李心传:《建炎以来系年要录》,中华书局 1956 年版。

李岳瑞:《春冰室野乘》,《丛书集成续编》第 26 册,上海书店出版 社 1994 年影印本。

李志常:《长春真人西游记》,《四部备要》第 35 册,中华书局 1936 年版。

厉鹗:《辽史拾遗》,《丛书集成初编》本,商务印书馆 1936 年版。

郦道元:《水经注》,上海古籍出版社 1990 年陈桥驿点校本。

林俊:《传奉敕谕查勘畿内田地疏》,载《明经世文编》卷 88,中华 书局 1962 年影印本。

令狐德棻:《周书》,中华书局 1997 年缩印本。

刘大櫆:《海峰先生文》,国家图书馆藏清同治十三年刻本。

刘侗、于奕正:《帝京景物略》,北京古籍出版社 1983 年版。

刘若愚:《酌中志》,北京古籍出版社 1994 年版。

刘献廷:《广阳杂记》,中华书局 1957 年版。

刘昫:《旧唐书》,中华书局 1997 年缩印本。

刘昼:《刘子》,《刘子校释》本,中华书局 1998 年版。

楼钥:《攻愧集》,《丛书集成初编》本,商务印书馆 1936 年版。

陆文圭:《墙东类稿》,《文津阁四库全书》第 1194 册,台湾商务印 书馆 1986 年影印本。

路振:《乘轺录》,贾敬颜《五代宋金元人边疆行记十三种疏证稿》 本,中华书局 2004 年版。

麻兆庆：《昌平外志》，清光绪二十一年刻本。

马端临：《文献通考》，中华书局 1986 年版。

内政部统计科：《内务统计》京师人口之部，1912 年。

欧阳修：《新唐书》，中华书局 1997 年缩印本。

欧阳修：《新五代史》，中华书局 1997 年缩印本。

欧阳玄：《圭斋文集》，国家图书馆藏清抄本。

潘荣陛：《帝京岁时纪胜》，北京古籍出版社 1981 年版。

彭时：《彭文宪公笔记》，《丛书集成初编》本，商务印书馆 1936
　　年版。

戚祚国等：《戚少保年谱耆编》，《续修四库全书》第 533 册，上海古
　　籍出版社 2002 年影印本。

钱大昕：《潜研堂集》，上海古籍出版社 1989 年版。

钱泳：《履园丛话》，中华书局 1979 年版。

丘濬：《大学衍义补》，京华出版社 1999 年版。

全祖望：《汉书地理志稽疑》，《二十五史补编》第 1 册，开明书店
　　1936 年版。

权衡：《庚申外史》，《庚申外史笺证》本，中州古籍出版社 1991
　　年版。

确庵、耐庵编：《靖康稗史》，《靖康稗史笺证》本，中华书局 1988
　　年版。

阮葵生：《茶余客话》，中华书局 1959 年版。

阮元校刻：《十三经注疏》，中华书局 1980 年影印本。

申时行等：《大明会典》，国家图书馆藏明万历十五年内府刻本。

沈榜：《宛署杂记》，北京古籍出版社 1983 年版。

沈德符：《万历野获编》，中华书局 1959 年版。

沈括：《梦溪笔谈》，《元刊梦溪笔谈》本，文物出版社 1975 年版。

沈括：《熙宁使虏图抄》，载《永乐大典》卷 10877，中华书局 1986
　　年影印本。

沈应文：（万历）《顺天府志》，明刻本。

沈约：《宋书》，中华书局 1997 年缩印本。

司马光:《资治通鉴》,中华书局 1956 年标点本。

司马光:《资治通鉴考异》,商务印书馆《四部丛刊初编》影印宋刊本。

司马迁:《史记》,中华书局 1997 年缩印本。

宋濂:《元史》,中华书局 1997 年缩印本。

宋荦:《西陂类稿》,《文渊阁四库全书》第 1323 册,台湾商务印书馆 1986 年影印本。

宋敏求:《唐大诏令集》,商务印书馆 1959 年版。

苏轼:《苏轼诗集》,中华书局 1982 年版。

苏颂:《苏魏公文集》,中华书局 1988 年版。

苏天爵:《元朝名臣事略》,中华书局 1996 年版。

苏天爵编:《元文类》,吉林人民出版社 1998 年版。

苏辙:《龙川略志》,中华书局 1982 年版。

苏辙:《栾城集》,上海古籍出版社 1987 年版。

孙承泽:《春明梦余录》,北京古籍出版社 1992 年版。

孙承泽:《天府广记》,北京古籍出版社 1984 年版。

孙逖:《唐故幽州都督河北节度使燕国文贞张公遗爱颂并序》,载董浩等编《全唐文》卷 312,中华书局 1983 年影印本。

谈迁:《北游录》,中华书局 1960 年版。

汤显祖:《玉茗堂全集·诗集》,《续修四库全书》第 1362 册,上海古籍出版社 2002 年影印本。

唐玄宗:《条制番夷事宜诏》,载董浩等编《全唐文》卷 28,中华书局 1983 年影印本。

唐执玉等:(雍正)《畿辅通志》,清雍正十三年刻本。

陶宗仪:《南村辍耕录》,中华书局 1959 年版。

脱脱:《辽史》,中华书局 1997 年缩印本。

脱脱:《宋史》,中华书局 1997 年缩印本。

脱脱等:《金史》,中华书局 1997 年缩印本。

王辟之:《渑水燕谈录》,《文渊阁四库全书》第 1036 册,台湾商务印书馆 1986 年影印本。

王侯服：《大士阁记》，载（康熙）《顺义县志》卷4《艺文志》。

王嘉谟：《蓟丘集》，国家图书馆藏明刻本。

王溥：《唐会要》，中华书局1955年版。

王钦若等：《册府元龟》，凤凰出版社2006年校订本。

王庆云：《石渠馀纪》，北京古籍出版社1985年版。

王士翘：《西关志》，北京古籍出版社1990年版。

王士禛：《池北偶谈》，中华书局1982年版。

王先谦：《庄子集解》，《诸子集成》第3册，中华书局1954年影印本。

王恽：《秋涧集》，《四库全书荟要》集部第53册，世界书局影印本。

卫周胤：《痛陈民苦疏》，《皇清奏议》卷1，都城国史馆琴川居士排字本。

魏收：《魏书》，中华书局1997年缩印本。

魏徵：《隋书》，中华书局1997年缩印本。

吴存礼：（康熙）《通州志》，清康熙三十六年刻本。

吴景果：（康熙）《怀柔县新志》，1935年重印本。

吴伟业：《梅村集》，国家图书馆藏清顺治十七年刻本。

夏言：《勘报皇庄疏》，载《明经世文编》卷202，中华书局1962年影印本。

萧洵：《故宫遗录》，北京出版社1963年版。

熊梦祥：《析津志》，《析津志辑佚》本，北京古籍出版社1983年版。

徐昌祚：《燕山丛录》，《四库全书存目丛书》子部248册，齐鲁书社1995年影印本。

徐珂：《清稗类钞》，中华书局1984年版。

徐梦莘编：《三朝北盟会编》，台北大化书局1979年影印本。

徐松辑：《宋会要辑稿》，中华书局1957年影印本。

薛居正：《旧五代史》，中华书局1997年缩印本。

杨守敬、熊会贞：《水经注疏》，江苏古籍出版社1989年点校本。

姚汝能：《安禄山事迹》，中华书局2006年点校本。

姚燧：《牧庵集》，《四部丛刊》本，商务印书馆1936年版。

叶隆礼：《契丹国志》，上海古籍出版社 1985 年版。

于敏中等：《日下旧闻考》，北京古籍出版社 1985 年版。

宇文懋昭：《大金国志》，《大金国志校证》本，中华书局 1986 年版。

元好问：《元好问全集》，山西古籍出版社 2004 年版。

元好问编：《中州集》，中华书局 1959 年版。

袁桷：《清容居士集》，《文津阁四库全书》第 1203 册，台湾商务印
　书馆 1986 年影印本。

袁中道：《珂雪斋集》，上海古籍出版社 1989 年版。

载铨等：《金吾事例》，故宫博物院编《故宫珍本丛刊》330 册，海
　南出版社 2000 年版。

张棣：《金虏图经》，《大金国志校正》附录二，中华书局 1986 年版。

张棣：《正隆事迹记》，《四库全书存目丛书》史部第 45 册，齐鲁书
　社 1996 年影印本。

张翰：《松窗梦语》，中华书局 1985 年版。

张爵：《京师五城坊巷胡同集》，北京古籍出版社 1982 年版。

张茂节：（康熙）《大兴县志》，清康熙二十四年刻本。

张廷玉：《明史》，中华书局 1997 年缩印本。

昭梿：《啸亭杂录》，中华书局 1980 年版。

赵尔巽：《清史稿》，中华书局 1998 年缩印本。

赵翼：《廿二史札记》，《廿二史札记校证》本，中华书局 1984 年版。

赵翼：《簷曝杂记》，中华书局 1982 年版。

震钧：《天咫偶闻》，北京古籍出版社 1982 年版。

郑晓：《今言》，中华书局 1984 年版。

周辉：《北辕录》，《国家图书馆藏古籍珍本游记丛刊》本，线装书局
　2003 年版。

周辉：《清波杂志》，《清波杂志校注》本，中华书局 1994 年版。

周家楣等：《光绪顺天府志》，北京古籍出版社 1987 年版。

周宗建：《周忠毅公奏议》，《四库禁毁书丛刊》史部第 38 册，北京
　出版社 1997 年影印本。

朱熹：《宋名臣言行录》，清顺治十八年刻本。

朱一新：《京师坊巷志稿》，北京古籍出版社 1982 年版。

朱彝尊：《曝书亭集》，《四部丛刊》排印本，中华书局 1936 年版。

朱翌：《猗觉寮杂记》，《笔记小说大观》第 6 册，江苏广陵古籍刻印
　社 1983 年版。

庄绰：《鸡肋编》，中华书局 1983 年版。

二　晚近著译

安介生：《历史民族地理》，山东教育出版社 2007 年版。

白眉初：《中国人文地理》，建设图书馆 1928 年版。

白眉初：《中华民国省区全志》，北京求知学社 1924 年版。

北京大学历史系《北京史》编写组：《北京史》，北京出版社 1999
　年版。

北京市昌平区文化委员会：《昌平文物志》，北京燕山出版社 2010
　年版。

北京市文物局编：《北京辽金史迹图志》（上），北京燕山出版社
　2003 年版。

北京市文物研究所：《北京考古四十年》，北京燕山出版社 1990
　年版。

北京市政协文史资料研究委员会、中共河北省秦皇岛市委统战部编：
　《蠖公纪事》，中国文史出版社 1991 年版。

北京图书馆金石组、中国佛教图书文物馆石经组编：《房山石经题记
　汇编》，书目文献出版社 1987 年版。

蔡蕃：《北京古运河与城市供水研究》，北京出版社 1987 年版。

岑仲勉：《金石论丛》，上海古籍出版社 1981 年版。

陈楠：《明代大慈法王研究》，中央民族大学出版社 2005 年版。

陈瑞芳：《十里河》，世界知识出版社 2007 年版。

陈述辑校：《全辽文》，中华书局 1982 年版。

邓云乡：《增补燕京乡土记》，中华书局 1998 年版。

董坤玉：《北京考古史》，上海古籍出版社 2012 年版。

高亨：《周易大传今注》，齐鲁书社 1979 年版。

故宫博物院明清档案部编：《清代档案史料丛编》第 4 辑，中华书局
　1979 年版。

郭沫若主编：《中国史稿》第 1 册，人民出版社 1962 年版。

国家图书馆出版社辑：《明清赋役全书》第一编《畿辅条鞭赋役全
　书》，国家图书馆出版社 2010 年版。

韩光辉：《北京历史人口地理》，北京大学出版社 1996 年版。

侯仁之、岳升阳主编：《北京宣南历史地图集》，学苑出版社 2008
　年版。

侯仁之主编：《北京历史地图集》（二集），北京出版社 1997 年版。

侯仁之：《历史地理学的理论与实践》，上海人民出版社 1984 年第
　2 版。

侯仁之主编：《北京城市历史地理》，北京燕山出版社 2000 年版。

侯仁之主编：《北京历史地图集》（一集），北京出版社 1988 年版。

侯仁之主编：《中国古代地理名著选读》，科学出版社 1959 年版。

贾敬颜：《五代宋金元人边疆行记十三种疏证稿》，中华书局 2004
　年版。

老舍：《四世同堂》，百花文艺出版社 1985 年版。

李景汉：《北平郊外之乡村家庭》，商务印书馆 1929 年版。

梁方仲：《中国历代户口田地田赋统计》，上海人民出版社 1980
　年版。

林洙：《叩开鲁班的大门——中国营造学社史略》，中国建筑工业出
　版社 1995 年版。

刘仲华主编：《北京教育史》，人民出版社 2008 年版。

罗桂环等：《中国环境保护史稿》，中国环境科学出版社 1995 年版。

宓汝成编：《中国近代铁路史资料》，中华书局 1963 年版。

齐思和等编：《第二次鸦片战争》第 2 册，上海人民出版社 1978
　年版。

石景山区地名志编辑委员会：《石景山区地名志》，北京科学技术出
　版社 1991 年版。

苏秉琦：《中国文明起源新探》，辽宁人民出版社 2009 年版。

孙殿起：《琉璃厂小志》，北京古籍出版社 1982 年版。

孙冬虎、许辉：《北京交通史》，人民出版社 2012 年版。

孙冬虎：《北京地名发展史》，北京燕山出版社 2010 年版。

孙冬虎：《北京近千年生态环境变迁研究》，北京燕山出版社 2007
　　年版。

孙冬虎：《丰台地名探源》，首都师范大学出版社 2009 年版。

太平天国历史博物馆编：《太平天国史料丛编简辑》第 5 册，中华书
　　局 1962 年版。

谭其骧：《长水集》，人民出版社 1987 年版。

王彩梅：《燕国简史》，紫禁城出版社 2001 年版。

王国维：《观堂集林》，中华书局 1959 年版。

王培华：《元明北京建都与粮食供应》，文津出版社 2005 年版。

王树楠：（民国）《冀县志》，1929 年铅印本。

吴文涛：《北京水利史》，人民出版社 2013 年版。

夏商周断代工程专家组：《夏商周断代工程 1996—2000 年阶段成果报
　　告》（简本），世界图书出版公司北京公司 2000 年版。

向南编：《辽代石刻文编》，河北教育出版社 1995 年版。

徐苹芳：《明清北京城图》，地图出版社 1985 年版。

许辉主编：《北京民族史》，人民出版社 2013 年版。

银雀山汉墓竹简整理小组编：《孙膑兵法》，文物出版社 1975 年版。

尹钧科主编：《北京建置沿革史》，人民出版社 2008 年版。

尹钧科、孙冬虎：《北京地名研究》，北京燕山出版社 2009 年版。

尹钧科、吴文涛：《历史上的永定河与北京》，北京燕山出版社 2005
　　年版。

尹钧科、于德源、吴文涛：《北京历史自然灾害研究》，中国环境科
　　学出版社 1997 年版。

尹钧科：《北京古代交通》，北京出版社 2000 年版。

尹钧科：《北京郊区村落发展史》，北京大学出版社 2001 年版。

于德源：《北京漕运和仓场》，同心出版社 2004 年版。

于德源：《北京农业经济史》，京华出版社 1998 年版。

于德源：《北京灾害史》，同心出版社 2008 年版。

于杰、于光度：《金中都》，北京出版社 1989 年版。

臧理臣：（民国）《密云县志》，京华印书局 1914 年铅印本。

张次溪编：《清代燕都梨园史料》，中国戏剧出版社 1988 年版。

赵其昌：《京华集》，文物出版社 2008 年版。

郑永华主编：《北京宗教史》，人民出版社 2010 年版。

中国第一历史档案馆等译注：《满文老档》，中华书局 1990 年版。

中国科学院历史研究所第三所编辑：《庚子记事》，科学出版社 1959
年版。

中国人民大学清史所等编：《清代的矿业》，中华书局 1983 年版。

中国新史学研究会主编：《中国近代史资料丛刊·义和团》第 1 册，
神州国光社 1951 年版。

朱家溍、丁汝芹：《清代内廷演剧始末考》，中国书店 2007 年版。

朱竞梅：《北京城图史探》，社会科学文献出版社 2008 年版。

朱祖希：《营国匠意——古都北京的规划建设及其文化渊源》，中华
书局 2007 年版。

［朝鲜］金昌业：《老稼斋燕行日记》，林基中编《燕行录全集》第
32 册，韩国东国大学校出版部 2011 年版。

［朝鲜］李宜显：《庚子燕行杂识》，林基中编《燕行录全集》第 35
册，韩国东国大学校出版部 2011 年版。

［俄国］叶·科瓦列夫斯基：《窥视紫禁城》，阎国栋等译，北京图书
馆出版社 2004 年版。

［罗马尼亚］尼·斯·米列斯库：《中国漫记》，蒋本良、柳凤运译，
中华书局 1990 年版。

［美国］西德尼·D. 甘博：《北京的社会调查》，陈愉秉等译，中国
书店 2010 年版。

［意大利］马可波罗：《马可波罗行纪》，冯承钧译，上海书店出版社
2001 年版。

三　今人论文

敖承隆:《河北徐水解村发现古遗址和古城垣》,《考古》1965 年第
　10 期。

北京市文化局文物调查研究组:《北京市双塔庆寿寺出土的丝绵制品
　及绣花》,《文物参考资料》1958 年第 9 期。

北京市文物工作队:《北京房山县考古调查简报》,《考古》1963 年
　第 3 期。

北京市文物管理处写作小组:《北京地区的古瓦井》,《文物》1972
　年第 2 期。

北京市文物研究所等:《北京平谷北埝头新石器时代遗址调查与发
　掘》,《文物》1989 年第 8 期。

北京市文物研究所等:《北京平谷上宅新石器时代遗址发掘简报》,
　《文物》1989 年第 8 期。

晁继周:《村名中的"各"字溯源》,《百科知识》1986 年第 2 期。

陈梦家:《西周铜器断代》(二),《考古学报》1955 年第 10 期。

陈桥驿、王守春:《北京地区历史早期人地关系研究的重大成果——
　〈北京历史地图集二集〉评介》,《地理研究》1998 年第 1 期。

陈桥驿:《评〈北京历史地图集〉》,《历史研究》1989 年第 5 期。

邓辉:《〈北平历史地理〉评介》,《地理研究》2013 年第 11 期。

傅振伦:《辽代雕印的佛经佛像》,载陈述主编《辽金史论集》
　(一),上海古籍出版社 1987 年版。

郭大顺:《丰下遗址陶器分期再认识》,载《文物与考古论集》,文物
　出版社 1987 年版。

韩嘉谷:《京津地区商周时期古文化发展的一点线索》,载《中国考
　古学会第三次年会论文集》,文物出版社 1982 年版。

侯仁之:《北京城市发展的三个里程碑》,《北京文博》1996 年第
　4 期。

侯仁之:《北京城市规划建设中的三个里程碑》,载《侯仁之讲北

京》，北京出版社 2003 年版。

侯仁之：《北京建城记》，载《北京城的生命印记》，生活·读书·新知三联书店 2009 年版。

侯仁之：《记英国国家图书馆所藏〈清雍正北京城图〉——补正〈北京历史地图集〉明清北京城图》，《历史地理》第 9 辑（1990 年）。

侯甬坚：《历史交通地理研究的方法与途径》，《经济地理》1987 年第 4 期。

孔昭宸等：《依据孢粉资料讨论周口店地区北京猿人生活时期及其前后自然环境的演变》，载《北京猿人遗址综合研究》，科学出版社 1985 年版。

李宝臣：《明京师十王邸考——兼证永乐营建北京宫殿总量》，《北京文博》2004 年第 3 期。

李经汉：《试论夏家店下层文化的分期和类型》，载《中国考古学会第一次年会论文集》，文物出版社 1979 年版。

鲁琪：《北京门头沟区龙泉务发现辽代瓷窑》，《文物》1978 年第 5 期。

鲁琪：《唐幽州城考》，载苏天钧主编《北京考古集成》第 3 册，北京出版社 2000 年版。

吕作燮：《明清时期的会馆并非工商业行会》，《中国史研究》1982 年第 2 期。

毛曦：《历史文化地理学的理论与方法》，《陕西师范大学学报》2002 年第 3 期。

任金城：《明刻〈北京城宫殿之图〉——介绍日本珍藏的一幅北京古地图》，《北京史苑》第 3 辑（1985 年）。

史念海：《祖国锦绣河山的历史变迁》，《中国历史地理论丛》1981 年第 1 辑。

苏天钧：《北京西郊的白云观遗址》，《考古》1963 年第 3 期。

孙冬虎：《北京史年代辨误二则》，载《北京风俗史研究》，北京燕山出版社 2007 年版。

孙冬虎：《万柳堂与玉渊潭及龙潭公园的历史因缘》，《北京档案史料》2013 年第 3 期。

孙冬虎：《元清两代北京万柳堂园林的变迁》，《中国历史地理论丛》 2006 年第 2 期。

谭其骧：《关于〈北京历史地图集〉的一封信》，《中国文化》1990 年第 2 期。

谭其骧：《积极开展历史人文地理研究》，《中国历史地理论丛》1991 年第 1 期。

唐晓峰：《蓟、燕分封与北京地区早期城市地理问题》，《中国历史地 理论丛》1999 年第 1 期。

王毓蔺：《明北京营建物料采办研究——以采木和烧造为中心》，北 京大学博士学位论文，2008 年。

文启明：《冀东地区商时期古文化遗址综述》，《考古与文物》1984 年第 6 期。

阎文儒：《金中都》，《文物》1959 年第 9 期。

张畅耕等：《应县木塔辽代秘藏考》，《文化交流》1994 年第 3 期。

赵光林：《密云小水峪村发现辽金窑址》，《北京日报》1981 年 7 月 8 日。

赵正之等：《北京广安门外发现战国和战国以前的遗迹》，《文物》 1957 年第 7 期。

郑绍宗：《热河兴隆发现的战国生产工具铸范》，《考古通讯》1956 年第 1 期。

郑锡煌：《北京城的演进与北京城市地图》，载《中国古代地图集· 清代》，文物出版社 1997 年版。

周国兴等：《北京东胡林村的新石器时代墓葬》，《考古》1972 年第 6 期。

后　记

　　这本书稿是我们承担的北京市社会科学院同名重点项目的最终成果。2010 年 8 月我为《北京地名发展史》写"后记"时提到："本书杀青后，我将投入到《北京历史人文地理纲要》的研究和撰写之中。"孰料事不凑巧，几年来尽管还算不敢懈怠，却一直有更为紧迫的任务等待完成，这个课题的预定计划随之有所拖延，完稿之后准备出版时也曾多少遇到一点意外。当年的"广告"迟迟不能兑现，转而变成了几分无形的压力。现在侥幸得到本院"社科文库"的支持，我除了真诚感谢之外，今后自当继续努力。

　　起初之所以设计这样一个颇为宏观的题目，就是试图将数十年来学界同仁所获得的学术进展予以概括提炼，把我们在区域历史地理以及与之密切关联的区域史、城市史、专门史等领域的某些工作稍加归纳；在"盘点"和"清算"的基础上，为参与者虽然不少但感觉比较杂乱的北京历史人文地理勾画出一个大致轮廓，从而展现其学科架构、发展脉络、主要成就以及尚待探索的学术领域、需要完善的重要问题；俾使本书能够成为研究者对照已有工作的线索、初学者了解学科概貌的向导，为推进学科建设增添几颗铺路石子。有鉴于此，本书在考辨基本史实之外，侧重于简要总结迄今已经形成的一般认识。对于我们素来缺乏研究但在学科体系中必不可少的内容，惟有借助时贤的高文典册聊以塞责。比如，古今政区系统的变迁大多采自尹钧科先生《北京建置沿革史》，区域人口的增减迁移主要征引韩光辉先生《北京历史人口地理》……如此等等，不遑一一，我们都心存感激并将永志不忘！

　　课题立项以来，历史所一如既往地为我们创造了良好的工作氛围，吴文涛、董焱两位同事对研究方案的完善大有贡献，科研处提供了项目运行、出版申请等方面的多种便利。对于诸位的热诚帮助，我们谨致以衷心的感谢！

　　我的同事许辉博士撰写第一章《民族活动及其地域空间》、第五章《控御海内的水陆交通格局》，其余部分由我起草。书中错漏在所难免，敬请读者不吝赐正。

2015 年 7 月 1 日识于北京市社会科学院历史所